한 권으로 읽는 삼국지 인물열전

최용현 수필가

경남 밀양 출생
밀양중, 부산남고, 건국대 행정학과 졸업
월간 '국세' '한국통신' '전기기술인' 등에 고정칼럼 연재
주간 '전기신문' '내외뉴스통신' '한미일요뉴스' 등에 고정칼럼 연재
인제대 교양교재에 '삼국지의 고사성어' 원고 등재(2012년)
제4회 구로문학상 수상(2015년)
한국문인협회 전자문학위원(2019년~)
작품집에는 '꿈꾸는 개똥벌레' '삼국지 인물 108인전'
'영화, 에세이를 만나다' '햄릿과 돈키호테' '명작 영화 다이제스트' 등 다수

한 권으로 읽는
삼국지 인물열전

4쇄 발행 2024년 3월 22일
지은이 최용현
펴낸이 오혜교
펴낸곳 OHK
출판신고 2018년 11월 27일 제 2018-000084호
주소 경기도 파주시 회동길 219 2층
전화 1877-5574 / **이메일** soaprecord@gmail.com

ISBN: 9791192293707(13300)

이 책은 저작권법에 따라 보호받는 저작물이므로 무단전재와 무단복제를 금지하며,
이 책 내용의 전부 또는 일부를 이용하려면 반드시 저작권자와 OHK의
서면동의를 받아야 합니다.

한 권으로 읽는 삼국지 인물열전

최용현 지음

삼국지 인물 125인의
벌거벗은 이력서

ohk

책 머리에

삼국지 인물 125인의 활약상을 한눈에…

　소설 삼국지에는 수많은 등장인물이 나오고 지략과 무용을 펼치는 인물만도 4백여 명에 달하는 바, 갖가지 인간의 전형(典型)이 원형 그대로 드러나 있다. 성공한 사람은 성공한 사람대로, 또 실패한 사람은 실패한 사람대로 그 전말(顚末)이 적나라하게 드러나 있어 인간학 연구의 보고(寶庫)가 되고 있다.

　삼국지는 이제 동양의 스테디셀러일 뿐 아니라 구미(歐美)에서도 군사전략서, 경영참고서 혹은 처세지침서로 폭넓게 활용되고 있다. 그런데, 삼국지 인물에 관한 서적이나 연구자료, 영화들은 대부분 조조나 제갈량, 관우, 조운에 관한 것들이고, 이들 외의 인물들을 다룬 자료는 거의 찾아보기 힘든 실정이다.

　'어리석은 사람은 명마(名馬) 감정법을 배우고 현명한 사람은 노마(駑馬) 감정법을 배운다.'는 말이 있다. 그 반대가 아닌가 하고 생각되기 쉬우나, 명마는 아주 드물어서 배워봤자 써먹어볼 기회가 거의 없다. 그러나 노마 즉 걸음이 느리고 둔한 말은 도처에 많이 있으므로 배운 것을 써먹을 기회가 아주 많다. 그러므로 명마감정법을 배우는 것보다는 노마감정법을 배우는 것이 실용가치가 훨씬 크다. 현실 사회에서도 조조나 제갈량 같은 걸출한 인물들보다는 그저 그렇고 그런 평범한 인물들이 훨씬 많지 않은가.

그런 측면에서 삼국지에 등장하는 인물 125인을 뽑아서 이들이 구사하는 지략과 무용담, 그리고 이들의 부침과정을 똑같은 비중으로 다루어보았다. 걸출한 인물 몇 명을 집중적으로 다루는 것보다는 여러 전형의 인물 여럿을 골고루 똑같은 비중으로 다루는 것이 여러모로 유익하리라 생각되었기 때문이다. 이들의 종착점은 자연스럽게 성공 혹은 실패로 귀결되지 않겠는가.

그런데 정사 삼국지와 소설 삼국지의 인물 **활약상**에 차이가 있고, 소설 삼국지도 판본마다 상이한 부분이 더러 있어 고민스러웠다. 생각 끝에, 정사와 소설의 상이한 부분은 과감히 소설 쪽을 따르기로 했다. 이제 와서 1800년 전의 이야기에 대한 진위(眞僞)를 정확히 밝힐 수도 없거니와, 설사 밝힌다 해도 그 의미가 그렇게 중요할 것 같지는 않기 때문이다. 소설 삼국지는 여러 판본을 읽고 비교하되 내용이 상이한 부분은 필자의 판단대로 썼음을 밝혀둔다.

1991년부터 '월간 전기'와 '월간 국세'에 연재했던 삼국지에세이 66편을 모아 발간한 '삼국지 인물 소프트'(1993년)는 베스트셀러에 근접할 만큼 판매가 되었다. 20년 후, 기존 66편을 보완한 원고와, 월간 '한국통신'과 주간 '전기신문' 등에 연재했던 원고 25편을 추가하여 발간한 '삼국지 인물 108인전'(2013년)도 여러 매체의 집중적인 보도에 힘입어 큰 사랑을 받았다.

다시 10년 후인 지금, 기존 91편에 새로운 인물 17명을 다룬 원고 11편을 추가한 102편으로 '삼국지 인물열전'(2023년)을 발간하게 되었다. 삼국지 인물 125인에 대한 평전을 한 권에 담는 것으로 30여년에 걸친 필생(畢生)의 작업을 마무리하고자 한다.

후한 말, 거의 100년간 지속된 난세와 이어진 삼국시대를 헤쳐나간 사람들의 파란만장한 생애를 돌아보면서, 오늘을 살아가는 사람들이 뜻을 세우고 지혜와 용기를 얻는 데 이 책이 조그만 도움이라도 된다면 더 바랄 것이 없겠다.

삼국지가 낳은 불세출의 영웅 조조가 만년에 쓴 '귀수수(龜雖壽)'라는 시를 소개하는 것으로 그간 삼국지와 씨름하면서 느낀 소회를 대신할까 한다.

神龜雖壽(신구수수)	신령한 거북이 아무리 오래 산다 해도
猶有竟時(유유경시)	반드시 죽는 날이 있고
騰蛇乘霧(등사승무)	하늘을 나는 이무기 구름 위에 올라도
終爲土灰(종위토회)	끝내는 흙먼지로 돌아간다
老驥伏櫪(노기복력)	늙은 준마가 마구간에 엎드려 있어도
志在千里(지재천리)	뜻은 천리 밖에 있고
烈士暮年(열사모년)	열사는 비록 몸은 늙어도
壯心不已(장심불이)	그 웅장한 포부는 사라지지 않는다

| 盈縮之期(영축지기) | 이루고 못 이루고 하는 것이 |
| 不但在天(부단재천) | 하늘에 달려있는 것은 아닐지니 |

| 養怡之福(양이지복) | 기뻐하는 마음을 쌓아서 얻은 복으로 |
| 可得永年(가득영년) | 긴 수명을 얻을 수 있다네 |

| 幸甚至哉(행심지재) | 이 얼마나 행복한 일인가 |
| 歌以咏志(가이영지) | 시가(詩歌)로 그 뜻을 노래할 수 있으니 |

조조의 낙천적이면서도 달관의 경지에 이른 면모가 잘 드러난 시가 아닌가 싶다.

졸고(拙稿)를 연재하기 위해 지면을 내준 여러 월간지, 그리고 주간 '전기신문'과 '내외경제신문', 미국 라스베이거스에서 발간하는 '한미일요뉴스'에도 고마움을 표하며, 쾌히 책으로 엮어준 '리퍼블릭미디어'의 오혜교 대표님께도 깊은 감사를 드린다.

2023년 어느 가을날
서울 신도림태영타운에서
최 용 현

차례

제1장. 난세에 일어선 군웅들

01. 삼국지를 연 황건적의 총수 '장각' — 16
02. 예쁜 누이 덕분에 출세한 대장군 '하진' — 20
03. 포악한 독재자의 전형(典型) '동탁' — 24
04. 고지식한 강골(强骨)의 문사 '왕윤' — 28
05. 동탁이 남긴 두 이리 '이각과 곽사' — 32
06. 삼국지의 무예지존(武藝至尊) '여포' — 36
07. 가장 먼저 자립한 북방의 강자 '공손찬' — 40
08. 강동의 호랑이 부자(父子) '손견과 손책' — 44
09. 황제를 참칭한 명가의 적자(嫡子) '원술' — 48
10. 하북 4개주를 호령한 효웅(梟雄) '원소' — 52
11. 삼국지 최고의 두 영웅 '유비와 조조' — 56
12. 서량의 맹호(猛虎) 부자 '마등과 마초' — 60

제2장. 난세를 살아온 사람들

01. 독재자를 처단한 중국 4대 미인 '초선' — 66
02. 난세의 별난 두 선비 '채옹과 왕윤' — 70

03. 서주를 유비에게 물려준 서주목 '도겸'	74
04. 운명의 얄궂은 장난 '조조와 진궁'	78
05. 주연급 조연(助演) 무장 '황조'	82
06. 건안칠자의 선두인 공자의 후손 '공융'	86
07. 독설(毒舌)로 저항한 기인 '예형'	90
08. 후한 황실의 두 충절 '동승과 길평'	94
09. 원소를 섬긴 두 모사(謀士) '전풍과 저수'	98
10. 조조의 고향친구 모사(謀士) '허유'	102
11. 효웅 원소의 세 아들 '원담 원희 원상'	106
12. 군웅의 각축장이 된 형주의 준걸 '유표'	110
13. 복룡봉추를 알려준 수경선생 '사마휘'	114
14. 충효의 우선순위 '서서와 그의 어머니'	118

제3장. 위나라의 인물들

01. 하늘이 내린 삼국지 최고의 영웅 '조조'	124
02. 조조의 심복인 애꾸눈 장수 '하후돈'	128
03. 조조의 장자방(張子房) 명참모 '순욱'	132
04. 조조의 경호를 담당한 천하장사 '전위'	136
05. 조조의 근위대장 호치(虎痴) '허저'	140
06. 큰 도끼의 달인 효장(驍將) '서황'	144
07. 조조의 사촌동생 '조인과 조홍'	148

08. 조조가 총애한 천재 참모 '곽가'   152
09. 조조의 시샘을 받은 불우한 천재 '양수'   156
10. 지덕용(智德勇)을 모두 갖춘 무장 '장료'   160
11. 두 무장의 상반된 행적 '우금과 방덕'   164
12. 주장(主將)을 능가하는 부장(副將) '장합'   168
13. 판가름해보아야 할 충신과 역적 '화흠'   172
14. 조조의 출중한 두 아들 '조비와 조식'   176
15. 제갈량과 맞장을 뜬 기재(奇才) '사마의'   180
16. 사마의의 호구(虎口) 부자 '조진과 조상'   184
17. 사마의의 두 아들 '사마사와 사마소'   188
18. 사마 형제에 맞선 무장 '관구검과 제갈탄'   192
19. 촉을 평정한 두 명장 '종회와 등애'   196
20. 머리는 용, 꼬리는 뱀 '조조의 후손들'   200

제4장. 오나라의 인물들

01. '넘버 투'에 만족한 수성의 명군 '손권'   206
02. 손견의 4대 천왕 '한당 황개 정보 조무'   210
03. 내치(內治)의 두 기둥 '장소와 장굉'   214
04. 손책과 맞장을 뜬 강동의 맹장 '태사자'   218
05. 태평도(太平道)를 창시한 도사 '우길'   222
06. 적벽대전을 승리로 이끈 명장 '주유'   226

07. 난세에 보기 드문 수성형 참모 '노숙'   230
08. 고육계(苦肉計)를 자청한 노장 '황개'   234
09. 유비와 결혼하는 손권의 여동생 '손상향'   238
10. 관우를 잡고 형주를 빼앗은 명장 '여몽'   242
11. 손권을 여러 번 구한 경호실장 '주태'   246
12. 원수와 은인(恩人) 사이 '감녕과 능통'   250
13. 제갈량의 형과 조카 '제갈근과 제갈각'   254
14. 지모가 뛰어난 이릉대전의 명장 '육손'   258
15. 오의 네 군주를 모두 섬긴 무장 '정봉'   262
16. 명군의 불초한 후예 '손권의 자손들'   266

제5장. 촉나라의 인물들

01. 조조에 맞선 인군(仁君)의 전형 '유비'   272
02. 신(神)이 된 삼국지 최고의 무장 '관우'   276
03. 정당한 평가를 해주어야할 용장 '장비'   280
04. 장판파 신화를 남긴 불패의 무장 '조운'   284
05. 삼국지 최고의 기재(奇才) '제갈량'   288
06. 제갈량에 버금가는 준재(俊才) '방통'   292
07. 노익장을 과시한 명궁(名弓) '황충'   296
08. 촉오동맹을 이뤄낸 주역 '등지와 진복'   300
09. 출중한 재주를 지닌 형제 '마량과 마속'   304

10. 제갈량에게 밉보인 반골 맹장 '위연'   308
11. 관우와 장비의 아들 '관흥과 장포'   312
12. 제갈량 사후의 군권 인수자 '양의'   316
13. 제갈량의 유훈을 계승한 명장 '강유'   320
14. 유비의 용렬(庸劣)한 적장자 '유선'   324

제6장. 삼국시대를 살아온 사람들

01. 서촉을 유비에게 넘기려한 문관 '장송'   330
02. 서촉을 유비에게 빼앗긴 익주목 '유장'   334
03. 한중에 오두미도를 전파한 교주 '장로'   338
04. 환술(幻術)과 둔갑술의 달인 '좌자'   342
05. 미래를 예지하는 점복의 명인 '관로'   346
06. 철새 정치인의 원조 모사 '가후'   350
07. 한 폭의 훈훈한 삽화 '조조와 관우'   354
08. 마취술을 행한 전설적인 명의 '화타'   358
09. 후한 왕조의 종착역 '마지막 황제'   362
10. 기구한 운명의 두 장수 '유봉과 맹달'   366
11. 남방 이민족인 남만(南蠻)의 왕 '맹획'   370
12. 필생의 호적수 '제갈량과 사마의'   374
13. 기구한 인생의 부자 '하후연과 하후패'   378
14. 두 맞수의 훈훈한 미담 '양호와 육항'   382

제7장. 삼국지가 남긴 얘기들

01. 지휘관의 유형 '똑부똑게 멍부멍게' 388
02. 현란한 지모싸움 '이교와 동작대부' 392
03. 전설적인 두 명마 '적로마와 적토마' 396
04. 삼국지 최고의 분수령 '적벽대전' 400
05. 삼국지를 대표하는 키워드 '도원결의' 404
06. 제갈량이 남긴 불후의 명문장 '출사표' 408
07. 기이한 이야기들 '삼국지의 불가사의' 412
08. 아웃사이더의 역할 '삼국지의 여자들' 416
09. 그 기원과 유전과정(流轉過程) '옥새' 420
10. 고전의 보고(寶庫) '삼국지의 고사성어' 424
11. 다른 시선 '삼국지연의와 반(反)삼국지' 428
12. 진(晉) 사마염의 '삼국통일과 그 이후' 432

참고자료

* 간추린 삼국지 438
* 삼국지 서시(序詩) 457
* 황실 계보도 및 실권자 458
* 각 주(州)의 위치 및 삼국지도 459
* 참고문헌 460

제1장
난세에 일어선 군웅들

1-01(001)
삼국지를 연 황건적의 총수 '장각'

역사를 되돌아보면, 어느 시대이든 세상이 혼란스러워지고 먹고 살기가 힘들어지면 이상한 종교가 생겨나고, 고달픈 백성들은 그런 종교에 빠져든다. 삼국지의 무대가 되는 후한 말기에도 어김없이 그런 현상이 일어났다.

쌀 다섯 말[斗]만 바치면 무슨 병이든 고칠 수 있다는 교리를 내세운 오두미도(五斗米道)가 위세를 떨치더니, 다시 전래의 도교에다 민간신앙을 교묘하게 접목시킨 태평도(太平道)가 나타나 요원의 불길처럼 전국에 번져갔다.

태평도의 교주 장각(張角). 어릴 때부터 신동이라는 말을 들으며 자랐다. 청년이 된 장각은 어느 날 산에 약초를 캐러갔다가 남화노선(南華老仙)이라는 도인을 만났는데, 그 도인은 장각을 데리고 어떤 동굴로 들어가 천서(天書) 세 권을 주면서 이렇게 말했다.

"이것은 '태평요술'이라는 책인데, 이 책의 내용을 잘 익혀서 세상에 나가 도탄에 빠진 백성들을 구하도록 하라. 만일 딴 뜻을 품을 때는 화를 면치 못하리라."

그때부터 장각은 '태평요술'을 보며 혼자서 수행(修行)을 시작했다. 이 이야기를 전해들은 사람들은 장각을 무슨 도사처럼 떠받들었고, 그의 집에는 소문을 듣고 제자가 되겠다고 찾아온 사람들로 성시(成市)를 이루었다.

그즈음, 중원에 전염병이 창궐하여 마을마다 하루에 몇 사람씩 죽어갔다. 장각의 제자들은 각 고을을 돌아다니며 환자들에게 주술로 된 처방을 주었는데 대부분 신통하게 나았다. 백성들은 태평도만 믿으면 병이 낫는다고 여겨 따르는 무리가 구름처럼 불어났고, 장각의 명성은 순식간에 전국으로 퍼져나갔다. 그는 아무데도 의지할 곳 없는 병들고 굶주린 백성들의 구세주가 된 것이다.

민심을 얻는 데 성공한 장각은 스스로를 대현량사(大賢良師)라 칭하고 장량과 장보 두 아우를 장군으로 임명하는 한편, 그를 따르는 무리들을 군사조직으로 편성했다. 전국에 36지부를 두고 큰 지부는 만 명이 넘는 군사를, 작은 지부도 수천 명의 군사를 두어 그의 군세(軍勢)는 일약 수십만 명에 이르렀다.

장각이 항상 머리를 누런 수건으로 싸고 있어서 그의 군사들도 모두 이를 본뜨게 되었고, 군기(軍旗)도 황색기를 사용하고 있었기 때문에 이들은 황건적(黃巾賊)이라 불리게 되었다. 황건적의 총수 장각은 천하를 뒤엎을 계획을 세우고 거사(擧事)를 일으킨다. 드디어 황건적의 난이 일어난 것이다.

蒼天已死(창천기사)　푸른 하늘은 이미 죽었으니
黃天當立(황천당립)　마땅히 누런 하늘이 서리라
歲在甲子(세재갑자)　때는 바야흐로 갑자년이니
天下大吉(천하대길)　중원 천하가 크게 길하리라

황건적이 만들어 퍼뜨린 노래이다. 그들의 군가(軍歌)인 셈이다. 세 살 먹은 아이들까지도 이 노래를 따라 부를 만큼 이들의 위세는 중원을 휩쓴다. 장각은 자신에게 대항하는 자들을 가차 없이 죽여서 재산을 빼앗고, 복종해오는 사람들에게는 은근히 약탈을 장려했다. 황건적은 가는 곳마다 관청을 습격하여 관리를 죽이고 양곡을 약탈했다.

지방의 성주들은 매일 불안에 떨며 황성(皇城)에 구원을 요청할 뿐, 달리 방법이 없었다. 지방에 있는 군사들은 기강도 형편없는 데다, 사기가 떨어질 대로 떨어져 도저히 황건적을 막을 수가 없었기 때문이다.

이에 중앙정부에서는 대규모의 관군을 편성하여 황건적 토벌에 나섰다. 동탁 원소 조조 손견 등 후일 천하를 다투게 되는 군웅들은 관군의 이름으로 출전하게 되었고, 도원결의로 의형제가 된 유비 관우 장비도 의병을 일으켜 황건적 토벌에 참여하게 된다. 황건적의 난은 이들에게 세상에 나아갈 수 있는 길을 열어주었던 것이다.

기세 좋게 중원을 휩쓸던 황건적이 관군들과 치열한 접전을 벌이고 있을 때, 총수 장각이 갑자기 병사(病死)하는 불상사(?)가 일어났다. 아우인 장량 장보 형제가 끝까지 용감하게 싸웠으나 참패를 거듭하다 모두 전사하고 만다. 수뇌부가 붕괴되자 대세는 이미 기울어 큰 부대는 대부분 토벌되고, 소규모 부대들만 남아서 국지적인 저항을 하다가 소멸되고 만다.

대규모의 농민봉기인 황건적의 난이 이처럼 쉽게 무너진 표면적인 이유는 지도자 장각의 돌연한 사망 때문이지만, 그 근본적인 요인은 준비가 제대로 안 된 상태에서 치밀한 전략도 없이 봉기했기 때문이다. 가족들을 대동(帶同)하고 무기도 변변히 갖추지 못한 채 싸워야 하는 농민군이 조정의 관군을 상대하는 것은 처음부터 무리였는지도 모른다.

또 한 가지, 베푸는 행위에서 억압하는 행위로 조직의 목표와 기능이 급격히 변질된 때문이다. 사이비 종교집단이 으레 그러하듯이 황건적도 처음에는 굶주리고 병든 백성들의 고충을 해결해줌으로써 민심을 모을 수 있었다. 그러나 세상을 뒤엎는 쪽으로 방향을 선회하여 관청을 습격하여 관리들을 죽이고 지주(地主)들의 재산을 약탈하면서부터는 민심이 다시 돌아서버린 것이다. 민심이 따르지 않는 민란(民亂)이 실패하는 것은 자명한 일 아닌가.

황건적이 거의 토벌되었어도 후한은 이미 돌이킬 수 없을 만큼 기울어져가고 있었다. 조정에서는 십상시(十常侍)라 불리는 환관들이 권력을 독점하여 매관매직이 성행하고 있었고, 백성들은 가렴주구(苛斂誅求)에 시달리고 있었다. 황제는 허수아비에 불과했으니 한(漢)의 4백년 제업(帝業)도 안에서부터, 또 위에서부터 서서히 썩어가고 있었던 것이다.

장각은 왕조말기 격동의 시대를 헤쳐 나갈 지도자로서는 여러 가지 점에서 부족한 사람이었다. 그가 처음의 순수했던 이상을 끝까지 지키는 종교지도자로 남았더라면 병들고 굶주린 백성들을 구제한 고귀한 이름으로 후세에 길이 남았으리라.

어쩌면 역사가 그에게 부여한 역할은 삼국지 전야의 군웅할거시대가 열리는 터전을 마련해놓고 조용히 역사의 무대에서 사라지는 것이었는지도 모른다. 후일 삼국지를 이끌어가는 군웅들이 거의 다 황건적의 난 때 힘을 기르고 실전경험을 쌓았기 때문이다.

1-02(002)
예쁜 누이 덕분에 출세한 대장군 '하진'

사람은 자신의 역량에 합당한 자리[職位]가 주어졌을 때 최대의 기량(技倆)을 발휘한다. 기량이 자리보다 현저하게 크거나 현저하게 작으면 문제가 생긴다.

전자의 경우는, 나중에 나오는 이야기지만 제갈량에 버금가는 준재로 꼽히던 봉추(鳳雛) 방통이 이를 증명하고 있다. 유비가 방통에게 시골 현령을 맡겼을 때는 매일 술만 마시며 세월을 보내다가, 서촉 정벌군의 군사(軍師)로 임명했을 때는 발군의 지략으로 큰 공을 세우지 않는가.

여기서는 후자의 경우, 즉 기량의 크기에 비해 직위가 현저하게 높을 경우 어떤 문제가 생기는지 알아보자. 이의 예를 출중한 미모의 누이 덕분에 출세하여 승승장구한 대장군 하진(何進)의 부침과 함께 삼국지의 서장(序章)이 열리는 과정을 살펴보고자 한다.

후한 말기, 황건적의 난이 일어났을 때 조정의 권력은 십상시(十常侍)라 불리는 환관들에게 독점되어 매관매직이 성행하는 등 부패가 극에 달해 있었다. 허수아비 황제인 영제(靈帝)는 그저 여색이나 탐하며 하루하루를 보낼 뿐이었다.

이 무렵 후궁 하 씨가 황자 변을 낳았다. 그러자 황제는 황후를 쫓아내고 후궁 하 씨를 황후의 자리에 올려놓았다. 하 황후의 오라비인 하진은 원래 소나 돼지를 도축하는 백정이었으나, 누이 덕분에 갑자기 조정으로 불려와 벼슬을 하더니 타의 추종을 불허하는 초고속 승진을 했다. 황건적의 난이 일어나자, 하진은 드디어 대장군에 임명되어 군부를 손아귀에 넣고 황건적의 난을 진압하는 총책임자가 되었다.

그 후, 새로 들어온 후궁 왕 씨가 황제의 총애를 받더니 황자 협을 낳았다. 하 황후는 자신이 낳은 변 황자의 장래를 위해 후궁 왕 씨를 독살하고, 황제의 모후인 동 태후에게 협 황자를 기르도록 하였다. 협 황자는 영특하고 총명하여 황제는 물론 십상시들의 사랑을 한 몸에 받았다.

중병에 걸린 황제는 협 황자를 태자로 삼아 대통을 잇게 하고 싶었으나, 군권을 쥐고 있는 처남 하진 때문에 눈치를 보며 망설이고 있었다. 십상시들도 변 황자가 대통을 이으면 더욱 기세등등해질 대장군 하진이 언제 자기들에게 칼을 들이댈지 모른다는 불안감 때문에 전전긍긍하고 있었다.

그러다가 황제가 갑자기 승하하자, 하진은 재빨리 움직여 십상시의 우두머리인 건석을 살해하고 누이의 아들인 변 황자를 황제로 즉위시켜[少帝] 드디어 조정의 대권까지 거머쥐었다. 권력투쟁에서 외척세력이 환관세력을 누르고 승리한 것이다.

그때 하진의 막하에는 후일 군웅이 되어 패권을 다투게 될 청년시절의 원소 원술 조조 등 신진관료 엘리트들이 모여 있었다. 이들은 이참에 환관세력을 완전히 뿌리 뽑아 조정을 어지럽히는 화근을 미리 제거해야 한다고 줄기차게 간언(諫言)했으나, 하진은 계속 머뭇거리며 결단을 내리지 못하고 있었다. 근위무관 원소가 한 가지 계책을 내었다.

"사방의 군웅들에게 격문을 보내 그들의 군사로 하여금 환관들을 쓸어버리게 하십시오."

그렇게 하면 각지의 군웅들이 몰려와 조정에 칼을 들이댈지도 모른다고 간하는 참모들이 있었지만, 타인의 손으로 환관들을 없애버리자는 말에 하진은 눈이 번쩍 띄었다. 자신의 손에는 피 한 방울 묻히지 않고 환관들을 해치울 수 있기 때문이었다. 그때 구석자리에 앉아있던 풋내기 무관 조조는 감히 나서지도 못하고 홀로 탄식하고 있었다.

"형리(刑吏)에게 명하여 환관들을 잡아들이면 될 것이지, 각지의 군웅들을 불러들여 화를 자초한단 말인가."

결국 대장군 하진의 이름으로 띄운 격문은 각지의 군웅들에게 보내졌다. 서량자사 동탁은 20만 대군을 이끌고 낙양 외곽에 도착하여 도성 안의 동태를 살피고 있었고, 병주자사 정원도 맹장 여포를 앞세우고 낙양으로 향하고 있었다.

한편, 십상시들도 가만히 앉아서 죽음을 기다릴 수는 없어서 하 태후에게 빌붙어 목숨을 구걸하는 한편, 자신들의 안위를 위해 하진을 제거할 음모를 꾸미고 있었다.

그러던 어느 날, 십상시들은 하 태후의 친서를 받아내어 하진에게 속히 입조하라는 전갈을 보냈다. 누이의 친서를 받은 하진은 십상시들의 함정일 거라며 입조하지 말라는 측근들의 만류에도 불구하고 허세를 부렸다.

"무슨 소리야? 천하의 병권이 지금 내 손안에 있는데, 십상시 따위가 감히 나를 어쩐다는 말이냐?"

하진은 호위병 5백 명을 대동하고 궁궐로 들어갔다. 그러나 궁문을 지키는 환관이 '태후마마께서 대장군만 들어오라고 하셨다.'면서 하진만 안으로 들여보내주는 바람에 호위병들은 장락궁 밖에 머무를 수밖에 없었다. 혼자 걸어 들어가는 하진의 등 뒤에서 갑자기 벼락같은 고함소리가 났다.

"개백정, 게 섰거라!"

하진은 순간 '아차!' 싶었으나 이미 때는 늦었다. 사방에서 튀어나온 십상시측 군사들에게 포위되어 순식간에 목이 떨어지고 말았다. 뒤늦게 이를 알게 된 하진의 호위병들은 격분하여 궁궐에 불을 지르고 환관, 궁녀는 물론 그 가속들 2천여 명을 무참히 죽이는 변란을 일으켰다. 장락궁의 피바람으로 불리는 이 '십상시의 난' 때 진시황 이후 4백년이 넘게 황제에서 황제에게로 이어져온 옥새가 없어졌다. 옥새 없는 황제, 이제 후한도 완전히 망조의 길로 들어선 것이다.

이 와중에서도 재빨리 몸을 피하여 살아남은 일부 십상시들은 황제와 그의 이복아우인 협(진류왕)을 납치하여 궐 밖으로 달아났다. 그러다가 황제 일행은 낙양 교외에서 호시탐탐 기회를 엿보고 있던 동탁 군사들의 호위를 받으며 다시 입궐하게 된다.

대장군 하진, 미천한 집안에서 태어났으나 예쁜 누이 덕분에 대권을 잡았다. 그의 막하에는 원소와 조조 같은 인물들이 보필하고 있었지만, 그들의 조언을 가려서 듣지 않고 좌충우돌하다가 외지의 군웅들을 도성으로 불러들여 놓고 어이없이 죽고 말았다.

출신이야 어떠했던 간에, 대장군 하진의 역량 여하에 따라 후한말의 난세는 오지 않을 수도 있었다. 그러나 그의 그릇과 기량은 기울어지는 왕조의 대권을 맡기에는 너무나 작고 부족했던 것이다.

1-03(003)
포악한 독재자의 전형(典型) '동탁'

진시황, 수양제, 히틀러, 스탈린, 후세인…. 세계사에 등장하는 유명한 폭군과 독재자들이다. 이들에게는 몇 가지 공통점이 있다. 대중을 동원한 여론조작에 능하다는 점, 타협이나 논리, 정당성 같은 이성적인 것을 싫어한다는 점, 적대세력을 인정하지 않는다는 점, 공포정치를 한다는 점 등이 그것이다.

삼국지의 초반부에 등장하는 동탁도 그런 점에서 당당히 독재자의 반열에 낄 만한 인물이다. 동탁은 자신의 적대세력이라 할 수 있는 후한의 중신들은 물론 민중들도 무자비하게 억압하였다. 그가 대권을 잡는 과정과, 그 이후의 행적 그리고 몰락과정을 살펴보자.

동탁(董卓), 자는 중영(仲穎). 양주(涼州) 농서 출신으로 키가 크고 몸집이 육중했으며 눈은 가늘지만 재지(才智)가 번뜩였다. 어릴 때부터 힘이 장사여서 활통을 말 양쪽에 매달고 달리면서 좌우 어느 쪽 팔로도 활을 쏠 수 있었는데, 쏘았다 하면 백발백중이었다. 변방의 오랑캐인 강족 토벌에 큰 공을 세우면서 중앙에 이름이 알려지게 되었다.

그는 황건적과의 전투에서 여러 번 패하여 위기에 몰리기도 했으나, 조정의 실세인 십상시(十常侍)에게 뇌물을 주고 다시 기사회생한다. 한조의 멸망을 예감한 그는 아무도 주시하지 않는 서량에서 20만 군병을 양성하면서 천하를 움켜잡을 기회를 노리고 있었다. 그의 주위에는 사위인 모사(謀士) 이유와 이각 곽사 장제 번조 등 강맹하기로 이름난 네 장수가 포진하고 있었다.

도성으로 들어와 환관들을 토벌하라는 대장군 하진의 격문이 오자, 동탁은 드디어 때가 왔다고 판단하고 그동안 양성한 군사를 이끌고 도성으로 향한다. 이때 도성에서는 십상시에게 죽임을 당한 하진의 복수를 한다며 하진의 부하들이 환관들을 무참히 살육하는 대참사가 일어났고, 이 장락궁의 피바람을 피해 궁궐 밖을 전전하던 황제 일행은 동탁의 군사를 만나 이들의 호위를 받으며 다시 입궐하는 것이다.

조정의 실권자가 된 동탁은 군사를 풀어 도성에 온통 공포분위기를 조성하고 반대파를 과감히 처단한다. 처음엔 여포를 데리고 온 병주자사 정원이 그에게 반기를 들었으나, 희대의 명마인 적토마로 여포를 매수하자 이젠 동탁의 뜻을 거스를 사람이 없었다. 이에 동탁은 소제(少帝)를 폐하고 그의 이복동생인 아홉 살짜리 진류왕을 새 황제[獻帝]로 옹립하니 이제 천하가 완전히 동탁의 손아귀에 들어오게 되었다.

동탁은 철저히 독재자의 길을 걸었다. 폐제(廢帝)와 황비(皇妃), 그의 모후인 하 태후를 잔인하게 죽이고, 그 시체를 아무렇게나 묻어버리게 했다. 그리고 자신에게 대항하는 사람은 무조건 잡아 죽이니 조정의 백관들은 넙죽 엎드려 목숨을 보전하기에 바빴다. 또 낙양의 부호 수천 명을 잡아들여 죽이거나 그들의 재산을 몰수했다. 그는 제위(帝威)에 버금가는 영화를 누리면서도 심심하면 사람을 죽이는 가학적인 광란 증세를 보였다.

어느 봄날, 동탁이 수십 명의 미녀를 마차에 태우고 성 밖 매원(梅園)을 지나고 있을 때, 마침 고을의 축제일이라 청춘남녀 한 쌍이 곱게 차려

입고 마차 옆을 지나가고 있었다. 이를 본 동탁이 '농사꾼 주제에 밭에 나가 일하지 않고 돌아다니니 괘씸하다.'며 군사들에게 그들을 잡아오라고 명령했다.

"갈기갈기 찢어 죽여라!"

군사들은 두 사람의 손발을 네 필의 소에 매달아 각각 다른 방향으로 나아가게 했다[거열형(車裂刑)]. 두 사람의 사지가 떨어져나가며 흘린 피가 매원을 붉게 물들였다. 이를 본 동탁은 '오늘은 꽃구경보다도 더 재미있는 구경을 했구나.' 하고 손뼉을 치며 좋아했다.

동탁을 제거하기 위해 원소 원술 조조 손견 공손찬 등 각지의 군웅들이 연합군을 구성하여 맞섰으나 내분으로 실패하고 만다. 동탁은 도성 낙양을 불태우고 장안으로 천도하는 한편, 장안 교외에다 으리으리한 새 궁궐 미오성을 지었다. 그리고 그 안에 20년 치의 군량과 보물을 저장해놓고 미희 8백 명을 뽑아 밤낮없이 주지육림 속에서 살았다. 그는 일가붙이를 모두 조정의 요직에 임명하여 그의 눈과 귀가 되도록 해놓고 제위를 찬탈할 기회를 엿보고 있었다.

그는 미오성에 기거하면서 보름에 한 번, 혹은 한 달에 한 번 장안으로 출사했다. 그의 수레가 지나가는 연도에는 모래를 깔고 보호막을 치는 등 법석을 떨었고, 조정의 중신들은 모두 나와서 도열했다. 민가에서는 밥 짓는 연기마저 피우지 못하고 그의 수레가 무사히 지나가기만을 빌었다. 혹시라도 그의 눈에 거슬려 목숨을 잃을까봐 두려워서였다.

그러나 영원할 것 같던 그의 위세도, 조정의 원로대신인 사도(司徒) 왕윤과 그의 수양딸 초선이 주도면밀하게 연출한 연환계(連環計)에 빠져 부하인 여포에게 목이 떨어지면서 허망하게 끝나버리고 만다.

그의 나이 54세, 대권을 잡은 지 3년만이었다. 동탁이 죽자 장안의 백성들이 모두 거리로 뛰쳐나와 노래를 부르고 춤을 추었다. 그의 머리는 차고 노는 축구공이 되었고, 그의 목 없는 시신의 배꼽에는 심지를 박아서 불을 붙였는데 뱃가죽이 얼마나 기름졌던지 밤새도록 불이 꺼지지 않았다고 한다. 백성들의 원한이 어느 정도였는지 짐작할 만하지 않은가.

적대세력을 억누르고 국민들을 억압하는 데는 공포정치보다 더 확실한 방법은 없다. 그러나 공포를 수단으로 정치를 하려면 강력한 자극을 주는 새로운 방법을 끊임없이 개발해야 한다. 공포감도 반복되면 마비현상이 생기게 되어 웬만한 자극으로는 효과를 거두지 못하기 때문이다.

그러다 보니 독재자는 차츰 광란적인 가학심리에 빠지게 되는데, 그 방법은 일시적으로는 효과가 있는 것처럼 보이지만 장기적으로는 적대세력을 더욱 단합하게 만들어 결국 자기 자신을 파멸의 구렁텅이로 몰아넣고 만다. 이것이 공포정치의 귀결이다.

세계사에서 보아온 독재자들의 말로가 일부 극소수만 제외하고는 대부분 처참한 비극으로 끝나는데, 그것은 자신이 뿌려놓은 죄과에 대한 업보에 다름 아니다. 그런 점에서 포악한 독재자의 전형이라 할 수 있는 동탁도 예외가 될 수는 없었다.

1-04(004)
고지식한 강골(强骨)의 문사 '왕윤'

　포악한 독재자 동탁이 최고의 무사 여포까지 매수하여 마음대로 황제를 폐하고 새 황제를 세우는 등 제멋대로 국정을 농단(壟斷)하고 있을 때이다. '이제 동탁을 죽이는 방법 외에는 없겠구나.' 하고 생각하면서도 뚜렷한 계책이 떠오르지 않아 혼자 고심하는 사람이 있었다.

　왕윤(王允), 자는 자사(子師). 병주 태원 출신으로 후한말의 충신이다. 벼슬은 태복(太僕)을 거쳐 사도(司徒)에 이르렀다. 왕윤이 어떻게 독재자 동탁을 제거하고, 동탁 사후에는 어떻게 뒷마무리를 하는지 살펴보고 그에 대한 평가도 해보고자 한다.

　어느 날, 청년 조조가 동탁을 암살하겠다며 자원을 하자, 왕윤은 가보(家寶)인 칠성검을 내주며 성공을 기원했다. 동탁의 침실에 들어간 조조는 누워서 잠자고 있는 동탁을 보면서 칠성검을 꺼내들었으나 갑자기 동탁이 깨는 바람에 칠성검을 바치고 물러날 수밖에 없었다. 결국 조조는 도망자 신세가 되고….

　왕윤은 강골(强骨)의 선비답게 포기하지 않고 이번에는 자신의 아리따운 수양딸 초선을 이용한 미인계로 여포와 동탁 사이를 이간시키는 연환계(連環計)를 펼친다. 이 계책은 보기 좋게 성공을 거두어 왕윤이 의도한 대로 여포의 손으로 동탁을 참살하게 되는 것이다.

동탁이 죽자, 사람들은 모두 거리로 뛰쳐나와 춤을 추며 환호를 했다. 동탁의 시신에서 머리를 떼어내어 축구공처럼 찼고, 그의 목 없는 시신의 배꼽에는 심지를 박아 불을 붙이기도 했다. 이제 대권은 동탁을 제거하는 데 결정적인 공을 세운 사도 왕윤에게로 돌아왔다.

왕윤은 가장 먼저 동탁의 잔재를 청산하는 일에 착수했다. 왕윤은 동탁에게 온갖 못된 지혜를 내준 모사(謀士) 이유를 거리로 끌어내 목을 베고, 미오성에 남아있던 동탁의 어미와 동생, 조카 등 가솔들을 모조리 처형했다. 그러자, 동탁의 수하 장수인 이각과 곽사, 장제, 번조는 휘하의 군사들을 이끌고 근거지인 서량으로 달아났다.

그 다음, 동탁의 재산을 몰수하기 위해 미오성에 있는 재물들을 파악해 보니, 황금과 백금만도 수만 냥이 나왔고 진귀한 보물들도 수두룩했다. 또 동탁 휘하의 군사들이 20년 동안 먹을 군량미도 나왔다. 왕윤은 이들을 모두 국고에 귀속시키고, 죄 없이 미오성에 끌려가 동탁 일가의 시중을 들었던 양민들을 모두 석방시켰다.

왕윤이 두 번째로 해결해야 할 과제는 동탁의 위세에 기대어 악행을 저지른 사람들을 처단하는 일이었다. 왕윤은 동탁에게 빌붙은 부역자(附逆者)를 모두 잡아들여 단호하게 처단하고, 중신들과 함께 한실(漢室)의 회복을 자축하는 잔치를 열었다. 이때 동탁의 시신 앞에서 시중(侍中) 채옹이 엎드려 울고 있다는 보고가 들어왔다. 왕윤은 채옹을 잡아들여 준엄하게 꾸짖었다.

채옹은 고개를 숙인 채 '역적을 섬겨 국사를 그르치게 한 죄 죽어 마땅하나, 바라건대 지금 제가 쓰고 있는 '한사(漢史)' 집필을 마무리하게 해주십시오.' 하고 간청했다. 그러나 왕윤은 '어용학자가 사서(史書)를 쓰면 틀림없이 우리를 비방하는 글을 남길 것이다.'고 하면서 기어이 채옹을 처형했다.

채옹이 죽었다는 소식을 들은 선비들은 대부분 애석해 하며, 왕윤의 처사가 너무 독단적이며 지나치다고 비판했다. 태부(太傅) 마일제는 '역사를 기록하는 것은 나라의 근간인데 그런 것을 못하게 하고서 어찌 오래갈 수 있겠소?' 하며 왕윤의 집권이 오래가지 못할 것이라고 예언하기도 했다.

왕윤이 세 번째로 해결해야 할 과제는 동탁의 잔당들의 처결 문제였다. 자신들의 근거지인 서량으로 도망쳤던 이각과 곽사, 장제, 번조는 의논 끝에 조정에 사자(使者)를 보내 용서를 구하며 항복의사를 밝혔다. 그러나 왕윤은 결코 용서할 수 없다며 이들의 항복을 끝까지 받아주지 않았다.

그러자 네 장수는 모사 가후의 계책대로 힘을 합쳐서 싸우기로 방향을 바꾸었다. 이들은 '왕윤이 서량 주민들을 모두 죽이려 한다.'고 헛소문을 퍼뜨리면서 동탁의 원수를 갚자고 선동했다. 그러자 서량의 주민들이 속속 몰려들어 순식간에 이들 휘하의 군사가 10만 명이 넘었다.

이각과 곽사는 군사를 나누어 일부는 도성 장안을 기습하였고, 일부는 궁성 안으로 쳐들어갔다. 이때 궁성 밖에서 이들과 싸우고 있던 여포는 중과부적(衆寡不敵)임을 깨닫고 급히 궁성 안으로 들어와 왕윤에게 속히 피신하자고 했다. 그러나 왕윤은 '나는 나라를 위해 목숨을 바칠지언정, 내 목숨을 구하기 위해 도망치지는 않겠소.' 하며 고집을 부렸다.

결국 여포는 도성을 떠나버렸고, 곧이어 이각과 곽사의 군사들이 황궁으로 몰려와 왕윤을 내놓으라고 협박했다. 힘없는 어린 황제가 어쩌겠는가. 결국 왕윤은 끌려 나가 주살당하고, 그의 가솔들도 모두 참변을 당했다. 왕윤이 천신만고 끝에 한실을 회복한 것도 헛되이 대권은 다시 동탁의 잔당인 이각과 곽사에게로 돌아가고 만다.

　여기서 동탁을 처단한 후에 왕윤이 취한 조치들을 다시 한 번 되짚어 보자.

　첫 번째, 전횡과 사치를 일삼던 동탁의 일족들을 처형하고 동탁이 미오성에 바리바리 쌓아놓은 재산을 몰수하여 국고에 귀속시킨 것은 적절한 처사로 나무랄 데가 없다.

　두 번째, 마지 못해 동탁에게 협조한 당대의 석학 채옹을 변절자로 몰아붙여 죽인 것은 너무 고지식하고 독선적인 처사가 아닌가 싶다.

　세 번째, 동탁의 수하 장수들이 항복을 청해왔을 때 거절하면서 강경일변도로 나간 것은 적절하지 못한 처사이다. 그 때문에 나중에 더 큰 화를 자초하지 않는가. 또, 여포가 구원하러 왔을 때 일단 피했다가 후일을 기약할 수도 있었을 텐데 무모하게 목숨을 버린 것은 선비다운 기개라기보다는 국정책임자로서 무책임한 행태가 아니었나 싶다.

　사도 왕윤, 동탁을 타도한 충신이지만 뒷수습을 잘못하여 다시 혼란 속에 빠져들게 하고 말았다. 지금으로부터 1,800년 전에 중국에서 있었던 일이지만, 최고 권력자의 유고로 빚어진 혼란기에 뒤처리를 맡은 국정책임자의 무능으로 더 큰 화를 자초하는 모습을 우리나라에서도 유신정권이 무너졌을 때 보지 않았던가.

1-05(005)
동탁이 남긴 두 이리 '이각과 곽사'

독재자 동탁이 양아들인 여포의 손에 처참하게 죽임을 당하자, 동탁의 심복장수인 이각(李傕)과 곽사(郭汜), 장제, 번조는 앞일이 난감했다. 이들은 우선 근거지인 섬서로 도망친 다음, 항복하겠다는 표문을 장안으로 보냈다. 그러나 당시 조정의 실세였던 사도 왕윤은 동탁의 수하 장수 네 사람은 절대로 용서할 수 없다며 사자를 엄하게 꾸짖어 돌려보냈다.

네 장수는 흩어져서 각자의 길로 가기로 했다. 이때 이각의 휘하에 있던 모사 가후가 '흩어지는 것보다는 군사를 모아 장안으로 쳐들어가서 동탁의 원수를 갚고 대권을 잡는 것이 더 나을 것이오. 잘 되면 천하를 얻을 것이고 못 되면 그때 도망쳐도 늦지 않을 것이오.' 하고 말하자, 네 장수는 가후의 진언대로 싸우기로 방향을 바꾼다.

이들은 '왕윤이 군대를 보내 동탁의 근거지 주민들을 모두 죽이려 한다.'고 헛소문을 퍼뜨리고, '가만히 앉아서 당하느니 모두 나서서 동탁의 원수를 갚자.'며 주민들을 선동했다. 이래 죽으나 저래 죽으나 마찬가지라고 생각한 서량의 주민들이 속속 몰려드니 어느새 군사가 10만 명이 넘었다.

이들은 군사를 나누어 일부는 여포를 도성 밖으로 유인하고, 나머지는 장안으로 밀고 들어갔다. 도성 장안을 점령한 이각과 곽사 등은 황궁으로 달려가 어린 황제를 협박하여 사도 왕윤을 끌어내 목을 베니 다시 대권은 이들 네 장수에게로 돌아갔다.

이각은 같은 열(列)의 장수 번조에게 적장과 내통했다는 누명을 씌워 죽이고, 장제를 부하장수로 만들어 근거지인 섬서로 보냈다. 이각은 곽사와 대권을 나누어 가지고 자신들의 벼슬을 멋대로 정하는 등 국정을 전단(專斷)했다. 장안은 이들이 이끌고 온 군사들의 말발굽에 여지없이 짓밟혔다.

이때, 조정의 중신 양표는 이각과 곽사가 대권을 공유하고 있으니 두 사람을 갈라놓아야겠다고 생각했다. 권력이란 본시 부자(父子) 간에도 나눠 가질 수 없는 것 아닌가. 양표는 곽사의 부인이 질투가 심하다는 정보를 입수하고, 아내를 곽사의 부인에게 자주 보내어 가깝게 지내도록 했다. 어느 날, 양표의 부인은 곽사의 부인에게 살짝 일렀다.

"요즘 이 장군의 부인과 곽 장군이 깊은 관계라는 소문이 장안에 파다하게 퍼져 있습니다. 만일 이 장군이 소문을 듣게 되면 곽 장군께서 필히 해를 당하실 것입니다. 은밀히 대비책을 세우도록 하십시오."

곽사의 부인은 질투심에 펄쩍 뛰었지만 혹시 남편이 해를 입을까봐 전전긍긍했다. 며칠 후, 이각의 부중(府中)으로부터 연회 초청을 받은 곽사가 출발준비를 하고 있을 때, 곽사의 부인이 '혹시 술에 독이라도 타면 어떻게 하느냐?'며 가지 못하게 했다. 두 사람은 함께 장안을 점령하고 대권을 나누어 가진 이래, 아직 한 번도 서로를 의심해본 적이 없었지만, 부인이 하도 말리는 바람에 곽사는 그날 연회에 참석하지 않았다.

곽사가 오지 않자, 이각은 연회가 끝난 후 주안상을 곽사의 집으로 보냈다. 곽사의 부인은 자신의 의심이 틀리지 않았음을 증명하기 위해 보내온 안주를 부엌으로 가져가 몰래 독을 뿌려서 내왔다. 곽사가 안주 하나를 집어서 입에 넣으려 하자, 부인이 황급히 제지하면서 말했다.

"이 음식은 그 집에서 보내온 것인데 어찌 함부로 드시려 하오?"

부인이 안주 하나를 마당에 있는 개에게 던졌다. 그러자 안주를 먹은 개가 미친 듯이 날뛰다가 쓰러지더니 바로 숨이 끊어지는 것이 아닌가. 이를 지켜본 곽사는 치를 떨며 이각을 의심하게 되었다.

그 후 곽사는 이각과 함께 하는 자리를 한사코 피했다. 그러다가 어쩔 수 없이 이각이 베푸는 술자리에 참석했다가 집으로 돌아왔는데, 그날 밤 심한 복통을 앓았다. 그의 부인은 음식에 독을 넣은 것이 분명하다며 또 이간질을 했다. 복통으로 며칠 고생한 곽사는 더 이상 참을 수 없어 휘하 군사를 이끌고 이각의 부중으로 쳐들어갔다.

이각도 곽사의 배신에 분개하며 군사를 일으켰다. 두 군대 사이에 전투가 벌어졌다. 이각은 재빨리 조카 이섬에게 '황제를 납치하여 동탁이 기거하던 미오성에 가둬두고 감시하라.'고 지시를 내렸다. 황제를 끼고 있는 편이 대의명분이 앞선다는 것을 안 까닭이었다.

이각에게 선수를 빼앗긴 곽사는 분을 참지 못하고 군사들에게 황궁을 습격하여 궁녀들을 닥치는 대로 능욕하고 궁궐에 불을 지르도록 했다. 도성 장안은 두 군사들의 싸움과 노략질로 완전히 무법천지가 되고 말았다. 그 사이, 이각이 전에 섬서로 보냈던 장제가 대군을 이끌고 황제가 있는 미오성에 들이닥쳤다.

황제를 배알한 장제는 도성을 낙양으로 옮길 것을 종용했다. 아무 실권 없는 황제가 달리 의견이 있을 리 없었다. 황제 일가가 낙양을 향해 떠나자, 숨어있던 한의 구신(舊臣)들이 달려와서 어가(御駕)를 호위했다. 서로 싸우다가 황제를 놓쳐버린 이각과 곽사는 곧 싸움을 중지하고 다시 힘을 합하여 어가를 추격했다.

황제 일행이 낙양 부근에 도착해보니, 낙양은 옛날 동탁이 불태운 폐허 그대로였고, 남아있는 백성들은 초근목피(草根木皮)로 연명하고 있었다. 황제는 산동에 있는 조조에게 어가를 보호하라는 조서를 보냈고, 황제의 부름을 기다리며 기회를 엿보고 있던 조조는 회심의 미소를 지으며 군사를 이끌고 낙양으로 입성한다.

이때, 이각과 곽사는 조조에게 저항하는 것은 무리라며 항복을 권하는 모사 가후의 계책을 듣지 않고 조조와 일전을 겨루기로 했다. 첫 싸움에서 여지없이 참패하여 재기불능 상태가 된 이각과 곽사는 패잔병을 이끌고 섬서로 도망쳤다. 그러나 얼마 안 있어 부하들에게 살해된 두 사람의 수급(首級)은 조조에게 바쳐지고 만다.

이각과 곽사, 동탁 사후에 왕윤을 죽이고 대권까지 나누어가졌으나 여자의 질투심을 이용한 반간계(反間計)에 말려들어 서로 의심하다가 함께 패망하고 말았다. 이들의 몰락이 남긴 교훈은, 뚜렷한 대의명분 없이 서로의 필요에 의해 결탁된 세력은 내부의 조그만 이간질에도 쉽게 무너지고 만다는 사실 바로 그것이다.

1-06(006)
삼국지의 무예지존(武藝至尊) '여포'

소설 삼국지에는 발군의 무용을 지닌 장수들이 많이 나온다. 여포 관우 장비 태사자 조운 전위 허저 서황 감녕 황충 마초 방덕 장료 장합… 하나같이 일기당천의 무장들이다. 이 중에서 무예가 가장 뛰어난 장수는 누구일까?

무력으로 조정의 대권을 장악한 동탁이 온통 공포분위기를 조성한 다음, 제멋대로 황제를 쫓아내고 새 황제를 임명(?)하려 했을 때 감히 반대하고 나선 사람이 있었다. 병주자사 정원이었다. 그러고도 그가 무사할 수 있었던 것은 그의 뒤에 양자(養子) 여포가 떡 버티고 서 있었기 때문이다.

불을 뿜는 눈동자, 맹호 같은 기상, 양날을 창으로 쓰는 방천화극(方天畫戟)을 꼬나 쥔 빈틈없고 늠름한 위용, 삼국지에 처음 얼굴을 드러낸 여포의 모습이다. 이에 포악하기로 소문난 동탁도 기가 질려서 어쩔 수 없었던 것이다. 그러나 희대의 명마인 적토마(赤兎馬)와 금은보화에 눈이 먼 여포는 양부(養父) 정원을 죽이고 동탁의 휘하로 들어간다.

여포(呂布), 자는 봉선(奉先). 백년에 한 번 나올까말까 할 정도로 활쏘기와 창검의 명인이다. 지금의 내몽고자치주인 병주 출신이고 궁마(弓馬) 실력을 타고났으니 몽고족의 후손이 아닌가 싶다. 여러 문헌에 신이 전쟁을 위해 특별히 창조한 불사신으로 표현되어 있을 정도로 삼국지에 나오는 무장들 중 단연 최고의 무예를 지녔다.

여포가 삼국지 초반부에 등장하여 눈부신 무용을 떨치는 모습에서부터 아깝게 중도에서 사라지는 장면까지 그의 행적을 더듬어보면서, 난세를 살아가는 영웅의 조건을 생각해 보고자 한다.

원소 조조 손견 공손찬 등 전국의 17제후들이 모여서 연합군을 구성하여 포악한 독재자 동탁을 타도하려 했으나, 여포를 앞세운 동탁에게는 천하에 두려울 것이 없었다. 여포가 적토마를 타고 방천화극을 휘두르며 활약하는 모습을 보고 낙양의 어린이들이 이런 노래를 지어 불렀다.

목장에 말은 많지만 말 중의 으뜸은 적토마라네
낙양에 호걸은 많지만 호걸 중의 으뜸은 여포 봉선이라네

여포를 삼국지의 무예지존(武藝至尊)으로 꼽는 근거는 두 번의 전투 결과에서 나온다. 첫 번째는 호로관전투에서 유비 관우 장비와 여포의 3대 1 결투가 벌어졌다. 이때 82근의 청룡언월도를 쓰는 관우와 장팔사모(丈八蛇矛)를 휘두르는 장비, 그리고 쌍고검(雙股劍)을 쓰는 유비까지 한꺼번에 덤벼들자, 여포가 도망을 쳤을 뿐 결코 여포를 이기지는 못했다.

두 번째는 복양전투에서 조조진영의 여섯 장수와 여포의 6대 1 결투가 벌어졌다. 이때 한고조 유방의 맹장인 번쾌의 화신으로 불렸던 허저, 은나라의 전설적인 영웅 악래라 불렸던 전위, 조조진영의 최고참 장수 하후돈과 하후연, 그리고 이전과 악진이 한꺼번에 덤벼들었어도 여포를 죽이지 못한 것이다.

여포는 신기(神技)에 가까운 무예로 당대에는 대적할 사람이 없을 정도

여서 가히 무신(武神)으로 불릴 만했다. 그러나 하늘은 한 사람에게 모든 것을 다 주지는 않는 법, 여포는 천하제일의 무용을 지녔지만 불행하게도 사려와 지략이 부족했고 변덕도 심했다.

여포는 적토마에 혹하여 정원을 죽이고 동탁의 부하가 되었지만, 이번에는 초선이라는 여자 때문에 동탁을 죽인다. 그러다가 동탁의 부하 장수들인 이각과 곽사에게 쫓겨 떠돌아다니더니 서주의 유비를 찾아온다. 그런데, 유비가 남양의 원술을 치는 사이 유비의 뒤통수를 쳐서 서주를 빼앗는 등 신의를 저버리는 행동을 한다. 또 자신의 딸을 원술의 아들과 정략 결혼을 시키려다 포기하는 등 줏대 없이 좌충우돌한다.

여포가 조조의 대군에게 포위되자, 여포의 모사 진궁은 조조를 물리칠 계책을 일러주지만 여포는 끝내 결단을 내리지 못하고 처첩의 치맛자락에 파묻혀 오히려 진궁을 의심한다. 아녀자의 눈물에는 솔깃하고 참모의 충간(忠諫)에는 귀 기울이지 않은 것이다. 그러다가 내부분열이 생겨서 여포는 잠든 사이에 부하들에게 결박이 지워져 적토마와 함께 조조 앞에 끌려 나오는 신세가 되고 만다.

"승상! 소인 여포, 이렇게 항복하였습니다. 목숨만 살려주신다면 승상을 제 몸같이 돌봐드리겠습니다. 살려주십시오."

일세의 영웅답지 않게 목숨을 애걸하는 여포를 보고 조조는 마음이 착잡해졌다. 그냥 살려줄까 하는 생각이 들어서 옆에 있는 유비에게 슬쩍 의견을 물어보았다. 그러나 도덕군자 같은 유비도 이제는 여포의 편이 되어주지 않았다.

"안 됩니다. 그는 적토마 때문에 양부 정원을 살해하고 동탁을 섬기다가, 또 여자 때문에 동탁을 죽이지 않았습니까? 그는 믿을 수 없는 사람입니다."

　그 정도의 무예를 지닌 인물이라면 조조나 유비가 탐을 내었을 법도 한데 아무도 그를 구해주지 않은 것이다. 무신으로 불렸던 여포, 중원에서 군계일학(群鷄一鶴)처럼 무용을 떨치며 종횡무진 활약했지만, 지략과 결단력이 부족하여 우왕좌왕하다가 참모 진궁과 함께 참수되고 만다.

　오히려 그의 부장인 장료가 더 당당하고 꼿꼿하게 저항했다. 유비와 관우의 간곡한 요청도 있었지만, 장료의 뛰어난 무용과 인물됨을 알아본 조조가 바로 그를 자신의 사람으로 만든다. 후일 장료는 오와의 전투 때 얼마나 많은 공을 세우는가.

　아무리 능력이 뛰어난 사람이라 할지라도 신의가 없는 사람은 곤란하다. 또 무용만 있고 지략이 없는 사람은 결코 패자(覇者)가 될 수 없다. 그것은 이미 400년 전에 산을 뽑을 만한 무용과 군사력을 지닌 항우가, 그보다 훨씬 열악한 군사력을 지니고도 용인술이 뛰어난 유방에게 진 것으로 이미 역사가 증명하고 있지 않은가.

　여포는 삼국지를 대할 때마다 참으로 아깝다는 생각이 드는 첫 번째 인물이다. 삼국지 최고의 무예를 지닌 그가 패권에 도전할 기개(氣槪)를 가졌다면 인격적으로도 좀 더 성숙했어야 했고, 탁월한 참모인 진궁의 지략에도 귀를 기울였어야 했다. 아니면, 유비나 조조의 휘하에 들어가 한껏 무용을 떨쳤더라면 청사(靑史)에 길이 이름을 남길 용장으로 기록되지 않았을까 하는 생각을 떨쳐버릴 수가 없다.

1-07(007)
가장 먼저 자립한 북방의 강자 '공손찬'

난세에 일어선 군웅(群雄) 중에는 끝까지 살아남아 자신의 뜻을 이루는 경우도 있지만, 그렇지 못한 경우가 훨씬 더 많다. 중도에 탈락하는 인물은 틀림없이 그럴만한 요인을 가지고 있다. 난세만큼 각자의 기량이 있는 그대로 노출되고 또 공정하게 평가되는 때도 없기 때문이다.

중도에 패망하는 군웅 중의 한 사람인 공손찬의 활약상과 패망 요인, 그리고 남긴 업적에 대해서 살펴보고자 한다. 그런 인물의 실패요인을 찾아보는 것은 뜻을 세우고 꿈을 펼치려는 사람들에게 좋은 교훈이 되지 않을까 싶다.

공손찬(公孫瓚), 자는 백규(伯珪). 고구려와 인접한 유주 요서의 빈천한 집안에서 태어났다. 공손찬은 어릴 때부터 우렁찬 목소리를 지녔으며, 성장하면서 상대를 압도할 만한 풍채를 지니게 되었다. 그의 인물됨에 반한 그 지역의 태수가 자신의 외동딸을 주어 사위로 삼은 뒤, 석학 노식의 문하에 유학을 보냈다. 거기서 공손찬은 유비를 만나 함께 수학했고, 후일 형제처럼 가까이 지내게 되었다.

황건적의 난이 일어나자, 고향으로 돌아온 공손찬은 그곳 청년들을 규합하여 황건적 토벌에 앞장섰고, 북쪽 변방을 어지럽히는 선비족과 오환족을 평정하여 용맹을 떨치면서 당당히 군벌로 성장했다. 또 북평태수로서 동탁을 토벌하는 17제후 연합군에도 참여하여 중앙무대에 등장했다. 이때 유비 관우 장비 3형제도 그의 진영에 함께 있었다.

연합군이 내분에 휩싸여 제후들이 뿔뿔이 흩어지자, 공손찬도 군마를 이끌고 근거지인 유주로 돌아왔다. 그리고 가까운 곳에서부터 차근차근 평정해 나가면서 삼국지 전야에 등장하는 군웅들 중에서 가장 먼저 유주에 기반을 둔 북방의 강자로 부상했다.

이 무렵, 공손찬은 기주를 기반으로 인근 병주와 청주 쪽으로 세력을 키우고 있는 원소와 자주 충돌했는데, 그러다가 서로 철천지원수가 되고 말았다. 북방의 두 강자는 하북(河北)지역의 패권을 놓고 연일 전투를 벌였지만 일진일퇴할 뿐 쉽게 승부가 나지 않았다.

당시의 세력분포를 보면 여포를 영입한 동탁은 도성에서 무자비한 공포정치를 하고 있었고, 북방의 유주를 차지하고 있는 공손찬은 남양의 원술과 연합하여 기주의 원소와 연주의 조조 연합세력과 대립하고 있었다. 그때 유비는 공손찬의 비호 아래 평원 땅에서 힘을 기르고 있었다.

동탁이 죽은 후, 황제가 동탁의 잔당인 이각과 곽사에게 쫓겨 낙양 주위에서 배회하고 있을 때, 유비는 공손찬에게 이때를 놓치지 말고 군사를 이끌고 낙양으로 가서 황제를 받들자고 진언했다. 당시엔 군웅들이 기반을 잡지 못한 상태였기 때문에 절호의 기회였다. 그러나 공손찬의 반응은 실망스러운 것이었다.

"현제(賢弟)의 충고는 고마우나 아직은 때가 아니라고 생각하네. 원소가 낙양으로 가는 길을 내줄 리도 없고, 설사 황제를 모신다고 해도 그 득실을 헤아릴 길이 없네. 공연히 낙양으로 가서 제후들의 의심을 사느니 차라리 이곳에서 내실을 기하겠네."

좋은 기회를 놓치고 마는 공손찬, 황제를 등에 업고 천하를 호령하는 것은 패자(覇者)가 되는 지름길임은 물론 정통성 확보에도 절대적으로 유리한데…. 결국 재빨리 군마를 거느리고 낙양에 입성한 조조가 실권자로 발돋움하지 않는가.

공손찬은 북방에서 어느 정도 기반을 구축한 것에 만족을 했는지 갑자기 대규모 토목공사를 일으켜 거대한 성채와 누각을 짓기 시작했다. 그리고 그 안에 막대한 식량을 비축하는 등 일가권속들과 함께 안주할 준비를 했다.

이때 조조의 부추김을 받은 원소가 대규모 군사를 이끌고 쳐들어오자, 공손찬은 나가서 싸우는 대신 성안에서 굳게 지키는 작전으로 맞섰다. 그러다가 원소군의 주력부대가 집중적으로 공략하는 쪽이 무너지기 시작하면서 공손찬의 군사들은 흔들리기 시작했고, 사기도 급격히 떨어졌다.

다급해진 공손찬은 흑산적(黑山賊)의 우두머리 장연에게 밀계(密計)를 적은 사자를 보내 구원을 요청했다. 그러나 사자를 사로잡은 원소가 그 계략을 역이용하는 바람에 참패하여 공손찬은 군사를 태반이나 잃고 만다. 이어, 원소의 군사들이 땅굴을 파고 성채 안으로 들이닥치니 도망쳐 나갈 수도 없었다.

결국, 공손찬은 처자식을 먼저 죽이고 자신도 불타는 역경루에 뛰어들어 목숨을 끊고 만다. 백마(白馬)를 타고 전장을 누비며 군웅들 중에서 가장 먼저 기업(基業)을 일으킨 북방의 강자치고는 참으로 비참한 종말이 아닐 수 없다. 북방의 패권을 건 두 강자의 건곤일척의 싸움은 결국 원소의 승리로 끝이 난 것이다.

공손찬의 패망 원인을 찾아보자.

첫째, 대국을 보는 안목이 부족했다. 유비가 황제를 등에 업고 천하를 호령하자며 낙양으로의 출진을 권했을 때 모험을 한번 해보았어야 했다. 난세에는 도박도 필요한 법이다. 또, 조조마저도 두려워했던 원소와 불구대천의 원수가 된 것은 그의 치명적인 실책이라 할 수 있다. 원소와 자웅을 겨루어야 했다면 조조와 연합하여 남북에서 협공을 했어야 했다.

둘째, 인재를 모으고 활용하는 데 소홀했다. 특히 그가 뒤를 보살펴주던 유비를 제대로 활용하지 못했을 뿐 아니라 오히려 떠나도록 내버려두었다. 유비를 끝까지 곁에 두었더라면 그렇게 쉽게 패망하지 않았을지도 모른다. 또, 제 발로 찾아온 조자룡 같은 무장을 속마음을 알 수 없다 하여 중용하지 않은 것도 그의 빼놓을 수 없는 실책이다.

셋째, 그 자신의 만심(慢心)을 경계했어야 했다. 군웅 중에서 가장 먼저 자립하여 북방의 강자로 발돋움했으나 조그마한 성공에 만족하여 긴장의 고삐를 풀고 만 것이다. 천하가 평정되어 최후의 승자로 남을 때까지 한 시도 마음을 놓아서는 안 되는 난세에, 거대한 누각을 짓고 호강을 생각하는 것은 있을 수 없는 일이다.

북방의 강자 공손찬, 북방 여러 오랑캐들을 평정하여 군웅들이 안심하고 중원에서 싸울 수 있도록 해놓고, 또 일개 서생이었던 유비를 거목으로 키워서 중원으로 내보내놓고 역사의 저편으로 사라져갔다. 그것이 바로 공손찬에게 주어진 시대적 소명이 아닌가 싶다.

1-08(008)
강동의 호랑이 부자(父子) '손견과 손책'

역사에 가정법을 쓰는 것은 무의미한 일이지만, 그래도 생각을 해본다면 손견이나 아들 손책 중에서 한 사람이라도 오래 살았더라면 아마 삼국지의 스토리는 크게 달라졌을 것이다. 천하의 패권을 놓고 조조와 최후까지 결전을 벌인 사람은 어쩌면 유비가 아니라 이들 중 한 사람이었을지도 모른다. 이들 부자(父子)의 짧고 헌걸찬 생애를 조명해 보고자 한다.

손견(孫堅), 자는 문대(文臺). 양주 오군 출신으로, 손자병법으로 유명한 손무의 후예이다. 손견의 어머니가 조상들의 장지(葬地)에서 영롱한 광채가 솟아올라 구름을 오색으로 물들이는 태몽을 꾸고 손견을 잉태했다고 한다. 손견은 어릴 때부터 총명하고 활달한 기상으로 두각을 나타내기 시작했다.

손견의 영특함이 알려진 것은 그가 열일곱 살 때 아버지를 따라 어느 포구에 갔을 때였다. 거기서 수적(水賊)들이 노략질을 하고 있는 것을 본 손견은 즉시 옆에 있는 언덕으로 뛰어올라가 칼을 빼들고 여러 병사를 지휘하듯 호령했다. 수적들은 관병들이 잡으러 온 줄 알고 뿔뿔이 흩어져 도망쳤다. 그는 곧바로 두목을 뒤쫓아 가서 목을 베어들고 돌아왔다.

이 일로 손견의 명성이 온 고을에 퍼졌고, 주민들의 열화 같은 요구로 고을의 치안책임자가 되었다. 그 후에도 손견은 탁월한 지략과 용맹으로 도적들을 소탕하는 데 큰 공을 세워 마침내 그곳 장사군의 태수가 되었고, 한당 황개 정보 조무 등 용맹무쌍한 네 장수를 얻어 막강한 실력자가 되었다.

손견은 황건적 토벌에도 참여하여 큰 공을 세웠다. 그 후 동탁이 대권을 잡고 국정을 전횡(專橫)하자, 각지의 제후들이 '타도 동탁'의 기치를 내걸고 연합군을 구성했는데 손견도 군사를 이끌고 참여했다. 손견은 화끈한 성격 그대로 선봉을 자원하여 동탁의 선봉장 화웅을 따끔하게 혼내주며 강동의 호랑이로 불리던 이름값을 톡톡히 했다.

결국 동탁은 도성 낙양을 불태우고 장안으로 천도를 했는데, 이때 연합군의 선봉으로 낙양의 궁궐에 입성한 손견은 한 우물에서 십상시의 난 때 잃어버린 한(漢)의 옥새를 발견했다. 손견은 옥새가 자신의 손에 들어온 것은 하늘의 뜻이라 생각하고 웅지를 품은 채 군사를 이끌고 근거지인 강동으로 향했다.

이 사실을 알게 된 연합군의 맹주(盟主) 원소는 형주자사 유표에게 '손견이 옥새를 훔쳐 달아나고 있으니 그를 잡아서 옥새를 뺏어라.'고 밀서를 보냈다. 손견과 유표 사이에 치열한 전투가 벌어졌고, 결국 손견은 유표의 부하장수 황조의 매복계에 걸려 무참히 전사한다. 이때 그의 나이 서른일곱이었다.

그의 열일곱 살 난 맏아들이 부업(父業)을 이었으니 그가 바로 강동의 작은 호랑이 손책(孫策)이다. 자가 백부(伯符)인 손책은 아버지 손견의 용맹한 기상과 어머니 오부인의 미모를 물려받아 빼어난 용자(容姿)를 지니게 되었는데 강동 사람들은 그를 손랑(孫郎)이라 부르며 많은 사랑을 주었다고 한다.

어릴 때부터 아버지와 네 장수들을 따라다니며 병법과 창검술을 익힌 손책은 지용(智勇)을 겸비한 무장으로 성장했다. 처음 참가한 전투에서 아버지를 잃었지만, 절망하지 않고 착실하게 실력을 쌓아갔다.

그러다가 서주자사 도겸의 침략을 받은 손책은 한동안 남양의 군벌(軍閥) 원술에게 의지하며 지냈다. 청년이 된 그는 선부(先父)가 이루지 못한 웅지를 펼치기로 결심하고, 물려받은 옥새를 담보로 맡기고 원술에게서 군사 3천명과 말 5백 필을 빌려 옛 장수들과 함께 강동으로 돌아온다.

손책은 친구이면서 동서인 명장 주유와 태사자, 주태 등의 무장을 새로 얻어 강동 일대를 착착 평정하였고, 두 현사(賢士) 장소와 장굉을 초빙하여 내치도 탄탄하게 다져 오나라 건국의 기초를 닦았다. 손책이 어느 전투에서 잡은 적장을 겨드랑이에 끼워 죽인 적이 있는데, 그때부터 사람들은 그를 소패왕(小覇王)이라 불렀다. 이곳 출신으로 패왕(覇王)으로 불리던 항우에 버금가는 영웅이라는 뜻이다.

그는 강동 일대를 주름잡던 군웅과 도적떼들을 모조리 평정한 다음, 조정에 사신을 보내 오늘날의 국방부장관에 해당하는 대사마(大司馬) 벼슬을 달라고 했다. 그러나 그것이 받아들여지지 않자, 손책은 당시 조정의 실권자인 조조에게 앙심을 품었다. 그는 조조를 쳐서 단숨에 천하의 패권을 잡으려는 야심찬 계획을 세웠다.

그러나 그 계획을 추진하기도 전에 자객의 습격을 받아 온 몸에 치명상을 입고 말았다. 손책이 상처를 치료하고 있을 때, 원소의 사자가 와서 함께 힘을 모아 조조를 치자고 제의해왔다. 손책은 쾌히 승낙하고 원소의 사자를 접대하는 잔치를 열었다. 그 자리에 우길이라는 선인(仙人)이 찾아왔는데 많은 사람들이 우르르 몰려가 그를 경배를 하는 것이 아닌가.

손책은 강동 땅에 자기보다 더 우러름을 받는 사람이 있다는 사실에 시샘을 느끼고 주위의 만류에도 불구하고 그 선인을 잡아서 처형했다. 그러자 손책은 갑자기 귀신에 씐 듯 미쳐 날뛰다가 쓰러지더니, 아물었던 상처까지 재발하여 중태에 빠졌다. 그는 자신의 **최후**가 왔음을 직감하고 아우 손권을 불러서 후사를 부탁했다.

"권아, 군사를 일으켜 적과 싸우는 일은 내가 너보다 낫지만, 나라를 지키고 보존하는 일은 네가 나보다 더 낫다. 너는 아버지와 내가 창업할 때의 간난(艱難)을 한 시도 잊지 말고 영토를 잘 보전하기 바란다. 나라 안의 일은 장소에게 묻고, 나라 밖의 일은 주유에게 물어서 처결토록 하라."

이때 손책의 나이 스물여섯 살이었고, 손권은 열아홉 살이었다. 이후 손권이 다스리는 강동은 물려받은 대로 **현상유지**만 할 뿐, 한 번도 중원으로 진출하려는 적극적인 공세를 펼치지 못한다.

소패왕으로 불리던 손책은 성격이 급하고 너무 과격한 결점은 있었지만, 호방한 기개와 **쾌활**한 기상은 가히 천하를 삼킬 만했다. 그가 좀 더 오래 살았더라면 능히 강동의 정예군을 이끌고 양자강을 건너가서 조조와 한판 자웅(雌雄)을 겨뤘을 것이다.

강동의 호랑이 부자 손견과 손책, 대를 이어 웅지(雄志)를 펼치다가 중도에 꺾여버린 참으로 아까운 인물들이다.

1-09(009)
황제를 참칭한 명가의 적자(嫡子) '원술'

"만약에 내가 없었더라면 얼마나 많은 무리들이 황제와 왕, 제후를 사칭하며 세상을 어지럽혔을지 모른다."

조조는 만년에 자신이 걸어온 길을 회고하며 이렇게 말한 적이 있다. 그의 말은 곧 현실이 된다. 조조가 죽자, 그의 아들 조비가 후한 황제로부터 선양(禪讓)을 받아 위 황제에 오르는 것을 필두로 촉의 유비, 오의 손권이 차례로 황제에 오르기 때문이다.

그런데 조조가 죽기 전에 황제를 참칭(僭稱)한 인물이 있었으니, 그가 바로 원소의 사촌동생 원술이다. 남양에서 군벌(軍閥)로 성장한 원술의 부침과정, 그리고 그가 조기에 패망한 원인에 대해서 살펴보고자 한다.

원술(袁術), 자는 공로(公路). 예주 여남 출신으로 4세3공(四世三公)을 배출한 명가 출신의 적자(嫡子)라는 후광을 업고 남양에서 기업(基業)을 쌓을 수 있었다. 얼자(孼子) 출신인 사촌형 원소를 개무시했으나, 용자(容姿), 도량, 안목 등 여러 가지 면에서 오히려 원소에게 미치지 못하는 것도 사실이다. 원소와는 사이가 좋지 않아 서로 대립하며 원수처럼 지냈다.

동탁을 토벌하기 위해 17제후 연합군을 구성했을 때, 원술은 남양태수로서 가장 먼저 군마를 이끌고 와서 연합군의 군량과 마초(馬草)를 담당했다. 강동의 호랑이 손견이 선봉을 맡아 큰 공을 세우려 하자, 견제를 한

답시고 군량을 보내주지 않는 협량(狹量)을 드러내어 제후들 간에 불화와 내분을 일으키는 빌미를 제공하기도 했다.

결국 제후들은 뿔뿔이 흩어져 각자의 근거지로 돌아가는데 공손찬은 북방의 유주를, 원소는 기주를, 조조는 연주를 차지하고 각자 야심을 드러내면서 힘을 키워나갔다. 원술은 남양에 근거를 두고 맹장 손책을 앞세워 세력을 확대해갔다. 남방 경략이 어느 정도 성공을 거두자, 슬그머니 딴 생각을 하기 시작했다.

"이제 곧 나의 시대가 온다. 한(漢)을 대신할 사람이 나 이외에 누가 있으랴!"

그때 마침, 아들처럼 가까이 두고 부려먹던 손책이 그의 아버지 손견에게서 물려받은 전국(傳國)의 옥새를 맡기면서 군마를 빌려 달라고 하자, 원술은 옥새에 혹해서 군사 3천 명과 말 5백 필을 내준다.

그 후, 강동에서 어느 정도 기반을 확립한 손책이 빌린 군사를 돌려주겠다며 옥새를 달라고 했지만, 원술은 오래 전부터 제위를 꿈꾸어 오던지라 이런저런 핑계를 대며 돌려주지 않았다. 결국 두 사람 사이가 틀어지고 말았다. 또 원술은 그의 아들과 여포의 딸을 혼인시켜 유비를 견제하려다 실패하여 여포와도, 유비와도 원수가 되고 만다.

드디어 원술은 옥새를 가진 것을 기화(奇貨)로 수춘성에서 스스로 황제에 올랐다. 조정의 실권자 조조는 황제를 참칭하는 원술을 토벌하기 위해 대군을 일으키는 한편, 강동의 손책과 서주의 여포, 그리고 유비에게도 군사를 내도록 요청했다. 조조가 이끄는 연합군이 수춘성을 포위했다.

원술은 연합군의 군량이 떨어질 때까지 수춘성 안에서 저항하도록 명하고, 자신은 어림군을 이끌고 회수를 건너 회남으로 피신했다. 조조는 도망치는 원술을 추격하지 않고 수춘성을 공략하기로 방침을 정했다. 연합군은 한때 군량이 떨어져 고전하기도 했지만, 마침내 수춘성을 공략하여 함락시킨다.

회남에서도 원술이 계속 방탕을 일삼으니, 백성들이 하나 둘 그의 곁을 떠나 세력이 급격히 줄어들었다. 이때 여포는 조조와 유비의 연합군에게 이미 평정되었고, 원술의 동맹자인 공손찬도 원소에게 패망한 후였다. 그때서야 원술은 위기의식을 느끼고 옥새를 사촌형인 원소에게 넘겨줄 생각을 했다.

유비는 조조의 울타리를 벗어나기 위해 원술을 치겠다고 자원했다. 유비는 조조가 내준 군사 5만 명을 이끌고 서주 길목을 지키고 있다가 원소에게로 향하는 원술의 군대를 공격했다. 원술의 선봉장 기령이 장비의 창에 찔려 죽으니 사기가 떨어진 원술의 군사들은 대부분 죽거나 항복했다.

원술은 겨우 목숨만 건진 채 도망치다가 어느 조그만 성에 숨어들었는데, 얼마 안 있어 양식이 떨어지고 말았다. 끼니마다 잡곡밥이 나오니 도무지 밥이 목구멍에 넘어가지 않았다. 그는 주방장에게 꿀물을 가져오라고 말했다.

양식이 떨어져 굶어죽을 판에 꿀물을 찾으니 주방장도 황제를 얕보고 '원 참, 꿀물이 어디 있소? 핏물이라면 모를까.' 하며 빈정거렸다. 원술은 울화통이 터져 '네 이놈! 무슨 말버릇이…' 하며 소리를 지르다가 피를 토하며 쓰러지더니 다시는 일어나지 못했다.

황제치고는 너무나 비참한 종말이었다. 그의 가솔(家率)들은 모두 도적떼에게 잡혀 죽었고, 원소에게 주려고 했던 옥새는 조조의 손에 들어가 결국 원주인인 후한 황제에게로 되돌아갔다.

원술의 패망원인은 스스로 화를 불러들인 데서 찾을 수 있다. 다시 나누어서 살펴보자.

첫 번째, 난세에는 적보다 동지가 많아야 하는데, 원술은 주위의 군웅들을 모두 적으로 만드는 치명적인 실책을 범했다. 가까이 둘 수 있었던 손책을 잃었고, 원래 공손찬과 함께 같은 편이었던 유비까지 적으로 만든 데다, 사돈을 맺기로 했던 여포와도 원수가 되고 말았다. 그런 다음 황제를 참칭하여 조조의 비위까지 건드린 것이다.

두 번째, 조그만 성공에 도취하여 샴페인을 너무 일찍 터뜨렸다. 난세에는 마지막으로 살아남을 때까지 긴장을 늦춰서는 안 된다는 사실을 망각하고 옥새에 혹해서 스스로 황제에 올라 사치와 향락에 빠져서 호사스럽게 살아온 것이다. 그렇게 화를 자초(自招)한 것을 보면 그의 정신 상태나 자질부족을 의심하지 않을 수 없다.

세 번째, 종형제끼리 적자니 얼자니 하고 싸울 게 아니라 대국(大局)을 보고 큰 그림을 그렸어야했다. 만일 원술이 원소와 힘을 합쳤더라면 누구도 넘볼 수 없는 최강의 세력이 되었을 것이다. 그렇게 해서 남과 북에서 조조를 협공했더라면 원소와 함께 중원의 패자(覇者)가 되었을 가능성이 가장 높지 않았겠는가.

정사 삼국지의 저자 진수는 원술을 이렇게 평했다.

"원술은 사치를 즐기고 음란, 방탕하여 그 끝이 좋지 못했으니 이것은 모두 스스로 불러들인 화이다."

1-10(010)
하북 4개주를 호령한 효웅(梟雄) '원소'

　삼국지에 등장하는 인물들 중에서 중원의 패권을 놓고 끝까지 다툰 조조와 유비는 최고의 영웅으로 꼽힌다. 또, 삼국지 전반부에 등장하여 조조와 건곤일척(乾坤一擲)의 승부를 겨룬 원소와, 물려받은 나라를 지키는 데 탁월한 수완을 보인 손권은 최고에 버금가는 영웅으로 꼽힌다.
　최강의 전력으로 하북(河北) 4개주를 호령한 효웅(梟雄) 원소에 대해서 살펴보고자 한다.
　원소(袁紹), 자는 본초(本初). 4세(四世)에 3정승을 배출한 명문가의 얼자(孼子) 출신이나, 귀공자 같은 준수한 용모, 기라성 같은 휘하 인재, 탄탄한 지역기반과 막강한 무력 등 패자(覇者)의 조건을 가장 많이 갖춘 인물이다.
　젊은 시절, 조정의 사례교위였던 원소는 동탁이 제멋대로 황제를 바꾸려 하자, '천하는 동공(董公)의 것이 아니오!' 하고 일갈하고 근거지인 발해로 달아났다. 동탁의 회유정책에 따라 발해태수에 봉해진 원소는 그곳에서 인재를 모으며 세력을 키워갔다.
　이때 동탁을 타도하자는 조조의 격문을 보고 각지의 군웅들이 모여들었는데, 원소는 모여든 17제후들 중에서 맹주(盟主)로 추대되었다. 그러나 개성이 강한 여러 제후들의 이해관계를 조율하고 규합하기에는 그의 리더

십은 어딘지 모르게 부족했고, 그 결과 제후연합군은 변변히 싸워보지도 못하고 뿔뿔이 흩어지고 만다.

　제후들은 모두 자신의 근거지로 돌아가 힘을 기르며 호시탐탐 천하를 차지할 기회를 엿보고 있었다. 원소도 기주에서 착실히 인재를 모으고 군마를 양성하면서 유주를 차지하고 있던 북방의 강자 공손찬과 불꽃 튀는 사투를 벌였다.

　한편, 동탁이 여포에게 피살된 후, 동탁의 잔당인 이각과 곽사를 토벌한 조조는 황제를 호위하며 도성에 입성하여 조정의 실권자가 되었다. 황제를 등에 업고 천하를 호령하게 된 것이다. 이 무렵 원소도 공손찬을 패퇴시키고 하북 4개주를 관할하는 막강한 실력자가 되었고, 조조도 원술과 여포를 패망시킴으로써 이제 양웅(兩雄)의 대결은 필연적인 귀결이 되어가고 있었다.

　유비를 정벌하기 위해 조조가 군사를 이끌고 서주로 쳐들어가자, 원소 진영의 일급 참모인 전풍은 허도가 비어있으니 즉시 출병하여 허도를 점령하자고 했다. 허도를 차지하고 황제를 옹위(擁衛)하는 것은 패자(覇者)가 되는 지름길이 아닌가. 그러나 원소는 총애하는 막내아들이 병을 앓고 있어서 만사가 귀찮다며 끝내 움직이지 않았다.

　그 후, 마음을 가다듬은 원소는 조조를 치려고 30만 대군을 일으켰다. 이때는 조조에게 빈틈이 없었으므로 전풍과 저수 등이 '지금은 시기가 좋지 않다.'며 말렸으나 이미 결심을 굳힌 원소는 전풍을 옥에 가두고 출정했다. 조조도 이에 맞서니 드디어 양웅의 불꽃 튀는 대결이 시작되었다. 원소는 맹장 안량과 문추를 차례로 내보냈으나 조조진영에 포로로 잡혀 있던 관우에게 두 장수가 차례로 목이 떨어지는 바람에 패퇴하고 말았다.

원소가 다시 전열을 정비하여 70만 대군으로 조조정벌에 나서자, 전풍은 옥중에서 '지금 싸우면 패할 수밖에 없다.'며 출정을 말리는 글을 올렸고, 원소의 고집을 꺾을 수 없다고 생각한 저수는 '지금 출정하면 전면전은 불리하니 지구전을 펼쳐야 한다.'고 간했다. 원소는 불길한 소리를 한다며 저수마저 옥에 가두었다.

조조는 정병 7만 명을 이끌고 원소의 대군과 맞섰다. 삼국지 전반부 최대의 승부처인 관도대전이 벌어진 것이다. 두 진영은 일진일퇴를 거듭했으나 십대 일의 병력차이 때문에 원소가 더 유리한 형국이 되었다. 그러나 모사 순욱의 조언으로 다시 용기를 얻은 조조가 원소의 군량기지가 허술하다는 정보를 입수하고 원소군의 군량창고를 기습하여 불태우자, 원소군의 사기가 무참히 꺾이면서 단숨에 전세가 역전되었다.

원소의 주력부대는 승기를 잡은 조조군의 총공세에 거의 괴멸되고 말았다. 원소는 겨우 수백 기를 이끌고 도주하다가 세 아들이 이끌고 온 지원군과 함께 다시 20만 대군으로 반격에 나섰다. 조조가 이번에는 모사 정욱의 계책대로 배수진을 치고 맹공을 퍼부으니 원소는 또다시 패퇴한다. 울화병이 난 원소는 피를 토하며 쓰러져 숨을 거두고 만다.

한때 제후연합군을 이끌었고, 하북 4개주를 호령하던 효웅 원소에게는 결코 어울리지 않는 비참한 종말이었다. 원소가 죽자 아들들이 후계자 자리를 놓고 다투는 바람에, 강병 백만을 자랑하던 하북 4개주는 너무도 쉽게 조조의 깃발 아래로 들어가고 만다. 기주성이 함락되었을 때 원소의 둘째며느리 견(甄) 씨는 조조의 맏아들 조비의 눈에 띄어 나중에 결혼을 하게 된다. 결국 원소는 며느리까지 조조의 아들에게 빼앗기는 수모를 당하게 되는 것이다.

패자(覇者)의 조건을 가장 많이 갖추고 있던 원소의 실패요인은 무엇일까?

첫째, 시시각각 변화하는 상황에 대처하는 냉철한 판단력과 결단력이 부족했다. 허도가 비어있는 천재일우의 기회가 왔을 때 사소한 집안문제 때문에 용단을 내리지 못하고 기회를 놓쳐버리는 것은 난세의 군웅으로서는 치명적인 실책이라 하지 않을 수 없다.

둘째, 유능한 참모를 많이 보유하고 있었으면서도 그들의 안목과 식견을 활용하지 못했다. 직언하는 참모의 조언을 듣기는커녕 옥에 가두어 죽음에 이르게 하더니, 조조와의 격전의 와중에 후처가 낳은 셋째아들을 후사(後嗣)로 세우는 어리석음까지 범했다.

셋째, 사촌동생인 남양의 군벌(軍閥) 원술을 포용하여 자신의 편으로 끌어들이지 못하고 오히려 적으로 만들었다는 점이다. 조조와 건곤일척의 승부를 벌여야 했다면, 당연히 원술과 힘을 합쳐서 남북에서 협공을 했어야 했다.

삼국지 최고의 영웅인 조조의 라이벌로 대부분 유비를 꼽는다. 그러나 비록 패하기는 했지만, 조조와 건곤일척의 승부를 겨룬 원소야말로 조조의 명실상부한 라이벌이 아니었나 싶다. 이 무렵의 유비는 조조와는 대적할 꿈도 꾸지 못하고 마냥 이곳저곳 쫓겨 다니기 바빴으니 말이다.

역사는 원소에게 '강북의 패권을 조조에게 넘겨주고 역사의 무대에서 조용히 사라지라.'고 명한다. 역사의 심판은 이렇듯 냉엄하고 무섭다.

1-11(011)
삼국지 최고의 두 영웅 '유비와 조조'

삼국지연의는 중원을 떠돌아다니다가 서촉에 안착한 유비의 입지과정과, 조조라는 희대의 영걸(英傑)이 황제를 등에 업고 각지의 제후들을 토벌하는 모습이 주된 줄거리를 이루고 있다. 삼국지에 등장하는 군웅들 중에서 끝까지 살아남아 패권을 다투는 두 영웅이며 주인공들인 유비와 조조에 관해서 고찰해보고자 한다.

유비(劉備), 자는 현덕(玄德). 빈한한 농촌에서 태어나 편모슬하에서 자랐으나 황실의 피를 물려받았다는 자부심과 신의(信義)를 바탕으로 한 신비스러운 인간적 매력으로 다양한 인재를 흡인하고 규합하여 군웅의 대열에 합류한 대기만성형 인물이다.

조조(曹操), 자는 맹덕(孟德). 환관 실력자의 양자로 들어간 아버지를 둔 신분적인 콤플렉스를 지니고 있으면서도 출중한 지모와 결단력, 탁월한 용병술, 다감한 성품 등을 발판으로 인재를 모아 실력자가 된 신흥 군벌을 대표하는 입지전적인 인물이다.

두 사람의 위상과 성격이 가장 극명하게 드러나는 초반부의 에피소드 하나를 살펴보자.

여포를 평정하고 개선하는 조조를 따라 허도로 간 유비는 조조의 눈치를 보며 하루하루 조심스런 나날을 보내고 있었다. 어느 날, 조조의 초대를 받은 유비는 매원(梅苑)에서 조조와 함께 술을 마시게 되었다.

조조가 '지금 이 시대, 누구를 영웅이라고 할 수 있겠소?' 하고 물었을 때, 유비는 갑자기 말문이 막혔다. 아니, 왠지 모르게 겁부터 덜컥 났다. 유비는 생각나는 대로 원소 원술 손책 유표 등의 이름을 차례로 대보았지만 조조는 일소(一笑)에 부치며 이렇게 말했다.

"영웅이란 미래를 향해 웅지를 품고 대계(大計)에 밝아야 하며, 하늘을 감쌀만한 기개와 땅을 삼킬만한 기량을 가지고 있어야 하오. 지금, 천하의 영웅이라면 당신과 나 둘 뿐이오."

이때 번개가 번쩍~ 하더니 뇌성이 '꽈르릉!' 하고 울렸다. 유비는 들고 있던 젓가락을 떨어뜨리며 손으로 귀를 막고 술상 아래로 엎드렸다. 조조가 의아한 듯 멀뚱히 쳐다보자, '죄송합니다. 어릴 때부터 천둥소리를 무서워해서…' 하고 말했다.

조조가 자신을 영웅이라고 칭하자, 깜짝 놀란 유비가 자신이 이 정도밖에 되지 않는 겁쟁이라는 것을 보여주기 위해 순발력을 발휘하여 능청스럽게 연극을 한 것이다.

삼국지를 이끌어가는 두 주인공이 주안상을 앞에 놓고 마주앉은 이 삽화에서, 두 사람의 위상 차이가 너무나도 선명하게 드러나지 않는가. 조조에게서는 넘치는 자신감과 당당한 기개가 보이는데, 유비는 왠지 옹색하고 초라해 보이기까지 한다.

당시 조조는 황제를 등에 업고 전국의 제후들을 호령하는 위치에 있었고, 유비는 조조에게 인질로 잡혀있는 것이나 다름없는 떠돌이 객장 신세였다. 유비가 당당히 조조와 맞설 수 있게 되는 것은 제갈량을 얻어 적벽에서 손권과 함께 조조의 백만 대군을 물리치고 난 후부터였다.

삼국지연의에 의해 유비는 인군(仁君)의 전형으로 평가받고 있고, 조조는 간웅(奸雄)으로 자리매김이 되고 있다. 두 사람의 면모를 여러 가지 관점에서 비교해보자.

첫째, 전환기의 역사에서 가장 중요한 가치기준이 되는 정통성 문제를 살펴보자.

유비는 쇠퇴해 가는 한조의 부흥을 대의명분으로, 자신이 황실의 후예임을 내세워 정통성을 주창했고, 조조는 난세의 실력자답게 황제의 권위를 등에 업고 무력을 기반으로 군웅들을 호령하는 실질적인 치자(治者)임을 내세워 정통성 문제에 대응했다.

정사 삼국지는 위(魏)를 이은 진(晋)이 삼국통일을 하는 결과를 반영하여 위의 조조에게 정통성을 부여하고 있지만, 야사인 삼국지연의는 당시의 민심과 혈통을 중시하여 촉의 유비에게 정통성을 부여하고 있다.

둘째, 출신배경과 경영 스타일을 비교해보자.

출신배경을 보면, 유비는 중국인들이 가장 이상적인 군주로 생각하는 한고조 유방의 후손으로, 가난한 농촌 출신이라는 점, 인화를 중시하는 점 등에서 유방의 연장선상에 있는 인물이다. 반면에 조조는 환관 집안에 양자로 간 아버지를 둔 비천한 신분의 장교 출신으로, 오직 실력으로 자신의 진가를 보여줄 수밖에 없는 인물이다.

경영 스타일을 보면, 유비는 수성형(守成型)이고 조조는 창업형(創業型)인데, 그 차이는 원정(遠征)을 떠날 때 극명하게 드러난다. 유비는 원정 때 주력을 근거지에 남겨두고 여력(餘力)을 이끌고 떠나지만, 조조는 원정 때 미더운 사람 한 둘에게 근거지를 지키게 하고 나머지 전력을 모두 이끌고 떠난다.

셋째, 성격상의 장단점을 비교해보자.

유비의 장점은 알 수 없는 힘으로 사람을 끄는 신비스런 카리스마가 있고, 항상 인의(仁義)를 내세워 부하들의 충성을 이끌어내는 인간적인 매력과 너그러움을 지니고 있다는 점이다. 단점은 신중함이 지나치거나 우유부단하여 결단을 내려야할 순간에 결단을 내리지 못하여 쉽게 할 수 있는 일을 어렵게 만드는 점을 들 수 있으리라.

조조의 장점은 적절한 조언을 하면 바로 행동으로 옮기는 등 난세의 지도자가 반드시 갖춰야할 덕목인 정확한 판단력과 결단력을 갖추고 있다는 점이다. 단점은 행동이 너무 전격적(電擊的)이고 자신의 지모를 과대평가하여 기책(奇策)을 즐겨 쓰다가 제 꾀에 자신이 넘어가는 우(愚)를 범할 때가 많은 점을 들 수 있으리라.

마지막으로, 민중들의 입장에서 두 사람을 살펴보자.

일반적으로, 민중들은 강자에 대해서는 시샘을 하고, 약자에 대해서는 동정심을 가지게 된다. 유비는 특별한 재능이 없는 데다, 늘 약자로서 중원을 떠돌아다녔기 때문에 민중들의 입장에서는 친근감을 갖게 된다. 반면에 조조는 여러 가지 재능을 지니고 있고, 늘 강자로서 군림했기 때문에 민중들의 입장에서는 경계심을 갖게 되고 또 시샘을 하게 된다.

유비와 조조 중 **최후의 승자**는 누구일까? 여러 가지 관점에서 다양한 평가를 할 수 있지만, 그 결과는 당대가 아닌 후대에서 판가름이 난다. 자식농사를 잘한 조조는 성(盛)하고, 자식농사를 잘못한 유비는 쇠(衰)하기 때문이다.

1-12(012)
서량의 맹호(猛虎) 부자 '마등과 마초'

　마등(馬騰), 자는 수성(壽成). 한(漢)의 복파장군 마원의 후손으로, 아버지로부터는 대를 이은 충의를 물려받았고 강족인 어머니로부터는 용맹을 물려받았다. 키가 여덟 자에 씩씩한 기상을 타고난 데다, 성품이 따뜻하고 너그러워 서량사람들의 우러름을 한 몸에 받았다.

　마등은 서량에서 잔뼈가 굵은 군벌로, 강족의 모반(謀反)을 진압한 공으로 정서장군에 임명되었다. 진서장군 한수와는 의형제 사이이다. 마등은 황제를 업신여기는 조조에게 의분(義憤)을 느껴 국구 동승이 주도하는 조조제거모의에도 자진해서 가담했다. 그 모의가 발각되면서 동조자들은 거의 죽임을 당했으나 마등은 변방에 있었기 때문에 무사할 수 있었다.

　조조는 마등을 제거하기 위해 남정장군이라는 벼슬을 내린 뒤, 강동의 손권을 친다는 명분으로 그를 도성으로 불렀다. 마등은 조조의 흉계가 있을 것임을 짐작하면서도 가지 않으면 조조가 황명(皇命)을 어긴 죄를 뒤집어씌울 것이기 때문에 가지 않을 수가 없었다. 마등은 맏아들 마초에게 서량을 지키게 하고, 조카 마대와 함께 5천 군사를 이끌고 허도로 향했다. 그리고 허도의 성문 밖에서 군마를 멈추고 조조의 움직임을 살폈다.

　조조는 문하시랑 황규를 마등에게 보내 입궁하여 황제를 배알(拜謁)하라고 전했다. 마등이 성안으로 들어올 때 죽일 작정이었다. 그러나 문하시랑 황규는 마등이 한실에 대한 충의가 깊음을 알고 조조의 흉계를 마등에게 일러주었다. 그리고 다음날 조조가 서량군을 사열할 때 틈을 보아 조조를 암살하기로 계획을 세웠다.

그날 밤, 황규가 애첩에게 얘기하는 바람에 애첩의 밀고로 그 계획이 밤 사이에 조조의 귀에 들어가고 말았다. 두 사람 모두 체포되었다. 마등은 옆에 묶여있는 황규를 쳐다보며 '저 더벅머리 선비 놈이 일을 그르치고 말았구나. 아, 이것도 하늘의 뜻인가!' 하며 탄식했다. 결국 마등은 참수되었다. 이 광경을 지켜본 마대는 곧바로 장사꾼으로 변장하여 서량으로 달려갔다. 비보(悲報)를 전해들은 마초는 쓰러져 통곡하며 소리쳤다.

"조조, 이 역적 놈. 내 반드시 네 놈의 고기를 씹어 원수를 갚으리라!"

마초(馬超), 자는 맹기(孟起). 그의 아버지를 닮아 기골이 장대하고 무용이 뛰어났으며 용맹스럽기 그지없었다. 그의 얼굴은 분을 바른 듯 희었고 입술은 연지를 칠한 듯 붉었으며 허리는 가늘고 날렵했다. 서량에서는 그의 용자(容姿)를 '금(錦)마초'나 '옥(玉)마초'로 부르곤 했다.

마초는 선친의 의형제인 한수와 함께 20만 대군을 일으켜 조조토벌에 나섰다. 그와 한수가 이끄는 서량군은 노도처럼 단숨에 장안을 휩쓸고 다시 파죽지세(破竹之勢)로 조조가 있는 허도를 향해 진군했다.

급보를 받은 조조는 몸소 대군을 이끌고 서량군과 맞섰다. 마초는 양옆에 두 맹장 방덕과 마대를 세우고, 은색 투구에 흰 갑옷을 입은 채 긴 창을 꼬나 잡고 말위에 앉아있었다. 마치 여포가 다시 살아난 것 같은 영걸스런 위용을 보고 조조는 감탄을 금치 못했다.

"서량의 금마초라더니 정말 그렇구나!"

드디어 전투가 벌어졌다. 조조진영의 용장 우금과 장합이 마초에게 덤벼들었으나 역부족으로 쫓겨났다. 마초가 지휘하는 서량군이 물밀듯이 몰려오자, 조조는 붉은 전포도 벗어던져 버리고 긴 수염도 잘라버린 채 난군 속으로 간신히 도망쳤다. 하마터면 잡힐 뻔 했으나 용장 허저의 도움으로 목숨을 구했다.

그러나 천하의 조조가 계속 당하고만 있겠는가. 조조는 계책을 써서 마초와 한수 사이를 이간시킨다. 조조의 이간책에 말려든 마초와 한수가 서로 의심하며 싸우고 있을 때 조조의 대군이 들이닥치니, 강맹을 자랑하던 서량군은 마침내 패퇴하고, 마초는 방덕, 마대와 함께 농서 땅으로 도망친다. 이때 내린 영(令)을 보면 조조가 마초를 얼마나 두려워했는지 짐작할 수 있다.

"마초의 목을 베어오는 자에게는 천금의 상과 함께 만호후(萬戶侯)에 봉할 것이고, 마초를 사로잡아 오는 자에게는 대장군의 벼슬을 내리리라."

마초는 패잔병을 이끌고 한중의 장로에게 의지하게 되는데, 거기서 마초는 유장을 도우러 온 유비군을 만나 일생일대의 호적수 장비와 격투를 벌이게 된다. 낮에 종일 싸우고도 승부가 나지 않자, 밤에 횃불을 밝혀놓고 싸우지만 끝내 승부를 가리지 못한다. 이 장면은 삼국지의 손꼽히는 명승부로 꼽히며 한 장의 삽화(揷畵)로 남아있다.

마초의 무용을 흠모한 제갈량은 지모를 펼쳐서 그를 사로잡는다. 서량의 풍운아 마초는 결국 유비 진영의 장수가 되어 아버지의 원수인 조조와 맞서게 된다. 후일 유비가 한중왕으로 등극할 때 마초는 관우 장비 조운 황충과 함께 촉의 5호(五虎) 대장군이 되어 빛나는 무용을 떨치다가 47세에 병으로 숨을 거둔다.

아버지와 아들 모두 꽃답고 맵구나
충성과 정절로 뚜렷한 집안일세
삶을 바쳐 나라의 어려움을 풀려했고
죽음으로 황제의 은혜에 보답했네

피를 머금고 굳게 맹세를 했구려
역적을 죽이라는 혈조 아직도 남아있네
대대로 서량에서 녹을 받은 집안
복파장군 후예로 부끄럽지 않아라

 후세의 문사(文士)가 쓴, 마등과 마초 부자(父子)의 빛나는 무용과 충절을 기린 시이다.
 한(漢)에 대한 충의를 앞세워 절대 권력자인 조조에게 반기를 들었다가 죽임을 당한 아버지 마등, 선친의 유훈(遺訓)을 잊지 않고 조조와 맞서 싸워 조조의 간담을 서늘하게 한 아들 마초. 줄을 잘 서야 살아남는 난세에, 자신이 옳다고 믿는 바를 위하여 목숨을 아끼지 않고 충과 효를 다하는 참으로 장한 맹호(猛虎) 부자가 아니랴!

제2장
난세를 살아온 사람들

2-01(013)
독재자를 처단한 중국 4대 미인 '초선'

삼국지에는 여자들이 거의 등장하지 않지만, 꽃 같은 한 몸을 바쳐서 맡은 임무를 멋지게 수행하고 사라지는 한 아리따운 처녀의 이야기가 나온다.

초선(貂蟬). 사도 왕윤이 어릴 때 저자거리에서 데려와 학문과 기예, 가무를 익히게 한 수양딸로 이제 열여덟 살이 되었다. 서시 왕소군 양귀비와 함께 중국의 4대 미인에 꼽히는 그녀의 미모는 폐월(閉月), 즉 달이 그녀의 얼굴을 보고 부끄러워서 구름 속에 숨어버릴 정도라고 하니 가히 짐작할 만하지 않은가.

낙양에 입성한 동탁이 맹장 여포까지 손아귀에 넣고 국정을 제멋대로 주무르자, 원소 조조 손견 등이 연합군을 구성하여 대항하였으나 내분으로 실패하고 만다. 동탁은 도성을 장안으로 옮기고 거대한 미오성을 지어 주지육림(酒池肉林) 속에 살면서 큰소리를 쳤다.

"잘 되면 천하를 차지할 것이고, 잘못 되어도 미오성에서 안락한 여생을 보낼 것이다."

동탁이 제위를 넘보며 공공연히 대역(大逆)의 언사를 해도 중신들은 그저 넙죽 엎드릴 뿐, 저지할 사람이 없었다. 원로백관인 사도(司徒) 왕윤은 동탁을 제거할 방법을 찾지 못해 홀로 고뇌의 나날을 보내고 있었다. 철통같은 경호에다 맹장 여포가 그림자처럼 붙어있으니 동탁에겐 바늘구멍만한 틈도 없었던 것이다.

연일 시름에 젖어있는 왕윤을 지켜보던 초선은 친부모보다 더한 사랑으로 자신을 키워준 양부(養父)에게 어떻게든 은혜를 갚아야겠다고 생각했다. 늦은 밤, 잠을 이루지 못하고 뒤뜰에서 서성이고 있는 왕윤에게 초선이 다가가 입을 열었다.

"요즘 아버님께서 나날이 수척해지는 모습을 보면 제 가슴이 미어지는 것 같아요. 무슨 일 때문인지 말씀해 주세요. 제가 할 수 있는 일이라면 목숨을 바쳐서라도 돕고 싶어요."

생각에 잠겨있던 왕윤은 초선의 결의에 찬 모습을 보고 한 가지 생각이 번쩍 떠올랐다. 미인계를 통한 연환계(連環計)였다. 자고로 미인계는 실패한 적이 거의 없지 않은가. 왕윤이 입을 열었다.

"고맙구나. 동탁과 여포는 금수(禽獸) 같은 놈들이다. 너를 보면 틀림없이 욕심이 동할 것이다. 너를 먼저 여포에게 준다고 하고 일부러 동탁에게 보낸다. 두 사람을 이간시켜 여포로 하여금 동탁을 죽이도록 해야 한다. 할 수 있겠느냐?"

초선의 눈물방울이 바닥에 떨어졌다. 이윽고 고개를 든 초선이 '하겠어요!' 하고 단호하게 말했다.

다음날, 왕윤은 여포를 초대하여 주안상을 차리고 초선을 불러냈다. 초선이 사뿐사뿐 방안으로 들어서자, 모란꽃 향기가 방안에 퍼졌다. 넋을 잃고 바라보는 여포에게 초선은 술을 계속 따라주었다. 이때 왕윤이 '장군, 원하신다면 초선을 장군께 드릴 수도 있습니다만…' 하고 말했다.

"그게 정말입니까? 이 은혜를 어찌…"

"그럼 길일을 택해서 초선을 장군의 거처로 보내겠습니다."

며칠 후, 왕윤은 동탁을 초빙하여 극진히 환대하고 또 초선을 불러냈다. 초선이 은은한 주악(奏樂) 속에 소맷자락을 펼치며 춤을 춘다. 동탁이 군침을 흘리며 '꼭 선녀가 내려온 것 같소. 미오성에도 미인은 많지만 초선만 한 미인은 없소.' 하고 말했다.

그러자 왕윤이 '초선을 동 태사님께 바치겠습니다. 가실 때 데려가십시오.' 하고 말했다.

초선은 입 꼬리가 귀에 걸린 동탁의 수레를 타고 미오성으로 향했다. 이 소식을 전해들은 여포는 끙끙 앓으며 뜬 눈으로 밤을 지새웠다.

이튿날 아침, 동탁의 침소엔 해가 중천에 떠오를 때까지 휘장이 드리워져 있었다. 초선은 일부러 얇은 잠옷을 입은 채 침실의 창문을 열었다. 창문 너머로 여포의 모습이 보였다. 끓어오르는 질투심과 애욕으로 몸이 달아올랐을 여포를 생각하며 초선은 흐느끼는 척했다.

여포는 가슴이 미어졌다. 동탁이 죽이고 싶도록 미웠다. 초선은 여포와 몰래 만나기도 했고, 일부러 밀회장면을 동탁에게 들키기도 했다. 분노한 동탁에게 초선은 여포가 자꾸 치근댄다고 둘러댔다. 동탁은 그런 여포를 죽이려고 별렀다.

드디어 여포의 질투심과 분노가 극에 이르자, 왕윤은 여포와 함께 거사(擧事)를 결행한다. '황제께서 제위를 물려주시려 한다.'고 속여서 동탁을 입조하게 하고, 동탁이 입궐할 때 여포가 참살하기로 한 것이다.

이윽고 동탁의 수레가 궁문에 당도하자, 성난 여포의 창은 여지없이 동탁의 목을 꿰뚫었다. 여포는 곧바로 말을 타고 미오성으로 달려갔다. 그러나 초선은 이미 자결하여 싸늘한 시체가 되어 있었다. 하얀 천에 정갈하게 쓴 시(詩) 한 수를 남겨놓은 채.

      여자의 살결은 연약하지만
      거울 대신 칼을 지니고 있으면
      다시금 마음이 가다듬어진다
      이 몸은 자진해서 형극으로 돌아가노니
      어버이의 은혜를 갚기 위하여
      또, 나라를 위하는 일이라고 들었으므로

      악기 잡고 춤추던 손에 비수를 감추고
      수왕(獸王)에게 다가가 독배를 주었노라
      최후의 한잔은 나를 넘어뜨리노라
      아아, 죽어가는 내 귀에 들려오누나
      백성들의 환희의 노래 소리가
      하늘에서 이 몸을 부르는 소리가

여포는 이 시를 몇 번 반복해서 읽고 나서야 자신이 속아 넘어간 것을 깨닫고 혼자 가슴을 쥐어뜯었다.

(註) 동탁이 죽은 후 초선이 여포와 함께 사는 모종강본보다, 초선이 시 한 수를 남기고 자결하는 길천영치본이 더 마음에 들어 따랐음을 밝혀둔다.

2-02(014)
난세의 별난 두 선비 '채옹과 왕윤'

태평한 세상인 치세(治世)에는 문사들의 재능이 꽃을 피우고 무사들의 무용(武勇)은 드러나지 않는다. 그러나 난세(亂世)가 되면 무력을 가진 군벌(軍閥)들의 세상이 되고 문사들은 그들에게 지혜와 재주를 빌려주거나 아니면 그 반대의 입장에 서게 된다. 문사들은 자신의 처신에 따라 영욕(榮辱)의 이름으로 역사에 남게 된다.

소설 삼국지에는 나름대로의 방식으로 난세를 살아가는 문사들의 이름이 많이 등장한다. 조조를 따르다가 죽임을 당한 공융이나 순욱, 양수, 최염 같은 불우한 문사가 있는가 하면, 오의 손권을 안에서 도운 장소나 장굉, 고옹 같은 문사도 있다. 또 직접 군사를 이끌고 자신들의 뜻을 펼치다가 전선에서 죽어간 제갈량이나 방통 같은 문사도 있다.

송곳은 자루 속에 숨어 있어도 그 끝이 밖으로 뾰족하게 나오는 법이다[낭중지추(囊中之錐)]. 뛰어난 문사 혹은 선비들이 난세에 어떻게 처신하는지, 포악한 독재자 동탁에게 스카우트되어 고위직 벼슬을 한 시중(侍中) 채옹과, 동탁을 처단하는 데 앞장선 충신 사도(司徒) 왕윤의 행적을 통하여 살펴보고자 한다.

채옹(蔡邕)은 시문에 능하고 서예가로도 명성이 높으며, 수학과 천문, 음악 등에도 뛰어난 재능을 가진 당대의 석학(碩學)이다. 그는 일찍이 환관들이 정치에 간섭하는 것을 지적하며 십상시(十常侍)를 탄핵하는 상소문을 올렸다가 파직되어 유배를 당했는데, 사면을 받은 후에도 12년 동안이나 강호(江湖)를 떠돌아다녔다.

대권을 잡은 동탁은 채옹이 초야에 은거(隱居)하고 있다는 소식을 듣고 사람을 보내 초빙했으나, 채옹은 응하지 않았다. 화가 난 동탁이 '일족을 모두 죽여 버리겠다.'고 으름장을 놓자, 마침내 채옹이 부름에 응했다. 그에 대한 동탁의 후대는 극진했다. 한 달에 세 번이나 벼슬을 높여주며 그를 시중(侍中)과 좌중랑장에 앉히는 등 각별한 예우를 했다.

본시 힘으로 권력을 잡은 사람은 고명한 학자나 선비를 자기편으로 끌어들이는데 집착하는 법이다. 정통성이 취약하기 때문에 정권의 약점을 보완해주고 이론적인 뒷받침을 해줄 지식인들로 울타리를 치고 싶은 것이다. 소위 어용학자(御用學者)가 필요한 것이다. 고려를 뒤엎을 야심을 가진 이성계가 정몽주를 끌어들이려 했고, 단종을 몰아내고 왕위를 차지한 수양대군이 성삼문과 신숙주 같은 집현전 학사들을 회유하려 했던 것처럼.

사도 왕윤(王允)은 독재자 동탁의 전횡에 비분강개하며 꺼져가는 후한의 제실(帝室) 회복을 위해 고군분투(孤軍奮鬪)한 충신이며 원로대신이다. 청년 조조를 앞세워 동탁을 암살하려다가 실패하자, 자신의 수양딸 초선을 이용한 연환계(連環計)를 성공시켜 여포의 손을 빌려 동탁을 처단한 강골의 투사이기도 하다.

동탁이 여포에게 주살 당하자, 대권은 동탁을 제거하는 데 결정적인 공헌을 한 사도 왕윤에게로 돌아갔다. 왕윤은 동탁 사후의 뒷마무리를 진두지휘했다. 먼저 미오성에 있는 동탁의 가솔들과 동탁에게 온갖 못된 지혜를 내준 모사 이유를 처형하고 산더미처럼 쌓인 금은보화와 양곡을 모두 거둬들여 나라에 귀속시켰다.

왕윤은 문무백관들을 불러 모아 잔치를 열고 한실(漢室)의 회복을 자축했다. 그때, 시중 채옹이 동탁의 시신 앞에서 엎드려 울고 있다는 보고가 들어왔다. 왕윤은 채옹을 잡아들여 '너는 어찌하여 역적이 죽었는데 한의 신하로서 기뻐하기는커녕 울고 있었느냐? 그러고도 살아남을 수 있다고 생각하느냐?' 하고 준엄하게 꾸짖었다.

채옹은 고개를 숙인 채 대답했다.

"제가 어찌 그것을 모르겠습니까마는 한때 그의 두터운 은혜를 입은 사람으로서 그의 참혹한 죽음을 보고 눈물을 흘리지 않을 수 없었습니다. 역적을 섬겨 국사를 그르치게 한 죄 죽어 마땅하나, 바라건대 조금만 목숨을 부지하게 해주셔서 지금 제가 쓰고 있는 '한사(漢史)' 집필을 마치게 해주십시오."

충심이 담겨있는 간청이었다. 그가 동탁의 시신 앞에서 울었다는 것은, 남의 눈을 전혀 의식하지 않고 자신의 소신과 감정을 있는 그대로 행동에 옮긴 것이다. 고위공직자로서 정치 감각에는 문제가 있다고 할 수 있겠으나, 필부(匹夫)로서는 흉내도 내지 못할 대단한 용기가 아닌가. 자신이 모시던 사람이라도 죽고 나면 언제 그랬냐는 듯 돌아서버리는 것이 예나 지금이나 변함없는 세상인심인데….

죽이기는 참으로 아까운 인물이었다. 태부 마일제를 비롯한 문무백관들은 대부분 채옹의 재주도 아깝지만 그는 효행이 지극한 사람으로 알려져 있어 그를 죽였다가 새 조정이 백성들에게 인망을 잃을까 두렵다면서 그를 살려주자고 했다. 그러나 왕윤은 이렇게 말하며 기어이 채옹을 처형했다.

"옛날에 한의 효무제가 사마천을 죽이지 않고 '사기'를 쓰게 했더니 오히려 비방하는 글을 남겨서 지금까지 전해지고 있소. 지금처럼 어지러운 시기에 간사한 신하로 하여금 어린 임금 곁에서 붓끝을 놀리게 한다면 틀림없이 우리들을 비방하는 글을 남길 것이오."

채옹이 동탁의 주검 앞에서 눈물을 흘린 것도 옳지 않지만, 왕윤이 채옹을 죽인 것도 너무 독선적이고 지나친 처사라는 생각이 든다. 왕윤이 채옹을 죽인 것은 어용학자로 낙인찍힌 채옹이 집필하는 '한사'에 자신을 비방하는 글을 남길까봐 두려웠던 것인지도 모른다.

결국 왕윤은 동탁의 잔당인 이각과 곽사가 항복을 청해왔을 때 받아주지 않았다가 궁지에 몰린 그들이 다시 군사를 모아 쳐들어왔을 때 피신하지 않고 버티다가 죽임을 당하고 말았다. 왕윤은 절대 권력자의 유고라는 혼란기에 국정 책임자가 되었으나, 한의 제실을 회복할 수 있는 절호의 기회를 살리지 못했을 뿐 아니라, 자신마저 희생되어 또다시 나라를 이각과 곽사의 말발굽에 짓밟히게 하고 말았다.

난세를 살아가던 당대 최고의 지식인 채옹과 왕윤, 둘 다 의(義)를 중시한 별난 선비였다. 한 사람은 개인적인 의리를 중시하여 어용학자로 살다가 죽었고, 또 한 사람은 충의를 중시하며 고지식한 충신으로 살다가 죽었다.

2-03(015)
서주를 유비에게 물려준 서주목 '도겸'

도겸(陶謙), 자는 공조(恭祖). 문약(文弱)한 선비형 인물로, 황건적 토벌에 공을 세워 서주자사가 되었다. 그가 난세의 소용돌이에 휘말려 겪게 된 조조와의 악연과 유비와의 인연, 그리고 그에 대한 사후 평가에 대해서 살펴보고자 한다.

관해가 이끄는 황건적 5만 명이 북해성을 포위하자 북해태수 공융은 유비에게 구원을 요청했고, 유비는 관우 장비와 함께 군사를 이끌고 가서 관해의 목을 베고 황건적을 패퇴시켰다. 공융은 감사의 인사와 함께, 서주자사 도겸의 중신인 미축을 유비에게 소개했고, 미축은 서주가 처한 딱한 사정을 유비에게 들려주면서 도움을 요청했다.

영제가 죽고 하 황후의 아들인 어린 소제가 즉위하자, 소제의 외삼촌이며 조정의 실권자인 대장군 하진은 협 왕자를 옹립하려던 십상시의 우두머리 건석을 죽였다. 이에 곧 환관들에 대한 대대적인 숙청이 있을 것을 예측한 조조는 환관 집안에 양자를 간 아버지 조숭에게 속히 가솔들을 이끌고 고향으로 내려가라고 했다.

서주자사 도겸은 조숭이 일족 40여명과 금은보화를 실은 수레 100여 대를 이끌고 서주를 지나간다는 소식을 듣고 친히 나와 맞이하면서 잔치를 열고, 떠날 때는 도위 장개에게 군사 5백 명을 주며 호위케 했다. 조숭 일가의 행렬은 어느 산골을 지나던 중에 소나기를 만나 가까운 산사로 대피를 했는데, 장개의 호위군이 갑자기 도적으로 변해 조숭 일가를 모두 죽이고 재물을 실은 수레를 탈취하여 달아나는 불상사가 일어났다.

이를 알게 된 조조는 격노하여 아버지의 원수를 갚는다며 대군을 이끌고 서주로 쳐들어가 닥치는 대로 주민들을 참살하는 등 만행을 저질렀다. 도겸이 전후의 사정을 설명하려했지만, 조조는 들으려고도 하지 않았다. 그때 마침 강한 돌풍을 동반한 모래바람이 일어 조조가 군사를 물렸으나, 언제 다시 쳐들어올지 모른다며 유비에게 도움을 요청한 것이다.

유비는 도겸의 처지가 너무 딱하다고 생각하여 도와주겠다고 약속을 했다. 유비는 공손찬에게서 빌린 군사 2천 명과 자신의 군사 3천 명을 이끌고 관우 장비와 함께 서주로 향했다. 북해태수 공융과 청주자사 전해도 각각 일군을 이끌고 도겸을 도우러 왔다.

다시 조조군이 몰려와 진을 치자 장비가 조조의 장수 우금을 거세게 몰아붙여 길을 뚫었고, 유비군은 재빨리 서주성 안으로 들어갔다. 도겸은 유비를 만나자 마자 그의 기상과 인품에 반해 '저는 이미 늙고 무능해서 서주를 맡아서 지켜낼 자신이 없소. 공은 한실의 종친이니 이 서주를 맡아서 편안케 해주시오.' 하며 서주자사의 패인(牌印)을 내놓았다.

그러나 유비는, 그렇게 되면 제가 불측한 마음을 가지고 이곳에 온 것이 된다며 정중히 사양했다. 이런 난세에는 모든 군웅들이 수단과 방법을 가리지 않고 지방관 자리를 빼앗아 자신의 영역을 넓히려고 혈안이 되어있는데, 유비는 저절로 굴러온(?) 서주자사 자리를 사양한 것이다.

유비는 조조의 군사를 물러나게 하는 일이 급하다고 생각하고, 서신에다 '지난번에 일어난 불상사는 호위대장 장개가 저지른 일이고 도겸은 아무런 허물이 없으니, 부디 조정의 일을 먼저 생각하시고 사사로운 일은 뒤로 미루시기 바란다.'라는 요지로 써서 조조에게 보냈다.

　서신을 받은 조조는 '유비란 놈이 왜 이렇게 건방지냐.'며 역정을 냈다. 그때 마침 비어있는 연주를 여포가 급습하여 빼앗고 여세를 몰아 복양으로 쳐들어오고 있다는 전갈이 왔다. 조조는 어쩔 수 없이 유비의 화해 권유를 수락하는 답장을 보내고 급히 군사를 거두어 연주로 돌아갔다.

　조조가 물러나자 도겸은 또다시 서주를 유비에게 넘겨주려 했지만, 어질지 못한 일은 결코 하지 않겠다는 유비의 고집을 꺾을 수는 없었다. 이에 도겸은 이웃 소패성에 머무르면서 서주를 지켜달라고 요청했고, 이 제안은 유비가 쾌히 수락했다. 유비는 이제 공손찬의 그늘에서 벗어나 두 아우, 3천 명의 군사와 함께 소패성에 자리를 잡게 되었다.

　조조와 여포가 불꽃 튀는 혈전을 치르고 있는 동안 서주에는 평화가 찾아왔다. 그러나 그것도 잠시뿐 도겸이 병으로 드러눕고 말았다. 도겸은 중신 미축과 진등을 불러 '이제 나는 병이 깊어 살아날 가망이 없는데, 조조가 아비의 원수를 갚으려고 혈안이 되어있으니 도대체 어떡하면 좋겠소?' 하며 의견을 물었다.

　미축이 '조조의 대군을 막아낼 사람은 소패의 유비뿐입니다.' 하고 말했다. 도겸이 연통을 넣자, 유비는 두 아우와 함께 서주성으로 달려왔다. 겨우 숨이 붙어있던 도겸은 유비의 손을 잡고 '서주의 백성들을 위해 이 패인을 받아 주시오.' 하고 간곡히 요청하면서 미축과 손건 등에게 유비를 잘 섬기도록 당부하고 숨을 거두었다. 그의 나이 63세였다.

　이 소식을 듣고 서주의 백성들이 우르르 몰려나와 간청을 하자, 유비는 더 이상 버티지 못하고 서주의 패인을 받아들였다. 10여 년 동안 중원을 떠돌아다니던 유비도 이제 수백 리의 땅과 수십만 명의 인구를 보유한 서주의 책임자가 되었다. 그리고 나중에 미 부인이 되는 미축의 누이와도 여기서 만나게 된다.

도겸은 처음부터 조조와 대적할 만한 실력도 패기도 없었다. 결국 도겸은 서주를 유비에게 넘겨줌으로써 유비가 군웅의 일각으로 발돋움하는 데 필요한 발판을 마련해주고 사라진 것이다.

유비를 정통으로 세운 삼국지연의는 '도겸은 사람됨이 온후하여 선정을 베풀었으며 도의심(道義心)이 깊은 인물이다. 조숭의 죽음에는 책임이 없고, 어진 인물이기 때문에 유비에게 서주자사의 지위를 물려주려한 것이다.' 라고 쓰고 있다.

그러나 조조를 정통으로 세운 정사 삼국지 '도겸전'에는 '도겸은 감정에 따라 행동하는 무도한 사람이며 악정을 거듭한 인물이다. 조숭의 죽음에 책임이 있고, 조조의 침공으로 멸망 직전에 이를 만큼 궁지에 몰렸기 때문에 유비에게 서주자사 자리를 물려주려던 것이다.'라고 쓰여 있다.

사서(史書)의 평가는 이렇듯 극명하게 갈라진다. 인물에 대한 평가가 처한 입장에 따라 이렇듯 판이하게 다른 것을 도대체 어떻게 받아들여야 하는가.

2-04(016)
운명의 얄궂은 장난 '조조와 진궁'

　운명이란 시간의 흐름에 따라 무서운 장난을 벌이기도 한다. 때로는 감동적인 모습으로, 때로는 가혹한 모습으로 얼굴을 드러낸다. 그 속에 들어 있는 인간은 결코 운명의 변화무쌍한 조화를 알지 못한다.

　삼국지를 대표하는 영걸 조조(曹操)와 조조를 사지(死地)에서 구해주고 후일 조조의 손에 죽게 되는 진궁(陳宮, 자는 公臺)의 인연이야말로 바로 그런 운명이 아닌가 싶다. 두 사람의 운명적인 만남과 각자에게 주어진 길, 그리고 훗날 생사의 기로에서 다시 만나게 되는 인연을 되새겨보고 그 의미를 생각해 보고자 한다.

　동탁을 암살하려다 실패한 청년시절의 조조는 쫓기는 신세가 되었고, 그의 인상이 그려진 몽타주가 전국 각지에 배포되었다. 조조를 사로잡아 오는 사람에게는 만호후(萬戶候)의 지위를 주고, 조조의 수급(首級)을 가져오는 사람에게는 천금(千金)을 주겠다는 포고가 내려졌다.

　조조는 낙양을 뒤로 하고 남쪽으로 달아나다가 하남성 중모현에서 불심검문에 걸렸다. 현령 진궁은 조조의 얼굴을 알고 있었기 때문에 조조는 꼼짝없이 쇠사슬에 묶여 낙양으로 호송될 신세가 되고 말았다. 그를 체포한 진궁에겐 만호후의 출세가 기다리고 있었다.

　그날 밤, 진궁이 조조의 함거(檻車)로 찾아왔다. 동탁의 전횡에 공분을 느끼고 있던 진궁은 대화를 통해 조조의 인물됨과 우국충정의 마음을 보고 그와 뜻을 같이 하기로 결심한다. 진궁으로서는 일생일대의 도박을 한 것이다.

"소생도 공직을 버리고 귀공을 따라가겠습니다. 귀공이 의병을 모집하여 동탁을 무찌른다면 저도 미력이나마 도움이 되고 싶습니다."

그는 조조의 사슬을 풀어주고 말을 타고 함께 길을 떠났다. 그들은 며칠 후에 조조 부친의 친구인 여백사의 집에 들렀다. 여백사는 조조의 몽타주가 곳곳에 붙어 있다며 걱정을 했다. 조조는 그간의 경위를 설명하고 함께 온 진궁을 소개했다. 여백사는 부친의 친구답게 '힘을 합쳐 큰 뜻을 이루라.'고 격려하고 술을 사러 밖으로 나갔다.

밤이 되었다. 문득 뒤뜰에서 칼을 가는 소리와 함께 '묶어서 잡자니까' 하는 소리가 들렸다. 조조는 겁이 덜컥 났다. 여백사가 술 핑계로 나가서 밀고하는 사이, 식솔들이 자신을 포박하려는 것으로 생각했다. 조조는 곧바로 칼을 들고 뛰어나가 뒤뜰에 있는 식솔 여덟 명을 단숨에 베어 죽였다. 그 옆을 보니 돼지 한 마리가 다리를 꽁꽁 묶인 채 몸부림치고 있었다. 자신을 대접하려고 멧돼지를 잡으려던 것이었다.

'아차! 실수를 했구나.' 조조는 자신의 과오를 알았지만 벌써 말을 타고 내닫고 있었다. 뒤늦게 자초지종을 알게 된 진궁은 속죄하는 마음으로 그 집을 향해 두 손 모아 합장하고, 조조의 뒤를 따랐다. 한참을 달리고 있는데, 나귀의 등에 술병을 매달고 느릿느릿 걸어오고 있는 여백사와 마주쳤다. 조조가 황급히 둘러댔다.

"여백사 어른, 낮에 오다가 귀중한 물건을 두고 온 일이 생각나서 급히 가는 길입니다. 속히 갔다 오겠습니다."

다시 길을 가던 조조, 갑자기 무슨 생각을 했는지 오던 길을 되돌아 달려갔다. 곧 돌아와서 이제 마음이 놓인다며 말했다.

"이젠 됐소. 지금 막 여백사도 한 칼에 베고 왔소."

"죄 없는 사람을 죽이는 것은 인도(人道)에 어긋나는 일이 아니오?"

진궁이 힐책하자, 조조가 대답했다.

"애석한 일이긴 하지만 만약 그가 집에 갔을 때 그의 처자와 식솔들이 몰살당한 것을 알게 되면 신고를 해서 날 죽이려 하지 않겠소? 나는 천하의 만민을 배반할지라도 천하의 만민은 나를 배반하지 못하게 할 것이오."

'무서운 사람이다. 내가 사람을 잘못 보았구나. 이 사람은 천하를 빼앗으려는 야심을 가진 간웅이구나.' 진궁은 조조를 잘못 판단하고 따라나선 자신의 경솔함을 뼈저리게 후회했다. 진궁은 얼마 후 조조가 자는 사이에 슬그머니 그의 곁을 떠나버렸다.

세월이 흘렀다. 그 사이 조조는 의병을 일으켜 각지의 군웅들과 함께 연합군을 구성하여 동탁에 맞서 싸우다가 근거지로 돌아가서 힘을 기르고 있었다. 여포가 동탁을 죽인 후, 이각과 곽사가 다시 무력으로 권력을 잡았지만, 조조가 이들을 물리치고 황제일행을 호위하여 낙양에 입성하자, 드디어 조조는 황제를 등에 업고 천하를 호령하는 조정의 실권자가 되었다.

진궁은 어찌 되었을까? 이때 진궁은 서주성에서 여포의 참모로 활약하고 있었다. 조조의 대군이 서주성을 포위하였을 때 진궁은 조조를 무너뜨릴 계책을 여포에게 일러주었다. 그러나 여포는 어리석게도 처첩의 모함에 빠져 진궁을 의심하는 등 갈팡질팡하며 결단을 내리지 못하고 있었다.

여포진영에 내분이 생겼다. 여포는 잠든 사이에 부하 장수들에게 결박이 지워졌고, 진궁도 사로잡혀 여포와 함께 조조 앞에 끌려 나와 무릎을 꿇리는 신세가 되고 말았다. 진궁은 조조의 생명의 은인이다. 내일을 기약할 수 없는 전장에서 떠돌아다니기 수 년, 실로 얼마만의 만남이던가. 조조는 단상에서 감회를 억누르며 넌지시 물었다.

"진 공대(公臺), 오랜만이오. 그래 패장으로서의 감상은 어떻소?"

진궁도 만감이 교차했다. '만약 그때 내가 중모현의 관문에서 그를 구해주지 않고 낙양으로 호송했더라면 오늘의 이 치욕은 없었을 것을…. 운명의 장난이란 너무도 가혹하구나.' 그는 눈을 지그시 감고 대답했다.

"당신이 보는 대로요. 당신은 지금 우월감에 도취하여 한껏 나를 조롱하고 있구려. 예전의 그 소인배 근성은 아직도 버리지 못했구려. 나는 간웅 조조의 곁을 떠난 것을 조금도 후회하지 않소. 어서 내 목을 베시오!"

조조는 어떻게든 진궁을 구하고 싶었다. 진궁이 무릎을 꿇고 용서를 빌기 바랐다. 그러나 진궁은 끝내 굴복하지 않았다. 진궁은 스스로 걸어가서 형틀 위에 엎드렸고, 이윽고 형도(刑刀)가 내려쳐졌다.

"오오! 진궁."

조조의 눈에서는 눈물이 흘러내리고 있었다. 조조는 목숨을 애걸하는 여포도 참(斬)하고, 진궁의 처자권속을 잘 보살펴주도록 특별히 지시한 후 허도로 개선했다. 두 사람의 운명은 이미 그렇게 정해져 있었던 것일까? 희대의 영웅 조조가 흘린 눈물은 어떤 의미였을까?

2-05(017)
주연급 조연(助演) 무장 '황조'

황조(黃祖)는 형주자사 유표의 휘하에서 오랫동안 강하태수를 맡아온 무장이다. 군웅의 반열에 들 만한 인물은 아니지만, 삼국지의 중요한 분기점에서 자주 거론되고 있다. 그가 속한 형주가 삼국의 접경지로 전략요충지인데다, 그가 지키는 강하 지역이 형주와 강동을 뱃길로 연결하는 길목이기 때문이다.

동탁을 토벌하기 위해 결성된 제후연합군의 선봉장 손견은 낙양 궁궐의 우물에서 옥새를 입수하자, 큰 뜻을 품고 근거지인 강동으로 돌아왔다. 이때 형주자사 유표는 연합군의 맹주 원소로부터 남하하는 손견을 저지하라는 밀서를 받고 이 임무를 황조에게 맡겼다.

황조가 지휘하는 형주군은 손견의 군사에게 패하여 한 때 양양성이 포위될 지경에 이르지만, 황조의 매복계에 걸려든 손견이 무참히 전사하면서 상황은 다시 반전되었다. 그러나 손견의 수급을 유표에게 보낸 황조가 뒤늦게 군사를 이끌고 온 손견의 부장 황개와 싸우다가 사로잡히면서 상황은 또다시 뒤집어졌다.

손견의 큰아들 손책은 선친의 수급을 돌려주면 생포한 황조를 돌려보내주겠다고 제의를 하고, 이 제안을 유표가 받아들임으로써 황조는 다시 살아서 형주로 돌아오게 되었다. 수급을 돌려받은 손책은 선친의 몸을 온

전한 형태를 갖춰서 장례를 치를 수 있게 되었다.

전투에서 강동의 호랑이라 불리던 손견을 죽이고도 황조가 그에 합당한 평가를 받지 못한 것은 왜일까? 손견의 사인(死因)을 황조의 뛰어난 책략의 결과라기보다는 손견의 직정적인 성격과 옥새를 가지면서 생긴 방심 탓이라고 보기 때문이다. 또 황조가 손견의 수하 장수 황개에게 생포된 점 또한 그의 공적을 반감시키는 요인이 되고 말았다.

황조가 다시 삼국지에 등장하는 것은 조조가 필생의 라이벌 원소를 평정하여 강북을 통일하고, 그 여세를 몰아 형주를 차지하기 위해 먼저 세객(說客)을 보낼 때이다. 조조는 공융이 추천한 독설가 예형에게 '유표를 설득하여 내 휘하에 들어오게 하라.'는 임무를 주어 형주로 보냈다. 쉽게 말해서 형주자사 유표의 항복을 받아오라는 거였다.

유표를 만나서도 예형의 기이한 언행은 계속되었다. 유표는 짜증이 났지만, 조조가 보낸 사자(使者)라서 박대(薄待)할 수가 없었다. 유표는 강하를 지키고 있는 황조에게 예형을 보냈다. 황조로 하여금 조조군의 **최대약점**이면서 형주군의 **최대강점**인 수군(水軍)의 위용을 보여주게 하여 조조에게 형주 침공을 포기하게 하려는 생각도 있었다. 황조는 술상을 마련하고 예형과 마주 앉아 이런저런 얘기를 나누다가 물었다.

"지금, 조조 진영에 인물다운 인물은 누가 있소?"

"음, 어른으로는 공융이 있고, 청년으로는 양수가 있지."

예형이 거침없이 대답했다. 공융은 공자의 후손으로 학식과 인망을 갖춘 당대 **최고**의 지성이요, 양수는 태위 양표의 아들로 일찍부터 천재로 알려진 재사가 아닌가. 황조가 고개를 끄덕이며 '그렇다면 나는 어떻소?' 하고 물었다. 예형이 같잖다는 듯 웃으면서 대답했다.

"당신은 말이지, 산신당의 귀신쯤 되겠지."

'산신당의 귀신? 그게 무슨 뜻이요?' 하고 황조가 다시 물었다.

"아, 그건 말이야. 주민들의 제사를 받아먹고도 아무런 효험이 없다는 뜻이지. 말하자면 주민들의 제물(祭物)을 도적질하는 허깨비 같다고나 할까."

순간 황조의 얼굴이 붉으락푸르락하더니 그 자리에서 칼을 뽑아 예형의 가슴을 찔렀다. 예형이 아무리 오만불손한 언동을 했더라도 그는 엄연히 조조의 특사이다. 특사를 살해한 것은 결코 그냥 넘길 수 없는 중대한 외교문제가 아닐 수 없다. 그 일은 형주를 바람 앞의 등불처럼 위태롭게 하는 치명적인 결과를 초래하고 말았다.

결국 조조와 유표는 원수가 되고 말았고, 조조는 대군을 일으켜 형주로 밀고 내려온다. 유표는 이미 병으로 죽었고, 형주를 물려받은 작은 아들 유종은 조조와 한번 싸워보지도 않고 항복해버리지 않았는가. 황조가 조금만 더 현명했더라면 조조가 예형을 유표에게 보낸 의도를 알았을 것이고, 유표가 예형을 다시 자신에게 보낸 의도를 알 수 있었을 텐데….

황조가 마지막으로 삼국지에 등장하는 모습을 보자.

어느 날, 양자강에서 약탈을 일삼던 수적(水賊)이 황조를 찾아와 귀순하겠다고 했다. 포악하기로 악명이 높은 감녕이었다. 황조는 썩 내키지는 않았으나 그의 무용(武勇)이 워낙 뛰어난 것으로 소문이 나있어서 그를 받아들여 부장(副將)으로 삼았다.

그 후, 오의 수군이 강하로 쳐들어왔을 때, 감녕이 오의 장수 능조를 활로 쏘아 죽이며 승세를 이끌었다. 그러나 황조가 칭찬은커녕 감녕의 수적 전력(前歷)을 들먹이며 오히려 더 홀대를 했다. 화가 난 감녕은 오의 명장 여몽에게 귀순해버렸다. 감녕의 용맹과 뛰어난 활솜씨를 잘 알고 있는 여몽은 감녕을 손권에게 천거했고, 손권은 기꺼이 감녕을 받아들였다.

오의 장수가 된 감녕은 손권의 선봉장이 되어 황조 토벌에 나섰다. 용장 감녕의 맹렬한 공세를 견디지 못한 황조의 군사들은 대부분 죽거나 도망쳐버리고 황조가 있는 강하성이 포위되었다. 황조는 성문 쪽으로 달아나다가 감녕이 쏜 화살에 맞아 죽었다. 손권은 황조의 수급을 선친 손견의 영전에 제물로 바쳤다. 그리고 크게 잔치를 열어 감녕 등 공을 세운 무장들을 치하했다.

형주의 무장 황조, 전투에서 손견이라는 대어를 잡았으나 적장에게 사로잡히는 치욕을 당했고, 자신을 비아냥거리는 예형을 죽여 큰 위기를 자초하기도 했다. 또 제 발로 걸어 들어온 감녕의 진가를 제대로 알아보지 못하고 홀대하다가 도리어 그에게 죽임을 당해 자신의 수급이 손견의 제사상에 오르는 수모를 당하고 말았다.

생각하건대, 황조는 형주자사 유표, 강동의 손견과 그의 두 아들인 손책과 손권, 그리고 조조의 특사 예형, 용장 감녕 등 굵직굵직한 인물들과 전투를 벌였거나 유대관계를 맺은 주연급 장수지만 그의 역량은 이들보다 한참 뒤처지는 조연급에 머무르지 않았나 싶다.

2-06(018)
건안칠자의 선두인 공자의 후손 '공융'

공융(孔融), 자는 문거(文擧). 공자(孔子)의 20대손으로 어릴 때부터 재기(才氣)가 뛰어났다. 열 살 무렵 이응이라는 선비의 집을 찾아간 적이 있었는데, 이응은 함께 있던 손님에게 공융의 재주를 칭찬하며 이렇게 말했다.

"이 아이는 참으로 총명하다네. 후일 나라에 큰일을 할 걸세."

그러나 손님은 어린 공융을 보며 대수롭잖은 듯 '어릴 때 총명하면 십중팔구 어른이 되어서는 그렇지 못 하다네.' 하고 말했다. 그 말을 들은 공융, 그 자리에서 이렇게 대꾸했다.

"그 말씀이 옳다면 어른께서는 틀림없이 어렸을 때 총명하셨던 모양입니다."

그 손님은 꼬마의 당돌한 응답에 그만 할 말을 잃었다고 한다. 공융은 장성하여 벼슬길에 나갔다가 승승장구하여 마침내 북해태수에 이르렀다. 그는 집에 손님이 찾아오는 것을 몹시 좋아하여 '객실에는 항상 귀한 손님이 가득하고, 술독에는 술이 비지 않는 것이 내가 가장 바라는 바이다.' 하고 말하곤 했다.

포악한 독재자 동탁을 무찌르기 위해 각지의 제후들이 연합군을 구성했을 때, 공융도 군사를 이끌고 참가하여 중앙무대에 이름을 올렸다. 한때 유비의 도움을 받아 북해성을 포위한 황건적을 물리친 적도 있었지만, 그 후에는 조조가 있는 허도에 머무르고 있었다.

당시의 문사들 가운데 특출한 7인을 가리켜 건안칠자(建安七子)라고 불렀는데, 이들 중 선두로 꼽히는 공융의 우뚝 솟은 문명(文名)은 정통성 확보에 고심하고 있던 조조에게도 큰 보탬이 되었다. 그러나 공융은 종종 입바른 소리를 하여 조조의 미움을 사곤 했다.

조조가 술의 폐해를 지적하며 금주령을 내렸을 때, 그것이 조조가 군량을 확보하기 위해 내린 조치임을 알고 있으면서도 공융은 이런 글을 올려 조조의 처사를 꼬집었다.

"술은 옛날부터 조상을 제사지내고 귀신을 위로하며 사람의 괴로움을 가라앉혀 줍니다. 술이 나라를 망치기 때문에 금주령을 내린다면 여자 때문에 천하를 잃는 자가 있는데도 왜 혼인을 금하지 않습니까?"

또, 원소를 격파한 조조가 원소의 둘째 며느리 견 씨를 자신의 맏며느리로 삼아놓고 여론의 지탄을 받을까봐 고심하자, 공융은 '옛날 주의 무왕은 은나라를 친 뒤에 달기라는 미인을 주공(周公)에게 준 적이 있습니다.'라고 말했다.

내심 꺼림칙하던 조조는 예전에 유사한 고사가 있었다는 말에 아주 반가워하며 그 출전을 물었다. 그러나 공융은 '지금의 일로 옛일을 추측해 보았을 뿐입니다. 아마 그랬을 것입니다.' 하고 대답했다. 그런 전례가 없었다는 소리나 마찬가지였다. 즉, 조조의 떳떳치 못한 처사를 다시 한 번 드러내놓고 비꼰 것이다.

조조가 형주의 유표를 자기편으로 끌어들이기 위해 적당한 세객(說客)을 찾고 있을 때, 공융은 대쪽 같은 성품과 기행(奇行)으로 이름 높은 당대의 재사 예형을 추천했다. 조당(朝堂)에 불려온 예형은 조조를 심하게 욕보인 후 사신으로 형주에 갔다가 거기서 죽임을 당했는데, 이 일은 그를 추천한 공융의 입장을 난처하게 만들었다.

그 후, 조조군의 장수 하후돈이 형주의 신야에서 힘을 기르고 있던 유비에게 참패하고 돌아오자, 조조는 몸소 50만 대군을 이끌고 유비와 유표를 정벌하는 장도에 나섰다. 공융이 막아섰다.

"유비와 유표는 둘 다 한실의 종친으로 인망이 높으니 그들을 치는 것은 대의명분에 어긋나는 일입니다."

조조는 불같이 화를 냈다. 은근히 유비를 편들면서 조조의 정벌군을 대의명분에 어긋난다고 했으니 과연 무사할 것인가. 조조는 공융을 꾸짖으며 '앞으로 또다시 공융과 같이 말하는 자가 있으면 어김없이 목을 베리라.' 하며 못을 박았다.

공융은 조조의 그 같은 꾸짖음이 아니꼬웠다. 가문이나 학식, 문장 등 어느 것을 따져보아도 자신이 조조에게 꿀릴 것이 없다고 생각한 그였다. 그는 승상부를 나오면서 하늘을 보며 '어질지 못한 군사로 어진 군사를 치려고 하니 어찌 패하지 않으랴.' 하고 중얼거렸다.

그런데 이 말을 들은 사람이 더 부풀려서 조조에게 고자질했다.

"공융은 평소에도 늘 승상을 욕해왔습니다. 또 전에, 죽은 예형이 승상을 욕보인 것도 실은 공융이 시켜서 한 짓입니다."

이제 조조도 더 이상 참을 수가 없었다. 전에, 예형은 공융을 일컬어 '공자는 죽지 않았다[중니불사(仲尼不死)].'고 했고, 공융은 예형에게 '안회가 다시 살아났다[안회부생(顔回復生)].'고 화답하는 등 둘이서 아니꼬운 작당놀음(?)을 한 것을 보고받은 일도 생각이 났다.

조조는 마침내 공융에게 대역죄를 덮어씌워 죽일 결심을 하고 공융의 가솔들을 모두 체포하라고 명을 내렸다. 포졸들이 집으로 들이닥쳤을 때, 공융은 두 아들과 함께 바둑을 두고 있었다. 가신 한 사람이 헐레벌떡 뛰어와서 두 아들이라도 피신하게 하여 가문을 보전해야 하지 않겠느냐고 말했다. 그러자 공융에 앞서 두 아들이 먼저 당당하게 말했다.

"둥지가 부서지는데 어찌 성한 알이 남아 있을 수 있겠소?"

그 아비에 그 아들인가. 곧이어 들이닥친 포졸들에 의해 공융의 일가붙이는 남김없이 끌려가서 죽임을 당했고, 공융의 목은 저자거리에 내걸리고 말았다. 늘 그랬듯이, 조조는 무장들의 실수나 패전에는 관대했으나 문사들의 실수나 과오에는 비정할 정도로 가혹했다. 조조의 입장에서 볼 때, 난세에 문사들의 이런 돌출행동은 썩은 선비들의 작당놀음이나 유희로 보였던 것이다.

특히 공융은 공자의 후손이라는 눈부신 가문으로 환관가문 출신 조조의 열등감을 부채질했고, 또 그의 우레 같은 명성과 뛰어난 문장은 나름대로 문학적 자부심을 가지고 있던 조조의 비위를 건드리기도 했다. 그런데다 공융은 한조에 대한 충성을 앞세워 조조의 정책과 언동을 노골적으로 비판하면서 조조의 심기를 자주 건드렸다.

공융이 자부심을 지키기 위해 목숨을 버린 것은 선비로서 더할 나위없는 명예라는 생각도 들지만, 어찌 보면 지나친 우월감에서 비롯된 오만이 아닌가 싶기도 하다. 좀 더 유연하게 처신하면서 가문의 긍지를 지키고 이어가는 것이 진정한 자부심이고 명예가 아닐는지.

2-07(019)
독설(毒舌)로 저항한 기인 '예형'

원소를 물리치고 강북을 제패한 조조는 다음 순서로 전략요충지인 형주를 손에 넣기 위해 형주자사 유표에게 보낼 세객을 찾고 있었다. 그때, 고매한 학식으로 이름 높은 선비 공융이 한 사람을 추천했다.

"예형을 보내시지요. 재주와 학문이 깊고 기설종횡(奇說從橫)의 설봉(舌鋒)이 사람을 찌르기도 하지만, 뛰어난 학식과 고고한 성품으로 명성이 높은 사람입니다. 이 사람을 보내면 능히 대임을 수행할 수 있을 것입니다."

조조의 부름을 받은 예형이 조당(朝堂)에 들어섰다. 그리고는 조조 휘하의 문무백관들을 휘~ 둘러보고는 '아아, 인물이 없구나, 인물이 없어!' 하고 일갈했다.

그 말을 듣고 불쾌해진 조조가 가시 돋친 목소리로 힐문했다.

"어찌 인물이 없는가? 내 휘하에 즐비하게 늘어서 있는 재사양장(才士良將)들이 보이지 않는가? 잘 들어 두어라. 먼저 이쪽의 순욱과 순유 곽가 정욱은 모두 지모가 깊은 인재들이요, 저쪽의 장료와 허저 이전 악진 등은 만부부당(萬夫不當)의 용맹을 지니고 있어 모두 천군만마를 호령하는 장수들이다. 서황과 우금은 최고의 선봉장들이고 또 하후돈은 천하의 기재이다. 또…"

예형은 그 말을 듣다가 배꼽을 잡고 웃었다. 그리고는 '이번엔 내가 이들의 인물평을 해보겠소. 듣기가 좀 거북하더라도 과히 허물치 마오.' 하면서 입을 열기 시작했다.

"순욱은 상가를 문상케 함이 제격이요, 순유는 묘 자리를 돌보게 하고, 정욱은 문지기를 시키는 것이 좋겠소. 곽가는 글을 쓰게 하는 것으로 족하며, 장료는 북이나 두드리게 하고, 허저는 소나 말, 돼지를 기르게 하면 잘하리라. 이전은 편지를 돌리는 배달부로 쓰면 어울릴 거고, 만총에게는 술독을 맡기면 십상이겠소. 서황은 개백정이 적임이고, 우금은 등에 지게를 지워서 담이라도 쌓게 하면 잘하리라. 하후돈은 애꾸니까 안과 의원의 가방을 들고 따라다니면 어울릴 거요."

"............"

예형은 한조의 신하를 자임하면서 조조의 역심(逆心)을 간파하고 조조를 섬기는 무리들을 통렬하게 힐난했다. 예형이 조조의 면전에서 거침없이 독설을 퍼부었으니 과연 무사할 것인가? 조조는 속이 부글부글 끓어올랐지만, 애당초 기인(奇人)이라는 것을 알고 불렀기 때문에 해칠 수는 없었다. 그런 사람을 죽이면 자신의 협량(狹量)만 드러날 뿐….

조조는 예형을 골탕 먹이려고 일부러 악단(樂團)에서 북 치는 자리를 하나 마련해주었다. 며칠 후, 성대한 주연이 열렸을 때 예형도 그 악단의 일원이 되어 있었다. 그의 북치는 솜씨는 의외로 수준급이어서 별로 나무랄 데가 없었다. 그러자 조조는 그가 입고 온 누더기 옷을 꼬투리 잡았다. 의관을 제대로 갖추지 않았다고 조조가 꾸짖자, 예형은 옷을 훌훌 벗어 던지고 알몸이 되었다.

"하늘을 저버리고 천자를 속이는 무례와, 부모에게서 물려받은 몸을 있는 그대로 보이는 무례 중 어느 쪽이 더 과한가 생각해 보시오. 명사(名士)를 불러놓고 제대로 예우하지 않고 북을 치게 하여 욕을 보이는 것은 소인배의 행동이 아니오?"

그가 알몸으로 조조에게 대꾸하자, 만좌(滿座)해 있던 여러 장수들이 더 참지 못하고 칼을 뽑아 그를 죽이려 했다. 조조가 얼른 제지하며 '좋다. 그렇다면 그대는 곧바로 형주로 가서 유표를 설득하여 내 휘하에 들어오도록 하라. 그렇게만 한다면 그대를 궁중의 학부(學府)에다 모시고 중용하리라.' 하고 명을 내렸다.

조조가 말은 그렇게 했지만, 내심으로는 유표가 예형을 어떻게 처리(?)해주기를 바랐으리라. 그렇게 되면 골치 아픈 놈도 제거하고, 유표를 칠 명분도 생기고….

예형이 조조의 특사가 되어 형주로 떠났다. 형주에 가서도 그의 괴설(怪說)은 이어졌다. 유표 역시 내심으로는 '귀찮은 놈이 왔구나.' 싶었지만, 조조의 특사라 박대할 수가 없어서 그를 황조가 지키는 강하로 보냈다. 황조는 형주의 막강한 수군(水軍)의 위용을 보여주고 나서 예형을 환영하는 술자리를 마련했다. 둘이서 마주 앉아 이런저런 얘기를 나누다가 황조가 물었다.

"학인(學人), 지금의 조조 진영에는 누가 참다운 인물이라 할 수 있소?"
"음, 어른으로는 공융, 청년으로는 양수지."

예형이 거침없이 대답했다. 공융은 공자의 후손으로 학식과 인망을 갖춘 선비로 건안칠자(建安七子)의 선두이고, 양수는 한(漢)의 태위를 지낸 양표의 아들로 어릴 때부터 천재로 알려진 재사(才士)이다. 뛰어난 혜안으로 조조를 여러 번 놀라게 했다.

"그렇다면 나는 어떻소?"

내친 김에 황조가 물었다.

"그대는 말이지, 산신당의 귀신이겠지."

예형이 껄껄 웃으며 말했다.

"산신당의 귀신? 그게 도대체 무슨 뜻이오?"

황조가 다시 물었다.

"아, 그건 말이오, 주민들의 제사를 받아먹고도 아무런 효험이 없다는 뜻이오. 말하자면 주민들의 제물(祭物)을 도적질하는 허깨비라고나 할까."

예형이 거침없이 말했다.

"뭐라고? 이놈이…!"

발끈한 황조는 그 자리에서 칼을 뽑아 예형을 찔러 죽였다.

조조는 예형이 죽었다는 말을 듣고 '결국 설검(舌劍)으로 자신을 찌르고 말았군!' 하며 고소해 했다. 그러나 조조의 특사 임무를 띠고 간 외교사절이 유표의 부하에 의해 살해되었다는 사실은 중대한 외교문제가 아닐 수 없다.

예형의 죽음으로 조조와 유표간의 외교관계는 끊어지고 결국 적이 되었다. 조조가 대군을 일으켜 밀고 내려왔을 때, 유표는 이미 병들어 죽었고, 후처인 채부인의 공작으로 형주를 물려받은 작은아들 유종은 제대로 싸워보지도 못하고 항복해버리지 않는가.

살아남기 위해 저마다 몸조심을 하는 난세에 예형은 좀처럼 보기 드문 기인이다. 그는 과연 어떤 사람이었을까? 누구 앞에서도 거침없이 자신의 소신을 밝히는 절개가 굳은 선비일까? 아니면 세상과 타협할 줄 모르고 혼자 잘난 체하는 썩은 선비일까?

2-08(020)
후한 황실의 두 충절 '동승과 길평'

'황제를 업신여기고 국정을 제멋대로 전단(專斷)하는 조조를 죽여라!'

황제가 손가락을 깨물어 피로 쓴 의대조(衣帶詔)를 받은 국구(國舅) 동승(董承)은 함께 거사에 참여할 동조자를 몇 사람 규합하였으나 조조를 죽일 마땅한 계책이 떠오르지 않았다. 고민에 빠진 그는 마침내 몸져눕고 말았다. 동승이 병에 걸려 누웠다는 소식을 들은 황제는 전의(典醫) 길평(吉平)을 보내 동승의 병세를 보살피게 했다.

길평은 본초(本草)에 깊은 조예를 가진 당대의 명의로, 동승과 함께 황제의 두터운 신임을 받고 있었다. 동승을 진맥한 길평은 계속 옆에서 보살피며 극진히 간호를 했으나 병의 원인을 알 수가 없어서 제대로 된 처방을 내릴 수가 없었다. 보름이 지나고 한 달이 지나도 동승의 병세는 차도가 없었다. 그러던 어느 날, 동승이 막 잠이 들려고 하는데 갑자기 한 사람이 뛰어 들어오면서 소리쳤다.

"국구 어른, 드디어 때가 왔습니다. 지금 형주의 유표와 하북의 원소가 군사를 일으켜 도성으로 향하고 있고, 또 서량의 마등과 유비도 군사를 이끌고 오고 있습니다. 조조는 사방으로 군사를 보내 막기에 급급하고, 지금 승상부에는 조조 혼자 있습니다. 이때를 놓치지 마십시오."

동승은 벌떡 일어나 집안의 가솔들을 이끌고 앞장서서 승상부로 쳐들어갔다. 조조 앞에 당도한 그는 큰소리로 외쳤다.

"역적 조조는 이 칼을 받아라!"

그가 바야흐로 '얏!' 하고 칼을 내려치려는 찰나, 갑자기 '국구! 국구!' 하며 흔드는 사람이 있었다. 눈을 떠보니 길평이 옆에 앉아 있었다. 꿈이었다. 꿈결에서 조조를 욕하는 잠꼬대를 한 것 같아 동승은 매우 당황하였다. 이를 눈치 챈 길평이 조용히 말했다.

"이제야 병근(病根)을 알았습니다. 국구께서는 조조를 죽이지 못해 응어리진 마음이 병이 된 것입니다. 부디 저를 의심하지 마십시오. 저 역시 한(漢)의 신하로서 설령 3족이 멸문하는 화를 입는다 하더라도 결코 국구를 저버리지는 않겠습니다."

동승은 그때서야 마음이 놓이는 듯 황제가 내린 혈조(血詔)를 꺼내 보였다. 길평은 피로 쓴 황제의 의대조를 보며 눈물을 뚝뚝 떨구면서 자신의 손가락 하나를 물어뜯어 동조자 연판장에 서명한 다음 분연히 말했다.

"국구께서는 너무 심려하지 마십시오. 조조의 목숨은 소인의 손에 달려 있습니다. 조조는 두통을 심하게 앓아 늘 제가 처방을 해왔습니다. 다음에 두통이 재발할 때 소인이 탕약에 독을 넣으면 그만입니다. 머지않아 그런 때가 올 것입니다."

동승은 그 말을 듣자, 병이 일시에 나은 듯 몸이 가뿐해졌다.

어느 날 밤, 다시 기력을 회복한 동승이 혼자 후원을 산책하고 있는데 후미진 곳에서 남녀의 간드러지는 신음소리가 들려왔다. 다가가보니 젊은 남녀가 사랑을 나누고 있었는데, 여자는 자신의 애첩이었고, 남자는 자신의 옆방에서 기거하며 시중을 드는 가노(家奴) 경동이었다. 동승은 분노를 참지 못하고 내당을 향해 고함을 질렀다.

"여봐라, 저 고얀 연놈들을 잡아 묶어라!"

동승은 두 사람에게 곤장을 때리게 한 뒤 창고에 가두었다. 그날 밤, 경동은 탈출하여 어디론가 사라졌다. 그가 간 곳은 승상부였다. 그는 동승의 집에 드나들면서 함께 일을 꾸민 동조자는 물론, 동승과 길평이 주고받은 밀담까지 들은 대로 조조에게 일러바쳤다.

"뭐, 탕약에 독을 넣는다고?"

화가 머리끝까지 오른 조조는 다음날 아침에 두통이 재발했다며 길평에게 탕약을 달여 오라고 지시했다. 길평은 '드디어 때가 왔구나!' 하고 생각하며 탕약에 독을 넣어 조조에게 올렸다. 그러나 어인 일인지 조조는 차갑게 웃을 뿐 마시려하지 않았다.

"너부터 마셔보아라. 아마 못 마시겠지? 여봐라, 저 놈을 포박하라!"

길평은 이미 일이 그릇되었음을 알고 조용히 눈을 감았다. 무사들은 길평을 나뭇가지에 거꾸로 매달아 놓고 무자비하게 고문했다. 조조는 연일 혹독한 고문을 하며 주모자와 동조자의 이름을 대라고 다그쳤다. 그러나 이미 죽음을 각오한 길평은 의연하고 준엄하게 조조를 꾸짖었다.

"너는 황제를 업신여기는 간악한 역적이다. 세상 사람들이 모두 너를 죽이려하거늘 어찌 그들의 이름을 일일이 댈 수가 있겠느냐? 어서 나를 죽여라!"

다음날, 조조는 성대하게 연회를 열고 조정의 문무백관들이 다 모인 자리에서 길평을 끌어냈다. 혹독한 고문으로 살점이 거의 다 떨어져나간 처참한 몰골이었다. 혈서를 쓸 때 깨물어 뜯은 손가락을 포함하여 열 손가락이 모두 잘리어졌다.

조조가 다시 길평의 혀까지 뽑으려 하자, 그때서야 길평은 주모자의 이름을 대겠으니 포승(捕繩)을 풀어달라고 했다. 포승이 풀리자, 길평은 황실을 향하여 두 번 절하고 입을 열었다.

"신(臣) 여기서 하직하옵니다. 신은 죽어서 귀신이 되어 역적 조조를 징벌하겠사옵니다. 폐하! 부디 옥체를 보전하시옵소서!"

말을 마치자마자 그는 주춧돌에 머리를 으깨어 스스로 목숨을 끊었다. 만조백관들 앞에서 충신이 가야할 길을 몸소 실천해 보인 것이다.

조조는 동승 및 그의 동조자 일당을 체포하여 일가와 가솔들 7백여 명을 무참히 참살하였다. 조조는 자신이 황실을 보호하고 있다고 믿고 있었으므로 자신을 죽이려한 황제의 처사는 도저히 참을 수 없는 일이었다. 그러나 그도 피로 쓴 의대조를 내린 황제를 차마 어쩌지는 못하고, 그 대신 황후인 동승의 딸 동 귀비를 목매달아 죽였다. 동 귀비는 그때 황제의 아이를 수태하고 있었다. 이때 조조가 보인 잔학무도한 행위는 황제를 포함한 자신의 반대세력에게 보낸 강력한 경고라고 할 수 있으리라.

한쪽이 충신이면 한쪽은 역적이 된다. 황제의 입장에서 보면 동승과 길평은 역적을 주살하여 쓰러져 가는 한 황실을 끝까지 지키려한 만고의 충신이다. 그러나 자신이 황실을 지켜주고 있다고 생각하는 조조의 입장에서 보면 이들은 어김없는 반역의 무리이다. 그 판단은 차치하고서라도, 황제를 위해 기꺼이 목숨을 내던진 두 사람의 의기와 충절은 참으로 가상하다 하지 않을 수 없다.

2-09(021)
원소를 섬긴 두 모사(謀士) '전풍과 저수'

    난세에 큰 뜻을 품고 세상에 나온 군웅(群雄)은 자신을 도와줄 참모를 잘 골라야 하듯이, 난세에 지모를 펼치려는 모사(謀士)도 자신이 섬길 주군(主君)을 잘 선택해야 한다. 그의 생사를 포함한 운명이 주군에게 달려 있고, 또 섬기는 주군에 따라 자신의 기량을 제대로 발휘할 수 있느냐 없느냐가 좌우되기 때문이다.

    삼국지 전반부의 군웅 중에서 가장 넓은 강역(疆域)인 하북 4개주를 관할하던 효웅 원소를 섬기다가 아깝게 사라지는 비운의 모사 전풍과 저수의 돋보이는 지략과 충절을 살펴보고자 한다.

    전풍(田豊), 자는 원호(元皓). 조정에서 시어사(侍御使)를 지냈으나 환관들이 발호하자 벼슬을 버리고 초야에 묻혔다. 그러나 원소의 간곡한 청을 받고 황실을 받든다는 대의명분에 끌려 그를 섬기게 되었다. 일찍이 원소에게 천자를 모실 것을 권하는 등 대국을 바라보는 안목이 탁월했다.

    저수(沮授), 어려서부터 재주가 뛰어나고 뜻이 컸다. 기주에서 벼슬을 하고 있던 중, 원소가 기주를 차지하자 자연스럽게 그의 사람이 되었다. 원소 진영의 모사 중에서 전풍과 함께 가장 뛰어나다는 평을 받았다.

    공손찬을 평정하고 사기충천해 있던 원소가 조조를 치려고 군사를 일으켰을 때, 전풍과 저수는 아직은 때가 아니라며 출진을 말렸다. 그 후에 조조가 군사를 일으켜 유비를 치러갔을 때, 전풍은 원소에게 '지금 조조가 유비를 치러 서주로 떠나고 허도는 비어있습니다. 이 틈에 허도로 쳐들어간다면 위로는 천자를 받들고 아래로는 만민을 구할 수 있습니다.'고 하며 즉시 출병을 권했다.

원소로서는 다시 얻기 어려운 절호의 기회였다. 그러나 원소는 막내아들이 병을 앓고 있다며 만사가 귀찮다고 할 뿐이었다. '자식 하나 때문에 하늘이 준 기회를 놓치다니…' 전풍은 땅을 치며 탄식했다. 결국 조조는 관우를 포로로 잡았고, 유비는 도망쳐서 원소에게로 의지해왔다.

그 후 마음을 가다듬은 원소가 다시 조조를 치려고 했다. 그러나 전풍은 '조조가 유비를 격파하고 한창 사기가 높으니 지금은 때가 아닙니다. 내실을 다진 다음, 다시 기회를 엿보는 것이 좋습니다.' 하며 말렸으나 원소는 이미 결심을 굳힌 듯 출진을 서둘렀다.

전풍이 다시 간곡하게 출진을 말리자, 원소는 전풍을 옥에 가두어버렸다. 전풍의 의견이 옳다고 생각한 저수는 자신에게 닥쳐올 불길한 운명을 예감하고, 일가친척들에게 자신의 재산을 모조리 나누어준 후에 출정군에 합류했다.

저수는 원소군의 맹장 안량이 직정적(直情的)인 점을 헤아리고 너무 앞서지 못하도록 하고, 또 다른 맹장 문추에게는 돌아오는 길이 끊길 수 있다고 주의를 줘야 한다고 간했으나, 원소는 귀담아 듣지 않고 그냥 내버려두었다. 결국 조조진영에 있던 관우에게 두 장수 모두 목숨을 잃고 말았다.

원소가 다시 70만 대군을 일으키자, 전풍은 옥중에서 '지금 싸우면 반드시 패한다.'며 출진을 만류하는 글을 올렸지만 원소는 듣지 않았다. 원소의 고집을 꺾을 수 없다고 판단한 저수는 조조군의 약점을 간파하고, 전면

전 대신 지구전을 권했다.

"적군은 급히 싸우는 것이 유리하고, 군량과 마초가 넉넉한 우리는 천천히 지구전을 펴는 것이 유리합니다. 오래 싸움을 끌면 적군은 군량 때문에 저절로 퇴각할 것입니다."

옳은 지적이었으나 수적(數的) 우세를 믿고 전면전을 치르려는 원소의 귀에는 잔소리로 들렸다. 원소는 그의 입을 막으려고 저수마저 옥에 가두었다.

어느 날 저녁, 저수는 옥중에서 천문(天文)을 살펴보고 급히 원소에게 전갈을 보내 만나기를 청했다. 원소를 만난 그는 군량창고가 위험하다며, 속히 그곳 경비를 강화하라고 진언했다. 그러나 원소는, '그런 재수 없는 소리를 하려고 나를 보자고 했느냐.'며 그를 다시 가두어버렸다.

그날 밤, 70만 대군을 먹여야 할 오소의 군량창고가 조조군의 기습으로 다 타버리는 바람에 원소군은 사기가 꺾여 무참하게 패했다. 급기야 본진마저 조조군에게 짓밟힌 원소는 허겁지겁 도망을 쳤다. 조조는 점령한 원소의 진영에서 감옥에 갇혀있던 저수를 풀어주며 함께 일하자고 권했다.

"나는 두 주인을 섬기지 않는다. 어서 나를 죽여라!"

저수의 뛰어난 재주를 아는 조조는 그의 마음을 돌려보려 했으나, 저수는 끝내 의로운 죽음을 택했다. 조조는 그를 후하게 장사지내고 그의 충의를 기려 '충렬저군지묘(忠烈沮君之墓)'라는 묘비까지 세워주었다. 원소의 협량(狹量)에 비하면 한껏 돋보이는 조조의 그릇이 아닌가.

패잔병을 이끌고 기주로 돌아가던 원소는 그제야 전풍과 저수의 충언이 옳았음을 깨닫고 크게 뉘우쳤다. 이를 눈치 챈 모사 봉기는 원소가 앞으로는 전풍을 중히 우대할 것이라 생각하고 '주공께서 패하셨다는 말을 듣고, 전풍은 옥중에서 자신의 말이 맞았다며 큰소리로 웃더랍니다.' 하고 모함을 했다.

이 말을 듣자, 원소는 그 말의 진위를 가려볼 생각도 하지 않고 불같이 노했다. 그리고는 자신의 보검을 풀어주며 먼저 가서 전풍을 죽이라고 명했다.

이때 전풍은, 옥리(獄吏)로부터 패전소식과 함께 앞으로는 원소가 그를 중용할 것이라는 말을 듣고, '아닐세. 그가 싸움에 이겼다면 나를 살려줄 것이나, 싸움에 졌으니 나를 죽일 것이네.' 하며 머리를 가로 저었다. 얼마 안 있어 사자(使者)가 들이닥쳤다. 전풍은 원소가 내린 칼로 자결하기 전에 슬피 우는 사람들에게 이렇게 말했다.

"슬퍼할 것 없다. 장부(丈夫)가 세상에 나와 주인을 제대로 보필하지 못한 것은 용서받을 수 없는 잘못이다."

결국, 원소는 유능하고 충직한 모사들의 충간(忠諫)을 듣지 않고 좌충우돌하다가 참패를 거듭한 끝에 피를 토하며 죽었다. 그의 죽음이 시발점이 되어 하북의 4개 주(州)는 모조리 조조의 깃발 아래로 들어가고 만다.

하늘이 준 큰 재주를 제대로 펼쳐보지도 못하고 의롭게 죽은 전풍과 저수, 주군을 잘못 선택한 줄 알면서도 끝까지 충절을 다하는 모습이 눈물겹도록 아름답지 않은가.

2-10(022)
조조의 고향친구 모사(謀士) '허유'

만약 당신의 어릴 적 고향친구가 최고 권력자가 되었다면 그 사람을 어떻게 대해야 할까? 삼국지에는 황제도 감히 어쩌지 못하는 실권자 조조의 고향친구 한 사람이 등장하는데, 이 사람의 경우를 살펴봄으로써 타산지석(他山之石)으로 삼을 수 있지 않을까 싶다.

허유(許攸), 자는 자원(子遠). 조조와 같은 예주 패국 출신으로 비상한 머리를 가진 재사였다. 어린 시절부터 조조의 친구였으나 조조가 동탁 휘하에 있는 것을 보고 실망하여 원소가 기주로 달아날 때 함께 따라갔다. 동탁 암살에 실패한 조조가 '동탁 타도'의 기치를 걸고 의병을 모집할 때 허유는 이미 원소 진영의 참모가 되어있었다.

당시 원소진영에는 허유 외에도 전풍 봉기 심배 저수 곽도 순심 등 기라성 같은 모사(謀士)들이 있었다. 이들은 원소가 공손찬을 격파하는 데는 함께 힘을 모았으나, 조조를 격파하는 데는 의견이 나뉘어져 분열하고 있었다. 원소는 인재를 모으고 그들의 의견을 들을 줄은 알지만, 그들의 의견을 제대로 채택하거나 시의 적절하게 활용할 줄은 몰랐다.

예컨대, 원소는 심배가 올리는 계책은 채택하고 군사지휘권까지 주면서, 저수가 올리는 계책은 뚜렷한 이유 없이 들어주지 않았다. 또 허유가 재물에 욕심이 많고 어릴 적 조조의 친구였다는 점 때문에 그에 대한 의심을 풀지 않았고 아무런 권한도 주지 않았다.

그런 허유에게 큰 공을 세울 절호의 기회가 찾아왔다. 원소와 조조가 맞붙은 관도전투 때, 조조진영에서는 군량이 거의 다 떨어져가자 급히 편지를 써서 허도에 있는 순욱에게 군량미를 재촉하는 사자를 보냈는데, 그 사자가 붙잡히는 바람에 조조의 친필 서신이 허유의 손에 들어온 것이다.

원소를 찾아간 허유는 조조군의 군량이 바닥났다며 지금 바로 비어있는 조조의 본거지 허도를 기습하고, 이어서 조조군의 목 줄기인 병참로를 습격하면 바로 조조군을 패퇴시킬 수 있다고 진언했다. 조조가 들었으면 모골이 송연할 정도로 탁월한 계책이었다. 그러나 허유가 조조의 친필서신까지 보이면서 헌책(獻策)을 했음에도 불구하고, 원소는 그 서신이 조조의 유인책일지도 모른다며 채택하지 않았다.

때마침 그때 허유의 가족이 법을 어기고 남의 재물을 탐하다가 심배에게 체포되었다는 보고가 올라오자, 원소는 아예 허유의 말을 더 들으려고도 하지 않았다. 원소는 청렴이라는 잣대로 그 사람의 재주까지 가늠하려 한 것이다. 원소의 협량이 그대로 드러나는 부분이다.

살아남기 위해 고심하던 허유는 결국 원소를 버리고 조조 진영으로 찾아가 귀순한다. 허유가 찾아오자, 조조는 맨발로 뛰어나와 큰절까지 하며 고향친구를 환대한다. 물론 원소에 대한 정보를 얻어내기 위한 조조 특유의 쇼맨십이지만. 허유는 순우경이 지키고 있는 원소군의 군량창고의 허점을 얘기하며 조조에게 기습작전을 펼칠 것을 제안한다.

조조의 장점은 옳다싶은 조언은 바로 채택하고 전격적으로 결행(決行)한다는 점이다. 조조는 곧바로 정예군 5천명을 뽑아 원소의 군사로 변장시켜 한밤중에 적진을 급습하여 오소의 군량창고를 불태운다. 이때 조조는 술에 취해 잠든 적장 순우경을 잡아 군량창고 방비를 허술하게 한 죄(?)를 물어 그의 코와 귀를 베고 원소에게 돌려보낸다.

허유는 자신의 계책에 의해 하룻밤 사이에 조조가 승세를 타게 되자, 조조에게 지금의 기세를 살려 다시 한 번 원소에게 맹공을 퍼붓도록 조언한다. 조조는 그의 말대로 야습을 감행하여 또다시 대승을 거둔다. 그 결과 원소보다 열세였던 군세가 단숨에 역전되어 이제 조조가 공세를 취할 수 있는 발판이 마련된다.

그 후에도 허유는 장하(漳河)의 물을 끌어들여 원소의 본거지인 기주성을 포위하게 하는 계책을 진언하여 성을 함락하는 데 큰 공을 세운다. 이때 여러 장수를 거느리고 기주성으로 입성하는 조조를 보고 허유는 이렇게 우쭐댄다.

"아만아, 내가 없었으면 네가 어찌 이 성문으로 들어올 수 있었겠느냐!"

아만(阿瞞)은 조조의 어렸을 때의 이름이다. 허유는 황제까지도 두려워하는 최고 권력자 조조를 그렇게 부른 것이다. 그러더니 더욱 기고만장해져서 급기야 무장 허저에게 '너 같은 놈이 누구 덕분에 이겼는지 어찌 알겠느냐?'고 이죽거리다가 결국 허저의 칼에 목이 달아나고 만다.

이 사실을 보고받은 조조는 '그는 내 친구'라며 허저의 경솔한 행동을 꾸짖고 허유의 장례를 후하게 치러준다. 조조의 속마음은 알 수가 없지만, 여론을 중시하는 조조의 입장에서 보면 큰 공을 세운 옛 친구를 토사구팽(兎死狗烹)한 것처럼 보이기는 싫었을 것이다.

허유가 조조로 하여금 원소의 군량창고를 급습하도록 하여 관도전투를 승리로 이끌었고, 장하의 물을 끌어들여 기주성을 함락하는 데도 큰 공을 세운 것을 보면, 허유는 분명히 참모로서는 뛰어난 자질을 갖춘 인물이었다. 그럼에도 불구하고 동료 무장에게 죽임을 당한 것은 순전히 자신의 오만과 부적절한 처신 때문이었다.

순욱은 일찍이 '허유는 탐욕이 많아서 자신을 다스리지 못하는데, 허유의 가족들이 저지르는 범죄를 원소의 참모들이 그대로 놔주지 않을 것입니다.'라고 지적했는데 결국 그렇게 되었다. 황제를 참칭했던 원술도 '허유는 욕심이 많고 음탕하며 불순한 사람'이라고 평했던 것을 보면 허유에 대한 세평이 별로 호의적이지는 않다.

최고 권력자의 주변에 있으면서 주제파악이 서투르고 언행마저 경박스러운 것은 치명적인 결함이라 하지 않을 수 없다. 모사로서 탁월한 능력을 가지고 있고, 전쟁을 승리로 이끄는 데 결정적인 공을 세운 고향친구라 하더라도 상대방의 입장을 헤아리지 않고 경거망동하거나 함부로 입방정을 떠는 위인(爲人)을 감싸줄 사람은 어디에도 없기 때문이다.

허유가 여러 장수들 앞에서 조조의 어린 시절의 이름을 부르며 으스댔을 때, 조조가 겉으로는 웃었지만 속마음까지 그랬을까? 어쩌면 조조의 역린(逆鱗)을 건드린 그때 이미 허유의 목숨이 다한 것인지도 모른다.

2-11(023)
효웅 원소의 세 아들 '원담 원희 원상'

자중지란(自中之亂)은 패가망신의 지름길이다. 하북의 효웅(梟雄) 원소는 조조와 맞서 싸우다가 패하여 병을 얻어 죽었지만, 그의 아들들이 힘을 합쳐서 잘 싸웠으면 능히 조조를 물리치고 하북 4개주를 지켜낼 수도 있었다. 만년의 원소와 그 아들들의 행적을 살펴보고자 한다.

원소에게는 세 아들이 있었다. 맏아들 원담은 청주를 맡고 있었고, 둘째 아들 원희는 유주를 맡고 있었다. 병주는 생질인 고간이 맡고 있었고, 원소의 총애를 받은 셋째아들 원상은 원소와 함께 본거지인 기주를 지키고 있었다.

조조와의 전투에서 원소의 패색이 짙어지자, 마음이 조급해진 원소의 후처 유 부인은 자신이 낳은 원상을 후사(後嗣)로 삼아달라고 원소를 조르기 시작했다. 마침내 원소는 중신들 앞에서 '맏이는 성정이 모질고, 둘째는 줏대가 없소. 셋째는 영웅다운 기상이 있어서 후사로 세우고 싶은데 공들의 뜻은 어떠시오?' 하고 자신의 의중을 밝히며 물었다.

누가 선뜻 대답을 할 수 있겠는가. 그때 마침 맏이 원담과 둘째 원희, 생질 고간이 군사를 이끌고 왔기 때문에 후사문제 논의는 뒤로 미루고, 그 자리에서는 조조군을 물리치는 전략을 논의했다.

원소는 4개주에서 온 23만 병력으로 창정에 진을 쳤다. 조조군과 치열하게 전투를 치른 결과 양쪽 모두 큰 피해를 입고 끝이 났다. 원소는 남은 군사를 정비하여, 맏이 원담을 청주로 돌려보내고, 부상을 입은 원희와 고간도 유주와 병주로 돌아가게 했다. 병을 얻은 원소는 막내 원상과 함께 기주로 향했다.

조조가 다시 관도로 나오자, 몸을 추스른 원소도 아들들과 생질에게 각각 군사를 이끌고 나와 네 방면에서 조조를 치게 했다. 이때 선봉으로 나선 셋째 원상이 조조군의 용장 장료와 싸우다가 쫓겨 오자, 원소는 크게 상심한 나머지 다시 병이 도져 피를 토하다가 정신을 잃고 쓰러졌다.

원상의 어미인 유 부인이 곁에서 극진히 간호를 했으나 원소의 병세는 점점 위중해졌다. 유 부인은 자신 편을 들어줄 원소의 모사 심배와 봉기를 병상으로 불러들였다. 후사문제를 매듭짓기 위함이었다. 이때 원소는 겨우 손짓만 할 뿐 말을 할 수 없는 상태였다. 유 부인이 말했다.

"뒷일을 정해 두셔야 합니다. 우리 원상으로 하여금 뒤를 잇게 하는 것이 어떻겠습니까?"

원소가 힘겹게 고개를 끄덕였고, 이내 숨이 끊어졌다. 심배가 붓을 들어 원소의 유촉(遺囑)을 적었다.

원소의 장례를 마친 모사 심배와 봉기는 셋째 원상을 대사마(大司馬) 및 청주 기주 병주 유주 4개주의 목(牧)으로 세워 원소의 뒤를 잇게 한 뒤에 각처로 원소의 죽음을 알렸다. 원상은 모사 봉기를 큰형 원담에게 보냈다. 봉기가 거기장군의 인수를 원담에게 바치면서 원상의 뜻을 전하자, '제 놈은 4개주의 주인이 되고, 내게는 거기장군을 주면서 선봉에 서라고?' 하면서 역정을 냈다.

조조와 격전을 치르던 원담이 원상에게 구원군을 요청했다. 이때 원상의 모사 심배가 '우리가 구원군을 보내지 않으면 조조가 원담을 제거할 것입니다.' 하고 기막힌 소리를 했다. 아버지의 원수로 하여금 형을 죽이자는 계책이었다. 그렇게 되면 다음 차례는 자신이 되는 것을 아는지 모르는지….

원상이 구원병을 보내지 않으려 한다는 말을 듣고 격노한 원담은 조조에게 항복하겠다고 으름장을 놓았다. 원상은 어쩔 수 없이 군사를 이끌고 원담을 구원하러 갔다. 모처럼 형제간의 합동작전이 이루어지자 싸움은 호각지세(互角之勢)로 지구전이 되었다.

조조는 두 형제를 이간시키려고 일부러 전선(戰線)에서 벗어나 형주로 향했다. 조조가 물러가자 예상대로 두 형제간에 다시 전투가 벌어져 형인 원담이 패했다. 원담은 조조의 손을 빌려서 아우 원상을 죽이게 할 생각으로 조조에게 항복했다. 조조는 몹시 기뻐하며 딸을 원담에게 주겠다고 했다. 원담은 아버지를 죽인 원수의 사위가 되기로 한 것이다.

조조는 모사 허유의 계책대로 장하의 물을 끌어들여 기주성을 물에 잠기게 했다. 그런 다음, 군사를 이끌고 성안으로 물밀듯이 밀고 들어가 순식간에 기주성을 함락시켰다. 패배한 원상은 유주에 있는 둘째형 원희에게로 달아났다. 이때 기주성에 남아있던 원희의 처 견 부인은 조조의 큰아들 조비의 눈에 띄어 후일 결혼하게 된다.

한편, 조조에게 항복한 원담은 딴 생각을 품고 자신의 근거지인 청주에서 군사를 모으고 있었다. 이때 조조가 사람을 보내 원담을 불렀으나 가지 않았다. 조조는 원담에게 딸을 주기로 한 일을 없었던 것으로 하고 원담을 공격했다. 원담은 청주성 안의 군사들과 주민들을 총동원하여 맞섰으나 참패하였고, 조조군의 장수 조홍의 칼을 맞고 전사했다. 기주에 이어 청주도 조조에게 함락되었다.

유주를 지키던 원희는 조조군이 몰려오자, 아우 원상과 함께 요동으로 달아났다. 조조는 힘들이지 않고 유주까지 손에 넣었고, 이제 원소의 생질 고간이 지키는 병주만 남았다. 조조군에 패퇴한 고간은 흉노에 구원을 요청했다가 여의치 않자, 형주의 유표에게로 가다가 피살되고 말았다. 마침내 조조가 병주까지 평정하니 하북 4개주는 모두 조조의 깃발 아래로 들어왔다.

요동으로 도망친 원희와 원상은 후일을 기약하며 요동태수 공손강에게 항복했다. 공손강은 무슨 생각을 했는지, 도부수(刀斧手)들을 휘장 뒤에 숨겨놓고 원희와 원상을 만났다. 날이 몹시 찬 데도 자신들의 앉을 자리에 방석이 없는 것을 보고 원상이 '자리에 방석이 없네요.' 하고 말했다. 공손강이 차갑게 대꾸했다.

"너희 둘의 머리는 이제 수천 리를 가게 될 것인데, 방석은 챙겨서 무얼 하려느냐?"

그 말과 동시에 도부수들이 우르르 몰려나와 원희와 원상의 목을 베었다. 두 사람의 수급(首級)은 조조에게 보내졌다.

한때 군웅들 중에서 **최고**의 세력과 판도를 자랑하던 효웅 원소의 세 아들은, 아버지의 원수인 조조 앞에서 서로 못 죽여서 안달을 하더니 결국 모두 불귀(不歸)의 객이 되고 말았다. 하북 4개주를 호령하던 4세3공의 명문 원가(袁家)의 허망한 **최후**에 가슴이 에인다.

2-12(024)
군웅의 각축장이 된 형주의 준걸 '유표'

　형주는 양자강 중류지역으로 예부터 따뜻한 기후에 물자가 풍부하고 인심이 좋아 명현(名賢)들이 많이 모여 살았다. 우리나라 삼국시대의 한강 유역처럼 세 군웅 조조와 유비, 손권이 이곳을 차지하기 위해 막판까지 피 터지는 각축(角逐)을 벌이던 곳이다.

　형주자사 유표(劉表), 자는 경승(景升). 한실의 종친으로 뛰어난 학식과 덕망을 갖추고 있어서 주민들의 존경을 받아왔다. 그는 사람사귀기를 좋아하여 늘 명사(名士)들과 어울렸는데, 세상 사람들은 그와 자주 어울리는 여덟 명사를 '강하팔준(江夏八俊)'이라 불렀다. 이들은 중원의 전란에 휩쓸리지 않고 유유자적하게 살아가고 있었다.

　그러나 이곳에도 난세의 먹구름이 몰려오고 있었다. 동탁을 토벌하기 위해 전국의 제후들이 연합군을 구성했을 때, 유표는 일부러 외면하며 가담하지 않았었다. 그런데, 연합군의 맹주(盟主) 원소로부터 '손견이 옥새를 훔쳐 강동으로 가고 있으니 형주의 길목을 지키고 있다가 옥새를 뺏어라!'는 밀서가 왔다.

　한실의 종친인 유표가 이런 사실을 알고도 가만히 있을 수는 없었다. 손견의 군사가 나타나자 형주의 군사들과 치열한 접전이 벌어졌고, 형주의 무장 황조의 매복계에 걸려든 손견이 무참히 참살 당했다. 형주에는 다시 평화가 찾아왔지만, 유표는 강동의 손 씨 정권과는 원수가 되고 말았다.

그 후, 조정의 실권자가 된 조조는 원술과 여포를 평정하고, 이번에는 형주를 차지하기 위해 변설(辯舌)과 기행(奇行)으로 유명한 예형을 형주에 사신으로 보냈다. 유표는 예형을 다시 강하에 있는 황조에게 보냈는데, 황조가 예형의 독설(毒舌)을 참지 못하고 죽이는 바람에 유표는 조조와도 원수가 되고 말았다.

이 무렵, 조조에게 쫓기던 유비가 형주에 왔다. 유표는 같은 한실의 종친인데다 조조의 남하를 저지하는 데 힘이 되어줄 것으로 판단하고 유비를 가까이 있는 신야에 머물게 했다. 유비는 조조가 하북의 원소와 격전을 벌이고 있을 때, 비어있는 허도를 공략하자고 여러 번 조언을 했으나 유표는 미동도 하지 않았다.

유표에게는 고민거리가 하나 있었다. 바로 후사(後嗣) 문제였다. 두 아들 중 전처소생의 맏아들 유기는 심성이 어질고 착했으나 몸이 허약했고, 후처 채 부인이 낳은 작은아들 유종은 아직 어려서 세상물정을 몰랐다. 그런데 유종을 후사로 세우려고 혈안이 된 채 부인은 남동생 채모와 함께 무슨 짓을 꾸밀지 몰랐다. 유표가 이런 고민을 토로하며 유비에게 조언을 구하자, 고지식한 유비는 아주 솔직하게 대답을 했다.

"예부터 맏이를 제치고 아우를 후사로 세우는 일은 국정을 어지럽히는 첫걸음이 되어왔습니다. 젊은 부인의 성화 때문에 작은아들을 후사로 세우는 것은 옳지 못한 일입니다."

자고로 남의 후사문제에 대한 직설적인 충고는 위험천만한 것이다. 밖에서 이 말을 엿들은 채 부인은 곧 채모를 불러 귓속말을 속삭인다. 유비가 눈치 없이 뱉은 말 때문에 당사자인 유비는 물론 유표의 맏아들 유기도 채모 일당으로부터 생명의 위협을 받게 된다.

어느 날, 유기가 유비를 찾아와 계모 채 씨가 자신을 죽이려 한다며 도와달라고 했다. 이를 딱하게 여긴 유비는 유기를 제갈량에게 보냈고, 제갈량은 춘추시대 진(晋)나라의 신생과 중이 형제의 고사를 들려주며 밖으로 나가야 살 수 있다고 조언해주었다. 유기는 바로 유표를 찾아가 강하를 지키겠다며 자신을 그곳으로 보내달라고 했다.

군사요충지인 강하를 지킬 마땅한 장수가 없어서 고민하던 유표는 기꺼운 마음으로 맏아들 유기에게 군사 3천명을 주며 강하로 떠나게 했다. 결국 유기는 제갈량의 지혜로 계모의 독수(毒手)에서 벗어나게 된다.

조조의 대군이 형주로 쳐들어온다는 첩보가 날아들자, 병상에 누워있던 유표는 유비의 손을 잡으며 '내가 죽거든 그대가 형주를 맡아서 다스려주게.' 하며 간곡히 부탁했다. 손 하나 까딱하지 않고 형주가 통째로 굴러들어오게 되었지만, 유비는 의(義)가 아니라며 끝내 사양하고 물러난다.

조조가 대군을 이끌고 형주로 쳐들어오자, 다급해진 유표는 '맏아들 유기를 주인으로 삼고 뒤를 잘 보살펴주게.' 하는 글을 유비에게 남겼다. 그리고 강하로 사람을 보내 유기를 불러들였으나, 채부인 일당이 유기가 들어오지 못하게 막아버렸기 때문에 유표는 맏아들을 보지 못한 채 숨을 거두고 만다.

채부인 일당은 맏아들 유기와 유비에게는 부음(訃音)조차 전하지 않고 가짜 유서를 만들어 이제 겨우 열네 살인 유종을 형주의 새 주인으로 추대하였다. 그리고 조조에게 사람을 보내 유종을 형주의 새 주인으로 인정한다는 약속을 받고 조조에게 항복해버렸다.

그러나 조조가 누군가. 유종은 약속과는 달리 하북의 청주자사로 임명되었고, 임지로 가는 도중에 조조가 보낸 자객에 의해 어미 채 부인과 함께 피살된다. 또 채모는 장윤과 함께 수군이 약한 조조군의 수군도독을 맡지만, 주유의 거짓정보에 말려들어 조조의 의심을 받아 처형된다.

강동의 손권과 힘을 합쳐서 적벽대전에서 승리한 유비는 제갈량을 앞세우고 재빠르게 움직여 유표의 큰아들 유기에게 돌려준다는 핑계로 형주를 선점한다. 그러나 얼마 안 있어 유기가 병사하자, 강동의 손권은 적벽대전 승리의 전리품인 형주를 자기들의 것이라며 돌려달라고 요구했고, 이후 형주는 손권과 유비 사이에 골치 아픈 문제가 된다.

형주는 뛰어난 인재들이 구름처럼 많이 모여 사는 곳이다. 유비가 수경선생 사마휘와 서서, 제갈량과 방통 같은 명현들을 만난 곳이 바로 이곳이 아니던가. 형주자사 유표가 영웅의 기상을 조금이라도 지니고 있었더라면, 이 기라성 같은 인재들의 도움을 받아 가히 천하제패를 꿈꾸어볼 수도 있지 않았을까 싶지만….

형주자사 유표는 그저 형주를 지키기에 급급할 뿐, 천하를 다툴만한 야심도 없었고 또 그럴 만한 그릇도 되지 못했다. 한 마디로, 유표는 치세(治世)에나 어울리는 인물이었다. 치세에 적합한 인물은 난세(亂世)가 되면 결점이 한꺼번에 노출되고 만다. 그는 난세에 군웅들의 각축장이면서 전략요충지인 형주의 임자로는 처음부터 어울리지 않았던 인물이다.

2-13(025)
복룡봉추를 알려준 수경선생 '사마휘'

　형주의 신야에 머무르고 있던 유비는 형주자사 유표의 부탁으로 한 행사장에 갔다가 자신을 눈엣가시처럼 여기던 유표의 처남 채모가 자신을 죽이려고 군사를 사방에 배치한 것을 알게 된다. 유비는 살그머니 행사장을 빠져나와 적로마(的盧馬)에 올랐다.

　동쪽 남쪽 북쪽에 물샐틈없이 군사가 배치되어 있고 서쪽만 비어있는 것을 알게 되자, 유비는 서쪽으로 말을 몰았다. 한참을 달려가니 폭이 3장(三丈, 약 9m)이나 되는 큰 개울 단계(檀溪)가 앞을 가로막고 있었다. 채모가 이끄는 추격병이 쫓아왔다. 유비는 운명을 적로마에게 맡긴 채 '적로야, 너는 나를 해치려하느냐, 구하려하느냐!' 하며 채찍을 내리쳤다.

　순간, 적로마는 휙~ 하고 솟구쳐 오르더니 3장이나 되는 단계를 훌쩍 뛰어넘어 저쪽 기슭에 내려섰다. 적로마 덕분에 추격병을 따돌린 유비는 안도의 숨을 내쉬며 털레털레 가다가, 저쪽에서 소등을 타고 오는 한 목동을 만나게 된다. 그를 따라간 유비는 고명(高名)한 선비를 만나게 된다.

　사마휘(司馬徽), 자는 덕조(德操). 사람을 알아보는 재주가 탁월하다고 알려진 선비로, 수경선생(水鏡先生)이라 불리고 있었다. 그는 유비를 만나자마자 '유공 곁에는 사람이 너무 없소. 관우나 장비, 조운 같은 명장(名將)들은 있지만, 천하를 경영하고 세상을 다스릴 모사(謀士)가 없소.' 하고 말했다. 유비가 한숨을 쉬며 대답했다.

"저도 몸을 굽혀 인재를 찾으려고 노력하고 있습니다만 아직 만나지 못했습니다."

그러자 수경선생은 '이곳 형주에 천하의 기재(奇才)들이 많이 있으니 잘 찾아보시오.' 하고 말했다. '천하의 기재란 누구를 이르는 말입니까?' 하고 유비가 되물었다. 그러자 수경선생은 '복룡봉추(伏龍鳳雛) 중에서 한 사람만 얻어도 가히 천하를 평안케 할 수 있을 것이오.' 하고 대답했다. 그 소리에 귀가 번쩍 뜨인 유비가 '복룡봉추가 누구입니까?' 하고 다시 물었다. 그러자 그는 손뼉을 치며 '좋지, 좋아.' 하고 말했다.

그날 밤 유비는 수경선생의 집에서 하룻밤을 묵었다. 유비는 복룡봉추가 누군지 궁금해서 견딜 수가 없었으나 자리에 누워 잠을 청했다. 유비가 막 잠이 들려고 할 무렵, 한 사람이 찾아왔다. '원직이 이 밤에 웬일인가?' 하는 수경선생의 목소리가 들렸고, 곧이어 원직이란 사람이 대답하는 소리가 들렸다.

"유표가 섬길 만한 분인지 찾아가 만나보았으나 실망하여 되돌아오는 길입니다."

그러자 수경선생이 '그대는 왕업(王業)을 일으킬 만한 재주를 가졌으니 마땅히 사람을 가려서 섬겨야 할 것이네. 어찌 가볍게 몸을 움직여 유표 따위를 찾아갔더란 말인가?' 하는 목소리가 들렸다.

다음날, 날이 새기가 무섭게 유비는 어젯밤에 찾아온 사람이 누군지 물었다. 수경선생은 '내 벗이외다.' 하고 말했다. 유비가 '그 사람이 혹시 복룡과 봉추 중에서 한 사람이 아닌지요?' 하고 물었다. 수경선생은 그에 대한 대답은 하지 않고 또 '좋지, 좋아.'라고 했다.

수경선생은 누가 어떤 사람에 대한 인물평을 부탁하면 매번 '좋지 좋아.'라고 대답했다. '좋지, 좋아.'를 하도 남발하니 그의 별명이 '호호(好好)선생'이 되었다. 한번은 그의 아내가 '사람들이 물으면 마땅히 당신의 의견을 말해주어야 하는데, 무조건 좋다고만 하면 어떡하느냐?' 하고 힐문했는데, 그때도 수경선생은 '그것도 좋지, 좋아.' 하고 대답했다.

수경선생이 끝내 복룡과 봉추가 누군지 알려주지 않자, 유비는 직접 알아보기로 하고 그 대신 기우는 한실(漢室)을 다시 일으켜 세우기 위해 함께 일하기를 청했다. 그러자 그는 '저 같은 늙은이가 설령 뜻이 있다 해도 재주와 능력이 모자라는데 무슨 소용이 있겠습니까? 오래잖아 저보다 열 배나 나은 이가 나타나서 유공을 돕게 될 것입니다.' 하고 말했다.

유비는 그보다 열 배나 나은 사람이 누군지 궁금하여 이름을 물어보았으나, 또 '좋지, 좋아.'라는 답변만 돌아왔다. 그때 군사를 이끌고 백방으로 유비를 찾아 나선 조운이 도착하는 바람에 유비는 마침내 그곳을 떠나게 되었다.

결국 유비는 그날 밤에 찾아왔던 원직, 즉 서서를 초빙하여 군사(軍師)로 맞이하지만, 조조가 서서의 노모를 볼모로 붙잡아놓고 있는 바람에 서서는 조조에게로 가지 않을 수 없게 된다. 서서는 떠나면서 유비에게 복룡 제갈량과 봉추 방통에 대해서 알려주었다.

그 후, 서서가 유비의 군사(軍師)가 되었다는 소식을 듣고 수경선생이 찾아왔다. 수경선생은 서서가 떠난 사정을 듣게 되자, '아뿔사!' 하면서, '서서의 모친은 의를 높이 여기는 분이라 서서가 갔다면 틀림없이 목숨을 끊었을 것이외다.' 하고 말했다. 실제로 서서의 모친은 자신 때문에 아들이 유비를 버리고 조조에게로 오자 스스로 목을 매고 죽는다. 현자(賢者)들은 이를 미리 알 수 있는 건지….

서서와 제갈량, 방통 같은 준재(俊才)들이 모두 수경선생의 제자라는 얘기도 있고, 수경선생은 결코 제자를 둔 적이 없다는 얘기도 있다. 생각하건대 이들은 사제관계라기보다는 친하게 교류하는 사람들이 아닌가 싶다.

수경선생의 소탈한 성품이 드러나는 일화 하나를 소개해 본다. 유표의 작은아들 유종이 수경선생의 집을 방문하기 위해 시종을 보내 그가 집에 있는지 알아보게 했다. 때마침 수경선생은 채마밭에서 김을 매고 오는 길이었는데, 시종이 '수경선생은 어디 계시는가?' 하고 묻자, '내가 사마휘요.' 하고 말했다.

그러자 시종이 그의 누추함을 보고 '형주자사의 아드님께서 수경선생을 만나고자 하시는데 하인 주제에 수경선생 행세를 하다니!' 하며 꾸짖었다. 수경선생이 집으로 들어가서 머리를 빗고 두건을 쓰고 나왔다. 시종이 곧 그를 알아보고 사죄를 했고, 시종으로부터 자초지종을 들은 유종도 사과를 하지 않을 수 없었다고 한다.

유비에게 제갈량과 방통을 알려준 재야의 거목(巨木) 수경선생 사마휘는 뛰어난 안목과 경륜을 가지고 있었음에도 끝내 벼슬길에는 나가지 않았다. 나중에, 형주를 평정한 조조도 그를 초빙하려 했으나 이미 노환으로 세상을 뜬 후였다.

2-14(026)
충효의 우선순위 '서서와 그의 어머니'

유비가 형주의 신야에 머무르며 인재를 구하려고 고심하고 있던 어느 날, 한 선비가 혼자서 노래를 부르며 걸어가고 있었다. 유비는 그가 부르는 노래 소리에 귀를 기울여보았는데 그 뜻이 자못 의미심장했다.

천지가 뒤집어지려고 하고 불의 덕이 스러지려 하네
큰집이 무너지려 하는데 한 나무로는 버티기 어렵구나
산골 속에 현자(賢者)가 있어 밝은 주인을 찾고 있네
그 분은 현자를 구한다면서 어찌 나를 몰라보시는가

오행설에서 불은 한(漢)을 상징하는 것이니, 한의 멸망을 암시하면서 스스로 어진 선비임을 자처하고 섬길 주인을 찾는다는 뜻이 아닌가. 유비는 전에 수경선생 사마휘로부터 이곳 형주에 천하의 기재(奇才)들이 많으니 잘 찾아보라는 조언을 들었던 기억이 떠올랐다.

유비는 그 선비가 왠지 범상치 않은 것 같아서 정중히 모시고 와서 가르침을 청했다. 그리고 곧 그의 비범한 재주를 알아보고, 그를 군사(軍師)로 위촉하여 유비군의 인마를 조련케 했다.

서서(徐庶), 자는 원직(元直). 어려서부터 총명하고 학문이 깊어 장래가 촉망되는 인물이었다. 청년시절에 친구의 원수를 갚는다고 사람을 죽인 일이 있었는데, 그때부터 이름을 선복(單福)으로 바꾸고 이곳저곳에서 유랑생활을 하다가 드디어 유비의 눈에 띈 것이다.

당시 유비 진영에는 관우와 장비, 조운 등 만부부당(萬夫不當)의 뛰어난 무장은 있었으나 전략을 수립하고 임기응변의 지모를 펼칠 뛰어난 모사(謀士)는 없었기 때문에, 서서를 얻은 유비의 기쁨은 이루 말로 다 표현할 수 없을 정도였다.

군사 서서가 실력발휘를 할 기회가 드디어 찾아왔다. 인접한 번성을 지키고 있던 조조군의 장수 조인이 대군을 이끌고 쳐들어왔기 때문이다. 서서는 그동안 훈련시킨 진법(陣法)을 구사하여 조인의 대군을 단숨에 패퇴시키고 번성을 빼앗는 개가를 올렸다.

서서를 얻은 유비가 욱일승천(旭日昇天)의 기세를 떨치자, 이 소식을 들은 조조는 서서를 제거할 궁리를 하고 있었다. 조조는 서서가 남달리 효성이 지극하다는 것을 알고, 홀로 사는 그의 노모를 허도로 데려와서 '아들이 이리로 오도록 편지를 써라.'고 강요했다. 그러나 노모는 편지를 쓰기는커녕 오히려 조조를 준엄하게 꾸짖었다.

"내 아들이 유비를 섬기고 있다면 주인을 제대로 찾은 것이다. 조조, 너는 한의 승상이라고 하나 내가 보기에는 한의 역적이다. 그렇게 부귀영화를 누리면서도 어찌 부끄러운 줄 모른단 말이냐!"

조조는 치를 떨며 노파를 죽이려 했으나, 모사 정욱이 '자기를 죽여 달라고 일부러 그러는 것입니다. 노모가 죽게 되면 서서는 결코 이곳에 오지 않을 것입니다.' 하면서 이해득실을 따져 설득했으므로 조조로서도 어쩔 수가 없었다.

정욱은 노파를 모셔가서 극진히 보살폈다. 수시로 찾아가 문안을 드리고, 직접 찾아가지 못할 때는 서찰과 함께 음식과 옷을 보냈다. 정욱이 워낙 정성을 다하니 노파도 감복하여 정욱에게 고맙다는 서찰을 보내왔다. 정욱이 노리는 것이 바로 그것이었다. 정욱은 노파의 필적을 흉내 낸 서찰을 만들어 신야에 있는 서서에게 보냈다.

"나는 지금 조조에게 잡혀있는데 언제 죽을지 알 수가 없구나. 네가 이리로 와야만 내가 풀려날 것 같으니 속히 와다오."

분명 어머니의 필체였다. 서서는 어머니를 생각하며 밤새도록 울다가 날이 밝기가 무섭게 유비를 찾아가 편지를 보였다. 유비는 하늘이 무너지는 듯 앞이 캄캄했으나 모자(母子)의 정을 끊을 수는 없었다. 유비의 눈에서도 눈물이 흘렀다. 서서가 말했다.

"선비는 자기를 알아주는 사람을 위해서 죽어야 하는데, 저는 이제 그럴 수 없게 되었습니다. 제가 가더라도 조조를 위해서는 어떤 지혜도 내지 않을 것입니다."

서서는 떠나면서 한 사람을 추천했다.

"양양 교외 융중에 천하에 하나뿐인 대 현인이 살고 있습니다. 이름은 제갈량, 자는 공명입니다. 주군께서 몸소 찾아가서 모셔오도록 하십시오. 그 사람이 도와준다면 천하를 평정하는 데 아무런 어려움이 없을 것입니다."

서서는 쉬지 않고 말을 달려 허도에 이르렀다. 조조에게 인사를 하자마자 노모를 찾았다. 깜짝 놀란 노모가 '네가 어찌하여 여기에 왔느냐?' 하고 물었다. 어머니의 서찰을 받고 달려왔다고 서서가 대답했다. 그러자 노모의 얼굴이 차갑게 굳어지더니 갑자기 호통을 쳤다.

"어찌 편지 한 통의 진위도 가릴 줄 모르더란 말이냐? 옳은 주인을 만나고도 밝은 곳을 버리고 어두운 곳으로 오다니. 아직도 충과 효의 우선순위도 깨우치지 못했더란 말이냐! 아, 자식을 잘못 길러 조상 뵈올 면목이 없구나."

그리고는 방으로 들어가 버렸다. 서서는 그때서야 거짓편지에 속은 것을 알고 땅에 엎드린 채 어찌할 바를 몰랐다. 잠시 후, 내당(內堂)에서 사람이 뛰어나오며 황급히 소리쳤다.

"노모께서 목을 매셨습니다."

죽음으로써 자식의 어리석음을 일깨워준 것이다. 서서는 어머니가 이미 숨진 것을 알고 가슴을 치며 오열했다.

조조는 그 소식을 듣고 많은 재물을 보냈지만, 서서는 아무 것도 받지 않고 되돌려 보냈다. 조조는 서서를 오게 하는 데까지는 성공했지만 그의 마음을 얻는 데는 실패했다. 후일 조조가 적벽에서 방통의 제언(提言)으로 자신의 선단(船團)을 모두 쇠사슬로 묶었을 때 서서는 조조의 대군이 몰살당할 것을 알면서도 모르는 체했다.

유비는 서서를 잃었지만 대신 제갈량을 얻었다. 제갈량은 서서가 노모를 구하기 위해 조조에게 간 것을 알게 되자, 그의 노모는 목숨을 보전하지 못할 거라고 했다. 전에 수경선생 사마휘도 그런 말을 했는데, 현자들은 어떻게 그런 일을 미리 알 수 있는지….

그러나 자신이 가면 어머니가 죽을지도 모른다는 사실을 안다고 하더라도, 늙은 어머니를 적진에 홀로 두고 모르는 척 하는 것이 자식으로서 과연 옳은 일일까?

제3장
위나라의 인물들

3-01(027)
하늘이 내린 삼국지 최고의 영웅 '조조'

　조조(曹操), 자는 맹덕(孟德). 예주 패국 초현 출신으로, 어릴 때부터 총명했다. 청년시절 한때 방탕한 생활을 했으나, 궁궐의 위병장교로 발탁되어 뛰어난 업무처리 솜씨를 보이면서 두각을 나타내기 시작했다. 약간 야윈 편이며, 가늘면서도 매서운 눈매를 지녔다. 원래는 하후 씨인데, 아버지가 조등이라는 환관의 양자로 들어가는 바람에 조 씨가 되었다. 그 때문에 조조는 평생 환관 집안이라는 신분 콤플렉스를 지니고 있었다.

　조조가 젊었을 때, 관상가로 유명한 허자장이 '너는 치세에는 능신(能臣)이 될 것이고, 난세에는 간웅(奸雄)이 될 것이다.'고 했는데, 조조가 아주 흡족해했다고 한다. 조조와 관련된 이야기는 책으로 묶어도 될 만큼 많으나, 여기서는 조조의 진면목을 파악하는데 도움이 될 만한 일화 몇 가지만 소개해 본다.

　가장 유명한 일화부터 짚어보자. 동탁을 암살하려다 실패하여 쫓기던 조조는 진궁과 함께 부친의 친구인 여백사를 찾아갔다. 그런데 밤에 칼 가는 소리와 함께 '묶어서 잡자니까.' 하는 소리가 들렸다. 조조는 자신을 해치려는 줄 알고 뛰어나가 여백사의 식솔 여덟 명을 무참히 죽였는데, 알고 보니 자신을 접대하기 위해 돼지를 잡으려던 것이었다.

　그 길로 도망치던 조조는 술을 사오던 여백사마저도 참살한다. 후환을 없애기 위해서이다. 그때 그는 '내가 천하의 만민을 배반할지언정, 천하의 만민이 나를 배반하지는 못하게 할 것이다.'라는 말을 남겼다. 조조가 간웅으로 낙인찍히는 데 결정적인 역할을 한 일화이다.

조조는 무장들에게는 후했지만 문사들에게는 가혹했다. 조조가 전투에 패한 장수에게 가혹한 처벌을 내린 적은 없다. 뛰어난 무장은 비록 적장이라도 흠모(?)해 마지않았다. 그러나 눈 밖에 난 문사는 가차 없이 죽였다. 공융 양수 최염 등이 그렇게 죽었고, 자신의 장자방이라고 했던 순욱과 그의 조카 순유마저도 예외일 수 없었다.

남양의 군웅 원술이 황제를 참칭(僭稱)하자, 조조는 대군을 이끌고 정벌 길에 올랐다. 전쟁이 길어지자 군량이 바닥을 드러내기 시작했다. 조조는 군량책임자인 왕후를 불러 되를 줄여 군량을 지급하라는 지시를 내렸다. 급식이 줄어들자, 불평하던 병사들이 조조를 욕하기 시작했고 곧 난동이 일어날 조짐이 보였다. 조조가 급히 왕후를 불렀다.

"자네의 목이 필요한데…. 대신 자네의 처자식은 내가 잘 보살펴주겠네."

조조는 왕후의 목을 베어 진중(陣中)에 걸었다. 그의 목에는 '이 자는 되를 줄여 병사들의 식량을 도적질했으므로 군율에 의하여 효수하노라.'라고 쓴 방문(榜文)이 붙어 있었다.

병사들은 '그럼 그렇지!' 하며 죽은 왕후를 욕했고, 조조에 대한 불평은 사라졌다. 위기상황에 처한 조조의 임기응변 능력을 볼 수 있는 일화이다. 한 사람을 희생시켜서 자신의 책임을 면하고 부대원들의 사기도 진작시켰지만, 자신의 지시를 충실히 따른 부하에게 책임을 떠넘기고 처형한 행위를 어떻게 받아들여야 하는가.

조조는 평생 전쟁터를 누비면서 정치가, 군략가로서 탁월한 능력을 보였고, 대부분의 전투에서 승리하여 여포와 원술, 원소 등 많은 군웅들을 평정하여 강북의 패권을 거머쥐었다. 적벽대전에서 손권과 유비의 연합군에게 참패하면서 그의 숙원(宿願)이었던 천하통일에는 실패하지만, 후일 위를 이은 진에 의해 이루어지는 삼국통일의 기반을 확립한 사람은 누가 뭐라 해도 조조였다.

조조는 의심이 많은 것으로 유명하지만, 의외로 이런 일화도 있다. 원소를 격파한 조조는 원소의 집무실에서 서류뭉치 하나를 발견했다. 자신의 부하들이 원소에게 보낸 편지를 모아놓은 다발이었다. 내통자들을 색출해낼 수 있는 증거자료였지만, 조조는 '나도 이 전쟁이 어떻게 끝날지 몰라 한때 마음이 흔들렸다.'면서 그 편지다발을 모두 불에 태워버린다.

조조는 많은 재능을 지닌 인물이다. 그의 뛰어난 재능으로 쌓은 업적은 그의 결점과 악행을 덮고도 남을 정도로 많고 화려하다. 최근, 조조에 대한 재평가작업이 활발히 이루어지고 있어서 간웅으로 치부되었던 그의 명예는 많이 회복되었지만, 부정적인 평가의 근거가 되는 일화들도 많이 남아있어서 공과(功過)를 함께 보아야 할 것 같다.

혹자는 그가 남긴 시문(詩文)만으로도 조조를 위인의 반열에 올리는데 손색이 없을 것이라고 한다. 조조의 유명한 시 중 하나인 단가행(短歌行 : 짧은 노래를 하노라)의 앞부분만 소개해본다. 영화 '적벽대전2'에서 조조가 술을 마시고 휘하 장수들 앞에서 읊조리던 바로 그 시이다.

對酒當歌(대주당가)　　술잔을 앞에 두고 노래하노니
人生幾何(인생기하)　　우리 인생 살아야 얼마나 사나

譬如朝露(비여조로)	비유컨대 인생은 아침이슬 같고
去日苦多(거일고다)	지난날 돌아보니 고생이 많았도다
慨當以慷(개당이강)	하염없이 슬퍼하고 탄식하여도
憂思難忘(우사난망)	마음속 근심은 떨쳐내기 어렵네
何以解憂(하이해우)	무엇으로 이 시름 풀 수 있을까
唯有杜康(유유두강)	오로지 술이 있을 뿐이로다

 마지막 부분의 두강(杜康)은 처음 술을 빚었다고 알려진 전설 속의 인물이다. 그러니 두강을 '술'이라 번역해도 무방하다. 이 시는 모택동이 아주 좋아했다고 한다.

 사람은 죽을 때 그의 진면목(眞面目)이 드러난다. 조조는 자신의 묘를 만들 때 봉분(封墳) 72개를 함께 만들게 했다. 후세의 도굴이 두려웠기 때문에 많은 가묘(假墓)를 함께 만들게 한 것이다. 그의 유언은 의외로 소박했다.

 "천하는 아직 평정되지 못했다. 이런 시기에 예를 차린다고 거창하게 장례를 치르지 마라. 장례가 끝나거든 바로 탈상하고 일상 업무에 임하라. 입관할 때 금옥진보(金玉珍寶)는 함께 넣지 말고 철따라 갈아입을 옷이나 몇 벌 넣어다오."

3-02(028)
조조의 심복인 애꾸눈 장수 '하후돈'

하후돈(夏侯惇), 자는 원양(元壤). 조조와 같은 예주 패국 초현 사람으로, 14살 때 그의 스승을 욕하는 사람을 그 자리에서 때려죽여 유명해졌다. 이문열 삼국지에 나오는 하후돈의 모습을 보면, '조조의 두 배는 됨직한 떡 벌어진 체격에 구레나룻이 거뭇거뭇한 얼굴과 부리부리한 눈, 한 눈에 힘꼴 깨나 쓰는 장사.'라고 묘사되어 있다.

하후돈은 힘이 세고 성품이 거칠었으나 조조에게는 양처럼 순했다. 조조가 젊은 시절 유협집단과 어울려 다닐 때 하후돈은 그 밑에서 주먹대장 노릇을 했고, 조조가 효렴에 뽑혀서 낙양으로 올 때 그도 함께 따라 올라왔다.

동탁을 암살하려다 실패하여 도망 다니던 조조가 의군(義軍)을 모집했을 때, 가장 먼저 천여 명의 부하를 이끌고 온 사람이 조조의 생가(조조의 원래 성씨는 '하후'이다) 쪽의 사촌동생 하후돈과 하후연이고, 그 다음에 합류한 사람이 조조의 아버지가 양자로 간 친가 쪽의 사촌동생 조인과 조홍이다. 그리고 유협시절의 패거리인 이전과 악진도 차례로 합류했다.

이들이 조조 진영의 창립 멤버들인데, 조조의 분신 같은 존재가 이들 중에서 맏형이면서 2인자인 하후돈이다. 동탁이 죽고 그의 잔당인 이각과 곽사에게 쫓기던 황제가 조조에게 구원을 요청했을 때, 조조가 군사 5만 명을 주면서 먼저 달려가게 했던 장수가 바로 하후돈이 아니던가.

조조가 포로로 잡은 황건적들을 훈련시켜 청주병이라는 외인부대를 만들고 이의 통솔 및 관리를 하후돈에게 맡겼는데, 그 청주병들이 민간인을 약탈하는 등 물의를 일으키는 바람에 하후돈이 조조에게 크게 질책을 받은 적이 있었다. 그럼에도 불구하고 하후돈이 조조의 신뢰를 잃은 적은 한 번도 없었다.

조조가 서주로 원정을 떠난 틈에 여포가 조조의 근거지인 연주로 쳐들어오자, 하후돈은 순욱 정욱 등의 참모와 함께 연주의 거점을 사수하고 조조의 가족을 지켜낸다. 서주에서 돌아온 조조는 대대적인 여포 토벌에 나서는데, 이 전투에서 하후돈은 아주 엽기적인 에피소드를 남긴다. 적장 조성이 쏜 화살이 하후돈의 왼쪽 눈에 꽂혔다. 하후돈이 화살을 빼내자 왼쪽 눈알이 함께 뽑혀져 나왔다.

군사들이 놀라서 우르르 모여들자, 하후돈은 '이 눈알은 내 아버지의 정기요 어머니의 혈액이다. 이런 전쟁터에 버릴 수는 없다.'고 하면서 자신의 눈알을 꿀꺽 삼켰다. 그리고는 다시 창을 꼬나 잡고 적진을 향해 돌진하여 자기를 쏜 적장 조성을 끝까지 쫓아가 그의 목을 베고 돌아왔다.

이때부터 조조의 군사들은 하후돈을 하후연과 구별하여 '맹(盲)하후' 즉, '애꾸눈 하후'라고 불렀다. 그런데 하후돈은 이 별명을 매우 수치스럽게 생각하여 거울을 볼 때마다 울화를 참지 못하고 거울을 땅에 내동댕이쳤다고 한다.

하후돈의 이력에는 승전과 패전의 기록이 골고루 들어있다.

먼저 승전 이력을 보자. 처음에는 주로 후방에서 군량을 보급하는 임무를 맡았지만, 조조가 서주의 유비를 공격할 때 앞장서서 싸워 유비를 패퇴시키고, 관우를 사로잡는데 큰 기여를 했고, 여포와의 전투에서도 맹활약 하였다. 또 조조가 하북의 원소와 맞붙은 관도전투에서는 오소를 습격할 때 본진을 지키며 원소군을 격퇴시키는 데 큰 공을 세웠다. 만년에는 경기와 위황이 허도에 불을 지르며 일으킨 반란을 진압하였다.

패전 이력을 보자. 제갈량이 유비의 군사(軍師)로서 첫 출전하는 박망파 전투에서 대장으로 출전한 하후돈은 용감하게 싸웠지만 완패했다. 또 그가 앞장 선 적벽대전에서는 병력의 월등한 우세에도 불구하고 손권과 유비의 소수연합군에게 무참히 패퇴한다. 또, 양양을 수비할 때에는 제갈량의 계책에 빠져 성을 그저 내주는 실수를 범하기도 한다.

하후돈은 틈만 나면 책을 읽었고 문관들과 토론하는 것을 좋아했다. 또 입도 걸고 유머감각도 뛰어나서 병사들과 잘 어울렸다. 그가 흥이 나서 한 번 입을 열었다 하면 웃지 않는 사람이 없었을 정도라고 한다. 조조마저도 그와 떨어져 있으면 그의 입담이 그립다고 할 정도였으니….

의심 많기로 유명한 조조도 하후돈에게는 파격적인 예우를 했다. 하후돈은 조조의 침실에 자유롭게 출입할 수 있고, 조조와 함께 마차를 탈 수 있는 유일한 인물이었기 때문이다. 조조는 만년에 하후돈에게 큰 식읍을 주었는데, 청렴한 하후돈은 전혀 축재(蓄財)를 하지 않았다. 그는 늘 남은 재화가 있으면 가난한 사람들에게 나누어주었으므로, 조조는 하후돈의 영지에서는 법령에 구애되지 않고 자유롭게 정무를 처결할 수 있도록 재량권을 주었다.

관우와 장비 없는 유비를 상상할 수 없듯이 하후돈 없는 조조도 상상하기 힘들다. 조조가 죽은 후 하후돈은 대장군에 오르지만 얼마 안 있어 죽는다. 소설 삼국지에 조조와 함께 등장하여 평생 동안 조조를 따라 전장을 누비다가 조조를 따라 죽은 것이다. 하후돈이 죽자, 위왕 조비는 스스로 상복을 입고 장례를 집전하며 아버지의 충복(忠僕)에 대한 최상의 예우를 표한다.

하후돈에게 한 가지 아쉬운 점이 있다면, 조조 진영의 확고부동한 2인자임에도 불구하고 내세울 만한 승전기록이 없다는 점이다. 군웅들 중에서 가장 강성했던 조조 진영의 으뜸 장수인데도 왜 그런 기록이 없는 것일까? 혹자는 그가 한쪽 눈을 잃은 충격과 그 후유증으로 용맹을 잃게 되었고, 그 결과 주로 후방에 남아 수비를 했기 때문이라고도 하지만, 그것으로는 충분한 설명이 되지 않는 것 같다.

냉정하게 평가했을 때, 하후돈은 타 장수들을 압도하는 지략과 무용(武勇)을 지닌 장수라고 보기엔 무리가 있다. 문무를 겸비한 장수라고는 하나 지략 면에서는 동료장수인 서황이나 장료에게 미치지 못했고, 무예(武藝) 면에서도 창술에는 능했으나 허저나 전위보다 뛰어나다고는 할 수 없었.

이 두 요소를 하나씩 떼어놓고 보면 하후돈은 약간 뛰어난 장수가 될 뿐이다. 그러나 그 두 가지를 적당히 가지고 있으면서 기복 없는 충성심까지 갖춘 장수를 찾는다면 조조 진영에서 하후돈 외에 달리 떠오르는 장수가 없다. 삼국지를 통틀어, 이보다 더 시종일관(始終一貫) 주군에게 충성을 다한 장수가 과연 몇이나 있을까.

3-03(029)
조조의 장자방(張子房) 명참모 '순욱'

영웅의 뒤에는 '반드시'라고 할 만큼 뛰어난 참모가 있다. 유비에게 제갈량이 있었고 손권에게 주유가 있었듯이 조조에게는 순욱이라는 발군의 참모가 있었다. 조조가 초창기에 이룩한 큰 위업은 순욱 없이는 불가능했다.

순욱(荀彧), 자는 문약(文若). 일찍부터 왕좌지재(王佐之才)로 불릴 만큼 재주가 뛰어났다. 조정에서 공직을 맡고 있을 때, 동탁이 도성에 들어오자 벼슬을 버리고 낙향했다. 그리고 기주로 근거지를 옮겼는데, 이때 원소로부터 부름을 받았으나 원소의 인물됨과 협량(狹量)을 바로 헤아리고 조조에게로 찾아왔다. 그의 나이 29세 때였다. 조조는 순욱을 얻은 기쁨을 한 마디로 이렇게 표현했다.

"이제 나는 자방을 얻었다."

자방(子房)이란 한을 창업한 유방을 도와 숙적 항우를 물리치는데 결정적인 지략을 펼친 명참모 장량(張良)을 일컫는 말이다. 조조에게는 순욱 외에도 정욱이나 순유, 곽가, 만총 등의 참모들이 있었지만 대국(大局)을 보는 안목과 전체적인 통찰력, 전략수립의 적확성(的確性) 등에서 순욱이 단연 돋보였다.

순욱이 조조를 통하여 남긴 업적을 크게 세 가지로 요약할 수 있다.

첫째, 동탁이 죽은 후 황제가 이각과 곽사의 무리에 쫓기며 낙양을 배회하고 있을 때, 황제를 먼저 받드는 것이 대권을 잡는 지름길임을 조조에게 일깨워주었다는 점이다.

"주군께서 앞장서서 창의(倡義)의 군사를 일으켜 천자를 받드신다면 반드시 대업을 도모할 수 있을 것입니다. 지금 머뭇거리면 다른 군웅에게 선수(先手)를 빼앗기고 맙니다."

조조는 그의 말대로 재빨리 군사를 움직여서 황제를 호위하여 낙양으로 입성했다. 그로 인해 이제 막 군벌로 자리잡아가던 조조가 단숨에 황제를 등에 업고 군웅들을 호령할 수 있는 지위에 올라서게 된 것이다.

둘째, 조조가 전쟁터로 나갈 때 함께 전략을 수립했을 뿐만 아니라 근거지에 머무르면서 군량과 병력을 보급하는 임무를 수행해왔다는 점이다. 예나 지금이나 전쟁의 승패는 군수물자의 원활한 조달에 달려있는 법인데, 순욱은 유방을 도운 장량 역할뿐만 아니라, 후방에서 군수품과 병력을 보충하는 역할을 했던 명재상 소하의 역할까지도 한 것이다.

셋째, 조조가 강북의 패권을 놓고 원소와 건곤일척의 승부를 겨룬 관도전투에서 조조가 승리할 수 있도록 결정적인 조언을 했다는 점이다. 70만 원소군의 10분의 1인 7만 군사로 출전한 조조는 패전을 거듭하여 군사들의 사기도 떨어지고 군량과 마초도 턱없이 모자랐다. 이에 조조는 후퇴할 생각을 하고 그 동안의 전황과 군세를 기록하여 허도에 있는 순욱에게 보내며 조언을 구했다. 순욱이 답신을 보내왔다.

"지금 후퇴하면 원소에게 중원을 뺏기고 맙니다. 원소는 군사만 많을 뿐 사람을 쓸 줄 모르는 위인입니다. 지금은 목 줄기처럼 중요한 곳만 지키고 있으면서 원소의 허점이 노출될 때를 기다려야 합니다. 곧 그런 기회가 올 것입니다."

순욱의 답신을 읽은 조조는 다시 전의를 불태우며 군사를 재정비했다. 이윽고 조조는 오소에 있는 원소군의 군량창고의 경비가 허술한 점을 발견하고 기습작전으로 원소군의 군량을 모두 불태우면서 단숨에 전세를 역전시킨다. 여세를 몰아 원소의 대군을 격퇴하면서 강북의 패자(覇者)가 되는 것이다. 조조가 강북의 패권을 잡게 되는 관도대전의 승리는 순욱의 조언 덕분이라고 해도 과언이 아니다.

조조가 눈부시게 성공을 하자, 아첨하는 무리가 생겨났다. 조조를 위공(魏公)에 봉하고 구석(九錫)을 받도록 하자는 공론이 일어난 것이다. 구석은 황제가 공적이 지대한 제후에게 주는 아홉 가지 특전으로, 그것을 받는 것은 왕위나 제위에 성큼 다가서는 것이라고 할 수 있다. 조조가 흐뭇하게 공론을 지켜보고 있을 때 순욱이 나서서 입바른 소리를 했다.

"안됩니다. 승상께서는 의로운 군사를 일으켜 기울어가는 한실(漢室)을 붙드셨습니다. 한의 신하로서 처음의 충성스럽고 곧은 뜻을 끝까지 지켜야 합니다. 구석 같은 특전으로 위세를 뽐내려하는 것은 온당치 못합니다."

조조는 불쾌한 낯빛이 되었으나 그렇다고 드러내놓고 나무랄 수는 없었다. 조조가 중원 제패를 통한 자신의 영달(榮達)을 추구했다면, 순욱은 조조를 통하여 한실의 부흥을 꾀하였다. 두 사람이 지향하는 궁극적인 목표가 달랐던 것이다. 이 문제가 두 사람 사이를 갈라놓고 만다. 결국 중신들이 황제에게 상주하여 조조는 위공에다 구석의 특전을 받는다.

'아, 내 일찍이 이런 일이 벌어질 줄은 몰랐구나!' 순욱은 그간 조조를 도와온 것이 후회스러웠다. 앞으로 어떻게 할 것인가를 생각하며 침울한 나날을 보내고 있을 때, 조조는 자신에게서 점점 멀어져가고 있는 순욱을 제거할 구실을 찾고 있었다.

얼마 후, 강남 평정의 대군을 일으킨 조조는 순욱에게 함께 갈 것을 명했다. 가다가 적당한 기회에 제거할 심산이었다. 조조와 함께 일해 온 지 20년이 넘은 순욱이 그런 낌새를 모를 리 있겠는가. 순욱은 따라가다가 중간에서 병을 핑계로 드러누워 버렸다.

얼마 안 있어 조조의 사자(使者)가 조그만 상자 하나를 들고 왔다. 열어 보니 빈 약사발이었다. '그대가 병들었다 해도 이제 내가 줄 수 있는 것은 빈 약사발뿐이다.'라는 뜻이 아니겠는가. 조조의 심중을 헤아린 순욱은 쓰디쓴 미소를 지으며 미리 준비한 독약을 입에 넣었다. 그의 나이 쉰 살이었다.

조조는 막상 순욱이 죽었다는 소식을 듣고 나니 가슴이 아팠다. 누가 뭐라 해도 그는 조조가 몸을 일으킬 때부터 강북을 평정할 때까지 가장 큰 공을 세운 사람이었다. 조조는 그를 후하게 장사지내고 경후(敬候)라는 시호를 내렸다. 자책감과 함께 후회의 눈물이 솟구쳤지만 때는 이미 늦었다.

조조의 장자방 순욱, 끝까지 소신을 굽히지 않고 기울어 가는 한실에 충의를 다했다. 그러나 그 당시 상황에서 한실의 부흥이 과연 민심에 부합하는 최선의 비전이었을까 하는 데는 의문의 여지가 있다. 좀 더 유연하게 처신하면서 끝까지 살아남아 조조와 함께 새로운 세상을 여는 데 진력하는 것이 더 바람직한 선택은 아니었을까?

3-04(030)
조조의 경호를 담당한 천하장사 '전위'

조조가 근거지인 연주에서 널리 인재를 모으고 있을 때, 측근인 하후돈이 거한(巨漢) 한 명을 데리고 와서 조조에게 고했다.

"제가 사냥을 나갔다가 이 사람이 범을 쫓는 모습을 보았는데 범보다도 더 사납고 날랬습니다. 말 위에서 양 손에 팔십 근이나 되는 쌍철극(雙鐵戟)을 잡고 휘두르는 모습은 가히 신기(神技)에 가까웠습니다."

그때, 갑자기 강풍이 불어 진중의 큰 깃발이 쓰러지려 했다. 군사들이 여러 명 달려들었으나 바로 세울 수가 없었다. 이때 그 거한이 뛰어나가 한 손으로 깃대를 잡았는데, 깃대는 뿌리라도 내린 듯 꿈쩍도 하지 않았다. 조조가 감탄하며 '악래가 다시 살아났구나!' 하고 말했다. 악래란 옛 은나라 시대의 전설적인 장사(壯士)의 이름이다. 조조는 입고 있던 비단옷을 벗어 주며 치하하고 그를 도위에 임명했다.

천하장사급의 용력을 지닌 무장 전위(典韋)가 삼국지에 처음 등장하는 모습이다. 양손으로 쓸 수 있게 만든 쌍으로 된 쇠창인 쌍철극은 전위의 트레이드마크이다. 조조를 그림자처럼 따라다니면서 조조를 여러 번 사지에서 구해주고 죽는 무장 전위의 눈부신 무용과 충절을 살펴보고자 한다.

조조가 여포의 군사들에게 포위되어 기진맥진한 상태에서 빠져나갈 곳을 찾으며 '누가 나를 구할 이 없느냐?' 하고 절망적으로 소리쳤을 때, 갑자기 전위가 나타나 조조를 호위하며 재빨리 표창 꾸러미를 꺼내들었다. 그의 손에서 표창 하나가 날아갈 때마다 적병(敵兵)들이 피를 쏟으며 말 위에서 떨어졌다. 순식간에 십여 명이 죽어 넘어지자, 그때서야 여포의 군사들이 겁을 먹고 도망치기 시작했다. 전위는 조조를 위급에서 구해내었다.

조조가 다시 여포의 성안에 갇혀 포위되었을 때, 또 다시 전위가 말을 타고 양손에 쌍철극을 휘두르며 나타나 여포의 군사들을 양 옆으로 몰아붙여 필사적으로 포위를 뚫고 조조를 구해 성문 밖으로 이끌었다. 이때 조조는 불붙은 성문을 빠져나가는 과정에서 말에서 떨어져 수염과 머리칼이 타고 몸에도 화상을 입었다. 전위의 온몸도 창과 칼의 상처로 피투성이가 되었다.

그 후, 동탁의 부하장수였던 장제의 조카 장수(張繡)의 항복을 받은 조조는 장제의 미망인 추 씨가 기막히게 미인이란 소문을 듣고 추 씨를 자신의 군막(軍幕)으로 불러들였다. 과부인 추 씨도 상대가 천하의 조조인지라 싫지 않은 듯 은근히 추파를 던지며 교태를 부렸다. 두 사람이 연일 음락(淫樂)에 빠져있는 동안 전위는 조조의 군막을 지키고 있었다.

조조가 자신의 숙모와 놀아나고 있다는 것을 알게 된 항장(降將) 장수는 불같이 화를 내며 옛 무장들을 다시 규합하여 조조를 죽여야겠다고 결심을 밝혔다. 문제는 조조의 막사 앞에 떡 버티고 서있는 전위와 그의 쌍철극이었다. 장수는 전위를 초청하여 곤드레가 되도록 술을 먹이고 그의 쌍철극을 감추어 버렸다.

그날 밤, 장수는 사방에 불을 놓고 함성을 지르며 조조의 군막을 기습했다. 그때 추 씨를 끼고 잠자리에 들었던 조조는 함성소리를 듣고 벌떡 일어나 '전위, 전위는 어디 있느냐?' 하며 전위를 찾았다.

그때 전위는 조조의 군막 앞에서 술에 취해 잠들어 있다가 갑자기 시끄러운 소리에 눈을 번쩍 떴다. 온 사방에 불길이 번지고 있었고, 반란군 병사들이 조조의 군막으로 몰려오고 있었다. 그런데 옆에 있어야 할 쌍철극이 보이지 않았다. 전위는 급한 김에 옆에 있는 병사의 칼을 뺏어들고 다가오는 반란군을 닥치는 대로 베었다.

술에 취해 자다가 뛰어나온 탓에 몸에 갑옷을 걸치지 못한 데다, 무기도 손에 익은 쌍철극이 아니어서 몸이 생각대로 움직여 주지 않았다. 그럼에도 불구하고 가까이 오는 장수의 반란군은 모두 전위의 칼에 추풍낙엽처럼 쓰러졌다. 칼날이 무디어지자 전위는 칼을 버리고 양 손에 적병 한 명씩을 잡았다. 이제 전위가 휘두르는 사람몽둥이에 맞아서 반란군들이 우수수 쓰러졌다. 정말 술이 덜 깬 것이 맞나싶을 정도로 눈부신 무예요, 무서운 용력이었다.

주춤해진 반란군들은 감히 그에게 접근하지 못하고 멀찍이 물러서서 활을 쏘기 시작했다. 막사 앞에 버텨선 전위의 몸에 고슴도치처럼 화살이 무수히 꽂혔다. 이때 등 뒤로 다가선 반란군의 장수 하나가 그의 등에 창을 꽂았다. 전위는 우레 같은 함성을 지르며 쓰러져 땅바닥을 온통 선혈로 물들이고 숨을 거두었다.

한편 조조는 전위가 문 앞에서 혼자 반란군들을 막고 있는 사이, 재빨리 뒷문으로 빠져나가 옆 군막에서 뛰쳐나온 조카 조안민과 함께 도망쳤다. 조안민은 뒤따라오는 적병을 막다가 말을 타지 못해 목숨을 잃었고, 조조는 그 사이 말을 타고 달렸으나 말이 화살에 맞는 바람에 땅에 굴러 떨어졌다.

그때, 어디서부터 따라왔는지 맏아들 조앙이 황급히 말에서 뛰어내리며 '아버님, 이 말을 타십시오.' 하며 조조에게 말고삐를 내밀었다. 조조는 재빨리 그 말 위에 올라타서 뒤 한 번 돌아보지 않고 계속 달렸다. 조앙은 소나기처럼 퍼부어 대는 적의 화살에 맞아 그 자리에서 숨졌다.

한참을 달리다가 겨우 숨을 돌린 조조는 다시 패군을 수습하고 반격하여 마침내 장수의 반란군을 물리쳤다. 조조는 진중(陣中)에서 여색을 탐하다가 충직한 경호실장 전위와 맏아들 조앙 그리고 조카 조안민을 한꺼번에 잃은 것이다. 회군 길에 조조는 이들을 위해 제사를 지냈는데, 조조는 친히 술을 따르고 울면서 이렇게 말했다.

"내가 비록 맏아들과 조카를 잃었으나 그리 슬프지 않다. 지금 내가 우는 것은 오직 전위를 위해서이다."

조조의 이 말은 진심일까? 아마도 무장들의 분기(奮起)를 촉구하고 충성을 이끌어내기 위한 조조 특유의 립 서비스(lip service)가 아닐까 싶다. 유비가 당양벌 장판파에서 조운이 조조의 대군 속에서 천신만고 끝에 구해온 아들 아두를 땅바닥에 팽개치면서 무장들의 비위를 맞추었던 것처럼….

그러나 사실이 그렇더라도 굳이 곡해해서 나쁘게 받아들일 필요는 없으리라. 비록 적장일지라도 충성스러운 무장은 죽이지 않고 흠모해 마지않던 조조가 아니던가. 섬기는 주인을 위해 싸우다가 장렬히 전사한 전위의 충절도 가상하거니와, 그를 잊지 않고 충혼을 기리는 조조의 마무리도 참으로 일세의 영웅답지 않은가.

3-05(031)
조조의 근위대장 호치(虎痴) '허저'

　조조가 산동에서 한창 세력을 확장해나갈 때, 용장 전위가 한 거한과 마주쳤다. 8척이 넘는 우람한 체구에 굵은 허리통, 의연한 이목구비… 얼핏 봐도 범상한 인물이 아니었다. 전위가 쌍철극을 내지르며 공격 자세를 취하자, 거한은 큰 칼을 뽑아들고 맞섰다.

　마치 여의주를 놓고 두 마리의 용이 다투듯 두 무사의 현란한 무예가 반나절이 넘게 펼쳐졌으나 도무지 승부가 나지 않았다. 당시 조조진영에서 최고의 용장으로 불리던 전위의 혀를 내두르게 한 그 거한은 인재를 탐내던 조조의 계책으로 생포되어 조조의 휘하에서 새 출발을 하게 된다.

　허저(許楮), 자는 중강(仲康). 호랑이처럼 용맹스럽다 해서 처음엔 '호치(虎痴)'로 불리어졌고, 나중에는 '호후(虎侯)'로 승진(?)한다. 유비의 근위대장 조운처럼 조조의 근위대장 허저도 전장을 누비며 종횡무진 활약하다가 온전한 몸으로 천수(天壽)를 다한다. 허저가 조조 진영에서 무용을 떨치며 활약하는 모습을 살펴보고자 한다.

　먼저, 허저가 조조진영에 합류하기 전의 일화를 보자. 허저가 살던 마을에 양식이 떨어져서 마을사람들이 도적들에게 소 두 마리를 주고 대신 곡식을 받았다. 그런데 도적들이 소를 끌고 가다가 놓치는 바람에 소가 다시 마을로 되돌아왔다. 그때 허저가 소 두 마리의 꼬리를 양 손에 잡고 백여

보(步)를 끌어다 주었더니 도적들이 놀라서 소도 받지 않고 모두 달아나버렸다고 한다.

허저가 조조진영에 합류한 후, 이각과 곽사의 대군에 쫓겨 낙양 교외로 피신하던 황제가 구원을 요청하자 조조가 군사를 이끌고 달려왔다. 그러자 이각의 조카인 이섬과 이별이 선봉에 나서는데, 이때 허저가 말을 타고 나가 단숨에 이섬과 이별의 목을 베어왔다. 조조는 허저의 등을 두드려주며 '그대는 나의 번쾌로다!' 하며 칭찬했다. 번쾌는 한고조 유방이 항우와 싸울 때 주로 선봉장을 맡았던 전설적인 맹장이다.

조조의 근위대장을 맡게 된 허저의 무예는 서황과 함께 조조진영에서 단연 선두였다. 큰 칼 하나로, 창술의 대가 조자룡을 상대로 30여 합을 싸웠고, 삼국지 최고의 무예를 지닌 여포와도 단독으로 20여 합을 싸웠다. 결국 하후돈 하후연 전위 이전 악진 등 조조 진영의 여섯 장수가 한꺼번에 달려들어 여포를 물리쳤지만….

이번에는 허저의 고지식하고 우직함이 돋보이는 일화 하나를 보자. 조조가 술이 취해서 잠들어 있을 때, 조조의 사촌동생인 무장 조인이 찾아왔다. 그러나 근위대장 허저가 출입을 허락하지 않는 바람에 실랑이 끝에 그냥 돌아가야만 했다. 나중에 이 사실을 알게 된 조조는 허저를 꾸중하기는커녕 참으로 믿음직하다며 오히려 칭찬을 했다.

허저는 장수와의 싸움과 여포 정벌, 원소와의 관도대전에서도 선봉장으로 출전하여 큰 공을 세웠다. 그러나 형주의 신야에 있는 유비를 토벌하기 위해 선봉장으로 출전했을 때는 제갈량의 계책에 빠져 참패한다. 또 적벽대전에서 손권과 유비의 연합군에게 참패한 조조를 호위하여 허도로 돌아오는 것도 그의 몫이었다.

허저를 이야기할 때 결코 빼놓을 수 없는 것은 서량의 금마초(錦馬超)라 불리던 마초와의 피 터지는 일전일 것이다. 서량의 군벌 마등이 조조에게 잡혀 처형되자, 그의 아들 마초가 부친의 원수를 갚으려고 군사를 일으켰다. 마초와 한수가 이끄는 서량병의 매서운 공세에 조조는 강 언덕에까지 쫓겨서 더 이상 도망갈 곳이 없는 절체절명의 위기에 몰렸다.

이때 허저가 나타나 조조를 들쳐 업고 강 언덕에서 두 길이나 떨어져 있는 배 위로 뛰어내렸다. 마초의 군사들이 강 언덕에서 활을 쏘아대자, 허저는 한 손으로는 말안장을 잡아 화살을 막아내고 다른 손으로는 노를 저었다. 허저의 초인적인 **활약** 덕분에 조조는 사지에서 빠져나올 수 있었다.

다시 전열을 가다듬은 조조가 위수에 부교(浮橋)를 설치하자, 마초는 은밀히 군사를 보내 부교를 불태워버렸다. 조조가 다시 강가에 토성을 쌓자, 이번에도 마초가 군사를 보내 토성을 허물어버렸다. 계속된 실패로 조조가 낙담하고 있을 때 한 도인이 나타나 '날씨가 추워졌으니 흙을 쌓으면서 물을 뿌려라.'고 조언해주었다. 그렇게 했더니 과연 쌓은 흙이 얼어붙어 하룻밤 만에 토성을 구축할 수 있었다.

조조가 허저를 앞세우고 토성에 올라가 호령을 하자, 저쪽에서는 분기탱천(憤氣撐天)한 마초가 뛰쳐나왔다. 허저와 마초, 두 맹장(猛將)의 불꽃 튀는 공방전이 펼쳐졌다. 용호상박이랄까, 백여 합을 다투어도 우열을 가릴 수가 없었다. 말이 지치자, 말을 바꿔 타고 다시 백여 합을 더 싸웠지만 도무지 승부가 나지 않았다.

허저가 다시 투구와 갑옷은 물론 웃통까지 벗어던지고 칼 한 자루만 든 채 말을 달려 나오자, 마초 역시 조금도 움츠러들지 않고 맞섰다. 마초의 창을 피하던 허저가 칼을 버리고 창 자루를 잡았다. 창 자루가 와지끈~ 하고 부러졌다. 이번에는 부러진 창 자루를 잡고 싸웠지만 역시 막상막하하였고 도무지 결판이 나지 않았다.

웃통을 벗어던진 허저와 마초가 격렬하게 싸우는 장면은 너무도 유명해서 그림으로 그려져 삼국지의 각 판본에 삽화로 실려 있다. 조조는 혹시라도 허저가 다칠까봐 하후연과 조홍에게 나가서 함께 싸우라고 명했고, 마초진영에서는 방덕과 마대가 나섰다. 두 진영의 장수와 군사들까지 합세하여 일대 혼전이 벌어지자, 그때서야 허저와 마초는 싸움을 멈추었다.

그 난전(亂戰) 속에서 허저는 팔에 두 군데나 화살을 맞았다. 상처를 치료한 허저와 다시 일진일퇴의 공방을 벌이다가 쫓기게 된 마초는 우여곡절 끝에 유비진영에 합류하여 후일 촉의 5호대장군이 된다. 그 후 허저는 마초의 부장이었던 방덕과도 50합 넘게 싸우지만, 좀처럼 승부가 나지 않았다. 이때 조조가 방덕의 용맹과 무용을 탐내자, 허저는 방덕을 함정에 빠뜨린 후 사로잡아 조조의 휘하에 들어오게 한다.

조조진영의 최고 용장 허저, 늘 과묵하고 신중했으며 오로지 주군 조조를 위해서 살았다. 조조가 여색을 밝히고 황제를 업신여기는 등 월권을 해도 모른 척하며 끝까지 충성을 다했다. 조조가 죽자, 허저는 피를 토하며 울부짖었다고 하는데, 무장으로서는 드물게 수(壽)를 다하고 70세에 병으로 생을 마쳤다.

3-06(032)
큰 도끼의 달인 효장(驍將) '서황'

원소를 물리치고 강북을 제패한 조조는 동작대를 건립하고, 그 기념으로 무장들의 활쏘기 경연대회를 열었다. 붉은 비단전포를 저 멀리 버드나무 가지에 걸어놓고 맞추게 하여 가장 솜씨가 뛰어난 장수에게 비단전포를 하사하기로 한 것이다.

조홍 장합 하후연 등 기라성 같은 무장들이 각각 활솜씨를 자랑하며 비단전포를 맞추었으나, 비단전포가 걸려있는 버드나무 가지를 직접 맞춘 장수가 있었다. 서황이었다. 가지가 부러지면서 비단전포가 땅에 떨어지자, 서황은 얼른 주워 몸에 걸치며 '승상께서 이토록 좋은 전포를 내려주시니 감사합니다.' 하고 말했다.

이때, '무슨 소리?!' 하고 고함을 지르며 뛰쳐나와 서황이 걸치고 있는 전포를 뺏으려한 장수가 있었다. 허저였다. 서황이 손에 든 활로 허저를 후려치자, 허저는 그 활을 한 손으로 맞받아 잡고 다른 손으로 서황이 타고 있는 말의 안장을 들어 엎어버렸다. 두 장수는 말에서 내려서 다시 육박전을 벌였다.

결국 조조의 엄명으로 싸움은 중단되었고, 출전한 장수들이 모두 비단전포를 받는 것으로 경연대회는 마무리가 되었다. 조조진영의 장수들 중에서 하후돈 다음가는 서열을 놓고 서황과 허저가 양보 없는 경쟁을 하고 있음을 보여주는 장면이다. 허저가 괴력의 소유자로 용력이 뛰어난 용장(勇將)이라면, 서황은 사나우면서도 날랜 효장(驍將)이라 할 수 있다. 또 무용에 있어서는 허저가, 지략에 있어서는 서황이 약간 우위에 있지 않나 생각된다.

서황(徐晃), 자(字)는 저 유명한 제갈량과 같은 공명(公明)이다. 사례주 하동 출신으로 어릴 때부터 용맹스러웠고, 특히 큰 도끼인 대부(大斧)를 자유자재로 써서 '도끼의 달인'이라는 칭송을 받았다. 서황이 삼국지에 등장하는 것은 이각과 곽사가 이전투구(泥田鬪狗)를 벌이고 있을 때 이각의 수하 장수였던 양봉의 지시로 곽사의 부장을 도끼로 한방에 찍어죽이고 황제를 호위하여 낙양으로 돌아오면서부터이다.

그 후, 조정의 대권을 거머쥔 조조가 무리하게 허도로 천도(遷都)할 때, 서황은 대담하게도 '조조는 어가를 겁박하여 어디로 가려는가?' 하며 앞길을 막아섰다. 허저가 큰칼을 휘두르며 말을 달려 나오자 서황도 도끼를 들고 맞섰다. 칼과 도끼의 공방이 시작되어 50여 합을 싸워도 승부가 나지 않았다. 서황의 눈부신 도끼 솜씨에 반한 조조는 그날 밤 서황의 고향친구인 만총을 서황의 군막으로 보냈고 마침내 서황은 조조의 사람이 된다.

그때부터 서황은 조조와 함께 전쟁터를 누빈다. 여포 및 유비 정벌에도 앞장서고, 관도대전 때는 부하장수가 원소의 세작을 잡아 정보를 얻은 덕분에 원소군의 병량 수송대를 습격하여 불태우는 개가를 올린다. 또 원소의 맏아들 원담의 부장인 왕소의 목을 베는 등 조조가 강북을 통일하는 데도 큰 공을 세운다.

형주를 지키던 촉의 관우가 조인이 지키는 위의 번성을 공격하자, 조조의 명을 받은 서황이 조인을 도우러온다. 서황은 자신의 군사 대부분이 신병이므로 관우와 정면으로 싸우면 승산이 없다고 판단하여 참호를 파서 적군의 뒤를 끊으려는 것처럼 꾸며 관우로 하여금 군영을 불태우고 물러나게 한다.

관우의 군사가 위두와 사총에 주둔하자, 적 가까이까지 접근한 서황은 위두를 공격하라고 명하고는 몰래 사총을 습격하여 격파한다. 이른바 성동격서(聲東擊西) 전략을 구사한 것이다. 이때 사총이 무너지는 것을 본 관우가 5천 명의 정예군을 뽑아 맹렬히 공격해오자, 서황은 관우와 맞서 80여 합을 싸워 관우를 패퇴시킨다.

조조는 성대한 연회를 베풀어 서황을 격려하며 '이번에 장군이 번성과 양양에서 열 겹이나 되는 적의 참호와 방책을 부수고 승리를 얻었으니 장군의 지략은 춘추시대의 손무(孫武)를 뛰어넘는 것이오.' 하고 말했다. 서황의 뛰어난 지략을 칭찬한 것이다.

한편, 조조가 서량의 마등을 유인하여 처형하자, 그의 아들 마초와 부장 한수 등이 군사를 이끌고 쳐들어왔다. 이때 서황은 보병과 기병 4천 명을 인솔하여 마초군을 격퇴시키고, 장로 정벌에도 공을 세운다. 조조가 죽고 그의 아들 조비가 즉위하자, 우장군에 오른 서황은 상용에서 유비군을 무찌르고 다시 양평후로 봉해진다.

서황의 무용을 가늠해보자. 조조와 원소가 맞붙은 백마전투에서 원소군의 상장 안량이 무용을 뽐내며 기세를 올리고 있을 때, 송헌과 위속이 차례로 나갔다가 목이 떨어지자, 서황이 도끼를 들고 뛰쳐나가 결전을 벌였으나 채 20합을 견디지 못하고 쫓겨 들어왔다. 그 안량이 나중에 관우의 청룡언월도에 목이 떨어져 나간 것을 보면 관우보다 무용이 많이 처진다고 볼 수 있다.

그러나 서황과 관우가 사총에서 직접 일대일 승부를 벌여서 80여 합을 싸웠을 때 관우가 물러선 것을 보면 서황과 관우의 무예가 거의 대등하다는 해석도 가능해진다. 물론 그때는 관우가 독화살을 맞은 팔이 다 낫지 않아서 제대로 힘을 쓸 수가 없었다고 변명할 수는 있겠다.

종합해서 판단해보면, 서황의 무용은 관우에 약간 못 미치는 정도가 아닐까 싶다. 사실 서황은 장료와 함께 조조진영의 장수로서는 드물게 관우와 친밀한 교분을 가졌던 사이이다. 관우가 조조군의 포로로 잡혀 있을 때 두 사람이 속 깊은 우정을 나누었기 때문이다.

서황의 마지막을 보자. 제갈량이 위의 국경을 침공해오자 위에서는 사마의를 보내 그를 막게 한다. 신성을 지키던 맹달이라는 장수가 제갈량과 내통하는 것을 알게 된 사마의는 서황에게 선봉장을 맡기며 신성을 급습하게 했다. 이때 맹달의 군사가 쏜 화살에 서황이 이마를 정통으로 맞아 그날 밤 숨을 거두고 만다. 쉰아홉 살이었다.

이를 두고, 서황 같은 효장(驍將)이 주인을 세 번이나 바꾼 맹달 같은 시시한 장수에게 죽는 것은 납득할 수 없다며 삼국지연의에 이의를 제기하는 사람도 있다. 관우가 오의 여몽에게 붙잡혀 참수된 것이 서황에게 패퇴한 후유증 때문이라고 생각하여 삼국지연의의 저자가 고의로 서황을 그렇게 처리(?)했다는 것이다.

생각하건대, 조조 진영의 용장 서황의 죽음이 그의 역량과 활약에 비해 너무 어이가 없고 아쉬워서 나온 얘기가 아닌가 싶다. 세상에 어이없는 죽음이 어디 이것뿐이랴.

3-07(033)
조조의 사촌동생 '조인과 조홍'

　동탁을 암살하려다 실패한 조조가 널리 의병을 모집했을 때, 맨 먼저 온 하후돈과 하후연에 이어 조인과 조홍이 군사를 이끌고 찾아왔고, 그 다음에 이전과 악진이 찾아왔다. 이들 중에서 이전과 악진을 제외한 네 장수는 모두 조조의 사촌동생들이다.

　조조는 본래 '하후' 씨였으나 조조의 아버지가 막강한 부와 권력을 쥔 환관 조등의 양자로 들어가 조숭이라는 이름을 받았기 때문에 '조' 씨가 되었다. 하후돈과 하후연 형제는 조조의 생가 쪽 사촌들이고 조인과 조홍 형제는 양자로 간 친가 쪽 사촌들이다. 이들의 관계도 친형제, 4촌 형제, 6촌 형제 등 의견이 분분하나 아무려면 어떠랴, 그냥 4촌 형제로 해두자.

　조조의 군영에는 사촌들 외에도 전위 허저 서황 장료 등 기라성 같은 무장들이 있었다. 조조는 강북을 제패한 기념으로 건립한 동작대 준공에 맞춰 무장들을 친족팀과 일반팀으로 나누어 활쏘기 경연대회를 열었다. 이들의 열띤 경합을 흐뭇하게 지켜보던 조조는 1등에게 주기로 한 비단 전포를 출전한 장수 모두에게 한 필씩 내렸다. 이렇듯 모두를 우승자로 만든 것은 모두의 충성을 이끌어내기 위한 조조 특유의 용병술이라고 할 수 있다.

　조조의 여러 무장들 중에서 친가 쪽 사촌들인 조인과 조홍에 대해서 살펴보고자 한다.

조인(曺仁), 자는 자효(子孝). 원소를 평정하고 강북을 통일한 조조는 유비가 있는 형주의 신야를 공략하기 위한 전략요충지인 번성의 책임자로 조인을 배치한다. 조인은 진법으로 유비를 공격했으나, 서서를 군사(軍師)로 영입한 유비에게 참패하여 번성마저 뺏기고 만다. 그러나 조조가 대군을 이끌고 와서 번성을 탈환하고 형주까지 무혈 입성한다.

적벽대전에서 손권과 유비의 연합군에게 참패한 조조는 형주의 남군과 양양의 수비를 조인과 하후돈에게 맡긴다. 오의 대도독 주유가 남군으로 쳐들어오자, 조인은 부장 우금, 아우 조홍과 함께 격전을 치르던 중 활을 쏘아 주유에게 중상을 입히는 전과를 올린다. 그러나 남군과 양양은 제갈량이 지략을 펼친 유비에게 뺏기고 만다.

다시 번성의 책임자가 된 조인은 형주의 관우가 북상하지 못하도록 저지하는 임무를 맡게 된다. 그러나 관우의 맹공에 조인은 패퇴를 거듭했고, 조조가 우금과 방덕을 지원군으로 보내지만 이들마저 관우의 수공(水攻)에 궤멸된다. 그러나 팔에 독화살을 맞은 관우가 주춤하는 사이, 오군이 형주를 기습 점령하는 바람에 조인도 번성을 지켜낼 수 있었다.

조조가 죽고 조비가 위 황제로 즉위하자, 조인은 대장군을 거쳐 대사마에 오른다. 이릉대전에서 승리한 오군이 유비를 추격할 때 조인은 조휴, 조진과 함께 오의 후방을 급습하지만 오군에게 패퇴한다. 조인은 조조가 죽고 3년 후에 눈을 감는다. 그의 나이 56세였다.

조홍(曺洪), 자는 자렴(子廉). 조홍은 요즘말로 상당히 엣지있게 삼국지에 등장한다.

동탁을 뒤쫓던 조조는 어깨에 화살을 맞은 데다 말까지 창에 찔리는 바람에 땅에 고꾸라진다. 그때, 조홍이 불쑥 나타나 조조를 일으켜 세우며 자신의 말을 내주었다. 조조가 '너는 어찌 하려느냐?' 하고 묻자, 조홍은 '저는 뛰어가면 됩니다. 천하에 조홍은 없어도 되지만, 귀공은 없으면 안 됩니다!' 하고 대답을 한다. 강가에 이르렀을 때까지도 적군들이 계속 뒤쫓아 오자, 조홍은 조조를 들쳐 업고 강물에 뛰어들어 헤엄을 쳐서 건너편 언덕까지 옮기면서 조조를 구해낸다.

또, 조홍은 관도대전이 끝난 후 조조군이 청주의 남피성에서 원소의 아들들과 격전을 벌일 때, 용감하게 적진을 뚫고 들어가 원소의 장남 원담의 목을 베는 큰 성과를 거둔다. 조홍의 이력에서 가장 빛나는 공적이다.

마초정벌에 나섰던 조홍은 조조로부터 열흘간 성을 굳게 지키기만 하라는 지시를 받지만, 적군들의 심한 욕설을 참지 못한 조홍이 9일째 되는 날 성 밖으로 뛰쳐나갔다가 결국 성을 잃고 만다. 전시에 명령불복종은 참수형 아닌가. 그런데 조조가 마초에게 쫓기며 전포를 벗어던지면서 수염까지 자르고 달아나다가 마초와 딱 마주친다. 그때, 조홍이 불쑥 나타나 마초의 공격을 막으면서 조조를 구해내고 죽을죄(?)를 지은 자기 자신도 살려낸다.

조홍은 상당히 부자였음에도 불구하고 인색하여 왕자 시절의 조비가 비단 100필을 빌려달라고 했을 때 거절한 적이 있었다. 그 때문에 황제가 된 조비에게 다른 꼬투리가 잡혀 처형될 뻔했으나 조비의 어머니인 변태후의 구명 덕분에 살아나기도 했다. 조비가 죽고 그의 아들 조예가 즉위하자 조홍은 표기장군에 올랐다가 병사한다.

전체적으로 볼 때, 조인은 주장(主將), 조홍은 부장(副將) 급의 장수라고 할 수 있다. 조인과 조홍, 하후돈과 하후연 등 조조의 사촌들은 전위 허저 서황 장료 등 일반 무장들에 비해 뚜렷한 승전기록이 없음에도 불구하고 조조로부터 두터운 신임과 보살핌을 받았다. 특히 하후돈과 조인은 사촌 중에서도 맏이라는 이유로 무장의 서열에서도 특별배려를 받았다.

조조는 사촌들에게 왜 그런 특별배려를 해주었을까? 의심 많은 조조는 자신을 끝까지 지켜주고 보호해줄 사람은 일반 무장들보다는 사촌들이라고 생각했다. 조조와 함께 마차를 탈 수 있었고, 조조의 침실에까지 출입할 수 있었던 유일한 사람이 사촌 하후돈이었던 것은 결코 우연이 아니다. 또, 실제로 절체절명의 위기상황에서 조조를 두 번이나 구해준 사람도 사촌 조홍이 아니었던가.

또 한 가지, 조조가 세력을 키워가던 초창기에는 군영 내부의 다툼이나 지역 반란이 잦았는데, 그때마다 조인과 조홍 등 사촌들이 이들을 위무(慰撫)하는 일을 맡았다. 또 초창기에는 전장에 나갈 때도 사촌들은 남아서 후방에서 군량과 마초를 보급하는 일을 주로 맡았는데 그런 궂은일을 해온 데 대한 보상으로 배려를 해준 것이 아닌가 싶기도 하다.

조조는 뛰어난 용병술로 일반 무장들과 친족 무장들을 적재적소에 배치하여 이들의 능력을 최고도로 발휘하게 했다. 조조의 아들 조비와 손자 조예 대(代)까지는 그런대로 이들 두 세력 간의 균형을 유지하였으나, 그 아래로 내려가면서 친족들은 위축되어 결국 사마 씨에게 나라를 뺏기고 말았던 것이다.

3-08(034)
조조가 총애한 천재참모 '곽가'

　조조진영의 기라성 같은 참모들 중에서 조조가 가장 총애한 참모는 누구였을까? 아마도 처음엔 순욱, 나중엔 곽가였으리라. 둘 다 탁월한 혜안을 지닌 천재였다. 조조의 장자방이라 불리던 순욱은 거시적인 전략에 밝았고, 약관의 나이인 곽가는 미시적인 전술에 밝았다. 조조의 특별한 총애를 받았던 곽가의 행적을 살펴보고자 한다.

　곽가(郭嘉), 자는 봉효(奉孝). 예주 영천 출신이다. 어릴 때부터 장래를 내다보는 예지력과 통찰력이 뛰어났고, 성년이 되어서는 천하의 영걸들과 교유(交遊)했다. 처음엔 원소를 찾아갔으나 그의 인물됨에 실망하여 곧 떠났다. 이후, 순욱의 추천을 받은 정욱의 추천으로 조조군단에 합류하게 되었다.

　조조와 곽가는 만나자마자 한 나절 동안 천하대세에 대해 의견을 나누었는데, 조조는 '나의 대업을 이루어줄 자는 바로 이 사람이다.'라고 곽가를 평가하였고, 곽가도 '이제야 나는 진정한 주군을 만났다.'며 기뻐했다고 한다.

　이각과 곽사에 쫓기던 황제가 조조에게 구원을 요청했을 때, 호시탐탐 때를 기다리던 조조는 대군을 이끌고 와서 황제를 호위하여 낙양으로 입성했다. 그런데 낙양에는 조조의 힘이 되어줄 기반이 없었다. 안에서는 한

(漢)의 중신들이라는 커다란 벽이 존재하고 있었고, 밖에서는 원소 원술 여포 등 군웅들이 호시탐탐 입성할 기회를 노리고 있었기 때문이다.

그때, 조조의 고향과 가까운 허도로 어가(御駕)를 옮겨야 실질적인 대권을 잡을 수 있다는 의견이 나왔다. 조조가 결단을 내리지 못하자, 곽가가 나서서 허도로 옮겨가면 크게 흥할 것이라며 조조에게 자신감을 심어주었다. 결국 허도로 천도(遷都)한 조조는 황제를 허수아비로 만들어놓고 제후를 호령하는 명실상부한 실력자로 발돋움하게 되지 않는가.

조조는 유비와 연합하여 여포 토벌에 나선다. 처음엔 고전하였지만 조조는 순욱과 곽가의 계책대로 기수와 사수의 물길을 돌려 하비성을 물에 가두는 작전으로 승기를 잡는다. 결국 조조는 여포의 처첩들과 장수들 간의 이견으로 자중지란(自中之亂)에 빠져 부하에게 묶여서 끌려온 여포와 그의 참모 진궁을 처형하고 용장 장료와 장패 등을 얻는 개가를 올린다.

여포를 토벌하고 개선하는 조조를 따라 유비가 허도로 왔을 때, 이 기회에 유비를 죽여서 후환을 미리 없애야 한다고 조언하는 참모들이 많았다. 그때 곽가는 그렇게 하면 천하의 민심을 잃게 된다며 유비를 받아들여 천하에 주공의 덕을 보여야 한다고 조언했다. 결국 조조는 곽가의 의견을 채택하여 유비를 살려준다.

그 후, 상황이 바뀌어 조조가 서주의 유비를 공략하려 했을 때, 원소가 그 틈을 노리고 비어있는 허도로 쳐들어올 것이라며 반대하는 참모들이 있었으나 곽가는 원소에게는 그런 결단력이 없다며 유비를 치도록 진언한다. 결국 조조는 유비를 공략하여 패퇴시키고 관우를 포로로 잡는 개가를 올린다.

하북 4개주를 차지한 원소가 대군을 일으켜 공격을 해오자, 아직 군사력이 약한 조조는 심각한 위기감을 느낀다. 그러나 곽가는 '한 고조 유방이 힘으로는 항우에게 미치지 못했으나 지략으로 승리했듯이, 원소는 군사만 많을 뿐 두려워할 존재가 되지 못한다.'며 조조가 승리할 10가지 요인을 조목조목 제시하며 조조로 하여금 자신감을 갖게 한다.

결국 관도대전에서 승리하여 원소를 패퇴시킨 조조가 원소의 아들들을 추격했을 때, 참모들은 형주의 유표가 유비를 앞세워 허도를 기습하지 않을까 걱정하였다. 그러나 곽가는 유표 역시 그럴 만한 그릇이 못된다며 안심하고 원정에 나서도록 조언했고 결국 그 말도 맞아 떨어진다.

오환정벌에 나선 조조군이 치중(輜重)이란 장비 때문에 행군속도가 늦어지자, 곽가는 치중을 남겨놓고 기병(騎兵)들로 하여금 야간기습을 하도록 조언하여 오환족을 격파하게 한다. 이때 풍토병에 걸린 곽가는 38세에 세상을 떠나고 마는데, 조조는 곽가의 영구(靈柩)를 허도로 보내 후하게 장사지내고, 황제에게 상주하여 정후(貞侯)라는 시호를 내리게 한다.

한편, 곽가가 일찍 죽은 것은 풍토병이 아니라 여색을 너무 밝혀서 건강을 해친 탓이라는 견해가 있다. 실제로 진군이라는 사람이 곽가가 유부녀를 탐하는 등 품행에 문제가 있다며 탄핵을 한 적이 있었으니 근거가 전혀 없는 얘기는 아니다. 그러나 조조는 곽가의 재능도 존중하고, 또 사심 없이 탄핵을 한 진군도 중용하는 절묘한 용병술을 보여준다.

곽가에게는 다른 참모들이 갖지 못한 예지(豫知) 능력이 있었다. 조조가 관도에서 원소와 대치하고 있을 때, 강동의 소패왕으로 불리던 손책이 허도를 습격할 것이라는 소문이 돌았다. 그러나 곽가는 손책이 결코 허도로 오지 못할 것이라며, 그의 급한 성격과 만용(蠻勇) 때문에 암살당할 것이라고 예측하였는데, 결국 그렇게 되었다.

또, 오환족을 격파한 조조는 요동으로 도망친 원소의 아들 원희와 원상 형제를 계속 추격해야할지 말아야할지를 놓고 고민하고 있을 때, 곽가가 죽을 때 남긴 편지에서 '누가 원희와 원상의 수급(首級)을 가져올 것이다.'라고 씌어있는 것을 보고 추격을 멈춘다. 아니나 다를까 요동태수 공손강이 두 사람의 수급을 보내오자, 조조는 '봉효는 참으로 하늘이 내린 동량(棟梁)'이라며 탄복한다.

생각하건대 이런 부분들은 결과가 나온 후에 곽가의 뛰어난 예지력과 통찰력을 강조하기 위해 저자가 꿰어 맞춰놓은 것이 아닌가 하는 의심이 든다. 어쨌든 그의 혜안은 조조의 절대적인 신뢰와 칭송을 받기에 모자람이 없었다. 조조의 곽가에 대한 믿음이 어느 정도였는지는 조조가 곽가의 죽음을 한탄하며 참모들에게 했던 말로 미루어 짐작해 볼 수 있다.

"그대들은 모두 나와 나이가 비슷하지만 곽가는 매우 젊었다. 그래서 내 죽은 뒤의 일을 곽가에게 맡기려 했는데 이렇게 젊은 나이에 죽고 말았으니…."

또 있다. 조조의 백만 대군이 적벽에서 손권과 유비의 5만 연합군에게 여지없이 패한 후, 패잔병들과 함께 허도로 귀환하면서 조조가 남긴 말에서 곽가의 존재가치는 선명하게 드러난다.

"아, 봉효가 있었더라면 결코 내가 이렇게 참패하지는 않았을 것이다!"

3-09(035)
조조의 시샘을 받은 불우한 천재 '양수'

조조는 측근들에게 자주 이런 말을 했다.

"나는 꿈을 꾸다가 사람을 죽이는 수가 있으니, 내가 잠들거든 절대로 가까이 오지 마라."

어느 날, 조조가 낮잠을 자다가 침상에서 굴러 떨어졌다. 근위병 한 사람이 얼른 들어가 조조를 부축해 침상에 올려주려고 했다. 그러자 조조가 벌떡 일어나더니 갑자기 칼을 뽑아 그 근위병의 목을 쳤다. 그리고는 다시 침상 위로 올라가 잠을 잤다. 아침에 잠에서 깨어난 조조가 목이 떨어진 시체를 보고 깜짝 놀라며 물었다.

"누가 이 사람을 죽였느냐?"

측근들이 본 대로 대답하자, 조조는 슬피 울면서 죽은 근위병을 후하게 장사지내도록 지시했다. 그 뒤로 측근들은 조조가 정말 잠결에 사람을 죽이는 줄 알고 조조가 잠이 들면 근처에 얼씬도 하지 않았다.

측근들조차도 믿지 못하는 조조가 자신의 안전을 확보하기 위해서 그렇게 연극을 한 것인데, 그의 각본과 연기, 마무리 솜씨가 얼마나 훌륭했던지 아무도 그것을 알아차리지 못했다. 그런데 근위병의 장례식 날 영구(靈柩) 앞에서 조조의 음흉한 연극을 비꼬는 듯 탄식하는 사람이 있었다.

"가엾구나, 승상이 꿈을 꾸고 있었던 것이 아니라 그대가 꿈을 꾸고 있었던 것이네!"

양수(陽修)였다. 자는 덕조(德祖). 동탁과 그의 잔당 이각과 곽사가 전횡하던 시절 조정 중신을 지낸 태위 양표의 아들로서, 일찍부터 천재로 명성을 떨친 재사(才士)이다. 승상부에서 주부(主簿)를 맡고 있는데, 평시에는 서고(書庫)를 관장하면서 조조의 셋째 아들 조식을 가르쳐왔다.

양수가 조조의 휘하에서 어떻게 재지(才智)를 떨치다가 중도에 사라져 갔는지, 그의 짧은 생애를 조명해 보고자 한다.

조조가 궁궐 한쪽에 화원을 꾸며보라고 지시한 적이 있었다. 화원이 완성되자 조조가 와서 한 바퀴 빙 둘러보더니, 문 가운데에다 '활(活)' 자를 써놓고 돌아갔다. 조조의 의중을 헤아리지 못해 모두들 어리둥절하고 있는데, 양수가 금방 알아차렸다.

"문(門) 안에 활(活)자를 써 넣었으니 '넓을 활(闊)' 자가 되지요. 문이 너무 넓다는 뜻입니다."

모두들 탄복하고 다시 문을 좁혔다. 조조가 흡족해 했음은 물론이다. 나중에 조조는 양수가 그렇게 알려준 것을 알고는 은근히 경계하는 마음을 가졌다. 자신의 속을 빤히 들여다보고 있는 것 같았기 때문이다.

이런 일도 있었다. 위왕에 오른 조조가 큰아들 조비와 셋째아들 조식 중에서 누구를 세자로 세울 것인지 고민하고 있을 때, 조조는 두 왕자의 역량을 재보려고 시신(侍臣)들에게 이렇게 명을 내렸다.

"내일 두 왕자를 도성으로 부를 터이니 두 왕자가 성문에 이르거든 절대로 안으로 들여보내지 마라."

다음날, 큰아들 조비가 먼저 성문 앞에 도착했으나 수비병들의 완강한 제지에 부딪쳐 돌아가고 말았다. 셋째아들 조식이 왔다. 역시 수비병들이 완강하게 제지했으나, 조식은 '왕명을 받고 들어가는 것은 활시위를 떠난 화살과 같아서 되돌릴 수 없음을 모르느냐!' 하면서 수비병의 목을 베고 성안으로 들어갔다.

그 말을 들은 조조는 '과연 내 아들이구나!' 하며 조식을 크게 칭찬했다. 그게 바로 조조가 원하는 답이었기 때문이었다. 그러나 그 후에 조식의 스승 양수가 그렇게 하라고 귀띔을 해준 것을 알고는 이맛살을 찌푸렸다. 양수는 조조의 갑작스런 물음에 대비하여 조식에게 '답교(答敎)'라는 책을 만들어 주었다. 조조가 물을 만한 문제로 예상문제집을 만들어 정답까지 미리 가르쳐준 것이었다.

그러나 왕자들의 권력다툼에 관여하여 한쪽 편을 드는 것은 위험천만한 행동이다. 조조가 양수의 지나친 총명에 대한 경계심을 가지게 되고, 세자 문제에 대한 신중치 못한 관여에 대해서 노여움을 가지게 된 것은 어쩌면 당연한 귀결이었는지도 모른다.

양수는 금도(襟度)를 지키지 않고 계속 조조의 속을 뒤집어놓는 행동을 서슴지 않았다. 그것이 천재들의 자기방기(自己放棄) 속성 때문이라 하더라도, 때와 장소를 가리지 않고 지혜를 뽐낸 것은 분명히 문제가 있다 할 것이다. 안다고 어찌 다 말할 수 있으랴.

드디어 운명의 날이 다가왔다. 한중의 사곡에서 유비와 격전을 치르고 있던 조조는 패전을 거듭하여 아주 심란한 상태에 있었다. 앞으로 나아가자니 촉군의 기세가 두렵고, 물러나자니 천하의 웃음거리가 될 것 같았다.

그날, 조조가 저녁상에 오른 삶은 닭을 먹고 있을 때, 하후돈이 들어와 군호(軍號)를 물었다. 조조는 그때 마침 닭의 갈비를 뜯고 있었기 때문에 무심코 '계륵(鷄肋)' 하고 말했다.

사령부로 돌아온 하후돈이 여러 장수들에게 그날 밤의 군호를 하달했지만, 그 자신은 물론 어느 누구도 '계륵'의 의미까지는 알아차리지 못했다. 그러나 군호를 들은 양수는 바로 그 뜻을 알아차리고 자신의 부하들에게 철수 준비를 시켰다. 이를 전해들은 하후돈이 양수를 군막으로 불러 '왜 부하들이 짐을 싸느냐?'고 물었다. 양수가 대답했다.

"계륵, 즉 닭의 갈비란 먹자니 먹을 것이 없고 버리자니 아까운 것인데, 지금의 이 싸움이 그렇습니다. 이길 가능성도 없고 물러서기도 그렇고…. 더 있어봤자 이로울 것이 없으니 아마 곧 철수명령이 떨어질 것입니다."

조조의 심중을 그대로 꿰뚫은 해석이었다. 조조는 후퇴를 결정해놓고, 유비한테 쫓겨서 철수하는 것이 마음에 걸려서 그 시기를 저울질하고 있었던 것이다. 하후돈은 양수의 말을 듣고 그 혜안에 감복하며 휘하 장병들에게 철수준비를 시켰다.

막사를 시찰하던 조조는 군사들이 짐을 싸고 있는 것을 보고 깜짝 놀랐다. 그것이 양수 때문임을 알게 되자, 그간의 양수에 대한 울분(?)을 한꺼번에 토해내듯 격노했다.

"건방진 놈, 내가 그런 뜻으로 계륵이라고 한 것이 아니다. 군율을 문란케 한 양수의 목을 베어 효시(梟示)하라!"

아, 34년이라는 짧은 연륜 동안 온통 재지로 점철된 생을 살아온 양수, 대기(大器)로 뻗어나지 못하고 찬바람 부는 진문(陣門)의 기둥에 그의 머리가 걸리고 말았다.

3-10(036)
지덕용(智德勇)을 모두 갖춘 무장 '장료'

삼국지 최고의 무사 여포가 포승줄에 묶여서 끌려나와 조조에게 목숨을 애걸하고 있을 때, 역시 묶인 채로 그 옆에서 주군 여포를 꾸짖는 무장이 있었다.

"여포, 이 한심한 작자야! 죽는 것이 뭐가 두려워 그 발광이냐?"

여포 진영의 일급장수 장료(張遼)였다. 자는 문원(文遠). 그는 형장으로 끌려나오면서도 조조를 욕했다. 조조가 그의 목을 베려 하자, 함께 있던 유비가 '저 사람은 마음이 곧은 사람이니 살려서 쓰도록 하십시오.' 하며 말렸다. 좀처럼 남에게 아쉬운 소리를 하지 않는 관우도 조조 앞에 무릎을 꿇으며 간청했다.

"장료는 충의의 남아입니다. 부디 목숨을 보존케 해주십시오."

조조는 껄껄 웃으며 '장난을 한번 쳐본 것이오.' 하며 친히 장료의 포승줄을 풀어주고 자신이 입고 있던 겉옷을 벗어 입혀주었다. 패장(敗將)으로서 죽음 대신 극진한 후대를 받은 장료는 이후 여포 진영의 다른 장수들의 항복을 받아내어 조조의 은의에 보답하고 조조의 장수가 되었다. 장료는 조조에게서 중랑장이라는 벼슬을 받았다.

그 후, 유비가 조조에게 쫓겨 원소에게로 도망치고 유비의 처자를 맡아 보호하고 있던 관우가 조조의 대군에게 포위되었을 때, 장료는 지난날 관우가 조조에게 무릎을 꿇어가며 자신을 구해준 정을 잊지 않고 관우를 찾아간다. 그리고 '우선 조조에게 항복하여 훗날을 기약하시라.'고 권했다.

결국 관우는 장료의 청을 받아들여 유비가 있는 곳을 알게 되면 즉시 떠난다는 조건으로 조조에게 항복했다. 조조는 관우를 자신의 사람으로 만들기 위해 온갖 노력을 했지만, 결국 관우는 원소 진영의 두 맹장 안량과 문추를 목 베어 조조의 후의(厚意)에 보답하고 오관돌파(五關突破)를 하면서 유비에게 가버리고 만다.

장료와 관우, 두 사람은 처음부터 적으로 만났으나 서로 통하는 바가 있고 마음이 끌려서 한 번씩 서로의 목숨을 구해주었다. 그리고 서로 적이지만 상대방에 대한 신의를 지키고 속 깊은 우정을 나누기도 했다.

조조가 적벽대전에서 참패한 후, 장료는 이전 악진과 함께 전략요충지인 합비성을 지키는 책임을 맡았다. 그런데 이전과 악진은 조조가 창업할 때부터 함께 활약한 장수들이었고, 장료는 뒤에 합류한 장수였으므로 세 사람 사이에 자연히 알력이 생겼다.

그럴 수밖에 없었던 것이, 조조는 능력위주로 사람을 쓰기 때문에 장수로서의 자질이 앞선 장료를 주장(主將)으로, 이전과 악진을 부장(副將)으로 임명했던 것이다. 결과적으로 굴러온 돌이 박힌 돌을 밀어낸 꼴이 되었다. 특히 이전은 장료의 지시를 받는 것을 아주 고깝게 생각했다. 그러나 장료는 이에 개의치 않고 매사에 솔선하여 앞장섰다.

이즈음, 오의 손권은 맹장 태사자를 앞세워 합비성을 공략했다. 장료는 태사자와 한바탕 전투를 벌였지만 좀처럼 승부가 나지 않았다. 장료는 태사자가 첩자를 합비성 안에 침투시켜 밤에 불을 지르는 것을 신호로 성 안으로 돌진하기로 한 계책을 알아내고, 적의 계략을 역이용하여 태사자를 유인하기로 했다. 장료는 부하들에게 영을 내렸다.

"성안에 불을 지르고 모반이 일어난 것처럼 큰소리를 질러라! 내가 신호를 하면 성문을 열어라!"

이런 사정을 알 리 없는 태사자는 합비성 안에서 불길이 치솟고 성문이 열리자, 군사들과 함께 성안으로 뛰어들었다. 그때 갑자기 성 위에서 돌덩이가 떨어지고 화살이 빗발치듯 날아들자, 오군들은 모두 독안에 든 쥐 신세가 되어 거의 전멸하고 말았다. 태사자는 온몸에 화살을 맞아 낙마하였고 그 부상이 악화되어 숨졌다.

장료는 용맹만이 아닌 지략으로 맹장 태사자를 죽이고 오군을 참패시켰던 것이다. 그 후 군사를 재정비한 손권이 태사자의 원수를 갚으려고 다시 10만 대군을 이끌고 쳐들어오자, 장료는 악진에게 성을 지키게 하고 이전과 자신은 함께 나아가 싸우는 전략을 세웠다. 그러나 장료의 지시를 받는 것을 탐탁지 않게 생각하고 있던 이전은 나가기가 싫은 듯 아무 대답이 없었다. 그러자 장료가 결연히 말했다.

"두 장군은 성에 남으시오. 나 혼자 병사들을 이끌고 나가서 한바탕 죽기로 싸우겠소!"

장료가 출진을 서두르자, 아무 말이 없던 이전은 그때서야 마음이 움직였는지 '장군이 앞장을 서는데 부장인 제가 어찌 따르지 않겠소? 제게도 할 일을 일러주시오.' 하고 말하면서 벌떡 일어섰다.

장료는 이전이 불편했던 감정을 씻고 마음으로 따르게 되자, 더욱 겸손하게 작전을 지시했고, 세 장수는 비로소 한마음으로 똘똘 뭉쳐서 불과 7천명의 군사로 손권의 10만 대군을 물리쳤다. 부하를 마음으로 따르게 하려면 자신이 먼저 솔선수범하는 것이 가장 좋은 방법임을 장료가 몸소 행동으로 가르쳐준 것이다.

그 후 손권 진영의 **최고** 용장 감녕이 정병 100기를 이끌고 와서 장료의 진채를 짓밟고 돌아가는 등 맹위를 떨치기도 했으나, 장료의 군세를 결정적으로 꺾지는 못했다. 이로써 어느 정도 분이 풀린 손권은 감녕을 돌아보며 이렇게 칭찬했다.

"조조에게는 장료가 있지만, 내게는 감녕이 있다!"

이후에도 장료는 오군의 끈질긴 공격으로부터 끝까지 합비성을 지켜냈다. 주로 오군과의 전투에서 무명(武名)을 떨친 장료의 활약은 삼국지연의에서 큰 비중으로 다루고 있지는 않다. 그러나 당시 오에서는 '울던 아이도 장료가 왔다하면 울음을 뚝 그치고 벌벌 떨었다.'는 말이 있을 정도로 장료는 무서운 이름이었다.

후일 조조가 죽고 그의 아들 조비가 몸소 30만 대군을 이끌고 오와 대진했을 때, 노령에 접어든 장료도 자원하여 출전했다. 장료는 앞장서서 싸우다가 오장(吳將) 정봉이 쏜 화살에 맞고 숨을 거두었다.

장료는 여포의 부장이었지만, 한번 주인을 바꾸어서 화려하게 성공한 무장이다. 적장 관우와 따뜻한 우정을 나누었으니 인간미도 있었고, 계책으로 오의 태사자를 잡았으니 지략도 뛰어났다. 또 고참 장수들을 마음으로 따르게 할 만큼 덕망도 갖추었다. 늙어서는 전장에서 적군과 싸우다가 전사했으니 무장으로서의 마무리도 나무랄 데가 없지 않은가.

3-11(037)
두 무장의 상반된 행적 '우금과 방덕'

　무장이 전쟁터에서 싸우다 죽는 것은 명예로운 일이요, 천수를 다하는 것은 크나큰 복이다. 전투에 패배하여 사로잡힌 무장은 참수(斬首)되는 것을 미덕으로 여기며, 목숨을 구걸하는 것을 수치로 여긴다. 전투 중에 적군에게 사로잡힌 두 무장의 상반된 행적을 통하여 무장의 죽음에 대해서 생각해보고자 한다.

　우금(于禁), 자는 문칙(文則). 조조를 따라 30여 년간 전장을 누비며 많은 전공을 세운 용장이다. 장수(張繡)의 반란으로 패주할 때 약탈을 저지른 청주병을 엄하게 질책하며 군율을 바로잡는 등 과감한 조치를 취하여 조조의 두터운 신임을 받기도 했다.

　방덕(龐德), 자는 영명(令名). 서량 남안 출신으로, 마등 휘하의 장수였다가 마등이 죽자, 그의 아들 마초의 부장이 되었다. 조조에게 패한 마초가 유장을 도우러 떠났을 때, 방덕은 병이 나서 참가할 수가 없었는데 제갈량의 계책에 걸린 마초가 사촌동생 마대와 함께 유비에게 투항하는 바람에 마초와도 갈라서게 되었다.

　조조의 대군이 장로가 있는 한중을 침공(侵攻)하자, 방덕은 장로의 장수로 출전하여 용감하게 싸웠지만 역부족으로 밀렸다. 이때 조조는 방덕의 뛰어난 무용과 투지를 탐내어 계책을 써서 항복을 받고 자신의 사람으로 만들었다. 조조는 방덕을 상장(上將)에 임명했다.

적벽에서 손권과 유비의 연합군에게 참패한 조조는 주유가 형주를 취하려하자, 조인을 번성으로 보내 맞서게 했다. 두 진영의 군사들이 대치하고 있을 때, 제갈량이 재빠르게 움직여 형주의 대부분을 유비가 차지했다. 양양을 뺏긴 조인은 다시 번성에서 관우의 공격을 받게 되자, 조조에게 구원을 요청했다. 이에 조조는 우금을 정남(征南) 장군으로 임명하고 방덕을 부장(副將)으로 딸려주며 번성의 위급을 구하게 했다.

조조 진영의 여러 장수들은 방덕의 형 방유가 서측의 한중에 남아있다는 점을 들어 방덕의 전향(轉向)에 의심의 눈길을 보냈다. 그러자 방덕은 '나는 승상의 배려로 큰 은혜를 입은 몸이기 때문에 반드시 그 은혜에 보답할 것이다.'며 자원해서 선봉장을 맡았다.

방덕은 관(棺)을 하나 끌고 와서 '이 관에 관우의 시신을 담아오거나, 아니면 내 시신이 담길 것'이라며 당찬 각오를 밝히고 출전했다. 방덕과 관우의 불꽃 튀는 공방전이 벌어졌다. 방덕이 죽기 살기로 덤비니 좀처럼 승부가 나지 않았다. 방덕은 말머리를 돌려 달아나는 척하다가 갑자기 돌아서서 활을 쏘아 관우의 왼팔을 맞혔다.

이때 위의 진채에서 후퇴의 징소리가 울렸다. 부장인 방덕이 관우를 죽여 큰 공을 세우게 되면 주장(主將)인 자신의 체면이 깎인다고 생각한 우금이 징을 치게 한 것이다. 방덕은 부상을 입은 관우를 그냥 두고 물러나기가 아쉬웠지만, 혹시 진중에 무슨 일이 일어났나 싶어서 급히 진채로 돌아와 '왜 징을 울렸느냐?'고 물었다. 우금이 기어들어가는 말투로 얼버무렸다.

"위왕께서 관우는 지모가 깊은 자이니 가볍게 맞서지 말라 하셨소. 관우가 비록 화살에 맞았으나 혹시 무슨 속임수가 있을까 해서…"

방덕은 속으로 분한 마음이 들었지만 우금이 상관이라 더 이상 따지지 못하고 물러날 수밖에 없었다.

우금은 번성 뒤쪽 양강 골짜기 옆에 진을 치게 하여 장기전 태세를 갖추었다. 여름철이라 장맛비가 며칠째 쏟아졌다. 진채로 돌아와 화살에 맞은 상처를 치료한 관우는 양강 상류에 몰래 둑을 쌓게 했다. 물이 불어나면 둑을 무너뜨려 위군들을 모두 수장(水葬)시켜버릴 계획이었다.

이때 위군 진영에서도 진채가 수공(水攻)에 취약하다고 지적하는 소리가 있었으나, 우금은 패신(敗神)이라도 씐 듯 '재수 없는 소리 하지 마라!'며 듣지 않았다. 비는 계속 세차게 퍼부어 둑 안에 물이 가득 고였다. 그날 밤, 관우는 몰래 군사를 이끌고 가서 몰래 쌓은 둑을 일시에 무너뜨렸다.

지축을 흔드는 굉음과 함께 세찬 물길이 양강 골짜기를 휩쓸고 지나가자, 위군의 진채는 대부분 무너져 내리거나 물에 휩쓸려 떠내려갔다. 위군들은 한밤중에 잠을 자다가 변을 당했다. 겨우 물길을 피해 산기슭으로 올라온 우금도, 용감하게 싸우면서 저항하던 방덕도 꼼짝없이 사로잡혀서 관우 앞에 끌려왔다.

우금은 땅에 넙죽 엎드리며 '관공, 한번만 살려주시오.' 하며 애걸했다. 이에 관우는 '내가 너를 죽이는 것은 개나 돼지를 죽이는 것과 무엇이 다르랴.' 하며 우금을 형주로 압송시켰다. 그러나 방덕은 관우를 꾸짖으며 꼿꼿하게 저항하다가 참형을 당했다. 관우는 방덕의 시신을 거두어 후히 장사지내 주도록 했다.

조조는 진중(陣中)에서 이 소식을 전해 듣고 '30년이나 나를 따라다닌 우금이 어찌 내 사람이 된 지 2년도 안된 방덕 만도 못하구나.' 하면서 방덕의 용맹과 충성심을 치하했다. 그리고 비굴하게 목숨을 구걸하여 살아

돌아온 우금은 만나주지도 않았다.

　세월이 흘러 조조가 죽고 그의 아들 조비가 위왕으로 즉위하자, 방덕에게는 장후라는 시호가 내려졌다. 우금은 조비의 명으로 조조 무덤의 조경 책임자가 되었다. 우금이 임지에 가보니 조조의 무덤 안에 벽화가 그려져 있었다. 관우가 수공으로 위군을 쓸어버리는 장면이었다. 관우가 높은 자리에 앉아있고 그 아래에는 한 장수가 성난 얼굴로 노려보고 서있는데, 한 장수는 땅에 엎드려서 애처롭게 목숨을 빌고 있었다.

　성난 얼굴로 서있는 장수는 방덕이고, 땅에 엎드려 목숨을 빌고 있는 장수는 우금이었다. 위왕 조비가 먼저 사람을 보내 벽화 그림을 그리게 한 다음, 우금을 그곳 책임자로 보내 항장(降將)의 비굴한 삶을 조롱한 것이었다. 참담한 자신의 모습이 그려진 벽화를 본 우금은 마침내 울화병으로 몸져눕게 되었고, 얼마 안 있어 세상을 뜨고 말았다. 관우에게 목숨을 구걸하여 다시 살아난 지 채 일 년도 안 된 때였다.

　이 장면은 전쟁터에서 싸우다가 사로잡힌 장수가 어떻게 처신을 해야 하는지, 우금과 방덕이 온몸으로 그 해답을 가르쳐주고 있는 것이리라.

3-12(038)
주장(主將)을 능가하는 부장(副將) '장합'

장합(張郃), 자는 준예(儁乂). 기주 하간 출신이다. 황건적 토벌을 위한 의병 모집에 응하여 한복의 휘하에 있다가 패퇴하자 원소에게 가서 교위(校尉)로 임명되었다. 다시 공손찬과의 전투에서 공을 세워 중랑장으로 승진했다.

조조와의 건곤일척(乾坤一擲)의 승부인 관도대전에서, 장합은 원소군의 군량창고가 있는 오소의 경비가 허술한 점을 지적하고 수비를 맡고 있는 순우경에게 지원군을 더 보내야 한다고 원소에게 진언하였다. 그러나 참모인 곽도는 이를 반대하고 조조의 본진을 공격하는 것이 좋다고 주장하였다.

원소는 곽도의 의견대로 오소에는 경기병(輕騎兵)만 보내고, 주력군은 조조의 본진을 공격하게 했다. 그러나 장합의 예상대로 조조의 본진은 끝내 함락되지 않았고, 조조군의 기습을 받은 오소의 군량창고는 불에 타버리고 말았다. 입장이 곤란해진 곽도는 '장합은 패배를 기뻐하면서, 불손한 말을 내뱉었다.'며 장합을 모함했다. 이에 환멸을 느낀 장합은 동료장수 고람과 함께 조조에게 투항했다.

조조군의 장수 조홍은 '장합은 패전의 책임에 따른 후환이 두려워서 투항한 것 같다.'며 장합을 받아들이지 말자고 했으나, 참모 순유는 '장합은 자신의 계책을 채택해주지 않은 원소에 실망하여 항복하는 것'이라며 받아들여야 한다고 주장했다. 조조는 순유의 의견을 받아들이면서 장합에게 이렇게 말했다.

"옛날 오자서는 잘못된 군주를 섬긴 것을 너무 늦게 알았기 때문에 불행한 최후를 맞았다. 그대가 내게 온 것은 명장 한신이 항우를 버리고 유방에게 온 것처럼 올바른 행동이다."

조조에 의해 편장군에 임명된 장합은 그때부터 조조를 따라다니며 오환족과의 전투, 원소의 맏아들 원담과의 발해전투 등에서 큰 활약을 했다. 또, 위남에서는 마초와 한수를 토벌하는 데도 큰 공을 세웠다. 조조가 장로를 정벌하고 돌아갈 때 하후연을 주장(主將)으로, 장합을 부장(副將)으로 임명하며 한중의 수비를 맡기고 정군산을 지키게 했다.

유비와의 한중 쟁탈전에서, 장합은 파동과 파서 두 현을 평정하고 그곳 백성들을 한중으로 이주시켰다. 이때 유비군의 용장 장비와 와구관에서 치열하게 접전을 벌이다가 패퇴하였다. 유비가 정예군을 10개부대로 나누어 야밤에 기습해왔을 때, 총대장 하후연은 유비군의 노장 황충의 칼을 맞고 전사했다. 하후연이 죽었다는 소식을 듣고 유비는 이렇게 말했다.

"하후연이 비록 우두머리였다고 하나 어찌 부장인 장합에 미치겠소? 만약 장합의 목을 베어올 수 있다면 하후연을 목 벤 것보다 열 배는 나을 것이오."

주장 하후연보다 부장인 장합을 더 두려워하고 있었던 것이다. 하후연이 죽자, 위군은 큰 혼란에 빠졌다. 이때 하후연의 막료였던 곽회는 비상대책위원회를 소집하고 '이 사태는 장합 장군 없이는 타개할 수 없다. 장합 장군은 적장인 유비도 두려워하고 있다.'며 장합을 총대장으로 추대하였다.

모든 장수들이 장합의 명에 따르기를 결의하자, 비로소 장병들의 동요가 가라앉고 안정을 되찾게 되었다. 조조는 사신을 파견하여 장합에게 사령관의 부절(符節)을 보내주었다. 그 후에 조조가 직접 군사를 이끌고 한중에 오자, 장합을 두려워하고 있던 유비는 높은 산에서 지키기만 할 뿐 감히 나오지 못했으므로 대규모 충돌은 일어나지 않았다.

조조가 죽고 조비가 위왕에 오르자 장합은 좌장군으로 임명되었고, 조비가 위 황제에 오르자 막후에 봉해졌다. 그 후 조진과 함께 오를 공격할 때, 장합은 직접 함대를 통솔하여 주요한 요새를 점령하는 등 큰 공을 세웠다. 조비가 죽고 조예가 즉위하자 제갈량이 북벌군을 이끌고 쳐들어왔다. 조예는 하후돈의 아들 하후무를 총사령관으로 임명하여 내보냈으나 패퇴하자, 다시 조진을 내보내 촉군을 막게 했지만 역부족으로 패퇴하였다.

위조 조예는 어쩔 수 없이 낙향한 사마의를 다시 발탁하여 제갈량의 대군을 막게 했다. 이때 사마의가 선봉장으로 한 사람을 추천하며 함께 가기를 청했다. 위주 조예가 기꺼이 허락하며 그가 누구냐고 물었다.

"장합입니다. 그가 있으면 충분히 대임을 수행할 수 있습니다."

제갈량에 버금가는 천하의 기재인 사마의가 어전에서 장합을 선봉장으로 쓰겠다고 한 것이다. 가히 장합의 기량과 용맹을 짐작할 만하지 않은가.

제갈량이 이끄는 촉군이 기산으로 침공하였을 때, 촉의 선봉장 마속은 가정의 요지인 길목을 버리고 산 위에 포진했다. 그러자 장합은 산 아래를 포위하여 촉군의 식수로를 막아버리고 불을 질렀다. 사방에서 불길이 오르자 촉군은 견디지 못하고 달아나기 시작했고, 장합이 이끄는 위군은 마침내 촉군을 격파했다.

마속의 실패로 한중으로 물러났던 제갈량이 다시 군사를 정비하여 기산으로 출전했을 때, 장합은 촉군 속에서 현란한 창검술을 선보이며 마치 장판파에서의 조운처럼 한껏 무용을 떨쳤다. 산위에서 이 모습을 지켜보고 있던 제갈량은 '전에 장비가 장합과 크게 싸웠다는 말을 듣고, 설마 장합이 장비의 적수가 되겠는가 하고 생각했는데, 오늘 보니 장합은 참으로 용맹스럽고 두렵구나.' 하면서 장합을 제거해야겠다고 결심한다.

결국, 장합은 퇴각하는 촉군을 추격하다가 제갈량의 계책에 걸려 목문도에서 촉군의 화살을 맞고 전사한다. 이 소식을 듣고 사마의는 슬퍼해 마지않으며 '장합이 죽게 된 것은 모두 내 잘못이다.'라고 자책하며 군사를 돌려 낙양으로 돌아간다. 위 황제 조예는 장합에게 장후(壯侯)란 시호를 내린다.

장합은 하후돈이나 전위, 서황, 허저 등 기라성 같은 용장들이 모두 사라진 뒤, 홀로 남아서 조조와 조비, 조예까지 3대째 충성을 다한 용장이다. 무예가 출중했고 군사 통솔에도 능했으며, 위급한 사태에 빠져도 임기응변으로 적절히 대응하는 능력을 지니고 있었다.

그것은 조조 이래 위의 최고지휘관이라 할 수 있는 사마의가 제갈량에 맞서 출전할 때마다 장합을 선봉으로 내세웠던 것만으로도 충분히 짐작할 수 있다. 그리고 장합은 결코 그 기대를 저버리지 않고 늘 용감하게 싸우지 않았던가.

3-13(039)
판가름해보아야 할 충신과 역적 '화흠'

동문수학하며 젊은 시절을 함께 보낸 세 친구가 있었다. 화흠과 병원, 관녕이다. 이들이 함께 밭을 갈고 있을 때 밭에서 금덩어리가 나왔다. 관녕은 이를 보고도 못 본 체하며 계속 밭을 갈았고, 화흠은 이를 한참 들여다보다가 던져버렸다. 병원은 그 금덩어리를 주워서 집으로 가져갔다. 세 친구의 개성과 성향을 상징적으로 표현한 일화이다.

또, 이들이 방에서 공부를 하고 있을 때, 밖에서 고관대작의 가마 행렬이 지나가는 소리가 요란하게 들렸다. 그러자 화흠과 병원은 행렬을 구경하러 밖으로 나갔고, 관녕은 방에서 꼼짝도 하지 않고 계속 책을 읽고 있었다.

관녕은 행렬을 구경하러 나간 두 친구를 속물이라며 절교를 선언하고, 혼자 요동으로 가서 누각 하나를 빌려서 그 위에서 기거하며 평생 동안 땅을 밟지 않은 냉소적인 은자(隱者)의 삶을 살았다. 그가 살았던 누각이 바로 관녕루(管寧樓)이다.

당시 세간에는 이들 세 사람을 용에 비유하는 말이 회자(膾炙)되었는데, 관직으로의 출세를 지향한 화흠은 용의 머리, 물욕이 많은 병원은 용의 배, 관직과 물욕에는 관심이 없는 고매한 이상주의자 관녕은 용의 꼬리'로 불리어졌다. 그 중 관직으로 진출한 화흠의 행적을 따라가 보자.

화흠(華歆), 자는 자어(子魚). 청주 평원 출신으로 화흠이 강동에서 예장 태수로 지내고 있을 때 강동을 평정하던 손책에게 투항했고, 손책이 죽은 후에는 그의 아우 손권을 섬겼다. 그러던 중 오의 사신으로 허도에 갔다가 조조에게 귀순하여 신임을 얻게 되어 시중, 상서령 등의 벼슬을 지냈다.

후한 마지막 황제인 헌제가 조정의 실권자 조조의 위세에 눌려 핍박을 당하고 있을 때, 복 황후는 아버지인 복완에게 헌제에게서 받은 밀조(密詔)를 주며 조조를 제거하라는 밀명을 내렸다. 그러나 이들의 음모는 조조의 치밀한 정보망에 걸려 탄로가 나고 만다.

격노한 조조는 복완의 3족을 모두 잡아 가두면서 응징에 나서는데, 이 '복황후 사건' 때 앞장선 사람이 바로 상서령 화흠이다. 화흠은 갑병 5백 명을 이끌고 후궁으로 들이닥쳐서 벽 틈새에 숨어있는 복 황후의 머리채를 잡고 개 끌듯 질질 끌고 전각 앞에 이르렀다. 이때 헌제가 달려 나와 복 황후를 끌어안고 통곡을 했지만, 화흠은 차갑게 말했다.

"위공의 명이십니다. 저리 비키십시오."

화흠에게 머리채를 잡힌 채 맨발로 질질 끌려가던 복 황후가 눈물을 흘리며 황제의 손을 붙잡고 '이제 살아서는 폐하를 다시 만날 수 없을 것입니다. 부디 옥체를 보중하십시오.' 하자, 황제가 '나도 언제까지 목숨을 부지할 수 있을지 알 수가 없구려. 아무런 힘도 없는 내 신세가 한탄스럽소.' 하고 말했다.

참으로 눈물 없이는 볼 수 없는 황제와 황후의 생이별…. 통곡하는 헌제를 뒤로 하고 화흠은 복 황후를 조조에게로 끌고 갔고, 조조의 명으로 복 황후와 그녀가 낳은 어린 두 황자는 모두 죽임을 당했다.

> **華歆當日逞兇謀(화흠당일령흉모)**
> 화흠이 그날 멋대로 행한 일 흉악하구나
> **破壁生將母后收(파벽생장모후수)**
> 벽을 부수어 장래의 황태후를 끌고 갔네
> **助虐一朝添虎翼(조학일조첨호익)**
> 악랄함을 덧붙여 호랑이에 날개를 더하니
> **罵名千載笑龍頭(매명천재소용두)**
> 용머리라던 우스운 이름 오래오래 더럽히네

후세의 어느 문사가, 조조의 총애를 얻는 데 눈이 멀어 선비로서는 차마 해서는 안 될 끔찍한 짓을 한 화흠의 처사를 탄식하며 조롱한 시이다.

막강한 권세로 후한의 황제를 허수아비로 만든 사람은 실권자 조조이고, 그런 후한을 완전히 도륙 낸 사람은 그의 아들 조비이다. 조조가 죽고 조비가 위왕으로 즉위하자, 화흠은 다시 한 번 돋보이는 활약을 한다. 옥새를 내놓으라고 헌제를 겁박한 것이다.

"폐하께서는 저희들이 정한 대로 따르심이 좋을 것입니다. 그래야만 큰 화를 입지 않게 될 것입니다."

이제 목숨의 위협을 받게 되자, 헌제는 더 이상 버티지 못하고 마침내 선양을 받아들인다. 그리고 그 뜻을 담은 조서를 위왕 조비에게 보낸다. 후세에 찬탈자로 기록되는 것을 두려워한 조비는 두 차례나 마음에 없는 겸양을 한 후, 화흠을 통해 다시 한 번 헌제를 다그쳤다. 화흠이 헌제에게 말했다.

"수선대(受禪臺)를 높이 쌓고 거기서 백관들이 보는 앞에서 제위(帝位)

를 위왕에게 물려주십시오. 그러면 폐하께서는 자자손손 위의 두터운 은총을 입게 될 것입니다."

아무 힘이 없는 황제가 어쩌겠는가. 화흠이 시키는 대로 수선대에서 제위를 조비에게 물려준 헌제는 다시 화흠에 의해 대(臺)에서 끌어내려져 조비 앞에 무릎이 꿇려졌다. 그리고 바로 산양공(山陽公)으로 봉해져 그날로 임지를 향해 떠났다.

조비가 위 황제로 즉위하는데 결정적인 공을 세운 화흠은 사도(司徒)로 승차한다. 그러다가 조비가 죽고 그의 아들 조예가 즉위하자 다시 태위(太尉)가 된다. 화흠은 나날이 승승장구하며 호사를 누리다가 수(壽)를 다하고 75세에 사망하여 경후(敬侯)라는 시호를 받는다.

그런데 정사 삼국지에는 도무지 믿어지지 않는 얘기가 나온다. 화흠이 처음 오를 떠날 때 그를 전송한 사람이 천명이 넘었으며, 그때 받은 전별금이 수백 전에 이르렀다. 그런데 화흠은 그 전별금에 일일이 꼬리표를 달아놓았다가 모두 돌려주었을 만큼 청렴했으며, 관리로서도 매사를 치우침 없이 처리하여 관리와 주민들에게 두루 사랑을 받았다는 것이다.

화흠에 대한 사가의 평가도 완전히 둘로 갈린다. 삼국지연의에서는 복황후의 머리채를 잡아 질질 끌고 간 악독한 선비요, 헌제를 핍박하여 선양을 하게 한 역적으로 기록되어 있다. 그러나 정사 삼국지에서는 위의 건국에 큰 공을 세운 훌륭한 인물로, 조조와 조비, 조예 3대에 걸쳐 충성을 다한 만고의 충신으로 기록되어 있다.

화흠은 과연 역적인가 충신인가?

3-14(040)
조조의 출중한 두 아들 '조비와 조식'

조조가 마음만 먹었다면 후한 황제를 폐하고 제위에 오르는 것은 식은 죽 먹기보다 더 쉬웠을 것이다. 그럼에도 불구하고 조조는 끝내 제위에 오르지 않았다. 아마도 후세에 찬탈자(簒奪者)로 기록되는 것이 두려웠기 때문이리라.

조조에게는 다섯 아들이 있었다. 유 씨 부인이 낳은 맏아들 조앙(曹昻)은 장수와의 싸움에서 죽었고, 변 씨 부인 소생으로는 큰아들 조비를 비롯하여 조창 조식 조웅의 네 아들이 있었다.

큰 아들 조비(曹丕)는 통이 크고 글재주가 뛰어났을 뿐 아니라 무예에도 소질이 있어 문무에 두루 능했다. 성격도 원만하고 믿음직스러웠다. 어릴 때부터 조조가 전쟁터에 데리고 다니며 실전경험을 익히게 했다.

둘째인 조창(曹彰)은 궁술과 마술(馬術)이 뛰어났고, 맹수와 싸울 정도로 힘도 장사였다. 조창이 오환족의 반란을 토벌하면서 용맹을 떨치자, 조조는 '우리 황수아(黃鬚兒, 황색 수염이 나있는 아이)가 참 대단하구나.' 하고 칭찬을 하기도 했다.

셋째인 조식(曹植)은 총기가 있고 시문에 뛰어나 조조의 총애를 받았다. 공융 진림 등 건안칠자(建安七子)들과 사귀었으며, 오언시(五言詩)를 완성시킨 것으로 평가받고 있다. 이백과 두보가 나오기 이전시대를 대표하는 시인으로 꼽힌다.

넷째인 조웅(曹熊)은 몸이 약해 병치레가 잦아서 눈에 띄는 **활약**을 하지 못했다.

조조가 원소를 격파했을 때, 함께 있던 맏아들 조비가 제일 먼저 원소의 집에 들어갔다. 거기서 조비는 스무 살도 채 안 된 원소의 둘째며느리 견(甄) 부인을 보고 한눈에 반했다. 나중에 조조도 견 부인을 보고 그 미색에 사로잡혔는데, 조조는 견 부인을 맏아들에게 양보(?)하면서도 못내 아쉬운 듯 이렇게 중얼거렸다고 한다.

"이번 전투는 조비 그 놈을 위해서 한 것 같군!"

위왕이 된 조조는 세자 자리를 두고 듬직한 맏아들 조비와 시문에 뛰어난 셋째아들 조식 사이에서 고민하다가 결국 조비를 세자로 세웠다. 처음엔 스승 양수의 도움을 받은 조식이 우세했지만, 모사(謀士) 가후와 사마의의 조언을 받은 조비가 나중에 더 많은 점수를 땄다.

조조가 죽자, 맏아들 조비가 위왕의 자리를 계승했다. 조창이 조문(弔問)하러 대군을 이끌고 오자, 조비는 조창 혼자 들어와 문상을 하게 한 뒤 바로 임지로 돌려보냈다. 그러나 조조가 생전에 총애하던 조식은 큰형이 두려워 조문하러 오지 않았고, 결국 조비가 조식을 불러들였다. 조식이 입조하자, 조비는 죽음을 담보로 난제(難題)를 내렸다.

"네가 문재(文才)를 타고났다고 하니 확인해보겠다. 일곱 걸음을 걷는 동안에 시 한 수를 지어라. 형제를 주제로 하되 형제란 말을 넣으면 안 된다. 만일 짓지 못하면 여덟 걸음 째에 네 목이 방바닥에 떨어지리라. 자, 발걸음을 떼어라!"

조식은 문재를 타고난 천재였다. 조식이 발걸음을 떼면서 시를 읊었고,

정확히 일곱 걸음 만에 끝이 났다.

煮豆燃豆萁(자두연두기)	콩을 볶으려 콩깍지로 불을 지폈네
豆在釜中泣(두재부중읍)	콩은 가마솥 안에서 뜨거워 우네
本是同根生(본시동근생)	본래 한 뿌리에서 나온 몸이건만
相煎何太急(상전하태급)	왜 이다지도 급하게 볶아 대는가

이 시가 일곱 걸음 만에 지었다는 저 유명한 칠보시(七步詩)이다. 여기서 콩은 형제의 일원인 조식 자신을 의미하고 콩깍지는 콩을 싸고 있는 껍질이니 형제를 의미하는 것이다. 조비는 눈물을 흘리며 단을 내려와 조식을 끌어안는다.

조비는 위왕이 된 지 10개월 만에 헌제로부터 선양(禪讓)을 받아 위 황제[文帝]가 되었다. 이에 촉의 유비와 오의 손권도 차례로 황제에 올랐다. 바야흐로 삼국시대가 열린 것이다.

원소의 며느리였다가 조비와 결혼하여 태자 조예를 낳은 견 황후는 조비가 총애하기 시작한 곽 귀비로부터 '황제를 해치려고 한다.'는 모함을 받아 억울하게 죽었다. 견 황후가 죽자, 형수를 연모하던 조식은 그녀가 쓰던 베개를 얻어 임지로 돌아가던 중, 낙수 가에서 견 황후가 신녀(神女)처럼 눈앞에 나타난 것을 보게 되었다. 그때의 몽환적인 아름다움을 읊은 시가 바로 '낙신부(洛神賦)'이다.

조비는 조창과 조식 두 아우를 멀리 변방으로 보내고, 한 곳에 뿌리박지 못하도록 계속 임지를 옮기게 하고 엄격히 감시한다. 조창은 병을 얻어 죽었는데, 일설에는 독살되었다고도 한다.

조식은 자신의 재주를 써주기를 바라는 글을 여러 번 올렸지만 번번이 조비에게 거절당했고 입조(入朝)조차 할 수 없었다. 아마도 조식의 재주에 대한 시기심에다, 세자 자리를 놓고 다투었던 원한이 조비의 가슴 깊이 남아 있었기 때문이리라. 결국 조식도 울분 속에 병을 얻어 41세에 숨을 거둔다.

막내인 조웅은 조비가 작은형들을 핍박하자 겁을 먹고 스스로 목을 매고 죽었다.

조비는 제위에 오른 지 7년 만에 병으로 죽고 만다. 40세였다. 결과적으로 조조의 네 아들 모두 단명한 셈이다. 어린 태자 조예가 제위를 이어받았다.

조비는 찬탈자라는 비난을 받기는 했으나 황제 즉위 후 도읍을 낙양으로 옮기고 국력증강에 힘쓰는 등 무난한 통치를 했으며 대과(大過)는 없었다. 굳이 허물을 찾는다면 동생들에게 가혹하게 대한 점, 물려받은 창업기반을 더 확장하지 못하고 지키기에 급급했다는 점일 것이다. 그는 조조, 조식과 함께 삼조(三曹)로 불리며 건안문학(建安文學)의 중심에 있었다.

정사 삼국지의 저자 진수는 '조비는 넓은 도량과 공평한 마음으로 정사에 힘썼으니, 오래 성덕을 쌓았더라면 현군으로 기록될 수 있었다.'고 평했고, '조식은 형과의 권력다툼에서 패배했지만 시문에 뛰어난 재주를 보인 비운의 천재다.'라고 평했다.

3-15(041)
제갈량과 맞장을 뜬 기재(奇才) '사마의'

조조가 한중을 평정하고 회군(回軍)하려 했을 때, 측근 한 사람이 이렇게 말했다.

"유비는 서촉을 차지한지 얼마 되지 않았으므로 지금 쳐들어가면 능히 유비를 무찌르고 서촉을 평정할 수 있을 것입니다. 이 기회를 놓치지 마십시오."

조조 진영에서 주부(主簿)일을 맡고 있던 사마의였다. 조조의 군사행동에 관해 그가 입을 연 것은 이번이 처음이었다. 그러나 조조는 '이미 농(한중)을 얻었는데 어찌 또 촉을 바라겠는가[등롱망촉(得隴望蜀)].' 하며 그의 말을 듣지 않았다. 그러나 조조는 뒤에 한중을 유비에게 뺏기고 나자, 사마의의 판단이 옳았음을 깨닫고 뼈저리게 후회한다.

사마의(司馬懿), 자는 중달(仲達). 제갈량에 버금가는 지모(智謀)를 가진 위의 기재(奇才)이다. 보통사람들은 고개가 90도만 돌아가는데, 사마의는 이리처럼 고개가 180도 돌아가는 낭고상(狼顧相)이라고 한다. 조조는 이를 반골(反骨)의 상으로 보고 경계했다.

사마의는 강북을 평정한 조조가 내치에 힘을 쏟고 있을 때 발탁되었는데, 젊은 시절의 조조가 연상될 만큼 권모술수와 임기응변에 뛰어난 재능을 보였다. 조조의 지모가 양성적인데 반해 그의 지모는 음성적이었다. 음험(陰險)하다는 뜻이다. 사마의는 군략(軍略)에도 탁월한 재능을 보였는데, 조조는 그의 뛰어난 지혜와 야심을 경계하여 군사 일을 맡기지 않았다.

사마의는 조조의 맏아들 조비가 위 황제로 즉위할 때부터 조금씩 두각을 나타내기 시작했다. 조비가 제위 7년 만에 죽자, 그의 열다섯 살 난 아들 조예가 위 황제로 즉위했다. 이 무렵 조정중신이 되어있던 사마의는 드디어 때가 되었다고 판단했는지 서량의 수비책임자를 자원했다. 조예가 이를 허락하니 그는 이제 변방의 일선 지휘관이 되었다.

생전에 조조가 사마의에게는 절대로 병권을 맡기지 말라고 했으나, 그의 손자 대에 이르러 이 금기가 깨진 것이다. 그러나 사마의는 촉의 제갈량이 '사마의가 서량에서 반역을 꾀하고 있다.'고 퍼뜨린 유언비어 때문에 조예의 의심을 받아 다시 군권을 뺏기고 만다. 반간계(反間計)에 성공한 제갈량은 저 유명한 출사표를 바치고 위 정벌에 나선다.

위 황제 조예는 하후무와 조진을 차례로 대장군에 임명하여 제갈량의 촉군을 막게 했으나 계속 패퇴하자, 어쩔 수 없이 낙향한 사마의를 다시 불러 제갈량을 막게 하니 삼국지 최고의 두 지장(智將)이 드디어 전선에서 맞붙게 되었다. 사마의가 제갈량 때문에 잃은 병권을 제갈량 덕분에 다시 찾게 된 것은 참으로 아이러니라고 하지 않을 수 없다.

사마의는 그를 닮아 영용(英勇)한 두 아들과 함께 전선에서 제갈량과 맞섰고, 가정의 전투에서 제갈량의 심복 장수인 마속을 쳐부수며 첫 싸움에서 승리했다. 두 영걸은 여러 차례 소규모로 맞붙으며 국지전을 펼쳤다. 한번은 사마의 부자가 제갈량의 계책에 빠져 호로곡에 갇혀 거의 불에 타 죽을 뻔했으나 때마침 소나기가 쏟아지는 바람에 살아나기도 했다.

그때부터 사마의는 지지 않기 위한 전략으로 일관했는데, 그 때문에 부하늘로부터 겁쟁이라는 소리까지 들었다. 그러나 사마의는 제갈량을 상대로 지지 않는 것이야말로 이기는 것이라는 사실을 너무도 잘 알고 있었다. 제갈량이 없어지면 자신의 병권을 다시 뺏길 것이라고 생각하여 일부러 전쟁을 오래 끌었다는 견해도 있지만….

어쨌든, 사마의는 오직 지키기만 하며 버티다가 드디어 제갈량이 오장원에서 과로로 인한 병으로 숨지자, 나라를 지켜낸 공로로 원훈(元勳)이 되었다. 그 후 사마의는 요동에서 공손연이 연왕을 사칭하며 일으킨 반란까지 평정함으로써 이제 아무도 넘볼 수 없는 위의 실력자가 된다.

위 황제 조예가 술과 여색에 곯아 36세에 죽자, 여덟 살 난 태자 조방이 황제로 즉위했다. 이때 조정에서는 황실의 친위세력인 조상과 군벌세력인 사마의 간에 치열한 권력투쟁이 벌어져 마침내 조상이 승리했다. 대권을 잡은 조상은 사마의의 병권을 뺏어버렸다. 사마의에 대한 황실 친위세력의 견제가 만만치 않았던 것이다.

사마의는 병을 핑계로 벼슬을 버리고 낙향하여 두 아들과 함께 실의의 나날을 보내고 있었다. 황제 부럽지 않은 호사(豪奢)를 누리고 있던 조정의 최고실권자 조상은 그래도 사마의의 존재가 부담스러워 새로 형주자사를 맡게 된 이승에게 인사 겸 사마의의 근황을 살펴보게 했다.

이를 꿰뚫어 본 사마의는 머리를 풀어헤친 채 누워서 시녀의 부축을 받으며 이승을 맞았다. 사마의는 말을 제대로 못 알아듣는 척 자꾸 엉뚱한 소리를 하며, 금방 숨이 넘어가는 사람처럼 연신 기침을 쿨룩쿨룩 하다가 쓰러졌다. 이승이 돌아가서 '얼마 못갈 것 같다.'고 본 대로 전하자, 조상은 '그 늙은이가 곧 죽는다면 내게 무슨 걱정이 있으랴!' 하면서 완전히 마음을 놓았다.

며칠 후, 조상이 황제를 모시고 선제 조예의 고평릉에 제사 겸 사냥을 떠나자, 사마의는 두 아들과 심복 장수 및 군사들을 이끌고 정변을 일으켜 궁궐을 점령했다. 그는 두려움에 떠는 곽태후를 등에 업고 조상과 그의 삼족을 멸하니 권력은 하루아침에 사마의의 것이 되었다. 사마의는 황제 조방으로부터 승상의 직위와 구석(九錫)의 특전까지 받았다. 사마의가 노환으로 죽자, 그의 두 아들 사마사, 사마소가 차례로 실권자의 지위를 물려받았다.

사마의는 일생동안 뛰어난 전공(戰功)으로 인한 영예와 충성에 대한 의심 사이에서 부침(浮沈)을 거듭했다. 그는 나락으로 떨어질 때마다 특유의 지모를 펼쳐서 재기하곤 했다. 그는 상대가 강하다고 느낄 때는 시치미를 떼고 죽은 듯이 있다가 기회가 포착되면 단숨에 상대를 해치우며 다시 일어섰다. 그리고 자손들까지 내다보고 미래를 준비했다.

후세의 사가들은 그를 '시치미 떼기의 명수' 혹은 '능청스럽게 지모를 펼치는 수수께끼의 인물'로 평하고 있다. 또, 군사적인 측면에서는 제갈량에 버금가는 지휘관으로 평가받고 있다. 그가 죽은 제갈량의 재주에 감탄하며 말했듯이 사마의 또한 백 년에 한두 명 나올까 말까한 천하의 기재(奇才)였다.

3-16(042)
사마의의 호구(虎口) 부자 '조진과 조상'

조진과 조상 부자(父子)는 조조와 같은 예주 패국 초현 출신으로 둘 다 위의 대장군을 지낸 무장이다. 위 황제 조예와 조방 재위 때 돋보이는 활약을 했던 두 사람의 행적을 당시의 최고 실력자인 사마의와의 관계에 초점을 맞춰서 살펴보고자 한다.

조진(曹眞), 자는 자단(子丹). 위 황제 조비 때부터 무장으로 활약하기 시작했다. 조비의 임종 때, 조진은 사마의와 진군, 조휴 등과 함께 유조(遺詔)를 받은 고명대신(顧命大臣)으로, 태자 조예를 제위에 올리고 그해 대장군의 지위에 오른다.

촉의 제갈량이 대군을 이끌고 위의 국경을 침범해왔을 때, 위 황제 조예는 출전을 자원한 부마(駙馬) 하후무에게 대도독의 인수를 주며 촉군을 막게 했다. 그러나 하후무는 천수군의 젊은 준재(俊才) 강유를 제갈량에게 투항하게 하더니, 옹주의 서쪽지역인 천수 기성 상규를 촉에게 빼앗기고 강족(羌族) 땅으로 달아나버렸다.

위 황제는 대장군 조진을 출전시켰다. 서전에서 군사(軍師) 왕랑이 제갈량의 통렬한 질타를 받고 말에서 떨어져 죽자, 위군은 급격히 사기가 떨어져 패퇴했다. 조진은 강족의 월길 원수가 이끄는 15만 대군을 끌어들여 공격하였으나 또 제갈량에게 패했다. 촉군이 진창으로 쳐들어오자, 조진은 용장 왕쌍을 선봉장으로 내보내며 분전했지만 또다시 패퇴했다.

위 황제 조예는 40만 대군을 일으켜 조진을 대도독, 사마의를 부도독, 모사 유엽을 군사로 하여 한중으로 출진(出陣)시켰다. 그러나 오랜 가을장마 때문에 퇴각을 해야 할 처지에 놓이게 되었다. 이때 사마의는 촉군이 기산을 뺏으러 올 것으로 예상하고 퇴각할 때 군사를 둘로 나누어 기곡과 야곡을 지키자고 했으나, 조진은 장마로 인해 잔도(棧道)가 끊어졌기 때문에 촉군이 오지 않을 것이라고 했다.

두 사람은 결국 내기를 했다. 촉군이 오지 않으면 사마의가 분 바르고 연지 찍고 치마저고리를 입고 조진이 시키는 대로 하는 벌칙을 받고, 촉군이 오면 조진이 황제에게서 하사받은 말과 옥대를 사마의에게 주기로 했다. 사마의는 장난스럽게 벌칙을 제시했으나, 조진은 적장 제갈량을 막는 것보다 부장인 사마의에게 지지 않으려고 더 신경을 썼다.

이때 촉군은 사마의가 예측한 대로 장안으로 가는 요지인 기산을 취하기 위해 군사를 둘로 나누어 기곡과 야곡으로 쳐들어왔다. 촉군이 오지 않을 거라고 믿고 있던 조진은 야곡에 주둔해 있다가 촉군의 기습을 받아 거의 죽을 뻔 했으나, 때마침 구원군을 이끌고 온 사마의의 도움으로 위기에서 벗어났다.

조진은 자신의 지략이 사마의에게 도저히 미치지 못한다는 것을 깨닫고, 부끄러운 나머지 화병으로 드러눕고 말았다. 이때 제갈량은 위군 포로를 돌려보내며 '그대는 천문과 지리, 일기, 병법도 모르는 아주 무식한 장수이니, 후일 사관(史官)들이 그대를 달아나기에 바쁜 졸장부로 기록할 것'이라고 조롱하는 서신을 조진에게 전한다. 조진은 그 편지를 읽다가 울화통이 터져 숨지고 만다.

연의에서는 조진이 사마의와 내기에 져서 놀림을 받았고, 제갈량에게 연패하다가 수모를 당해 죽는 것으로 나온다. 그러나 정사에서는 조진이 제갈량의 북벌을 잘 막아낸 덕장이며, 그의 군공(軍功)은 모두 사마의가 가져간 것으로 되어있다. 또 조진은 제갈량의 서신 때문에 죽은 것이 아니고, 병이 나서 낙양의 집으로 돌아가서 죽었다고 한다.

조상(曹爽), 자는 소백(昭伯). 조진의 큰아들이다. 위 황제 조예는 술과 여색에 곯아 병석에 누워 대장군 조상과 태위 사마의에게 태자 조방을 잘 보좌하라는 유조를 남기고 36세에 죽었다. 여덟 살 조방이 제위에 오르자, 조상은 껄끄러운 사마의를 태부(太傅)로 직위를 높여주면서 그의 병권을 뺏고 대권을 장악했다. 조상의 동생들과 측근들이 활개를 쳤다.

그러자, 사마의는 병을 핑계로 조정에도 나가지 않고 두 아들과 함께 낙향하여 실의의 나날을 보내고 있었다. 조상은 황제 부럽지 않은 호사(豪奢)와 부귀영화를 누리면서, 그래도 사마의의 존재가 부담스러운지 형주자사를 맡게 된 이승에게 하직(下直)인사 겸 사마의의 근황을 살펴보게 했다.

이런 상황을 눈치 챈 사마의는 머리를 풀어헤친 채 부축을 받으며 이승을 맞았다. 사마의는 말을 잘 못 알아듣는 척 엉뚱한 소리를 하며 연신 기침을 쿨룩쿨룩 하다가 시녀가 주는 탕약을 질질 흘리다가 쓰러졌다. 이승이 돌아가서 '얼마 못살 것 같다.'고 전하자, 조상은 '그 늙은이가 죽는다면 내게 무슨 걱정이 있으랴!' 하며 완전히 마음을 놓았다.

며칠 후, 조상이 황제를 모시고 조예의 묘인 고평릉에 성묘 차 사냥을 떠나자, 사마의는 드디어 두 아들과 심복 장수, 그를 따르는 군사들과 함께 정변을 일으켜 궁궐을 점령하고 궁중의 어른인 곽 태후를 포섭했다. 다시 도성인 낙양을 장악한 사마의는 황제를 모시고 있는 조상에게 사자를 보내 '병권만 내놓으면 해치지 않을 것'이라고 전했다.

조상의 부하들은 '우리가 황제를 모시고 있으니 황명(皇命)으로 가까운 허도의 군사를 동원하여 맞붙으면 충분히 승산이 있다.'며 싸울 것을 권했다. 그러나 조상은 사마의가 죽이지 않겠다고 한 약속을 철석같이 믿고 병부의 인수(印綬)를 사마의에게 보낸다. 결국 대권을 장악한 사마의에 의해 조상과 그의 동생들 및 삼족까지 모두 참수 당하고 만다.

조조의 손자인 조예의 죽음은 위의 몰락을 예고하는 신호였다. 조예가 양자로 들인 태자 조방은 겨우 8세에 황제가 되었고, 고명대신 두 사람 중 황실을 보호해야할 책무를 지닌 조상은 산전수전 다 겪은 노회(老獪)한 사마의의 적수가 되지 못했으니, 조조가 세운 위는 이때부터 망조(亡兆)의 길로 접어들었다고 해야 할 것이다.

아버지 조진은 촉 제갈량의 침공에 맞서 용감하게 싸웠으나 지략에서 사마의에게 뒤져 곤욕을 치렀다. 아들 조상은 아버지 덕에 금수저로 살다가 한때 사마의의 병권을 뺏으며 대권을 잡았으나, 사마의 부자를 죽이지 않고 방심했다가 역습을 당해 멸문(滅門)의 화를 입고 말았다. 조진과 조상 부자는 사마의에게 호구(虎口)나 마찬가지였던 것이다.

3-17(043)
사마의의 두 아들 '사마사와 사마소'

삼국지의 최후 승자는 사마 씨이다. 사마의의 두 아들, 그리고 손자가 조조의 후손들로부터 제위를 빼앗고, 촉과 오를 차례로 병합하여 삼국통일을 이뤄내기 때문이다. 사마의는 자신을 닮아 영용(英勇)한 두 아들을 늘 전쟁터에 데리고 다녔다. 자신의 뒤를 이어 웅지를 펼 인물로 키워내기 위해서임은 두말할 필요가 없으리라.

사마의의 두 아들 사마사(司馬師)와 사마소(司馬昭)에 대해서 살펴보고자 한다.

사마의는 위 황실의 친위세력인 조진 대장군의 아들 조상과의 권력다툼에서 패배하여 병권을 뺏기자 병을 핑계로 낙향하여 절치부심(切齒腐心)하고 있었다. 그러던 중, 실권자 조상이 황제를 모시고 성묘 차 사냥을 떠나자, 사마의는 드디어 기회를 포착하고 두 아들과 함께 전격적으로 정변을 일으켜 다시 조정의 대권을 잡았다.

실권자가 된 사마의는 조상 형제와 그 가솔들을 모반죄로 처단하고 위 황제로부터 승상(丞相)에다 구석(九錫)의 영예까지 받았다. 사마의가 늙어서 병들어 죽자, 그의 맏아들 사마사(자는 子元)가 대장군이 되어 실권자의 지위를 이어 받았다. 작은아들 사마소(자는 子尙)는 표기상장군이 되어 형의 뒤를 받쳐주었다.

그 무렵 오 황제 손권이 죽자, 사마사는 오를 정벌할 군사를 일으켰다. 왕창과 관구검에게 군사를 나눠주면서 아우 사마소에게 지휘권을 맡겼다. 사마소는 처음에는 고전을 했지만, 결국 제갈각이 이끄는 오군과 강유가 이끄는 촉군의 연합 공격을 잘 막아내어 사마의의 죽음 이후 다소 흔들렸던 형제의 지위가 더욱 탄탄해졌다.

위 황제 조방은 사마사가 칼을 차고 궁궐에 들어오면 옥좌에서 벌떡 일어날 정도로 공포에 떨었다. 결국 조방은 국구 장집을 비롯한 하후현 이풍 등의 중신들에게 손가락을 깨물어 용봉적삼에 쓴 밀지(密旨)를 주며 사마사 형제를 주살하라는 명을 내렸다.

그러나 정보를 입수한 사마사는 세 사람이 미처 궁궐에서 빠져나가기도 전에 군사를 이끌고 와서 이들을 추궁하여 장집의 몸에서 밀지를 찾아냈다. 사마사는 세 사람을 저자거리에 끌어내 목을 베게 한 후, 그 가솔들을 모조리 처형했다. 또, 신하에게 무릎을 꿇고 용서를 비는 황제 조방을 못 본 체하고, 장집의 딸 장 황후를 비단으로 목 졸라 죽이게 했다. 오래 전에 조방의 할아버지인 조조가 복 황후를 죽였을 때와 똑같은 방법으로.

이제 사마사를 막을 사람은 아무도 없었다. 사마사는 다음날 위주 조방을 쫓아내고 조비의 다른 손자인 조모를 제위에 오르게 했다. 조모는 사마사에게 먼저 절을 하고 전각에 오를 만큼 이름뿐인 황제였으니 이때 조조가 세운 위는 이미 망해버린 것이나 다름없었다.

이에 몇몇 무장들이 반기를 들자, 사마사는 왼쪽 눈 밑에 있던 혹을 짼 직후였음에도 불구하고 출정하여 반란군을 평정했다. 그 와중에 다시 그 눈을 다친 사마사는 마침내 자리에 누웠고, 얼마 안 있어 죽고 말았다. 그는 죽기 전에 아우 사마소에게 대장군의 인수를 맡기고 뒷일을 당부했다.

형으로부터 대권을 물려받은 사마소는 위 황제 조모로부터 선위(禪位)를 받으려고 시도했으나, 아직도 조정에는 위에 충성하려는 세력이 남아있었다. 진동대장군 제갈탄이 사마소에 반기를 들고 군사를 일으켰다. 그러나 사마소의 심복인 종회의 계책에 빠진 제갈탄은 수춘성에 갇혔고, 그를 도우러 온 오군도 미덥지 못해 결국 수춘성이 함락되어 처형되었다.

이를 틈타 촉의 강유가 군사를 이끌고 위를 침공했지만, 사마소는 등애 부자를 보내 막아내게 했다. 사마소는 물러가는 강유를 쫓아 촉을 공략하려 했으나, 반격의 기회를 엿보고 있는 위 황제 조모에 대한 경계심 때문에 도성을 비울 수가 없었다.

사마소는 위주 조모에게 구석을 요구했다. 마음이 내키지 않으면서도 어쩔 수 없이 구석을 내린 조모는 분한 마음을 억제하지 못하고 어림군을 이끌고 사마소를 죽이려 나섰다가 오히려 사마소의 군사들에게 죽임을 당했다. 황제가 피살된 것이다. 사마소는 다시 조비의 손자뻘인 조환을 황제로 세웠다. 이가 바로 위의 마지막 황제이다.

이때 사마소는 드디어 때가 이르렀다고 판단하고 종회를 시켜 촉의 국경을 지키고 있는 강유를 치게 하고, 등애를 시켜 산길을 뚫으며 촉의 성도로 들어가게 했다. 촉장 강유가 국경에서 분전하고 있는 사이 환관 황호에게 놀아나던 촉주 유선은 제대로 싸워보지도 않고 등애에게 항복하고 말았다(263년). 유비가 천신만고 끝에 세운 촉은 그의 아들 대에 멸망해버린 것이다.

위의 대신들은 촉을 평정하여 병합한 사마소를 왕으로 봉해야 한다는 표문을 올렸고, 아무 실권이 없는 위주 조환은 그들이 하자는 대로 사마소를 진왕(晉王)으로 봉했다. 진왕 사마소는 맏아들 사마염을 세자로 세웠다.

여담 하나. 죽림칠현(竹林七賢) 중에서 완적이라는 재사(才士)가 있었다. 건안칠자(建安七子)의 한 사람인 완우의 아들로, 시문과 거문고 연주솜씨가 뛰어났는데, 특히 술을 좋아해서 두주(斗酒)를 불사했다. 완적의 명성을 흠모하던 사마 씨 형제가 완적에게 조정에 출사(出仕)를 요청했다. 자유롭게 살아가기를 원했던 완적은 조정의 부름을 받을 때마다 거절을 해오다가 어쩔 수 없이 종사중랑직을 맡았다.

그 후, 대권을 잡은 사마소가 아들 사마염을 완적의 딸과 결혼시키려고 사자(使者)를 보내왔다. 완적은 마음이 내키지 않았지만 차마 내놓고 거절할 수가 없었다. 궁리 끝에 두 달 동안 내내 술에 취해있음으로 해서 사자로 하여금 아예 말을 꺼낼 기회를 주지 않아 위기를 모면했다. 그 후에도 사마소의 심복인 종회가 꼬투리를 잡아 죄를 물으려고 여러 번 시사(時事)에 대해서 물었지만, 완적은 계속 술에 취해있음으로 해서 화를 면했다고 한다.

각설하고, 제위에 못지않은 권세와 영화를 누리던 진왕 사마소는 중풍으로 갑자기 쓰러졌다. 다음 날, 중신들이 문병을 갔을 때 말을 할 수 없었던 사마소는 손가락으로 세자를 가리키며 숨을 거두었다.

침착한 성격으로 병서에 밝았던 형 사마사는 아버지 사마의 사후의 혼란을 수습하여 안전하게 동생 사마소에게 권력을 넘겨주었다. 통솔력이 뛰어나고 권모술수에 능했던 동생 사마소는 물려받은 권력을 다시 탄탄하게 다져서 맏아들 사마염에게 물려주게 되는 것이다.

3-18(044)
사마 형제에 맞선 무장 '관구검과 제갈탄'

 삼국지 최고의 영웅 조조는 황제를 허수아비로 만들어놓고 자신의 뜻대로 제후들을 호령했지만 끝내 제위를 찬탈(簒奪)하지는 않았다. 조조가 황제에 오르지 않은 것은 그럴 힘이 없어서가 아니라 역사에 찬탈자로 기록되는 것이 두려웠기 때문이다. 결국 그의 아들 조비가 후한 마지막 황제를 제위에서 끌어내리고 위 황제가 된다.

 세월이 흘러 조조의 증손자 대에 이르자, 또 다시 위 조정에 막강한 실력자가 나타나 어린 황제를 위협하며 제위를 찬탈하려는 야심을 드러낸다. 바로 사마의의 두 아들 사마사와 사마소 형제이다. 사마 형제의 찬탈 시도에 반기를 들고 위 황제를 지키려고 항거한 인물이 바로 관구검과 제갈탄이다.

 관구검(毌丘儉), 자는 중공(仲恭). 위의 최북단 고구려 접경지역인 유주 자사이다. 요동태수 공손연이 스스로를 연왕이라 칭하고 15만 대군으로 반란을 일으키자, 진압군 사령관 사마의를 도와 반란 진압에 큰 공을 세웠다. 또 고구려를 침공하여 수도 환도성을 함락시켜 기공비(紀功碑)를 세웠고, 패주하던 고구려 동천왕을 옥저까지 추격하기도 했다.

 오주 손권이 죽고 어린 손량이 즉위하자 위의 실권자 사마사 형제가 30만 대군을 일으켜 오로 쳐들어갔는데, 이때 관구검도 10만 군사를 이끌고 참전하였다. 사마소가 지휘하는 위군은 제갈각이 지휘하는 오군과 일진일퇴를 거듭하며 혈전을 벌였으나 관구검의 눈부신 분전에 힘입어 오군을 패퇴시켰다.

기고만장해진 사마사가 더욱 공포분위기를 조성하며 전횡을 일삼자, 위주 조방은 황후의 아버지인 장집과 하후현, 이풍 등 세 충신에게 사마사 형제를 주살하라는 밀조를 내렸다. 그러나 그 밀조가 발각되는 바람에 도리어 자신이 폐위당하고, 사마사에 의해 조모가 새 황제로 옹립되었다.

이에 분개한 양주(揚州) 도독 겸 진동장군 관구검은 사마사 형제를 토벌한다는 대의명분을 내세우고 양주자사 문흠과 함께 8만 군사를 일으켜 수춘에서 거병하였다(255년). 문흠은 사마의가 정변을 일으킬 때 주살된 당시의 실권자 조상의 동향 인맥(人脈)으로 사마 씨와는 악연이 많은 인물이다.

사마사는 진압군을 편성하여 제갈탄 등을 앞세우고 수춘으로 향했다. 반군은 문흠의 아들 문앙이 많은 적장을 죽이며 분전했으나 사마사의 대군을 이기지 못하고 패퇴하였고, 결국 반군의 본거지인 수춘성이 제갈탄에게 함락되고 말았다. 문흠은 두 아들과 함께 동오에 투항하였다.

항성에서 저항하던 관구검은 사마사의 진압군과 최후의 일전을 벌였으나 패배하여 신현성으로 피신하였다. 거기에서 관구검은 부하의 배신으로 살해되었고, 그 수급이 사마사에게 보내지면서 관구검 문흠의 난은 평정되고 말았다. 치밀한 준비 없는 봉기는 결코 성공할 수 없다는 교훈을 남긴 채….

사마사가 눈병으로 죽자 그의 아우 사마소가 대도독이 되어 정사를 독단했다. 사마소의 심복 가충은 차제에 위 황제로부터 선양(禪讓)을 받으라고 부추겼다. 슬그머니 마음이 동한 사마소는 가충을 회남에 있는 제갈탄에게 보내 의중을 떠보게 했다.

제갈탄(諸葛誕), 자는 공휴(公休). 위의 무장으로 일찍부터 위에서 벼슬을 지냈으나, 사촌형들인 제갈근과 제갈량이 오와 촉에서 요직을 맡고 있는 관계로 고위직에 오르지 못했다. 제갈량이 죽은 후 관구검의 난을 진압하는데 큰 공을 세우고 나서야 비로소 양주도독 겸 대장군에 올랐다.

가충이 '요즘 낙양의 선비들이 허울뿐인 위 황제를 폐하고 사마소를 새 황제로 옹립하자고 하는데 어찌 생각하시오?' 하고 물었다. 그러자 제갈탄은 '위의 국록을 먹으면서 어찌 그런 불경한 말을 하느냐.'며 '만약 그런 일이 일어난다면 나는 목숨을 걸고 나라를 지킬 것이오.' 하고 말했다.

이 말을 전해 듣고 분노한 사마소는 사공(司空) 벼슬을 준다며 제갈탄을 조정으로 불러들였다. 사마소의 흉계를 눈치 챈 제갈탄은 역적 사마소를 토벌한다는 기치를 내걸고 휘하의 군사 15만 명을 일으켜 거병하였다(256년). 아들 제갈정을 인질로 보내며 오에도 구원을 요청했다. 오에서는 지난번에 투항한 문흠에게 7만 군사를 주며 제갈탄을 돕게 했다.

사마소는 자신이 도성 낙양을 비운 사이에 위 황제 조모가 자신의 뒤통수를 칠까봐 황제를 앞세우고 진압군 26만 명을 동원하여 출정길에 올랐다. 먼저 오군을 제압한 사마소가 총공격을 감행하자, 제갈탄의 군사들은 패퇴하여 수춘성으로 들어갔다. 사마소의 군사들이 성을 포위했다.

제갈탄은 성문을 굳게 닫고 지킬 뿐 나가서 싸우려 하지 않았다. 그렇게 몇 개월이 지나자 성내에는 식량이 떨어지고 군심(軍心)마저 흩어져 사마소의 군문에 항복하는 병사들이 속출했다. 제갈탄과 문흠 사이에도 내분이 일어났다. 제갈탄이 문흠을 의심해서 죽이자, 문흠의 두 아들은 사마소에게 투항해버렸다.

　사마소가 투항한 문흠의 두 아들에게 준마(駿馬)와 비단을 하사하고 벼슬까지 내리자, 수춘성 안의 민심이 크게 동요했다. 이때를 놓치지 않고 사마소의 대군이 사방에서 수춘성을 공격했다. 제갈탄은 남은 군사를 독려하며 분전했으나 결국 적장 호분의 칼에 목이 떨어졌고, 결국 제갈탄의 난도 2년 만에 평정되고 만다.

　제갈탄의 삼족을 멸한 사마소가 제갈탄의 직속부하 수백 명을 잡아들였다. 이들에게 '항복하면 살려주겠다.'고 했으나 이들 모두 제갈 공을 따르겠다며 죽음을 택했다고 전해진다. 관구검의 난을 진압하는데 큰 공을 세운 제갈탄, 자신이 관구검의 전철을 그대로 밟게 될 줄을 어디 상상이나 했겠는가.

　당시 세간에 '오는 호랑이를 얻었고, 촉은 용을 얻었는데, 위는 개를 얻었다.'는 얘기가 회자되었다. 호랑이는 제갈근을, 용은 제갈량을, 개는 제갈탄을 지칭하는 말임은 부연 설명할 필요가 없으리라. 여기서 개는 흔히 쓰는 부정적인 의미가 아니고 주인에게 충성하는 충견(忠犬)을 의미한다.

　사마 형제의 찬탈 시도에 용감하게 반기를 든 관구검과 제갈탄의 의거(義擧)는 둘 다 실패로 끝났다. 그 거사의 정치적인 의미는 차치하고서도, 섣불리 제위 찬탈을 시도하면 엄청난 반발이 뒤따른다는 경고를 실권자들에게 주기에는 충분하지 않았을까 싶다.

3-19(045)
촉을 평정한 두 명장 '종회와 등애'

유비가 세운 촉을 평정한 발군의 무장들인 위의 종회(鍾會)와 등애(鄧艾)에 대해서 살펴보고자 한자. 태부 종요의 막내아들인 종회는 명문 집안 출신으로 자가 사계(士季)이며, 계책에 밝은 참모형 무장이다. 반면에 말을 좀 더듬는 등애는 자가 사재(士載)이며, 전방에서 잔뼈가 굵은 지휘관형 무장이다.

사마사가 대장군의 지위를 아우 사마소에게 물려주고 죽자, 위주 조모는 이 기회에 사마소의 권한을 약화시켜보려고 사마소에게 계속 허창에 머무르면서 오의 침입에 대비하라고 했다. 그러나 사마소는 참모 종회의 조언대로 군사를 이끌고 와서 낙양 가에 진을 쳤다. 깜짝 놀란 조모는 사마소의 벼슬을 더 높여주었다.

제갈탄이 수춘에서 사마소에게 반기를 들고 반란을 일으키자, 종회는 제갈탄을 구원하러온 오의 장수 문흠의 두 아들을 계책으로 위에 귀순시킨 다음, 제갈탄을 수춘성에 몰아넣고 포위 공격하여 죽이는 등 제갈탄의 난 진압에도 큰 공을 세운다.

한편, 위의 서부전선을 지키는 등애는 촉장 강유의 여러 차례 침공을 잘 막아내었다. 위 황제 조모가 죽자 사마소는 조환을 위 황제로 세웠는데, 이때 촉의 강유가 또 군사를 이끌고 쳐들어왔으나 이번에도 등애가 나서서 잘 막아내었다.

드디어 사마소는 촉을 평정할 때가 이르렀다고 판단하고 종회와 등애에게 대군을 나누어 주며 두 길로 촉을 공략하게 했다. 등애는 험준한 산맥을 넘어 지름길로 촉의 수도인 성도(成都)로 향하기로 했고, 종회는 국경을 지키고 있는 강유를 공략하여 패퇴시킨 후에 성도로 들어가기로 했다.

등애는 아들 등충을 먼저 보내 산길을 뚫고 다리를 놓아가며 20여일 만에 7백리를 진군하여 성도 인근에 다다랐다. 촉 황제 유선은 제갈량의 아들 제갈첨에게 7만 군사를 주며 등애군을 막게 했다. 제갈첨은 용감하게 싸웠으나 패하여 성에 갇혔는데, 구원 요청한 오군이 오기도 전에 아들과 함께 성에서 나가 싸우다가 둘 다 전사하고 말았다.

이에 촉 황제 유선은 너무도 쉽게 항복을 결정하고 항서(降書)와 함께 촉의 옥새를 등애에게 보내고, 스스로 몸을 묶고 수레에 관(棺)을 실어 아들들 및 대신들과 함께 걸어가 등애에게 무릎을 꿇었다.

등애는 촉 황제 유선이 싣고 온 관을 불태우고 결박을 풀어주며 안심시킨 다음, 유선에게 표기장군이라는 벼슬을 내리고 나머지 대신들에게도 적절한 벼슬을 내렸다. 그런 다음 방(榜)을 붙여 촉의 민심을 안정시키고, 전방에서 종회와 싸우고 있는 강유에게 사람을 보내 항복을 권했다.

검각에서 종회의 위군과 싸우고 있던 강유는 촉 황제의 항복 소식을 듣고 억장이 무너졌다. 강유는 등애와 사이가 좋지 않은 종회를 부추겨서 후일을 도모해볼 생각으로 '만약 장군이 등애였다면 나는 끝까지 싸웠을 것입니다.'라고 하면서 종회에게 항복했다. 촉 황제의 항복을 받은 등애 때문에 초조해진 종회는 강유가 자신에게 항복한 데다, 등애보다 자신을 더 알아준다는 말에 고무되어 강유와 화살을 꺾어 맹세하며 의형제를 맺었다.

한편, 등애는 낙양에 있는 사마소에게 승전 소식을 올렸다.

"이제 촉을 평정하였으니 여세를 몰아 오를 쳐야 할 것입니다. 먼저 농우의 군사 2만과 촉군 2만으로 준비를 하게 하십시오. 촉주 유선을 낙양으로 끌고 가면 오에서 겁을 먹게 되니 우선 부풍왕으로 봉하고 그의 아들들에게 은총을 내리는 척 하십시오. 그러면 오는 금방 우리의 품으로 들어올 것입니다."

사마소는 등애가 엄청난 일을 제멋대로 처결하는 것을 보고 화가 났지만, 우선 달래기 위해 등애의 직급을 올려주면서 '그 일은 천자께 아뢴 뒤에 할 것이니 함부로 처결하지 마라.'는 답신을 보냈다. 그러나 등애는 '밖에 있는 장수는 임금의 말도 듣지 않을 때가 있습니다. 급한 일은 제가 알아서 처리할 테니 너그럽게 보아 주십시오.'라는 글을 다시 보내왔다.

이때 종회가 '등애는 촉의 백성들에게 환심을 사는 일만 하고 있으니 머지않아 반역할 것입니다.'라고 표문을 올렸다. 사마소는 사자를 종회에게 보내 등애를 잡아들이라 명하고, 자신이 친히 장안까지 따라가겠다고 했다. 이때 한 신하가 '종회의 군사는 등애의 군사보다 몇 배나 많습니다. 종회더러 등애를 체포하라고 해놓고 왜 장안까지 몸소 가시려 하십니까?' 하고 묻자, 사마소는 이렇게 답했다.

"나는 지금 등애 때문이 아니라 종회 때문에 가는 것이다."

사마소의 정치 감각이 참으로 탁월하지 않은가. 종회는 감군(監軍) 위관에게 수십 기를 주며 등애 부자를 잡아오게 했다. 위관은 한밤중에 성도에 잠입하여 잠자고 있던 등애 부자를 체포하여 수레에 가두었다. 등애의 부하들이 저항하려고 했으나 종회의 대군이 몰려오자 모두 도망쳤다.

종회는 등애의 머리를 채찍으로 내리치며 화풀이를 하고 수레를 낙양으로 보냈다. 이때 사마소가 군사를 이끌고 장안에 와있다는 소식이 오자, 종회는 사마소가 자신을 의심하고 있다는 것을 눈치 채게 되었다. 드디어 종회는 반역을 결심하고 강유에게 말했다.

"내 결심은 섰소. 잘 되면 천하를 얻을 것이고, 못 되어도 유비처럼 서촉을 지키며 살 것이오."

다음날 아침, 종회는 부하장수들에게 '조정의 곽 태후가 돌아가시면서 사마소는 천자(天子)를 죽인 대역무도한 자이니 그를 죽이라는 유조(遺詔)를 내게 남기셨다.'고 하면서 자신을 따를 것을 강요했다. 그러나 이를 이상하게 생각한 종회의 부하장수들이 폭동을 일으켰고, 종회는 이들이 쏜 화살에 맞아 숨을 거두었다. 그의 나이 40세였다.

이제 아무런 희망이 없어진 강유도 스스로 목을 찔러 생을 마감했다. 종회가 피살된 후, 군사들이 수레를 뒤쫓아 가서 등애를 풀어주었으나, 성도로 돌아가던 등애 부자는 감군 위관이 보낸 군사들에게 잡혀 목이 떨어지고 말았다.

냉정하게 판단해보면, 종회는 강유의 꼬드김과 사마소의 의심 때문에 반역을 했고, 등애는 월권을 했으나 반역을 하지는 않았다. 어쨌거나 유비가 세운 촉을 평정한 발군의 두 명장 종회와 등애는 서로 반목한 것이 원인이 되어 결국 둘 다 목숨을 잃고 말았다.

3-20(046)
머리는 용, 꼬리는 뱀 '조조의 후손들'

조조가 죽자 그의 맏아들 조비가 위왕을 계승했다. 조비는 위왕이 된지 일 년도 안 되어 후한 마지막 황제인 헌제로부터 선양(禪讓)의 형식으로 제위를 찬탈하여 위 황제가 되었다. 이에 유비와 손권도 차례로 황제에 올라 바야흐로 삼국시대가 열리게 되었다.

위 황제 조비는 찬탈자라는 비난을 받기는 했으나 재위기간 중 대과(大過)는 없었다. 그는 원소의 둘째며느리였다가 자신과 결혼한 견 부인과의 사이에 태자 조예를 두고 있었다. 재위 7년 만에 병이 깊어진 조비는 조진과 조휴, 사마의와 진군 네 중신에게 조예를 잘 보필해줄 것을 당부하고 숨을 거두었다.

네 중신 중에 가장 눈에 띄는 인물은 사마의였다. 일찍이 조조는 '사마의가 이리처럼 고개를 뒤로 틀 수 있는 낭고상(狼顧相)이어서 반역할 가능성이 농후하니 절대로 병권을 맡기지 말라.'고 했었다. 조비는 재위기간 동안 사마의에게 군사 일을 맡기지 않았었다.

조예가 위 황제로 즉위하자, 사마의가 변방인 서량을 지키겠다고 나섰고, 조예는 별 생각 없이 허락했다. 이때 북벌을 계획하고 있던 촉의 제갈량은 사마의를 껄끄럽게 생각하여 '사마의가 반역을 꾀하려 한다.'는 유언비어를 퍼뜨렸다. 조예는 사마의를 다시 불러들여 병권을 뺏어버렸다.

제갈량이 국경을 침범해오자, 위 황제 조예는 하후무와 조진을 차례로 보내 막게 했으나 모두 패퇴했다. 조예는 사마의를 다시 대도독으로 복권시켜 촉군을 막게 했다. 사마의와 제갈량은 오랫동안 공방전을 펼치며 대치하다가 제갈량이 오장원에서 숨을 거두자 촉군은 철수했고, 사마의는 제갈량의 침공을 막아낸 공로로 위의 원훈(元勳)이 되었다.

전란이 끝나자, 위 황제 조예는 사치와 향락, 주색에 빠져들어 연일 토목공사를 벌여 궁궐과 전각을 새로 지었다. 조예는 방탕한 생활 끝에 36세에 숨을 거두면서 여덟 살짜리 태자 조방을 황족인 조진의 아들 조상과 병권을 쥐고 있는 사마의에게 탁고(託孤)했다. 어린 조방이 제위에 오르자, 사마의는 조상과의 권력투쟁에서 패해 병권을 잃고 낙향했으나, 정변을 일으켜 조상을 처형하고 다시 조정의 대권을 잡는다.

이제 사마의의 권세를 넘볼 수 있는 사람은 아무도 없었다. 사마의가 노환으로 죽자, 맏아들 사마사가 대장군이 되어 실권자의 지위를 이어받았다. 이때 오와 촉의 침입이 있었으나 사마사와 사마소 형제가 모두 막아내니 두 형제의 권세는 더욱 탄탄해졌다.

위 황제 조방은 사마사가 궁궐에 들어오는 것만 봐도 불안에 떨었다. 결국 조방은 장 황후의 아버지인 장집에게 사마사를 죽이라는 밀조를 내렸다. 그러나 그것이 사마사에게 발각되고 말았고, 장집은 함께 밀조를 받은 하후현 이풍과 함께 저자거리에 끌려가 목이 베어졌고, 그의 가솔들도 모조리 처형되었다.

사마사는 장집의 딸 장 황후를 비단으로 목 졸라 죽이게 했다. 오래 전에 조방의 증조할아버지인 조조가 복 황후를 죽였을 때와 똑같은 방법으로. 그래서 역사는 반복된다고 했던가. 위 황제 조방은 신하인 사마사에게 무릎까지 꿇어가며 용서를 빌었으나, 사마사는 못 본 체 했고 결국 황제의 자리에서 끌어내려지고 만다.

조방이 앉았던 제위는 사마사에 의해 조비의 다른 손자인 조모가 앉았다. 새로이 옹립된 조모는 사마사에게 먼저 절을 하고 황제의 자리에 오를 정도였으니 사실상 이때 위는 망한 것이나 다름없었다. 이 무렵 사마사는 눈병을 앓았는데, 그 눈병이 덧나는 바람에 죽고 말았다. 그의 아우인 사마소가 대장군의 지위를 이어받았다.

위 황제 조모는 이 기회에 사마소의 권한을 약화시켜 보려고 사마소에게 계속 허도에 머무르면서 오의 침입에 대비하라고 명을 내렸다. 그러나 허수아비 황제의 명을 들을 사마소가 아니었다. 사마소가 군사를 이끌고 와서 낙양 외곽에 진을 치자, 깜짝 놀란 조모는 사마소의 벼슬을 더 높여주었다.

이때 무장 제갈탄이 사마소의 전횡에 반기를 들고 일어났다. 오에서도 원군이 출동하고 촉의 대장군 강유도 지원군을 보냈으나 사마소는 이들을 모두 막아내었다. 조모는 강청에 못 이겨 대장군 사마소에게 구석(九錫)의 특전을 내렸다. 분함을 참지 못한 조모는 어림군(御林軍)을 이끌고 사마소에게 대항했다가 피살되고 만다.

조비의 손자뻘인 조환이 사마소에 의해 새 황제로 옹립되었다. 이때 사마소가 보낸 두 장수 등애와 종회가 촉을 공략하여 멸망시켰다. 사마소는 촉을 병합한 자신을 진왕(晉王)으로 봉해줄 것을 요구했고, 위 황제 조환은 그의 요구를 들어줄 수밖에 없었다. 진왕이 된 사마소는 맏아들 사마염을 세자로 세워놓고 중풍으로 죽었다.

위 황제 조환은 진왕 사마염이 노골적으로 제위를 탐내는 데다, 사마염의 신하들이 위압적으로 선양을 강요하자, 결국 제위 자리를 내주고 만다(265년). 45년 전에 신하였던 할아버지 조비가 한 황제에게 했던 똑같은 방식으로 이번에는 황제인 조환이 신하에게 당한 것이다. 사마염은 진 황제로 등극했고, 폐주 조환은 진류왕으로 강등되어 도성에서 쫓겨났다.

조조는 죽기 전에, 말 세 마리가 한 구유에서 여물을 먹는 꿈을 자주 꾸었다. 조조는 그 꿈이 늘 마음에 걸렸으나 그 의미를 알 수가 없었다. 마(馬) 씨 중에 자신에게 반기를 들 만한 사람은 없었다. 마등은 이미 죽었고, 그의 아들 마초와 조카 마대는 촉에 있으니 큰 위협이 될 수가 없었기 때문이다.

세월이 흐른 후 그 꿈의 실체가 밝혀졌다. 천하의 조조도 그 말(馬)이 사마(司馬)인 줄은 몰랐던 것이다. 구유[槽]는 조(曹) 씨를 뜻하므로, 그 꿈은 사마 씨 3부자(三父子)가 조 씨의 여물을 먹는 것, 즉 찬탈을 예고하는 것이었다. 조조의 아들 조비와 손자 조예까지는 괜찮았지만, 증손자 조방이 너무 어려서 즉위하는 바람에 결국 나라를 빼앗기고 만 것이다.

만약 조예가 12년만 더 살아서 그의 아들 조방이 스무 살에 제위에 올랐더라면 제위를 뺏기지 않았을지 모른다. 그러나 45년 전에 신하인 조비가 한의 제위를 빼앗은 것도, 그의 손자인 조환이 신하인 사마염에게 위의 제위를 빼앗긴 것도 모두 엄연한 역사인 것을….

제4장
오나라의 인물들

4-01(047)
'넘버 투'에 만족한 수성의 명군 '손권'

    삼국지의 세 주인공인 조조 유비 손권이 함께 대학입시에 응시한다고 가정을 해보자. 수능시험에서는 틀림없이 머리가 좋은 조조가 1등을 할 것이고, 내신 성적은 도덕 교과서 같은 유비가 1등을 할 것이다. 손권은 아마도 두 가지 모두에서 2등을 하리라.

    손권(孫權), 자는 중모(仲謀). 큰 입과 네모진 턱, 푸른빛이 나는 눈을 가진 붉은 수염의 사나이. 중원의 패권을 놓고 조조와 유비가 불꽃 튀는 공방을 벌이고 있을 때, 느긋하게 구경하며 가장 오랫동안 권좌에 앉아 있었다. 그는 조조처럼 비상한 머리를 가진 수재도 아니고, 유비처럼 은근히 사람을 끄는 매력을 지닌 도덕군자도 아닌, 반듯한 우등생 같은 인물이다. 어디서 많이 듣던 '위대한 보통사람'이라고나 할까.

    위와 촉의 틈바구니에서 오가 편안하게 번영을 구가할 수 있었던 것은, 두말할 것도 없이 지리(地利), 즉 양자강이라는 천연적인 방어선을 갖고 있었기 때문이다. 더불어 손권의 뛰어난 지도력도 빼놓을 수 없으리라. 수성의 명군으로 꼽히는 손권의 출신배경과 통치스타일(leadership), 그리고 그의 실책을 살펴보자.

    손권의 출신배경을 설명하려면 먼저 그의 아버지 얘기부터 해야 할 것 같다. 양자강 하류인 양주(揚州) 오군 부춘에 손견이라는 토호(土豪)가 살고 있었다. 손자병법으로 유명한 전국시대의 전술가 손무의 후예인데, 그 피를 물려받았는지 용감무쌍하고 책략도 뛰어났다.

손견은 후한 말 혼란기에 황건적을 토벌하여 명성을 얻었고, 동탁을 무찌르는 연합군에도 가담하여 용맹을 떨쳤다. 연합군의 선봉으로 낙양 궁궐에 입성하면서 잃어버린 한의 옥새를 궁궐 우물에서 건져 올린 손견은 큰 뜻을 품고 강동으로 향하던 중, 저지하는 형주의 유표와 격전을 벌이다가 전사하고 만다.

큰아들 손책이 뒤를 이었다. 그 역시 영웅의 기개(氣槪)를 타고 난데다 무예도 출중하여 강동의 소패왕(小霸王)으로 불리었다. 그도 부업(父業)을 이어 강동지역을 모두 평정했으나 성격이 너무 호방(豪放)하고 저돌적이었다. 중원에서 조조가 원소와 싸우고 있을 때 손책은 조조의 본거지를 기습하려고 계획을 세웠으나 자객의 습격을 받아 중상을 입고 만다. 그는 아우 손권에게 후사를 부탁하고 숨을 거둔다.

그때 손권의 나이 19살이었다. 그는 71살까지 장수하며 52년간 오를 지켜낸다. 아버지 손견과 형 손책이 창업(創業)의 인물이라면 손권은 수성(守成)의 교본 같은 인물이다. 창업은 군중을 휘어잡는 쇼맨십(showmanship)과 아울러 천운(天運)도 따라야 하지만, 수성은 본인의 역량이 중요할 뿐 천운이 차지하는 요소는 아주 적다.

손권은 항상 신중하고 참을성이 강했다. 손권이 중원을 넘보지 않고 물려받은 강동 땅에 둔전(屯田)을 실시하여 개발에 박차를 가하면서 오로지 지키기만 한 것은 결코 남보다 앞서려 하지 않고 한 발 물러서서 차선책을 구하는 그의 넘버 투(number two) 정신 때문이라고 할 수 있다.

형에게 충성하던 장소와 주유를 스승의 예로 대하였고, 한번 발탁한 사람은 끝까지 신뢰했다. 능히 의심할 여지가 있는 제갈량의 친형인 제갈근을 끝까지 신뢰하고 대임을 맡긴 것은 그의 이러한 점을 잘 대변해주고 있다. 일찍이 조조도 '아들을 낳으려면 마땅히 손권과 같은 아들을 낳아야 한다.'고 말한 적이 있다.

강북을 제패한 조조가 백만 대군을 이끌고 양자강을 넘어오려 하자, 신중한 성격의 그가 주화파(主和派)의 의견을 물리치고 주유와 노숙의 의견대로 단호히 싸우기로 한 것을 보면 그의 외유(外柔) 속에는 강인한 의지가 숨겨져 있는 듯하다. 결국 손권과 유비의 5만 연합군이 조조의 백만 대군을 적벽에서 궤멸시키지 않는가.

그러나 손권은 침략한 조조군을 물리치기만 할 뿐 조조를 쫓아가 중원의 패권을 넘보지는 않았다. 만약 그의 아버지 손견이나 형 손책이었다면 어떠했을까? 틀림없이 패주하는 조조를 추격하며 조조의 본거지로 쳐들어갔을 것이고, 그랬다면 삼국지의 스토리는 사뭇 달라졌을 것이다.

손권은 조조가 죽고 맏아들 조비가 후한 황제로부터 제위를 찬탈하여 위 황제가 되자, 스스로 신하라고 칭하는 등 때에 따라 몸을 굽힐 줄도 알았다. 그가 오의 기라성 같은 인재들을 적재적소에 배치하여 각자의 능력을 최대한 발휘하게 한 것을 보면 그의 용인술도 흠잡을 데가 없었음을 알 수 있다. 그는 나라 안의 일은 장소와 장굉, 제갈근 등 명참모들의 조언을 받아 처결했고, 나라 밖의 일은 주유나 노숙, 여몽, 육손 같은 명장들에게 맡겨서 나라를 잘 지켜냈다.

그러나 손권에게도 실책은 있었다. 위를 공략하고 있던 관우를 배후에서 기습하여 형주를 빼앗고 그를 참수한 것은 국지적인 안전에는 도움이 될지언정 대국적(大局的)인 견지에서 보면 결코 잘한 처사라고 볼 수 없다.

오와 촉은 합심해서 중원의 초강대국 위를 견제해야 하는 것이 그 당시 두 나라가 취해야 할 전략이기 때문이다.

지방정권이 장래를 내다보지 않고 눈앞의 이익만 추구한다면 결국은 망하고 만다는 것이 역사가 가르쳐준 교훈이다. 그런 의미에서 촉의 제갈량이 앉아서 망하기보다는 오와 동맹을 맺어서 서로 침략하지 않기로 해놓고, 꾸준히 중원을 위협하면서 생존의 활로를 찾으려고 한 것과는 좋은 대조가 된다.

또 있다. 수성의 명군도 늙으면 필부(匹夫)가 되는지, 집권 말기에 후계자 선택을 잘못하는 치명적인 실책을 범하고 말았다. 장남 손등이 요절하자 왕부인 소생의 장남 손화를 태자로 세웠다가 차남 손패를 총애하는 등 갈팡질팡하다가 결국에는 번부인 소생의 어린 손량을 후계자로 삼았던 것이다.

원소와 유표가 후계자 선정을 잘못하여 패망한 것을 보고도 손권이 비슷한 우(愚)를 범한 것이다. 조조 또한 후계자를 선정할 때 장남 조비와 시문에 뛰어난 셋째아들 조식 사이에서 갈등을 겪었지만, 사정(私情)보다는 대의명분을 중요시하여 결국 장남에게 대통을 물려주면서 위기를 벗어나지 않았던가.

수성의 명군으로 불리는 손권이 후계자 선정에서 흔들리는 바람에, 오 조정의 국론을 분열시켜 결국 패망의 길로 들어서는 빌미를 제공하게 되는 것은 참으로 역사의 아이러니라 하지 않을 수 없다.

4-02(048)
손견의 4대 천왕 '한당 황개 정보 조무'

'4대 천왕'은 1990년대에 홍콩에서 맹활약하던 '유덕화 여명 곽부성 장학우'를 지칭하는 말인데, 1800년 전 중국에 이미 4대 천왕이 있었다. 강동의 호랑이 손견이 회계에서 반란을 일으킨 허창을 토벌하기 위해 의군(義軍)을 모집했을 때 군사를 이끌고 찾아온 네 장수 한당 황개 정보 조무가 바로 그들이다. 4대 천왕의 시조인 셈이다.

한당(韓當), 자는 의공(義公). 곰의 어깨에 범의 허리를 갖춰 날렵하면서도 용력이 남달랐다. 맨 먼저 달려왔으며 말 위에서 쏘는 활쏘기에 능했고 특히 큰칼[大刀]을 잘 썼다.

황개(黃蓋), 자는 공복(公覆). 어려서 부모를 잃고 장작을 내다 팔며 살았으나 서책을 가까이 하며 병법을 익혔다. 생각이 깊고 인내심이 강한 데다 쇠채찍[鐵鞭]을 잘 썼다.

정보(程普), 자는 덕모(德謀). 지방의 관리 출신이며 외모가 수려했다. 무예와 지략에 고루 능했고, 특히 철척사모(鐵脊蛇矛)를 잘 써서 황개의 철편과 좋은 짝을 이루었다.

조무(祖茂), 자는 대영(大榮). 손견과 같은 오군 출신으로 용맹하고 지략이 뛰어났으며 책임감이 강했다. 손견의 심복장수로서 친위대를 이끌었으며 쌍칼[雙刀]을 잘 썼다.

이들 4대 천왕은 손견을 주군으로, 이제 겨우 두 살인 아들 손책을 작은 주인으로 모시기로 의기투합했다. 실제로 이들은 큰아들 손책은 물론, 그 뒤를 잇는 작은아들 손권까지 3대째 충성을 다한다. 조무는 중도에 전사하지만.

무예가 출중하고 충성심이 강한 네 장수는 강동 일대의 도적들을 평정하면서 무명(武名)을 떨쳤는데, 이들이 중앙무대에 진출한 것은 동탁을 토벌하기 위해 17제후들이 연합군을 구성했을 때였다. 장사태수 손견을 따라 연합군의 선봉으로 출전한 이들은 도성 낙양을 누비며 용감하게 싸워 후일 오나라 건국의 터전을 닦았다.

그러나 여기서 4대 천왕의 한쪽 날개가 꺾인다. 동탁 진영의 맹장 화웅이 손견의 진채를 야습(夜襲)했을 때, 친위대를 이끌던 조무는 손견에게 자신의 투구를 쓰고 피하도록 하고, 자신은 손견의 붉은 두건을 쓰고 적을 유인했다. 화웅의 군사들이 붉은 두건을 보고 뒤쫓아 왔다. 쫓기던 조무는 다시 전열을 가다듬고 역습을 시도했으나 적장 화웅이 내리치는 대도에 맞아 말 아래로 굴러 떨어져 숨을 거두었다.

나중에 이를 알게 된 손견은 '오오, 그대가 나를 대신해 죽었구나. 이제 어디서 그대의 용자(容姿)를 볼 수 있으리오.' 하고 탄식하며 목 놓아 울었다. 4대 천왕의 한 축을 잃은 세 장수들도 함께 눈물을 흘리며 비통해했다. 손견과 함께 한 10여 년 동안 범 같은 용맹을 떨치던 친위대장 조무는 그렇게 먼저 사라져갔다.

낙양 궁궐의 우물에서 전국의 옥새를 주운 손견은 큰 뜻을 품고 강동으로 돌아오다 이를 저지하는 유표의 형주군과 전투를 벌였다. 여기서 황조의 매복계에 걸린 손견은 무참히 전사하지만, 한당은 적장 장호를 큰칼로 제압했고, 정보는 손견을 죽인 적장 여공을 한 창에 찔러 죽였다. 또 황개는 쇠채찍으로 형주 최고의 맹장 황조를 사로잡았다.

이때 처음 전장에 따라나선 열일곱 살의 손책은 아버지 손견의 수급(首級)과 사로잡은 적장 황조를 맞바꾸어 손견을 장사지내고 강동의 새 주인이 되었다. 남은 세 장수들은 손책과 함께 유요를 비롯한 엄백호, 왕랑 등 이 지역의 토호 군벌들을 모조리 평정했다.

그러던 중 자객의 습격으로 중상을 입은 손책은 아우 손권에게 후사를 맡기고 숨을 거둔다. 그 후 강북을 통일한 조조가 형주까지 삼키고 백만대군으로 강동을 넘보자, 노장이 된 세 장수들도 적벽대전에서 대도독 주유를 도와 각각 맡은 자리에서 조조의 대군과 맞서 싸웠다.

한당은 조조군이 작은 배 20여 척으로 기습공격을 감행하자, 주태와 함께 용감하게 싸워서 이들을 패퇴시켰다. 황개는 온몸이 피투성이가 되는 고육계(苦肉計)를 통해 조조에게 거짓 투항하여 화선(火船) 20척을 이끌고 위의 선단에 돌진함으로써 적벽대전 승리에 결정적인 기여를 했다.

정보는 부도독인 전부(前部) 도독을 맡아 대도독 주유와 함께 전군을 지휘하고 독려했다. 처음에는 아들 뻘인 주유가 대도독이 된 것이 못마땅하여 딴죽을 걸기도 했지만, 나중에는 주유의 인품에 반해 '주유와 함께 있으면 마치 맛있는 술을 마신 것처럼 나도 모르게 취하게 된다.'며 칭찬을 했다.

적벽대전 이후, 노장이 된 이들은 주로 후방을 지키는 역할을 맡았다. 촉 황제 유비가 오의 명장 여몽에게 잡혀 참수된 관우의 복수를 위해 대군을 이끌고 침공했을 때, 오의 한 부대를 맡아 장수로 활약한 한당을 마지막으로 이들의 이름은 삼국지에서 사라진다.

네 장수 중에서 가장 무장답게 죽은 장수는 손견을 대신해 죽은 조무이고, 가장 두드러진 **활약**을 한 장수는 적벽대전에서 고육계를 통하여 화공(火攻)을 성공시킨 황개이다. 가장 높은 지위까지 오른 사람은 부도독 정보이고, 가장 안타까운 것은 가장 오래 **활약**한 한당의 아들이 남긴 행보이다.

한당이 죽자, 손권은 그의 아들 한종에게 아버지의 직책을 그대로 맡겼다. 그러나 한종은 군무(軍務)에는 신경 쓰지 않고 부녀자들과 염문을 뿌리고 다녔다. 이에 대한 소문이 퍼지자, 손권의 문책이 두려웠던 한종은 식구들과 휘하 군사들을 이끌고 위에 투항해버렸다. 위의 장군이 된 한종은 자주 오의 국경을 침범하여 백성들을 괴롭히다가 오군에게 사로잡혔고, 그의 수급은 손권의 묘에 제물로 바쳐졌다. 4대 천왕이 남긴 절대적 충성 행보와는 결코 어울리지 않는 오점(汚點)이 아닐 수 없다.

초창기 조조에게 하후돈과 하후연, 조인과 조홍, 이전 악진이 있었고, 유비에게 관우와 장비, 그리고 조금 늦게 합류한 조운이 있었듯이, 강동의 손견에게도 이들 4대 천왕이 있었기에 후일 손책을 이은 손권이 삼국의 일각이 될 수 있었던 것이다.

만일 삼국지연의가 유비의 촉을 정통으로 세우지 않고 오를 정통으로 세웠다면, 이들 4대 천왕의 이야기가 유비 관우 장비의 도원결의 못지않은 비중으로 더욱 흥미진진하게 각색되었지 않았을까 하는 생각이 든다.

4-03(049)
내치(內治)의 두 기둥 '장소와 장굉'

원술에게 옥새를 맡기고 군사 3천 명과 말 5백 필을 빌려서 강동으로 향하던 손책은 소식을 듣고 찾아온 친구이면서 손아래 동서인 주유를 만나게 되었다. 두 사람이 함께 술을 마시며 그간의 회포를 풀다가, 문득 주유가 '형님께서 큰일을 하시려면 강동의 이장(二張)부터 찾아야 할 것입니다.' 하고 말했다.

'이장이라니, 누구누구인가?' 하고 손책이 묻자, 주유가 대답했다.

"한 사람은 장소(張昭) 자는 자포(子布)이고, 또 한 사람은 장굉(張紘) 자는 자강(子綱)입니다. 둘 다 배움이 깊고 지략이 뛰어나 능히 나라를 평안케 할 준재들입니다. 지금 난리를 피해 숨어 살고 있습니다."

손책은 사람을 보내 두 사람을 초빙하게 했으나, 둘 다 나오려 하지 않았으므로 직접 찾아가 함께 일하자고 간곡히 부탁하여 모셔오게 되었다. 손책이 강동과 강남 지역의 토호세력들을 대부분 평정하자, 장소가 '이제 조정에 표문을 올려 강동에 주공이 계심을 알리고, 새로 얻은 땅도 황실로부터 승인을 받아야 합니다.' 하고 말했고 손책은 그대로 따랐다.

갑작스런 자객의 습격을 받은 손책은 중상을 입고 죽음을 앞두게 되었다. 손책은 아우 손권을 불러놓고 '안의 일은 장소에게 묻고, 밖의 일은 주유에게 묻도록 하라.' 고 당부하고 숨을 거두었다. 손권은 형이 남긴 유언대로 장소와 주유를 스승의 예로 섬기며 충심으로 받들었다.

손책이 죽었다는 말을 들은 조조는 참모들을 불러놓고 강동을 칠 의논을 했다. 손책의 사자로 허도에 갔다가 시어사(侍御史) 벼슬을 받고 눌러앉아 있던 장굉이 '남의 상(喪)을 틈타 공격하는 것은 의로운 일이 못됩니다. 오히려 이 기회에 손권에게 벼슬을 내려주어 우호를 더욱 다져야 합니다.' 하고 말했다.

막강한 세력을 지닌 원소를 바로 등 뒤에 두고 있는 조조를 깨우쳐주는 말이었다. 조조는 그 말을 옳다고 생각하여 장굉의 조언대로 손권에게 장군에다 회계태수까지 얹어주기로 했다. 장굉이 다시 청했다

"인수(印綬)를 가지고 가는 사자로 저를 써 주십시오. 저는 원래 강동 출신이라 손권의 사람됨을 잘 알고 있습니다. 그가 원소에게 붙지 않도록 잘 설득해보겠습니다."

장굉으로서는 조조에게서 몸을 빼내 강동으로 돌아갈 궁리를 낸 것인데, 조조의 필생의 적수인 원소를 들먹인 때문인지 조조가 순순히 허락을 해주었다.

허도에 눌러앉은 줄 알았던 장굉이 돌아오자 손권은 몹시 기꺼워했다. 더구나 실권자인 조조와 좋은 관계까지 맺지 않았는가. 손권은 장굉에게 장소와 함께 정사를 돌보도록 했다. 바야흐로 강동에 이장(二張)시대가 열렸다. 장굉은 올곧은 선비로 인망이 높은 고옹(顧雍)을 추천했고, 손권은 바로 그를 등용하였다. 고옹은 후일 오랫동안 승상을 지내며 오를 반석 위에 올려놓은 사람 아닌가.

적벽대전 이후, 전열을 재정비한 조조의 부장 장료가 군사를 이끌고 쳐들어왔다. 손권은 직접 군사를 이끌고 선두에 나가 싸우다가 적진에 포위되

어 위험한 상황에 처했는데, 태사자와 정보의 분전으로 위기에서 빠져나올 수 있었다. 이때 장굉이 간했다.

"주공께서 젊은 혈기만 믿고 적진에 뛰어드셨으니 실로 한심한 일입니다. 적장을 목 베고 위세를 떨치는 것은 편장(偏將)이나 할 일입니다. 앞으로는 함부로 싸움머리에 몸을 드러내지 않도록 하십시오."

뼈저리게 와 닿는 충언이었다. 손권은 크게 뉘우치고 무겁게 고개를 끄덕였다.

이 무렵, 조조는 사자 형정(邢貞)을 보내 손권에게 오왕(吳王)의 작위를 내렸는데, 형정은 오의 궁궐 안에 들어와서도 수레에서 내리지 않았다. 이를 보고 장소가 '그대는 스스로를 존귀하다고 생각하는 모양인데, 설마 오나라가 작고 국력이 약하다고 조그만 칼 한 자루도 없다고 생각하시오?' 하고 말했다. 뜨끔해진 형정은 즉시 수레에서 내렸다. 장소의 대쪽 같은 기상을 보여주는 일화이다.

조조의 맏아들 조비가 위 황제가 되자, 촉의 유비에 이어 오의 손권도 장소의 진언대로 제위에 오르니 바야흐로 삼국시대가 열리게 되었다. 촉 황제 유비가 관우의 원수를 갚기 위해 오에 침공하였으나 이릉대전에서 패배한 후 백제성에서 숨을 거두자, 오와 촉은 다시 손을 잡았다.

이때 병이 들어 몸져누운 장굉은 손권에게 오의 백년대계를 위해 건업(지금의 남경)으로 수도를 옮길 것을 건의하고 숨을 거두었다. 손권은 죽을 때까지 나라를 생각한 장굉을 가상히 여겨 그의 진언대로 건업으로 천도(遷都)하였다. 후세의 사가들 중에 이 천도를 잘못된 것이라고 하는 의견이 많다. 오와 동진, 송, 제, 양, 진 등 건업을 수도로 정한 나라들은 대부분 오래 가지 못했기 때문이다.

이장(二張) 중에서 장굉은 예순 살에 세상을 떠났고, 오의 내정을 한 몸에 짊어진 장소는 여든 살까지 살면서 나라의 든든한 기둥 역할을 다했다. 그러나 장소에게도 실책은 있었다.

조조가 백만 대군을 이끌고 와서 적벽에 진을 치자, 장소는 앞장서서 항복을 권했다. 적벽대전에서 조조의 백만 대군을 패퇴시킨 손권이 전승 축하연에서 '만약 내가 그때 장소의 말을 듣고 조조에게 항복을 했더라면 아마 나는 지금 이 자리에 없었을 것이다.'고 말했을 때, 장소는 식은땀만 흘릴 수밖에 없었다.

또 있다. 유비가 두 아우의 원수를 갚는다며 대군을 이끌고 쳐들어왔을 때, 자원해서 오의 사자로 나선 제갈근이 촉으로 떠난 지 여러 날이 되어도 돌아오지 않자, 장소는 '제갈근이 오를 버리고 촉으로 간 것 같습니다. 아마 그는 돌아오지 않을 것입니다.' 하고 말했다.

그러나 손권은 '내가 그를 저버리지 않는 한 그도 나를 저버리지 않을 것이다.'고 하며 반드시 돌아올 것이라고 했다. 그때 마침 제갈근이 돌아왔다는 전갈이 오자, 장소는 부끄러워 얼굴도 들지 못하고 손권 앞을 물러났다.

손책이 죽을 때 유언에서 언급한 대로, 장소는 내치(內治)에서는 탁월한 역량을 보였지만, 아무래도 외치(外治)에서는 역량의 한계가 있었던 듯하다.

4-04(050)
손책과 맞장을 뜬 강동의 맹장 '태사자'

 소설 삼국지는 관우 장비 조운 등 유비의 부하장수들에 대해서는 그 무용(武勇)이 현란하게 기술되어 있지만, 위나 오의 무장들은 그런 대우를 받지 못하고 있다. 유비의 촉을 정통으로 세웠기 때문이다. 오 창업에 큰 공을 세운 태사자도 제대로 대우를 받지 못한 장수들 중의 한 사람이다.
 황건적 잔당의 우두머리인 관해가 군사 5만 명을 이끌고 북해성을 완전히 포위하고 있을 때이다. 저 멀리서 단기(單騎)로 적진 속에 뛰어들어 적군을 닥치는 대로 창으로 후려쳐 넘기면서 성문으로 달려 들어오는 장수가 있었다.
 태사자(太史慈), 자는 자의(子義). 문무에 고루 정통해 식견과 담력이 남달랐고, 무예 중에서는 특히 창술과 활솜씨가 뛰어났다. 산동반도의 동래 출신으로 고향을 떠나 요동에 나가 있으면서 늘 북해성 밖에 남아 있는 노모를 걱정할 만큼 효심도 깊었다.
 북해태수 공융이 태사자의 지극한 효성과 뛰어난 무용을 흠모하여 늘 곡식과 의복을 보내 그의 노모를 보살펴주었기 때문에, 태사자가 공융의 은혜를 갚고자 달려온 것이다. 공융은 유비에게 구원을 청하려고 했으나, 포위를 뚫고 다녀올 사람이 없었는데 태사자가 자원했다. 그는 성에서 나와 활쏘기 연습을 하고 다시 성으로 들어가는 행동을 반복했다.

그러다가 3일째가 되는 날, 드디어 공융의 밀서를 품고 성을 박차고 나갔다. 달려드는 도적들을 무수히 창으로 찔러 넘기며 포위망을 뚫으니 아무도 가까이 오는 사람이 없었다. 결국 태사자의 눈부신 활약으로 유비는 구원군을 이끌고 와서 황건적을 물리치고 북해성을 구할 수 있었다. 적장 관해의 몸은 관우의 청룡언월도에 두 동강이 났다.

그 후 태사자가 유요의 부장으로 있을 때, 강동의 소패왕으로 불리던 손책이 광무제의 사당에 제를 올리고 휘하 12장수와 함께 사당 아래에 있는 유요의 진채로 접근해 왔다. 정탐을 하러온 것이었다. 태사자는 부장 한 명만 데리고 손책을 추격했다. 바야흐로 태사자와 손책의 불을 뿜는 신기(神技)의 창술이 펼쳐졌다. 수십 합을 싸워도 승부가 나지 않았다.

결국 양쪽 진영에서 구원군이 옴으로써 싸움은 끝이 났다. 유요를 공략하여 물리친 손책은 태사자가 탐이 났다. 자신의 사람으로 만들고 싶었다. 천하제패의 포부를 가진 손책으로서는 당연히 가질 수 있는 소망이었다. 그는 성문의 동쪽만 비워두고 세 방향에서 맹렬한 공격을 퍼부어 결국 동문으로 도망쳐 나오는 태사자를 사로잡았다.

손책은 스스로 진채 밖으로 나아가 손수 포승줄을 풀어주고 깍듯한 예의로 대하자, 자부심이 남달리 강한 태사자도 그 정성에 감복하지 않을 수 없었다. 태사자가 입을 열었다.

"제가 다시 돌아가서 흩어져 있는 유요의 패군(敗軍)들을 모아서 돌아오겠습니다. 저를 믿고 보내 주실지…"

자기를 도로 놓아 달라는 말이었다. 원래 진중(陣中)에는 서로 속이고 속는 계략이 난무하는 법이니 그의 말을 그대로 믿을 수는 없는 노릇이다. 그러나 손책은 '귀공의 그 같은 정성이야말로 내가 바라는 바요. 떠나시되기한은 내일 정오까지로 합니다. 그때까지는 돌아와 주시기 바라오.' 하며 쾌히 승낙했다.

힘들여 사로잡은 적장을 도로 놓아준 것이다. 여러 장수들은 태사자가 도망치려고 꾀를 부리는 것이라며 다시 돌아오지 않을 것이라고 했지만, 손책은 머리를 가로저으며 '그는 신의를 지키는 장부(丈夫)다. 반드시 돌아올 것이다.' 하고 자신 있게 말했다.

이튿날 정오가 되자, 태사자는 부하 천여 명을 이끌고 돌아왔다. 그때부터 태사자는 명실상부한 손책의 사람이 되어 강동 일대를 평정하는데 큰 공을 세우게 된다.

그의 활솜씨는 참으로 귀신같았다. 동오의 덕왕이라 자칭하는 엄백호를 공략할 때, 태사자는 적장 하나가 멀리 성 위에서 한 손을 나무기둥에 대고 서 있는 것을 보더니 가만히 활을 꺼내면서 말한다. '내 저놈의 손등을 뚫어놓으리라!' 그 말이 채 끝나기도 전에 화살이 쉿 하고 날아가 적장의 손등을 꿰뚫고 나무기둥에 박혔다. 이를 보고 사기가 오른 손책의 군사들은 단숨에 성문을 부수고 들어가 엄백호의 군사들을 일망타진하는 대승을 거두었다.

손책이 죽고, 아우 손권이 뒤를 이어 오를 통치하면서부터 태사자의 활약상은 잘 드러나지 않는다. 아마도, 그 무렵엔 오에 뛰어난 장수들이 많아진 데다, 태사자의 다소 과단한 성격이 창업의 인물인 손책과는 잘 맞았으나 수성의 인물인 손권과는 잘 맞지 않았기 때문이 아닐까 싶기도 하다.

태사자가 마지막 무용을 한껏 빛낸 전투는 적벽대전 이후, 손권이 직접 군사를 이끌고 위의 합비성을 공략했을 때이다. 그곳은 조조군의 일급장수 장료가 지키고 있어서 좀처럼 허물어지지 않고 있었다. 장료라면 '그 이름만 듣고도 우는 아이가 울음을 뚝 그친다.'는 말이 있을 정도로 유명한 장수가 아닌가.

장료가 칼을 빼들고 손권에게로 달려들자, 이쪽에서는 태사자가 창을 꼬나 잡고 말을 박차고 달려 나갔다. 두 장수의 칼과 창이 맞부딪치는 눈부신 무예가 계속되었다. 80합이 넘도록 창칼을 맞부딪치며 싸워도 도무지 승부가 나지 않자, 두 사람은 각자 진영으로 돌아갔다.

태사자는 합비성에 첩자(諜者)를 몰래 투입하여 성 안에서 불을 지르는 것을 신호로 쳐들어가기로 계책을 세웠다. 이윽고 불길이 치솟자, 태사자는 약속대로 성안으로 돌진했다. 그러나 아뿔사! 장료가 이 계략을 미리 알아채고 일부러 성안에서 불을 지르고 기다리고 있었던 것이다.

태사자는 고슴도치처럼 온 몸에 화살을 맞고 말에서 떨어졌다. 오군의 구원병이 그를 부축해가서 병상에 뉘었다. 그는 자신의 실책을 인정하고 문병 온 장수들에게 '대장부가 난세에 태어났으니 마땅히 석자 칼로 세상을 뒤덮을만한 공을 세워야 하는데, 이제 나는 그 뜻을 이루지 못하고 죽게 되었으니 참으로 한스럽구나!' 하는 말을 남기고 숨을 거두었다.

이때 그의 나이 마흔하나. 지극한 효성과 신의, 그리고 결코 물러설 줄 모르는 담력과 무용을 지닌 오의 초창기 명장의 장렬한 최후였다.

4-05(051)
태평도(太平道)를 창시한 도사 '우길'

삼국지연의는 수호지 서유기 금병매와 함께 중국 4대기서(四大奇書)의 하나이다. 역사소설인 삼국지연의가 여기에 포함되는 것은 기인(奇人)들이 많이 등장하기 때문이 아닌가 싶기도 하다. 도사(道士) 혹은 신선(神仙)으로 추앙받은 우길을 비롯하여 환술(幻術)의 명인 좌자, 점복(占卜)의 대가 관로, 신의(神醫) 화타 등이 바로 그런 사람들이다.

황건적의 난을 일으킨 장각에 의해 계승 발전된 태평도의 창시자 우길(于吉)에 대해서 살펴보고자 한다.

자객의 습격으로 중상을 입은 강동의 소패왕 손책이 상처를 치료하고 있을 때, 하북의 원소가 '함께 연합하여 남북에서 조조를 치자.'며 사신을 보내왔다. 중원을 제패하려는 야망을 불태우고 있던 손책은 이 제안을 쾌히 수락하고 원소의 사신을 접대하는 연회를 베풀었다.

한창 연회가 무르익을 무렵, 갑자기 장수들이 수군거리며 일어나더니 우르르 연회장 아래로 내려갔다. 손책이 무슨 일이냐고 묻자, 곁에 있는 부하가 대답했다.

"도사 한 분이 연회장 아래에 와있습니다. 부적을 태운 부수(符水)와 선술(仙術)로 여러 사람의 병을 고쳐준 도사입니다. 그 분을 가까이에서 보려고 자리를 뜬 것입니다."

연회장 아래를 보니 학의 깃털로 짠 옷을 입고 명아주 지팡이를 든 노인이 서 있는데, 그 앞에 수많은 사람들이 엎드려 경배하고 있었다. 손책은 강동에 자기보다 더 숭앙(崇仰)받는 사람이 있다는 사실에 시기심이 솟아올라 치솟는 분기를 억누르지 못하고 호위병들에게 소리를 질렀다.

"저 늙은이를 잡아서 묶어오너라."

군사들은 그 노인을 차마 묶을 수가 없어서 그냥 모시고 왔다. 손책이 매섭게 노려보며 '이 요망한 늙은이! 여기가 어디라고 나타나서 민심을 어지럽히느냐? 네 정체가 뭐냐?' 하고 힐문했다. 우길은 꼿꼿이 서서 말을 받았다.

"나는 일찍이 순제 때 약초를 캐러 산에 들어갔다가 '태평청령서(太平淸領書)'라는 의서(醫書)를 얻어 그 비방으로 질병에 시달리는 백성들을 구하였소. 어찌 그런 나더러 민심을 어지럽힌다 하오?"

"뭐? 순제 때 산에 들어갔다면 지금 네 나이가 2백 살 가까이 되었다는 말이냐? 그따위 요망한 거짓말에 내가 속을 줄 아느냐? 여봐라! 저 놈을 끌어내어서 당장 목을 베어라!"

손책이 영을 내렸지만, 여러 중신들이 잔칫날이라며 극구 말렸으므로 다음날 처형하기로 하고 우선 옥에 가두었다. 여러 중신들은 모두 입을 모아 우길을 죽이면 민심을 잃는다며 석방을 청원했다. 그러나 손책은 절대로 안 된다며 더욱 고집을 부렸다. 이때 중신 한 사람이 절묘한 아이디어를 내놓았다.

"제가 알기로, 도사는 능히 바람을 일으키고 비를 부른다고 합니다. 요즘 가뭄이 극심하니 그에게 비를 내리게 해보라고 하시지요. 비가 오면 살려주고 안 오면 죽이고…"

손책이 좋은 생각이라며 무릎을 쳤다. 마침 몇 달째 가뭄이 계속되고 있었으므로 그의 헛된 이름을 만천하에 알릴 좋은 기회라 생각되었다. 옥리가 그 얘기를 해주었더니 우길은 '내 명이 다했구나.'라고 말했다. 옥리가 '비를 내리게 하시면 되지 않습니까?' 하고 되물었다. 그러자 우길은 '비를 내리게 한들 나의 천수가 다되었으니 어쩔 수가 없구나.' 하고 말했다.

날이 밝자, 우길이 제단 앞으로 끌려왔다. 손책이 말했다.

"네가 진정 2백 년 가까이 살아온 도사라면 당장 비가 오도록 해보아라. 만약 정오까지 비가 오지 않으면 너를 불에 태워 죽일 것이다."

우길은 지그시 눈을 감고 제단 앞에 묵상처럼 앉아있었다. 사람들이 제단 주위에 구름처럼 모여들었다. 정오가 가까워지자, 돌연 광풍이 불어오더니 사방에서 검은 먹구름이 몰려들기 시작했다. 곧 비가 퍼부을 것 같았다. 이를 보고 마음이 급해진 손책이 영을 내렸다.

"정오가 다됐다. 그런데도 구름만 있을 뿐 비는 오지 않으니, 즉시 저 요망한 늙은이를 불에 태워라!"

군사들은 제단 옆에 쌓아둔 장작더미 위에 그를 묶어세우고 불을 붙였다. 불길이 **활활** 타올랐다. 잠시 후 뇌성과 함께 폭우가 양동이로 퍼붓듯이 쏟아졌다. 순식간에 장작더미의 불이 꺼지고 거리와 마을이 온통 물바다가 되었다.

비가 그쳤다. 사람들은 장작더미에 올라가 아직 숨이 붙어있는 우길을 부축해 내려왔다. 그리고 모두 그 앞에 고개를 숙였다. 이를 보고 다시 시기심이 솟구친 손책은 더욱 핏대를 올리며 '비가 오는 것은 하늘의 이치일 뿐, 저 늙은이가 한 것이 아니다. 어서 저 놈의 목을 베어라!' 하고 호령했다. 결국 우길의 목이 베어졌고, 잘려진 우길의 목과 시신은 저자거리에 내

걸리고 말았다.

다음날 아침, 우길의 시신이 온 데 간 데 없이 사라졌다. 어리둥절한 손책이 막사를 향해 걸어가고 있는데, 우길이 앞에서 웃으면서 오고 있는 것이 아닌가. 손책은 칼을 빼들고 그를 내려치다가 갑자기 정신을 잃고 쓰러졌다.

그가 깨어나자, 어머니 오태부인은 도관(道館)을 지어 제사를 지내고, 우길에게 용서를 빌라고 간청했다. 손책은 마지못해 도관을 짓고 제수(祭需)를 차리기는 했으나 절은 하지 않았다. 그때 제단 위에 우길이 나타나 크게 웃었다. 노한 손책은 칼을 빼서 우길을 향해 내려쳤으나, 칼에 맞아 죽은 사람은 전날 우길의 목을 벤 바로 그 무사였다.

손책은 밤마다 우길의 망령과 싸우느라 나날이 쇠약해져갔다. 더구나 전에 입은 상처까지 덧나는 바람에 중태에 빠졌다. 스스로 명이 다했음을 느낀 그는 아우 손권을 불러 후사를 부탁하고 숨을 거두었다. 그의 나이 겨우 스물여섯이었다.

이 황당한 이야기 중에서 어디까지가 사실이고 어디까지가 허구일까?

정사 삼국지에는 손책이 자객의 습격으로 중상을 입고 죽는 것으로 나와 있고, 손책이 우길을 죽인 사실은 주(註)에만 언급되어 있다. 우길이 실존인물이었음은 확실하나, 2백년 가까이 살았다거나 도술(道術)로 비를 오게 하였다는 얘기는 믿기가 어렵다. 또 손책이 우길을 죽였다는 사실도 두 사람의 생존연대가 워낙 달라서 신빙성이 떨어지는 것도 사실이다.

4-06(052)
적벽대전을 승리로 이끈 명장 '주유'

조조에게 순욱과 곽가가 있었고 유비에게 제갈량이 있었듯이 손권에게는 주유가 있었다. 주유(周瑜), 자는 공근(公瑾). 양주 여강의 명문호족 출신으로 명장이며 명참모이다. 강동의 소패왕 손책과 동갑내기 친구였다가 후일 동서가 되었다. 그의 아내 소교는 손책의 아내 대교와 함께 미인으로 유명한 이교(二喬) 자매 중 동생이다.

주유는 젊었을 때부터 귀공자 같은 풍모를 지녀 주랑(周郞)이라는 애칭으로 불렸는데, 음악에 특히 조예가 깊어 행차 때마다 악단을 대동했다. 병사들은 음악소리가 들리면 주유가 온 것을 알았다고 한다. 또 아무리 술에 취해도 연주가 틀리면 바로 알아채고 악사 쪽을 돌아보았는데, 그 때문에 악사들 사이에 '정신 바짝 차려라. 주랑이 돌아본다.'는 말이 회자되었다고 한다.

주유가 손책과 함께 오의 창업기틀을 다져가고 있을 때, 손책이 자객의 습격을 받아 중상을 입는 불상사가 일어났다. 손책은 결국 회복하지 못하고 임종에 이르렀는데, 그는 아우 손권에게 대권을 물려주면서 '나라 안의 일은 장소에게 묻고, 나라 밖의 일은 주유에게 묻도록 하라.'고 당부했다.

주유는 새 주인 손권에게 충성을 다할 것을 다짐했고, 손권은 그런 주유를 사형(師兄)으로 대했다. 강북을 평정한 조조가 백만 대군을 이끌고 양자강까지 밀고 내려왔을 때 조정의 중론은 '결전이냐 항복이냐'로 극심하게 분열되어 있었다. 손권은 최종적으로 주유에게 의견을 물었고, 주유는 다음과 같이 조조군의 약점을 지적하면서 결전을 주장했다.

"조조는 변경(邊境)이 불안해서 오래 버티지 못한다. 조조군은 대부분 북방 출신이라서 수전(水戰)에 약하며, 남쪽 기후에 익숙하지 않아서 풍토병에 시달리고 있다. 또, 조조군은 백만이라고 하나 실제로는 20만 명 정도인데, 그것도 원소와 유표의 항병(降兵)까지 포함한 숫자이다. 그리고 조조군은 보급로가 길어서 군량과 마초의 조달이 여의치 못하며, 지금은 겨울철이라 양자강을 건너기가 쉽지 않다."

주유는 최고 전략가답게 조조군의 약점을 정확하게 지적하면서 수전에 익숙한 정예군 3만과 유비군 2만 등 5만 연합군으로 능히 조조군을 물리칠 수 있다고 자신 있게 말했다. 마침내 손권은 싸우기로 방침을 정하고, 주유에게 대도독의 인수(印綬)와 부월(斧鉞)을 주면서 조조군을 막게 했다.

주유는 누구에게나 호감을 샀지만 원로장군 정보와는 사이가 별로 좋지 않았다. 정보는 창업주 손견 이래 3대째 활약한 장수로서, 젊은 주유가 대도독이 되고 자신은 부도독이 된 것에 불만이 있었다. 주유는 더욱 성심(誠心)을 다해 겸손하게 대함으로써 마침내 정보의 마음을 돌려놓는다. 그때부터 정보는 주위사람들에게 이렇게 말하곤 했다.

"주유와 함께 있으면 마치 오래 묵은 술을 마신 것처럼 나도 모르게 취하게 된다."

원로 대선배의 이러한 찬사야말로 주유의 인품과 리더십을 단적으로 보여주는 척도가 아니겠는가. 또, 노장 황개가 주유에게 온몸이 으깨어지도록 매를 맞는 고육계(苦肉計)를 자원한 것도 대도독 주유에 대한 인격적인 신뢰가 없으면 불가능한 일이었다.

적벽대전에서, 주유는 먼저 반간계(反間計)로 조조군의 수군도독 채모와 장윤을 의심하여 죽이게 하고, 방통을 보내 조조의 선단을 쇠사슬로 묶는 연환계(連環計)로 배 멀미 고통을 해결해주고, 노장 황개의 거짓 항복[사항계(詐降計)]과 함께 화공(火攻)으로 조조의 선단에 불을 붙여 잿더미로 만든 다음, 손권과 유비의 연합군이 돌진하여 조조군을 괴멸시킨 것이다.

결국 조조의 백만 대군은 대부분 불에 타죽거나 물에 빠져 죽었고, 조조는 혼비백산(魂飛魄散)하여 북으로 패주한다. 주유의 적극적이고 치밀한 전략에 제갈량의 도움까지 받은 연합군이 완벽한 승리를 거둔 것이다. 명장 주유는 삼국지 최대의 분수령인 적벽대전을 승리로 이끈 영웅으로 후세에 길이 빛나는 이름을 남기게 되었다.

호사다마(好事多魔)라던가. 그 다음엔 불행이 찾아왔다. 적벽대전 때는 주유와 제갈량이 함께 지모(智謀)를 펼쳤으나 그 전리품이라 할 수 있는 형주는 대부분 제갈량이 선수(先手)를 친 유비가 차지한다. 주유는 남군을 차지하기 위해 조조의 장수 조인과 전투를 벌이다가 화살에 맞는데, 중상을 입고도 무리하게 전투를 계속하다가 상처가 도져서 숨지고 만다.

삼국지연의에는 주유가 제갈량과 지모를 다투다 패하여 분사(憤死)하는 것으로 나와 있고, 또 다른 야사에는 주유가 쟁(箏)이라는 악기를 잘 다루는 기생에게 빠져 황음(荒淫)하다가 죽었다고 기술되어 있다. 모두 유비를 정통으로 세웠기 때문에 주유의 죽음을 그렇게 매도한 것으로 보인다. 화살 독에 의한 사망으로 보는 것이 옳을 것 같다.

손권은 주유가 죽었다는 말을 듣고 하늘이 무너지는 듯 '아, 이 무슨 날

벼락인가. 이제 나는 누구를 의지한단 말인가!' 하며 크게 탄식했다. 그러고 보면 오의 창업에 큰 공을 세운 영걸(英傑)들은 거의 다 일찍 죽었다. 손견이 서른일곱, 그의 맏아들 손책이 스물여섯, 명장 태사자가 마흔하나, 그리고 주유가 서른여섯에 세상을 떠난 것이다.

주유는 강동의 국방을 좌우지할 만한 대들보였다. 그는 형주를 차지하고 다시 서촉을 공략하여 천하를 조조와 함께 나누었다가, 장차 중원을 도모하려는 웅대한 구상을 가지고 있었으나 중도에 쓰러지는 바람에 그 뜻을 이루지 못했다. 실제로 손권은 주유가 죽고 난 뒤에는 중원을 넘보려던 적극적인 정책을 포기하고 오직 수성에만 전력을 쏟는다.

훗날 손권은 오를 건국하고 제위에 올랐을 때, 도열한 중신들 앞에서 '내게 오늘이 있을 수 있었던 것은 모두 주유 덕분이다.'며 적벽대전에서 조조의 백만 대군을 패퇴시킨 주유의 공적을 칭송했다.

주유는 제갈량에 버금가는 원대한 구상과 뛰어난 지모를 가졌던 인물이었다. 그의 패기만만하고 지기 싫어하는 성격은 그가 죽을 때 하늘을 우러러보며 탄식하며 뱉은 말에 선명하게 나타나 있다. 그의 유언은 너무도 유명하여 삼국지의 명구절로 꼽히며 지금도 여러 사람들의 입에 오르내리고 있다.

"하늘이시여! 어찌 이 주유를 내시고 또다시 제갈량을 내셨습니까?!"

4-07(053)
난세에 보기 드문 수성형 참모 '노숙'

손책이 죽고 그의 아우 손권이 강동의 새 주인으로 등장하자, 손책의 친구이면서 동서였던 주유는 온화한 성품의 한 인물을 손권에게 천거했다.

노숙(魯肅), 자는 자경(子敬). 다른 사람을 섬기게 되어 있었지만, 주유가 찾아가 손권의 간곡한 뜻을 전하자 출사(出仕)했다. 노숙을 맞이한 손권이 앞으로 나아가야 할 방향에 대해 가르침을 청하자, 노숙은 이렇게 대답했다.

"이미 한실은 기울어졌고 실권을 잡고 있는 조조 또한 토벌하기가 쉽지 않을 것입니다. 주군께서는 장강 이남을 평정하여 강대한 나라를 만든 다음, 제위에 오르셔서 때를 기다리며 천하를 도모하십시오. 이는 지난날 한 고조 유방이 천하를 얻은 바로 그 길입니다."

'제위에 오르라!' 엄연히 한의 황제가 있는 당시로서는 실로 엄청난 말이었다. 그러나 육도삼략(六韜三略)을 가슴에 품고 있다고 알려진 노숙이 천하대세의 흐름을 꿰뚫어보고 한 말이고, 난세에 황제가 되고자 하는 야심이 없는 군웅이 어디 있겠는가. 노숙의 이 말이 손권을 크게 고무시키고 용기를 주었음은 두말할 필요가 없다.

원소를 격파하고 강북을 통일한 조조가 형주에 무혈입성한 후, 다시 여세를 몰아 백만 대군을 이끌고 내려와 손권에게 결전과 항복 중에서 택하라는 서신을 보내왔다. 이에 손권은 항복을 권하는 문신들의 의견을 물리치고 주유와 노숙 등 무장들의 의견을 채택하여 유비와 연합하여 조조군과 일전을 치르기로 결단을 내렸다.

그리고 마침내 적벽에서 조조의 백만 대군을 화공(火攻)으로 여지없이 격파했다. 삼국지 최고의 분수령인 적벽대전 승리의 첫 번째 수훈자가 대도독 주유라면, 두 번째 수훈자는 뒤에서 묵묵히 주유를 도운 노숙이라고 할 수 있다. 유비나 제갈량이 들으면 좀 섭섭하게 생각하겠지만….

당시 강동에 '수전(水戰)은 주유가 으뜸이고, 육전(陸戰)은 노숙이 으뜸이다.'라는 말이 널리 회자되었다. 주유만큼은 아니지만 노숙도 뛰어난 지휘관으로 명성이 높았다. 손권의 군사들이 대부분 수군 위주이다 보니 육군이 크게 부각되지 않았을 뿐이다. 대도독 주유는 죽으면서 자신의 후임자로 노숙을 천거했고, 노숙은 주유에 이어 오나라의 총사령관이 되었다.

노숙은 유비와 우호관계를 유지하는 온건정책을 펼쳤다. 그는 조조의 선단을 쇠사슬로 연결하게 하여 연환계를 성공시킨 적벽대전의 숨은 공로자 봉추 방통을 손권에게 천거했다. 그러나 손권은 방통의 볼품없는 용모에 실망한 나머지 그를 발탁하지 않았는데, 결과적으로 참 애석한 일이 되고 말았다. 후일 유비가 서촉을 평정할 때 결정적인 공을 세운 사람이 군사(軍師) 방통이 아니었던가.

그즈음 손권의 숙원사업은 적벽대전 승리의 전리품이라 할 수 있는 형주를 유비로부터 탈환하는 일이었다. 주유는 형주탈환을 위해 제갈량과 무리하게 지모를 겨루다가 부상을 당해 죽고 말았지만, 노숙은 유비와의 외교교섭을 통해 이 문제를 해결하려 했다.

노숙은 '서촉을 얻으면 형주를 돌려주겠다.'는 약조를 유비로부터 받아냈다. 그러나 유비는 서촉을 차지하고도 이런저런 핑계를 대며 형주반환을 미루었다. 끈질기게 교섭을 벌이던 노숙은 유비로부터 형주의 일부를 즉시 돌려주겠다는 내락을 받아내었지만, 이번에는 형주를 지키고 있는 관우가 반환을 거절했다.

고민하던 노숙은 대안(對岸)에 있는 관우에게 초청장을 보냈다. 관우를 초대해서 한 번 더 형주반환을 요구해 보고, 여의치 않으면 그 자리에서 관우를 죽이려고 생각한 것이다. 온건파인 노숙이 그런 계책을 세운 것은 그만큼 형주탈환이 손권의 숙원사업인데다, 그것을 해결하는 데 관우가 가장 큰 걸림돌이었기 때문이다.

다음날, 관우가 배 한 척에 호위병 여남은 명만 데리고 강을 건너왔다. 노숙은 이미 회담장 주변에 도부수(刀斧手)를 숨겨놓고 만반의 준비를 해 놓고 있었다. 노숙은 관우에게 계속 술을 권하면서 형주반환을 요구했다. 그러나 관우는 '땅을 주고받는 문제는 국가의 대사인 바, 이런 술자리에서 화제로 삼기에는 어울리지 않소.' 하며 딴전을 피웠다.

노숙은 화가 치밀어 올랐지만 차마 관우를 죽이라는 신호를 보낼 수가 없었다. 그랬다가는 관우의 칼에 자신의 목이 먼저 달아날 것 같았기 때문이다. 이윽고 회합이 끝나고 자리에서 일어섰을 때 노숙은 또 한 번 기회를 노렸으나, 관우가 한 손으로는 칼을 잡고 한 손으로는 노숙의 허리춤을 낚아 쥐고 자신이 타고 온 배로 성큼성큼 걸어가는 바람에 기회를 잡을 수가 없었다.

관우는 배에 오르자마자 노숙을 물으로 밀치며 '술 잘 마시고 갑니다.' 하고 능청스럽게 인사를 했고, 관우를 태운 배는 쏜살같이 강 저편으로 사라졌다. '칼 한 자루만 차고 적진으로 담판하러 간다.'는 뜻의 '단도부회(單

刀赴會)'를 탄생시킨 일화이다.

지금도 중국에서 경극의 소재로 많이 등장하고 있는 이 일화는 관우를 한껏 돋보이게 하고 상대역인 노숙을 아주 우유부단한 인물로 비하시키고 있다. 그러나 당시의 정황을 잘 살펴보면 관우의 용맹 못지않게 노숙의 너그러운 성품이 돋보이는 것도 사실이다.

그때 관우가 무사했던 것은 노숙이 관우를 죽이라는 신호를 보내지 않았기 때문이다. 그것은 초대장을 보낼 때와는 달리 노숙이 중간에 마음을 돌렸기 때문이라고 볼 수밖에 없다. 노숙이 죽기를 각오하고 관우를 죽이라는 신호를 보냈다면 과연 그 상황에서 관우가 살아남을 수 있었을까?

노숙은 그 후에도 관우와 우호관계를 계속 유지했고, 손권은 제갈량의 형 제갈근을 촉에 보내는 등 외교채널을 통한 교섭을 끈질기게 추진했는데…. 노숙은 여몽을 후임으로 추천하고 46세에 병사했다.

노숙은 난세에 보기 드문 수성형 참모로서, 국방은 물론 정치와 외교에도 기여한 외유내강(外柔內剛)의 인물이다. 동시에, 강동의 손권 정권이 중원으로 진출하려는 적극적인 야심을 버리고 오로지 지키기에 급급한 지방정권으로 고착하는 데도 일조(一助)를 한 인물이다.

4-08(054)
고육계(苦肉計)를 자청한 노장 '황개'

오나라의 무장 황개(黃蓋), 한당 정보 조무와 함께 손견을 도운 4대 천왕의 한 사람이다. 어려서 부모를 잃고 장작을 팔아 생계를 꾸려가면서도 항상 서책을 가까이 하면서 무예를 익혔고, 특히 쇠채찍을 사용하는 철편술(鐵鞭術)이 뛰어나 당대의 제1인자로 꼽혔다.

황건적의 난 때 토벌군에 참가한 손견을 따라나선 황개도 한껏 무용을 떨치며 실전경험을 쌓아 범 같은 장수로 성장했다. 동탁을 무찌르기 위해 전국의 17제후들이 연합군을 구성했을 때도 황개는 선봉을 자원한 손견을 따라다니며 활약했다.

이때, 손견은 십상시의 난 때 잃어버린 옥새를 우연히 궁궐의 우물에서 발견하고 큰 뜻을 품고 강동으로 돌아오는데, 이를 저지하는 형주자사 유표의 장수 황조와 치열하게 전투를 벌였다. 그러나 수군 요새를 지키고 있던 황개가 군사를 이끌고 왔을 때, 손견은 이미 적군의 매복계에 빠져 무참히 전사한 후였다.

격분한 황개는 특기인 쇠채찍을 휘두르며 용전분투(勇戰奮鬪)하여 적장 황조를 생포하였다. 손견의 맏아들 손책은 사로잡은 적장 황조를 돌려주는 대신 적진에서 보관하고 있는 손견의 수급을 돌려받아 부친의 신체를 온전하게 한 다음 장례를 치렀다.

황개는 손책이 강동을 평정하고 오의 창업 기반을 확립하는 데에도 큰 공을 세웠다. 그러나 손책이 죽고 그의 아우 손권이 강동의 주인이 되자, 이제 노장이 된 그의 **활약**은 아무래도 처질 수밖에 없었다. 주유와 노숙, 여몽, 감녕 등 신예 무장들이 두각을 나타내기 시작했기 때문이다.

그러나 노장 황개가 다시 진면목을 드러낼 때가 드디어 찾아왔다. 강북을 제패한 조조가 백만 대군을 이끌고 내려와 강동을 집어삼키려 하는데, 노장이라고 가만히 앉아있을 수가 없었던 것이다. 황개는 대도독 주유의 군막을 찾아가 화공(火攻)을 건의했다. 이미 화공을 생각하고 구체적인 작전을 짜느라 고심하고 있던 주유는 황개가 자신의 심중을 간파하고 있음을 알고 그의 식견에 감탄하며 한 가지 고민을 털어놓았다.

"화공을 성공시키려면 조조를 감쪽같이 속여야 하는데 그 일을 할 만한 사람이 없어서 고민입니다."

"그 일이라면 내가 한번 나서서 맡아보겠소."

황개가 대뜸 대답했다. 그러나 주유는 고개를 가로저었다.

"그건 안 됩니다. 지모에 능한 조조를 속이려면 피투성이가 되는 고통을 감내해야 합니다. 장군께서는 나라의 어른으로서 몸도 젊은이들 같지 않으신데 어찌 그만한 고초를 견디시겠습니까?"

그래도 굳이 하겠다며 뜻을 굽히지 않는 노장 황개의 확고한 결심을 확인한 주유는 자리에서 벌떡 일어나 마음에서 우러나는 감사의 큰절을 올렸다. 그리고는 노 장수의 손을 잡고 이렇게 말했다.

"장군께서 몸소 고육계(苦肉計)를 맡아주신다고 하니 강동의 백성들에게 이보다 더한 충절은 없을 것 같습니다."

다음날, 주유는 여러 장수와 병사들을 모아놓고 군령을 내렸다.

"우리는 조조의 백만 대군에 맞서 오로지 수비만 할 것이다. 모든 부대는 장기전 태세를 갖추고 각 병선마다 3개월 치의 식량을 준비하고 대기하라."

주유답지 않은, 사리에 맞지 않는 명령이었다. 숫자가 적은 병력으로 대군을 무찌르려면 기습을 통한 속전속결이 최선의 방략(方略) 아닌가. 그런데 수비만 한다고 하니 말이 되는가. 그때 노장 황개가 일어나 불쑥 말했다.

"3개월분이 아니라 30개월분을 준비한다 해도 장기전으로는 조조의 백만 대군을 깨뜨릴 수가 없소. 속전속결의 자신이 없다면 차라리 조조에게 항복하는 것이 더 낫지 않겠소?"

대도독의 명령을 정면으로 반박하고 항복을 운운했으니 어떻게 될 것인가? 모든 장수들이 숨을 죽이고 주유를 바라보고 있었다. 이윽고 분노로 얼굴이 벌겋게 상기된 주유가 벌떡 일어서며 좌우의 군사들에게 명했다.

"군령을 어지럽히는 저 요망한 늙은이를 끌어내어 당장 목을 베어라!"

손견 이래 3대째 충성을 다해온 창업공신의 목이 떨어지게 되었다. 가만히 보고만 있을 수 없게 된 장수들이 모두 주유에게 간청하여 겨우 황개의 목숨은 붙어있게 되었지만 그 대신 태장(笞杖)이라는 중벌이 내려졌다. 황개는 그 자리에서 갑옷과 옷이 모두 벗겨진 채 모든 장수와 군사들이 보는 앞에서 곤장을 맞았다. 이윽고 황개의 몸은 살점이 터져나가 온몸이 피범벅이 되었고, 겨우 목숨만 붙어있는 신세가 되었다.

며칠간 침상에 누워 있던 황개는 조조에게 항서(降書)를 보냈다. 세작을 통하여 황개가 대도독 주유에게 크게 욕을 당해 초주검이 된 것을 확인하고서야 의심 많은 조조도 그의 항복을 믿게 되었다. 주유는 다시 재사 방통을 보내 배 멀미 환자가 속출하고 있는 조조의 선단을 서로 쇠사슬로 묶게 하는 데 성공했다.

드디어 기다리던 동남풍이 불어오자, 황개는 '오늘 밤 투항하겠다.'고 조조에게 밀서를 보내고, 그날 밤 화선(火船) 20척에다 불에 잘 타는 유황과 염초 등을 가득 싣고 조조의 진채를 향해 발진했다.

남쪽에서 배들이 오자, 조조는 황개의 항선(降船)이 오는 줄 알고 회심의 미소를 지었다. 황개가 인솔하는 배들은 유황과 염초에 불을 붙이고 조조의 선단을 향해 돌진했다. 쇠사슬로 묶여진 조조의 선단은 꼼짝도 못하고 거세게 불어오는 동남풍에 의해 순식간에 불바다가 되었다. 이때 주유가 지휘하는 오의 수군이 조조의 선단에 거센 공격을 퍼부었다. 그로 인해 불에 타죽거나 불길을 피해 물에 뛰어든 조조군의 시체가 양자강을 뒤덮었다.

작은 배로 뛰어내린 황개는 도망치는 조조를 추격하다가 적장 장료가 쏜 화살에 맞아 강물 속으로 떨어졌지만 다행히 뒤따라 온 부하장수가 그를 구해냈다.

적벽대전 승리의 최고 월계관은 대도독 주유의 몫이지만, 주유의 화공을 성공시키는데 결정적인 역할을 한 사람은 황개임은 두말할 필요가 없다. 4대 천왕 때 다루었던 황개를 단독으로 다시 다루는 것은 바로 그 때문이다. 황개가 보여준 빛나는 감투정신은 노장으로서 구국(救國) 투혼의 마지막 불꽃이었으리라.

4-09(055)
유비와 결혼하는 손권의 여동생 '손상향'

적벽대전 승리의 일등공신 주유는 유비가 먼저 형주를 점령해버리자, 조조군의 장수 조인이 지키고 있는 남군을 공략하다가 화살에 맞아 부상을 입었다. 그런데, 남군마저 제갈량의 계책에 빠져 유비에게 빼앗기고 울적한 나날을 보내고 있었다.

이 무렵, 유비의 감부인이 죽었다는 소식이 들려왔다. 유비의 두 부인 중 미부인은 전에 조운이 장판파에서 유비의 아들 아두를 구해올 때 스스로 우물에 뛰어들어 죽었지 않았는가. 주유는 손권의 여동생을 미인계로 써서 홀아비가 된 유비를 강동으로 유인하여 형주와 맞바꾸든지, 아니면 아예 죽여 버리기로 계책을 세우고 손권의 내락을 받았다.

손권에게는 스무 살 난 배다른 여동생이 하나 있었다. 손권의 아버지인 손견에게 두 자매가 시집을 왔는데, 손책과 손권을 낳은 언니는 이미 죽었고, 동생인 국태부인이 여동생을 낳은 것이다. 그녀의 정확한 이름은 알려지지 않았으나, 여기서는 경극(京劇)에서 널리 사용하는 이름인 손상향(孫尙香)을 그대로 쓰고자 한다.

손상향은 어릴 때부터 무술을 연마하였고 미모 또한 출중했는데, 그녀가 움직일 때나 잠잘 때는 항상 무장한 시녀 수십 명이 호위(護衛)를 했다고 한다. 그녀는 늘 천하에 이름난 영웅이 아니면 시집을 가지 않겠다고 입버릇처럼 말했는데, 유비라면 누가 봐도 부족함이 없는 신랑감이 아니겠는가. 아버지뻘이긴 하지만.

이 혼사를 추진하러온 손권의 사신이 유비에게 손상향에 대한 설명을 하면서 '국태부인께서는 신부가 너무 어려서 멀리 가는 것을 두려워 하니 유황숙께서 강동으로 오셔서 혼례를 올렸으면 한다.'고 말했다. 유비는 속으로 기꺼워하면서도 주유의 흉계가 있을까 두려웠는데, 제갈량이 비책이 있다면서 걱정하지 말라고 했으므로 그렇게 하기로 했다.

유비는 조운과 병사 5백 명을 대동하고 배를 타고 장강을 건넜다. 강동에 도착하자마자 병사들은 제갈량의 계책대로 시장 여기저기에서 혼숫감을 사들이며 유황숙이 손권의 누이와 결혼하기 위해 왔다고 소문을 퍼뜨렸다. 이 소식은 들불처럼 번져서 삽시간에 강동의 주민들에게 알려졌다.

유비는 먼저 손책과 주유의 장인어른인 교국로를 찾아가 인사를 했고, 교국로는 국태부인을 찾아가 유비가 이곳에 왔다며 자초지종을 설명했다. 몰래 혼인을 추진하려다 국태부인에게 혼이 난 손권은 '주유의 계략일 뿐 혼사를 추진할 생각은 없다.'고 말했지만, 국태부인은 '내일 감로사에서 유비를 만나보고 혼인 여부를 결정하겠다.'고 말했다.

손권은 감로사에 도부수들을 매복시켜놓고 국태부인이 마음에 들어 하지 않으면 그 자리에서 유비를 죽여야겠다고 생각했지만, 유비를 만나본 국태부인이 아주 만족해하는 바람에 뜻을 이룰 수가 없었다. 감로사 기둥 뒤에 숨어서 유비를 훔쳐본 손상향도 흡족해했음은 물론이다. 유비가 어디 보통 인물인가.

마침내 유비와 손상향의 결혼식이 열렸고, 유비는 처가에서 꿈같은 신혼을 보내게 된다. 주유는 자신의 계책이 실패로 끝나자 이번에는 유비를 아예 강동에서 빠져나가지 못하도록 발을 묶기로 했다. 유비가 신혼재미에 빠져서 아예 딴 생각을 하지 못하도록 하면 자연히 형주 일을 잊어버릴 테니 그 사이에 기회를 보아 형주를 쳐서 빼앗기로 한 것이다.

손권은 유비에게 궁궐 같은 새집을 지어주었다. 그리고 자주 무희들을 불러서 잔치를 열고 황금과 패옥, 비단 등을 아낌없이 내주었다. 젊은 부인을 얻은 유비가 호사(豪奢)를 누리며 형주로 돌아갈 생각을 아예 잊어버린 듯하자, 조운은 위기감을 느끼고 제갈량이 준 계책을 쓰기로 했다.

조운은 유비를 찾아가 '조조가 적벽에서의 복수를 위해 50만 대군을 이끌고 형주로 쳐들어오고 있다.'고 말했다. 조조란 말에 정신이 번쩍 든 유비가 형주로 돌아가려 하자, 손부인도 따라가겠다고 했다. 며칠 후 설날, 유비는 국태부인에게 세배를 하면서 '결혼을 했으니 부부가 강가에서 고향을 보며 조상들에게 제사를 지내고 싶다.'고 말해 허락을 받았다.

유비 부부는 조운과 함께 마차를 타고 강으로 내달았다. 뒤늦게 유비 부부가 도망친 것을 알게 된 손권은 군사들에게 유비와 손 부인을 잡아오라는 명을 내렸다. 주유도 정봉과 서성에게 정병 3천명을 주며 형주로 가는 길목을 차단하게 했으나 손부인의 당찬 용기와 호통으로 유비일행은 무사히 형주로 돌아오는데 성공한다.

형주로 돌아온 유비는 또다시 바쁜 일상을 보내게 된다. 이때 한중에 웅거하고 있던 장로가 서촉으로 쳐들어올 기미를 보이자, 익주자사 유장은 종친인 유비에게 사신을 보내 도움을 청했다. 호시탐탐 서촉을 노리고 있던 유비가 이에 응하여 군사를 이끌고 서촉으로 향하게 되자, 손부인은 홀로 형주에 남게 되었다.

손권은 유비가 없는 틈을 노려 형주를 빼앗을 계획을 세웠으나, 손 부인이 형주에 있는 것이 마음에 걸렸다. 손권은 '국태부인이 위독하니 유비의 아들 아두를 데리고 속히 동오로 돌아오라.'는 편지를 써서 밀정에게 주면서 손 부인에게 전하게 했다. 아두를 데려오면 유비와 결전을 벌일 때 유용한 카드로 쓸 수가 있다. 아두와 형주를 바꿀 수도 있지 않는가.

손권의 편지를 받은 손 부인은 곧바로 동오로 돌아갈 채비를 하고 아두를 안고 밀정과 함께 형주성을 빠져나가 배를 탔다. 이때 강가를 순찰하던 조운이 이들을 발견하고 추격하여 손부인과 담판을 벌이는데, 결국 아두만 빼앗다시피 데려오고 손부인은 그대로 강동으로 돌아가고 만다.

정략결혼이 깨지고 말았다. 군웅이 할거하는 난세다 보니 신랑은 늘 군무로 바쁘거나 여차하면 장거리 출장이고, 홀로 적국으로 시집 온 어린 신부는 이에 잘 적응하지 못한 것이 파경의 원인이 아니었나 싶다.

강동으로 돌아간 손 부인은 후일 이릉대전에서 촉군이 육손의 화공에 대패하고 유비는 효정에서 전사했다는 잘못된 소식을 듣게 된다. 수레를 몰고 강변으로 달려간 손 부인은 유비가 죽은 서쪽을 바라보며 애통해하다가 강물에 몸을 던져 목숨을 끊었다. 후세 사람들이 그곳에 사당을 지어 손 부인을 기렸다고 한다.

4-10(056)
관우를 잡고 형주를 빼앗은 명장 '여몽'

　삼국지에서 가장 격심한 전장(戰場)은 삼국의 접경지역인 형주이다. 형주자사 유표의 작은아들 유종의 항복으로 조조의 관할이 되었다가 적벽대전 이후에는 유비가 차지했고, 삼국지 최고의 무장 관우가 지켜왔다. 이곳을 공략하여 관우를 사로잡고 형주를 탈환한 사람이 바로 오의 명장 여몽이다.

　여몽(呂蒙), 자는 자명(子明). 가난한 집안에서 태어나 어릴 때부터 공부는 죽어라고 하지 않고 불량배와 어울려 다니면서 싸움질만 해왔다. 소년 시절에 어머니를 따라 강남으로 와서 마침내 손권의 군문에 들어갔다. 그때부터 뛰어난 무공으로 승승장구하여 마침내 장군에 오르지만, 학문과는 완전히 담을 쌓은 탓에 지모를 갖추지 못한 반쪽짜리 장군이었다.

　오주(吳主) 손권은 무예가 출중한 여몽이 학식이 부족한 것을 안타깝게 생각하여 어느 날 조용히 불러 학문을 익히도록 권했다. 군무가 바빠서 책 읽을 시간이 없다고 변명하는 여몽에게 손권은 차근차근 타일렀다.

　"장군이 바쁘다면 나보다 더 바쁘겠는가. 장군더러 학자가 되라는 것은 아니네. 학문을 닦아서 문무를 겸비한 지휘관이 되라는 것일세. 우선 '손자' '육도' '좌전' '국어'를 읽어보게. 그런 연후에 '전국책' '사기' '한서'를 읽도록 하게."

여몽은 드디어 공부를 시작했다. 출발은 많이 늦었지만 학문에 무섭게 몰두하여 손권이 알려준 책들을 독파함은 물론 사서오경에다 역사서, 병법서까지 두루 섭렵했다.

어느 날, 선배장군 노숙이 일선으로 가는 길에 여몽의 막사에 들렀다. 여몽을 무식한 장군으로만 알고 있었는데, 막상 이야기를 해보니 자신이 학식에서 밀리는 기분이 들 정도로 박식했다. 그뿐 아니라 관우를 물리칠 비책까지 노숙에게 일러줄 정도로 책략도 뛰어났다. 노숙은 후배에게 진심으로 고개를 숙였다.

"장군의 지모가 여기까지 이르렀을 줄은 미처 몰랐습니다. 좋은 걸 배웠습니다. 이젠 오하의 아몽이 아니시군요."

'오하아몽(吳下阿蒙)'이란 고사성어는 여기서 비롯되었다. 이 말은 옛날 오에서 무식하게 날뛰던 시절의 여몽을 지칭하는 것으로, 어느새 지략을 갖춘 훌륭한 무장으로 성장한 것을 보고 감탄하면서 쓰는 말이다. 전혀 진보하지 않고 옛날 그대로 있는 사람을 지칭하는 말로도 쓰이고 있다.

노숙의 칭찬에 여몽은 이렇게 대답했다.

"이제 겨우 부끄러움을 면했을 뿐입니다. 선비는 사흘을 헤어져 있다가 만나면 눈을 비비고 상대방을 다시 봐야 한다고 합니다. 저는 그 정도가 되려면 아직도…"

눈을 비비고 상대방을 다시 본다는 뜻의 고사성어 '괄목상대(刮目相對)'는 여기서 생겨났다. 여몽은 문무를 겸비한 무장으로 완전히 탈바꿈했다.

여몽은 그의 큰 그릇을 짐작케 하는 일화를 몇 가지 남겼다. 자신을 모함한 강하태수 채유를 더 높은 자리에 천거하여 그를 포용한 적도 있었고, 용감하지만 성격이 난폭하고 거친 감녕이란 장수가 귀순해 왔을 때, 많은 반대를 무릅쓰고 그를 중용하도록 손권에게 건의하여 후일 큰 공을 세우게 하기도 했다.

이즈음, 오의 숙원사업은 적벽대전의 승리로 얻은 형주를 촉으로부터 탈환하는 것이었는데, 형주를 지키고 있는 사람이 삼국지 최고의 장수 관우라는 데 오의 고민이 있었다. 관우는 위의 공격에 대한 경계는 물론 오의 침공에 대비하여 곳곳에 봉화대를 설치하여 완벽한 방어망을 구축해 놓고 있었다.

노숙이 죽고, 오의 최고 사령관이 된 여몽은 형주에 전혀 허점이 없다고 판단하고, 표면적으로는 관우와 우호관계를 유지하면서 형주를 빼앗을 장기계획을 세웠다. 여몽은 자신이 중병을 앓는 것처럼 소문을 퍼뜨리고 육구사령관 직에서 물러났다. 후임 사령관은 이름이 전혀 알려지지 않은 젊은 장수 육손에게 맡겼다.

관우의 최대 약점은 자만심이다. 그는 오의 육구사령관에 전혀 이름도 듣지 못한 백면서생인 육손이 부임해오자, 오 쪽에는 완전히 마음을 놓고 주력부대를 번성 쪽으로 옮겨 위를 공략하기 시작했다.

여몽은 드디어 때가 이르렀다고 판단하고 정병 3만 명을 이끌고 쏜살같이 형주에 상륙했다. 그러면서 봉화대를 지키고 있던 형주 군사들을 술과 뇌물로 회유하여 봉화대를 완전히 무용지물로 만들어놓고 순식간에 형주성을 점령했다.

여몽은 부하들에게 일체의 약탈행위를 금지시키고 관우의 가족들을 보호하도록 하여 형주의 민심을 얻는 한편, 관우의 부하 장수들에게는 이간책을 써서 많은 피를 흘리지 않고 형주의 거의 전역을 점령하는 데 성공했다. 뒤늦게 소식을 듣고 돌아오던 관우가 맥성으로 쫓겨 갔다가 탈출을 시도할 때 사로잡아 참수하는 개가까지 올렸다.

오주 손권은 전승(戰勝) 축하연에서, 관우를 상대로 원대한 지략을 펼쳐서 형주를 탈환한 여몽을 이렇게 치하했다.

"주유는 적벽에서 조조를 깨뜨렸지만 불행하게도 일찍 세상을 떠났소. 노숙 또한 제왕의 대략을 갖고 있었지만 형주를 취하지는 못했소. 이번에 형주를 얻은 것은 모두 그대의 공이오. 그대는 주유와 노숙보다도 더한 오의 보배요."

관우가 죽고 얼마 후 여몽도 병으로 죽었다. 그의 나이 42세였다. 삼국지연의에는 여몽이 관우의 귀신에 씌어 발광하다가 죽는 것으로 묘사되어 있지만, 그것은 아마도 관우의 죽음을 애석하게 생각하여 연의의 저자가 지어낸 얘기가 아닌가 싶다.

학교를 졸업하고 수십 년이 흐른 지금, 그때의 친구들을 만나보면 대부분 책과는 담을 쌓은 채, 먹고 살기에 바쁘다. 잘 나가는 친구들도 있지만 창창한 나이에 직장을 그만두거나 직장에서 쫓겨나 자신을 알아주지 않는 세상을 원망하며 살아가는 친구들도 있다.

이런 친구들을 보면 '오하아몽'이란 고사성어가 떠오른다. 자신의 목표에 상응하는 노력을 하고 있는지 스스로에게 반문해 보아야 하지 않을까? '괄목상대'처럼 3일 후는 몰라도 3개월 후, 아니 3년 후에는 뭔가 달라져 있어야 하지 않을까? 학교 때 배운 그 알량한 지식으로 평생을 버텨나갈 수 있다고 생각하는지, 그러고도 높이 날 수 있다고 생각하는지….

4-11(057)
손권을 여러 번 구한 경호실장 '주태'

　최고 권력자의 경호를 맡은 사람은 뛰어난 감투정신과 함께 살신성인(殺身成仁)의 자세를 지녀야 한다. 특히 난세에 전장을 누벼야하는 군웅들의 경호를 맡은 장수들은 더욱 그러하다. 조조의 경호실장이라 할 수 있는 전위나 허저, 유비의 경호실장을 맡은 조운만큼 화려한 명성을 지닌 장수는 아니지만, 손권에게도 그런 경호실장이 있었다.

　주태(周泰), 자는 유평(幼平). 양주 구강 출신으로 본시 양자강에서 양민들의 재물을 노략질하는 수적(水賊)이었다. 소패왕 손책이 강동지역을 평정하고 있을 때 졸개 3백 명을 데리고 귀순했는데, 손책은 크게 기뻐하며 그를 교위에 임명했다.

　주태가 손책의 아우 손권과 함께 선성(宣城)을 지키고 있을 때였다. 손책이 군사를 이끌고 떠났기 때문에 선성은 거의 비어 있었다. 밤이 깊어지자, 부근의 도적들이 무리를 지어 선성으로 쳐들어왔다.

　'잡히면 죽는다.' 주태는 갑옷도 입지 못한 채 손권을 황급히 말에 태우고 성문을 향해 뛰어나갔다. 그러자 도적들이 벌떼처럼 두 사람을 에워싸고 공격해왔다. 주태는 여러 번 창에 찔리는 등 온몸이 피투성이가 되었으나, 칼 한 자루로 손권을 향해 몰려드는 도적들을 끝까지 막아냈다.

　주태가 화려한 무용(武勇)을 발휘하며 여남은 명을 베어 죽이니 그때서야 도적들이 주춤주춤 뒤로 물러섰다. 이때 손책이 군사들과 함께 돌아와 도적들을 쫓아냄으로써 위기에서 벗어날 수 있었다. 주태가 아니었으면 후일 오를 이끌어갈 손권은 아마 이곳에서 목숨을 잃었을 것이다.

주태는 온 몸에 창상(槍傷)을 열두 군데나 입고 있었는데, 상처가 너무 깊어서 중태에 빠졌고, 목숨이 위태로운 지경에 이르렀다. 이때 손책이 사방팔방으로 급히 수소문하여 신의(神醫) 화타가 당도하였고, 화타가 치료를 시작한 지 한 달도 채 안 되어 주태는 완쾌되어 병상에서 일어났다.

손책이 죽고 동생 손권이 강동의 주인이 되었다. 조조가 백만 대군을 이끌고 적벽으로 쳐들어왔을 때, 주태는 조조군과의 최초의 수전(水戰)에서 선봉장을 맡아 적장을 죽이며 서전을 화려하게 장식했다. 적벽대전 이후에도 주태는 위와의 전투에서 이릉성에 갇힌 동료장수 감녕을 구해내는 등 전장에서 다른 장수들은 흉내조차 낼 수 없을 정도의 용맹성을 보여 동료장수들 사이에서 감투정신의 화신으로 통했다.

조조가 한중을 정벌하자, 서촉에서 한창 기업(基業)을 굳혀가고 있던 유비는 조조가 여세를 몰아 서촉으로 쳐들어올까봐 두려웠다. 유비는 오의 손권에게 형주의 세 군(郡)을 돌려줄 테니 위의 합비성을 공략해달라고 요청했다. 오와 촉 사이의 오랜 현안문제이던 형주의 일부를 떼 주면서 조조의 칼끝을 오로 향하게 하는 전략이었다. 오에서는 유비의 속셈을 알면서도 형주의 세 군을 얻는 것이 기꺼워 손권이 몸소 대군을 이끌고 합비성 공략에 나섰다.

이때, 합비성을 지키고 있던 위의 장수 장료는 한중에 있는 조조에게 구원을 요청했다. 조조는 몸소 40만 대군을 이끌고 장료를 구원하러 왔다. 유비가 바라던 바였다. 곧 위군과 오군 사이에 전투가 벌어졌고, 그 난

전(亂戰) 중에 손권은 위군 속에 포위되고 말았다. 이때 손권을 발견한 주태가 포위를 뚫고 들어와 손권의 앞을 막아서며 소리쳤다.

"주군, 저를 따라 오십시오. 제가 길을 열겠습니다."

지옥에서 부처님이나 예수님을 만나면 이렇게 반가울까? 손권의 반가움은 이루 말로 표현할 수 없을 정도였다. 주태는 앞장서서 적병을 베어 넘기며 적의 포위를 뚫고 나왔다. 그런데 주태가 겨우 한숨을 돌리고 뒤를 돌아보니 손권이 보이지 않았다. 그는 다시 적진 속으로 뛰어들어 손권을 찾아냈다. 주태를 본 손권은 다 죽어가는 소리로 말했다.

"뒤에서 활과 쇠뇌를 쏘아대서 도무지 따라갈 수가 없었소."

이번에는 손권을 앞세우고 주태가 뒤에서 방패가 되어 활과 쇠뇌를 막으면서 포위를 뚫고 나갔다. 천신만고 끝에 오군의 진지에 다다르고 보니 주태의 온 몸은 창에 찔리고 화살에 맞아 피투성이가 되어있었다.

주태가 겨우 숨을 돌리고 있을 때, 장수 서성이 적에게 포위되었다는 급보가 들어왔다. 누가 말릴 틈도 없이 주태가 다시 창을 꼬나 잡고 적진 속으로 뛰어 들어가더니 얼마 안 있어 서성을 구해 돌아왔다. 피범벅이 된 두 장수는 모두 몸에 깊은 상처를 입고 있었다.

이 전투에서 주태는 한껏 용맹을 떨치며 빛나는 전과를 남겼지만, 오군은 크게 패했다. 이때 오의 장수 육손이 구원군을 이끌고 도착하여 위군을 거세게 몰아붙이면서 전세는 다시 역전되었다. 오군이 최후의 승리를 거둔 것이다. 도성으로 개선한 손권은 크게 잔치를 열어 장수들을 치하했다.

손권은 주태의 옷을 벗기고 어디 한 군데 성한 곳이 없는 그의 몸을 장수들에게 보여주며, 상처 하나하나마다 이 상처는 어느 싸움에서 어떻게 난 것인지 물었다. 주태가 설명을 하면 그때마다 손수 주태에게 술을 따라

주었다. 그러면서 손권은 자신의 푸른색 비단 일산(日傘)을 하사하면서 만좌한 백관들 앞에서 이렇게 말했다.

"경은 두 번씩이나 포위를 뚫고 나를 구하느라 온몸이 칼로 문신을 새긴 듯 하구려. 경은 이제부터 가는 곳마다 이 일산을 받쳐 쓰도록 하시오. 경의 공을 빛나게 하려는 것이니 아무쪼록 사양하지 마시오."

오주 손권은 제왕이나 쓸 수 있는 일산을 주태가 쓰고 다니게 함으로써 자신의 고마운 마음을 표시하면서, 아울러 다른 장수들의 분발을 촉구하는 조치를 내린 것이다. 어쨌거나 삼국지를 통틀어 이만한 대우를 받은 장수는 찾아보기 힘들다.

그 후 주태는 오군이 형주를 쳐서 빼앗고 관우를 사로잡는 데도 참전하여 공을 세우고, 촉 황제 유비가 관우의 복수를 위해 대규모의 군사를 이끌고 오로 쳐들어왔을 때도 활약하지만, 그 후에는 모습을 보이지 않는다.

손권의 경호실장 주태는 자신의 몸을 돌보지 않고 여러 번 손권을 위기에서 구함으로써, 손권이 52년 동안이나 오를 지켜내며 후세에 빛나는 이름을 남기는데 밑거름 역할을 다한 장수로 기억될 것이다.

4-12(058)
원수와 은인(恩人) 사이 '감녕과 능통'

　소설 삼국지에는 기이한 인연을 가진 사람들이 더러 나온다. 진궁은 조조의 생명을 구해준 은인이었으나 후에 조조의 손에 죽임을 당하는 비극의 주인공이 된다. 또 조조는 적벽대전에서 패주하다가 관우에게 잡혀 죽을 뻔했으나 전에 관우에게 베풀어준 후의(厚意) 덕분에 목숨을 구하기도 한다. 강동에도 이런 기이한 사연을 가진 장수들이 있다.

　감녕(甘寧), 자는 흥패(興覇). 발군의 용맹과 빼어난 활솜씨를 지닌 무장으로, 늘 방울을 허리에 차고 양자강에서 수적(水賊)질을 했다. 감녕은 사람들이 방울소리만 들려도 무서워서 도망치는 것을 보고 크게 뉘우치고 형주의 강하를 지키는 황조에게 귀순하여 그의 부장(副將)이 되었다.

　능통(凌統), 자는 공적(公績). 손권의 부장 능조의 아들이다. 손권은 무장 능조 등과 함께 선친 손견의 원수인 황조 토벌에 나섰다. 치열한 접전 중에 능조는 황조의 부장 감녕이 쏜 화살을 맞고 그 자리에서 숨졌다. 현장에서 아버지의 마지막을 지켜본 열여덟 살의 능통은 복수를 다짐하며 적장 감녕에게 이를 갈았다.

　적장 능조를 죽여 큰 공을 세운 감녕은 황조에게 칭찬을 받기는커녕 오히려 더 홀대를 받았다. 전에 수적생활을 했던 전력(前歷) 때문이었다. 마침내 감녕은 더 이상 참지 못하고 강동의 여몽에게 귀순했다. 감녕의 뛰어난 용맹과 무용을 잘 알고 있는 여몽은 그를 손권에게 천거했다.

손권 휘하의 장수가 된 감녕은 자진하여 황조 토벌군의 선봉에 나섰다. 이 전투에서 감녕은 또다시 발군의 활솜씨를 발휘하여 적장 황조를 쏘아 죽였다. 손권은 크게 기뻐하며 황조의 목을 베어 아버지 손견의 영전에 바치고 제사지내는 한편, 크게 잔치를 열어 무장들의 공로를 치하했다.

이때 젊은 장수 능통이 불쑥 칼을 빼들고 나와 감녕을 찌르려했다. 아버지의 원수를 갚기 위해서였다. 깜짝 놀란 손권이 재빨리 능통을 제지하여 험악한 사태는 막았으나 능통은 분을 참지 못하고 '아비의 원수와는 하늘을 함께 이지 않는다 했거늘[불구대천(不俱戴天)], 원수를 앞에 두고 어찌 가만히 있으라는 말입니까!' 하며 씩씩거렸다.

강동에 골칫거리가 하나 생겼다. 손권은 두 사람을 갈라놓기 위해서 감녕에게는 하구(河口)를 지키도록 전방으로 내보내는 한편, 능통에게는 벼슬을 더 높여주었다.

적벽대전에서 감녕은 용장답게 선봉장을 맡아 맨 앞에서 적진을 기습하여 여러 적장의 목을 베는 등 맹활약했다. 또 적벽대전 이후에도 감녕은 이릉성 전투에서 용감하게 싸웠고, 환성을 공략할 때도 선두에서 성벽 위로 기어올라 적장을 한 칼에 베어 죽이는 등 결정적인 공을 세웠다.

손권이 다시 잔치를 열어 무장들의 공을 치하했을 때, 뒤늦게 합류하는 바람에 공을 세우지 못한 능통은 손권이 감녕을 칭찬하자 속이 부글부글 끓어올랐다. 손권이 잠깐 자리를 뜨자, 능통은 칼을 뽑아들고 나서면서 소리쳤다.

"풍악이 없으니 제가 칼춤으로 흥을 돋우겠습니다. 좀 서툴더라도 이해해 주십시오."

능통은 감녕을 노려보면서 칼춤을 추기 시작했다. 여차 하면 감녕의 목을 칠 기세였다. 이런 낌새를 알아차린 감녕이 얼른 창을 잡고 일어서며 말했다.

"저도 이 창으로 흥을 돋울까 합니다. 너그럽게 봐주십시오."

감녕도 창을 휘두르며 춤을 추기 시작했다. 두 장수의 동작은 춤이라기보다는 싸움에 가까웠다. 험악한 상황이 되자, 이번에는 여몽이 한 손에는 칼을 들고, 다른 손에는 방패를 잡고 앞으로 나갔다. 여몽도 칼춤을 추면서 두 사람을 양옆으로 갈라놓았다.

이때 손권이 자리로 돌아와 세 사람을 꾸짖으면서 이 희한한 군무(群舞)는 끝이 났다. 능통은 분을 이기지 못한 나머지 비통한 눈물을 뿌리며 그 자리에서 물러났다. 원수를 눈앞에 두고도 죽이지 못하다니….

다시 손권은 위의 맹장 장료가 지키는 합비성 공략에 나섰다. 서전에서 장료에게 패한 손권이 다시 대규모 공세를 취하여 승기를 잡자, 장료는 한중에 있는 조조에게 구원을 요청했다. 조조는 몸소 40만 대군을 이끌고 장료를 구원하러 왔다. 이때 손권 진영에서는 감녕이 앞으로 나서며 말했다.

"제게 기병 100명만 주십시오. 조조의 진채를 기습하여 짓밟아놓겠습니다. 만약 100명 중에서 한 명이라도 잃으면 저를 벌해도 좋습니다."

손권은 무모한 행위인 줄 알면서도 감녕의 용기가 가상하여 이를 허락했다. 그날 밤 감녕은 정병 100기를 이끌고 조조의 진채를 습격하여 닥치는 대로 죽이며 적진을 쑥밭으로 만들어놓고 돌아왔는데, 과연 100명 중에서 한 명도 줄어들지 않았다.

손권이 '조조에게는 장료가 있고, 내게는 감녕이 있다!'고 말하며 감녕의 공을 치하하자, 이번에도 은근히 심사가 뒤틀린 능통이 앞으로 나서며

'정병 5천명을 주시면 적장 장료의 목을 베어오겠습니다.' 하고 말했다.

이번에도 손권이 그 용기를 가상하게 여겨 허락하니 능통은 군사 5천명을 이끌고 장료의 군영을 향해 달려갔다. 적진에서는 장료의 부장 악진이 달려 나왔다. 두 장수가 맞붙어 50여 합을 넘게 싸웠으나 좀처럼 승부가 나지 않았다. 이때 조조의 밀명을 받은 장수 조휴가 능통을 뒤에서 후려쳤고, 능통은 말에서 떨어지고 말았다.

순간, 땅에 떨어진 능통을 찌르려고 악진이 창을 번쩍 들었다. 그때 쉿~ 하며 화살 하나가 날아가 악진의 얼굴에 정통으로 꽂혔다. 악진은 고꾸라지며 말에서 떨어졌다. 양편의 군사들이 우르르 달려 나와 각자 자신들의 장수를 구해서 돌아갔다.

무사히 진지로 돌아온 능통은 손권 앞에 엎드리며 구해준데 대해 고마움을 표했다. 손권이 고개를 가로저으며 말했다.

"내게 고마워 할 것 없네. **활**을 쏘아 그대를 구한 사람은 감녕이라네."

능통은 감녕에게 다가가 진심에서 우러나오는 감사를 표했다. 원수였던 감녕이 다시 생명의 은인(恩人)이 된 것이다. 두 사람은 진정으로 서로를 위하는 사이가 되었고, 그 후에는 불미스러운 일이 벌어지지 않았다. 두 사람의 악연(惡緣)은 손권의 용인술과 감녕의 뛰어난 **활**솜씨 덕분에 결국 해피엔드로 마무리가 되었다.

4-13(059)
제갈량의 형과 조카 '제갈근과 제갈각'

　제갈근(諸葛瑾), 자는 자유(子瑜). 제갈량의 3형제 중 맏이로, 사려가 깊고 온후한 성품을 지녔다. 고향인 서주 낭야를 떠나 형주에서 살던 중 노숙의 천거로 손권을 섬기게 되었다. 제갈근은 손권의 부름에 응하면서, 당시 4개주를 관할하고 있던 원소가 머지않아 조조에게 패망할 것이라며, 원소와의 관계를 끊고 조조와의 유대관계를 이어가도록 권했다. 손권은 그의 말대로 했고 그의 예측은 곧 현실로 나타났다.

　제갈근은 주로 외교를 담당하였는데, 그의 아우 제갈량이 유비를 섬기게 되고부터는 여러 번 어려움을 겪었다. 제갈량의 친형이라는 이유 때문에 여러 중신들에게 의심을 받았기 때문이다. 심지어 자신의 가솔들을 모두 옥에 가둬둔 채 유비에게 가서 오의 숙원인 형주반환 협상을 해야 하는 고초를 겪기도 했다.

　형주의 최고책임자인 관우의 딸과 손권의 아들과의 혼인교섭을 추진하다가 관우로부터 '어찌 범의 딸을 개의 아들에게 시집보낼 수 있겠는가?' 하는 말을 듣고 쫓겨 온 적도 있었다. 또, 관우가 여몽의 기습에 허를 찔려 형주를 뺏기고 맥성으로 피신해 있을 때, 관우에게 손권을 섬기도록 권하러 갔다가 관우의 칼에 목숨을 잃을 뻔한 적도 있는 등 외교관으로서 여러 번 수난을 겪기도 했다.

관우와 장비가 죽은 후, 촉 황제 유비가 두 아우의 원수를 갚는다며 거국적으로 대군을 일으켜 오로 쳐들어갔을 때, 오 황제 손권을 위시한 중신들은 모두 두려움에 떨며 어찌할 줄을 몰랐다. 이때 제갈근이 앞으로 나서며 이렇게 말했다.

"저는 군후의 녹을 먹은 지 오래되었습니다만 아직 이렇다 할 공을 세우지 못했습니다. 이제 제가 촉주 유비를 만나 형주를 돌려주면서 이해득실로 설득하여 그의 군사를 물리도록 해보겠습니다."

손권의 허락을 받은 제갈근은 촉군 진영으로 유비를 찾아가 '관우가 다스리던 형주를 다시 촉에 돌려주고, 관우와 장비를 해친 장수들도 묶어서 촉으로 보낼 테니 부디 오와 촉은 서로 싸우지 말고 힘을 합쳐서 한의 제위를 찬탈한 위의 조비를 치자.'고 간곡하게 제의했다.

그러나 복수심에 불타는 유비에게는 형주를 돌려준다는 파격적인 제의도 귀에 들어오지 않았다. 유비는 '승상의 낯을 보아 그대의 목을 베지 않을 것이니, 돌아가서 손권에게 목을 씻고 죽음을 기다리라고 이르라.'며 제갈근을 꾸짖고 내쫓았다.

한편, 제갈근이 촉으로 떠난 지 여러 날이 되어도 돌아오지 않자, '제갈량의 꾐에 빠져 오를 버리고 촉을 택한 것 같다.'며 그가 돌아오지 않을 것이라고 하는 사람도 있었으나, 오주 손권은 '내가 그를 버리지 않는 한 그 또한 나를 저버리지 않을 것'이라며 절대적인 신임을 보였는데, 손권의 말대로 그는 곧 돌아왔다. 제갈근에게는 총명하고 재기가 넘치는 아들이 하나 있었다.

제갈각(諸葛恪), 자는 원손(元遜). 제갈각이 어렸을 때, 손권이 야외에서 잔치를 열었는데 여섯 살 난 제갈각도 아버지를 따라와 그 자리에 있었다.

손권이 바로 옆의 뜰에 있던 당나귀의 면상에다 분필로 '제갈자유(諸葛子瑜)'라고 썼다. 자유(子瑜)는 제갈근의 자가 아닌가. 제갈근의 얼굴이 긴 것을 빗대어 우스개삼아 쓴 것이었다. 이것을 본 중신들은 모두 큰소리로 웃었다.

이때 어린 제갈각이 당나귀에게로 다가가더니 분필을 집어 네 글자 밑에 '지려(之驢)'라는 두 글자를 더 썼다. 이제 '제갈근의 당나귀'라는 뜻이 되었다. 제갈근은 졸지에 당나귀가 되었다가 아들의 기지로 다시 사람으로(?) 돌아올 수 있었다. 중신들은 모두 어린 제갈각의 재치에 혀를 내둘렀고, 손권 역시 감탄하며 그 당나귀를 제갈각에게 선물로 하사했다.

한번은 손권이 어린 제갈각에게 '네 아버지와 숙부 중에서 누가 더 똑똑한가?' 하고 물었다. 숙부란 말할 것도 없이 제갈량을 가리키는 것이다. 제갈각은 스스럼없이 아버지가 더 똑똑하다고 대답했다. 손권이 그 이유를 묻자 제갈각은 이렇게 대답했다.

"아버지는 섬기는 상대를 잘 골랐지만 숙부는 잘못 골랐기 때문입니다."

아주 얄미울 정도로 멋진 대답이 아닌가.

세월이 흘러 성인이 된 제갈각은 타고난 총명과 아버지의 후광 덕분에 승승장구했다. 명장 육손이 죽자 마침내 총사령관에 임명되었고, 손권이 죽은 후에는 오의 국권을 한손에 쥔 실권자가 되었다.

제갈각은 과감한 개혁을 단행하여 오의 백성들의 신망과 존경을 한 몸에 받았다. 그 무렵 손권의 죽음을 틈타 위가 군사를 동원하여 쳐들어왔다. 제갈각은 손수 오군을 이끌고 나가 위군을 격파하여 그의 기세와 인기는 가히 하늘을 찌를 듯 했다.

위군을 물리친 제갈각은 중신들의 반대에도 불구하고 총동원령을 내려 20만 대군을 이끌고 위로 쳐들어갔다. 그러나 위군의 방어는 철통같이 탄탄했다. 제갈각은 진두에 서서 지휘를 하다가 화살에 맞는 부상을 입었다. 게다가 오군들 사이에 전염병이 돌고 투항자가 속출하는 등 도저히 전투를 계속할 수 없는 상황이 되었다. 결국 오군은 많은 병사와 물자를 잃은 채 퇴각하고 말았다.

순식간에 제갈각의 인기는 땅에 떨어졌고 정적(政敵)이 속출했다. 그러나 그는 책임을 지기는커녕 모든 허물을 부하장수들에게 뒤집어씌우고 더욱 권세를 휘둘렀다. 마침내 정적들이 오 황제 손량을 설득하여 제갈각을 주살(誅殺)하니, 그는 실권을 장악한지 겨우 일 년 만에 완전히 몰락하고 말았다. 그의 일족들도 모조리 참수되었다.

아버지 제갈근의 화려하지 않으면서도 성실하고 탄탄한 성공에 비해, 아들 제갈각은 한때 그의 아버지가 쌓았던 공훈을 훨씬 능가하는 성공을 단박에 이루는 것처럼 보였다. 그러나 단 한 번의 실패로 위기에 처하자, 그 위기를 슬기롭게 극복하지 못하고 바로 자멸하고 말았던 것이다.

그것은 자신의 재능만 믿고 그 재능의 뿌리가 되는 덕을 쌓는 것을 소홀히 한 데서 온 스스로의 한계라고 할 수밖에 없으리라. 제갈각의 짧은 성공에 이은 통한(痛恨)의 실패는 자신의 재주만 믿고 설쳐대는 사람들에게 뼈저린 교훈이 되리라.

4-14(060)
지모가 뛰어난 이릉대전의 명장 '육손'

조조의 백만 대군을 격파하여 적벽대전을 승리로 이끈 사람은 오의 대도독 주유이고, 관우가 지키는 형주를 지략으로 빼앗은 사람은 여몽이다. 주유 노숙 여몽에 이어 오군의 최고 사령관에 오른 사람은 육손이다.

육손(陸遜), 자는 백언(伯言). 강동 호족의 자제로 키가 크고 두뇌가 명석했으며, 얼굴이 옥처럼 고왔다. 약관 20세 때부터 손권의 휘하에서 일을 했는데, 손권은 재지(才智)가 뛰어난 그를 형 손책의 딸과 결혼시켜 자신을 보좌케 했다.

육손이 삼국지에서 처음 활약하는 것은 오의 사령관 여몽이 형주를 빼앗기 위해 고심하고 있을 때이다. 형주의 책임자인 촉의 관우가 주요 요새마다 봉화대를 세우고 경계를 철저히 하자, 아무 계책도 쓸 수가 없게 된 여몽은 병이 나서 드러눕고 말았다. 이때 여몽의 고민을 간파한 육손은 여몽의 병상을 찾아가 이렇게 말했다.

"장군께서는 병을 핑계로 물러나시고 그 대신 이름 없는 장수를 사령관에 위촉토록 하십시오. 그러면 관우는 완전히 마음을 놓고 위 공략에 주력할 것입니다. 그때 기회를 보아 단숨에 형주를 뺏어버리면 됩니다."

백면서생(白面書生)으로 알고 있던 그가 이런 절묘한 계책을 낸 것이다. 여몽이 병을 핑계로 사령관직에서 물러나고 그 자리에 이름이 알려지지 않은 풋내기 육손이 임명되자, 관우는 오에는 완전히 마음을 놓고 주력부대를 모두 위의 번성을 공략하는데 투입했다. 그러자, 때가 왔다고 판단한 여몽은 육손과 함께 정병 3만 명을 이끌고 형주성으로 진격하여 순식간에 형주를 점령하고, 관우까지 사로잡는 개가(凱歌)를 올리게 된다.

그 후, 촉 황제 유비가 관우의 원수를 갚기 위해 거국적으로 대군을 일으켜 오로 쳐들어왔을 때, 서전에서 크게 이긴 유비는 승세를 타고 계속 진군해왔다. 손권은 마흔 살의 육손을 오의 대도독으로 임명하여 촉군을 막아내게 했다. 이때 육손은 작은 전투에서 여러 번 패하면서도 반격을 하지 않았다. 모두들 육손을 겁쟁이라고 수군거렸지만 그는 느긋했다.

"기다려라. 설불리 정면으로 맞붙으면 승산이 없다. 우리는 만반의 준비를 해놓고 적이 피로해질 때를 기다려야 한다. 머지않아 그런 때가 올 것이다."

육손은 수비를 강화하면서 촉군을 계속 깊숙이 유인했다. 겨울에 시작한 전쟁이 어느덧 여름에 접어들었다. 드디어 폭염을 견디지 못한 촉병들은 이릉 숲속에 수십 리에 이르는 장사진(長蛇陣)을 쳤다. 모두 창칼과 갑옷을 내팽개친 채 시원한 그늘을 찾았다. 때가 왔다고 판단한 육손은 드디어 전군에 명령을 내렸다.

"총공격! 적을 섬멸할 때는 바로 지금이다. 모두 마른 풀에 불을 붙여서 바람을 등지고 촉군의 진채를 향해 던져라."

불길은 숲을 휩쓸며 촉군의 진채를 온통 불바다로 만들었다. 촉군의 시체가 온 숲을 뒤덮었다. 불에 타죽은 자, 도망치다가 오군의 창칼에 찔려 죽은 자…. 유비는 겨우 수백 기를 이끌고 도망쳤다. 육손이 이끄는 오군의 완벽한 승리였다.

이 전투가 바로 이릉대전이다. 조조와 원소가 강북의 패권을 놓고 맞붙은 관도대전, 손권과 유비가 연합하여 조조의 백만 대군을 화공으로 격파한 적벽대전과 함께 삼국지의 3대전투에 꼽힌다.

육손은 성급하게 싸우려는 선배 장수들을 잘 다독거리면서 '이일대로(以逸待勞)' 즉, 만반의 준비를 하고 적이 피로해지기를 기다렸다가 단숨에 공격하는 전법을 완벽하게 구사했던 것이다. 한 평생 군사를 부리며 전장에서 세월을 보낸 백전노장 유비는 풋내기 백면서생에게 무참히 패하여 백제성으로 피신했다가 화병을 얻어 죽고 만다.

이릉전투의 영웅 육손은 손권에 의해 후(侯)로 봉해져서 오의 군권을 한 손에 쥠은 물론, 전략요충지인 형주목까지 맡았다. 오에 바야흐로 육손의 시대가 온 것이다.

오군 최고사령관 육손이 제갈근과 함께 위를 공략할 때, 육손의 작전서신을 가지고 손권에게로 가던 사자가 위군에게 사로잡혀 작전계획이 누설되고 말았다. 이제 속히 철수를 해야 하는 상황이었다. 그러나 육손은 군사들에게 들판에 나가 콩과 보리를 심게 했다. 자신은 장수들과 함께 바둑을 두기도 하고 궁술대회를 여는 등 전혀 철군 기미를 보이지 않았다. 제갈근이 찾아와 왜 빨리 철수를 하지 않느냐고 따지듯 물었다. 육손이 대답했다.

"군사를 철수하려면 적이 눈치 채지 못하도록 해야 하오. 섣불리 군사를 물리면 적군이 기세(氣勢)를 타고 쫓아오기 때문에 잘못하면 전멸당하고 마는 법이오. 한바탕 적을 몰아붙인 후에 감쪽같이 군사를 물려야 할 것이오."

육손은 전군에게 공격준비 명령을 내렸다. 그리고 적군을 거세게 몰아붙여 꼼짝 못하게 한 후, 쥐도 새도 모르게 전군을 철수시켰다. 병법의 작용과 반작용, 허와 실을 교묘히 응용한 기민한 작전이었다.

오군이 물러간 것을 며칠 뒤에야 안 위 황제 조예는 '육손의 군사 부리는 솜씨가 옛 손자나 오자에 비해 조금도 뒤지지 않는구나. 육손이 있는 동안은 오를 쳐서 없애기 어렵겠구나!' 하고 탄식하며 돌아갔다.

그 후 오의 조정에서는 후계자 문제로 큰 혼란에 빠져 있었다. 태자가 일찍 죽자, 오 황제 손권은 후처 소생의 맏이를 태자로 삼아놓고 둘째를 노왕으로 봉하더니, 노왕을 태자보다 더 총애했다. 조정은 태자파와 노왕파로 나뉘어 국론이 심하게 분열되었다. 이때 형주에 있던 육손은 승상(丞相)의 중책까지 겸하고 있었는데, 이러한 사태를 그냥 보고만 있을 수 없어서 손권에게 충심이 담긴 상소를 올렸다.

"마땅히 태자에게 무게를 더하여 노왕과는 차별을 두어야 합니다."

옳은 말이었다. 그러나 노왕을 총애하던 손권의 귀에는 옳은 말로 들리지 않았다. 이때 타격을 받은 노왕파에서 육손을 모함했고, 늙어서 판단력이 흐려진 손권은 육손을 문책하는 관리를 형주로 보냈다.

울분을 참지 못한 육손은 화병으로 시름시름 앓다가 세상을 떠나고 말았다. 그의 나이 예순 셋이었다. 오군 최고의 명장치고는 참으로 어이없는 최후였다.

4-15(061)
오의 네 군주를 모두 섬긴 무장 '정봉'

　삼국지의 후반부에 등장하는 인물들은 대부분 저평가되어있다. 후반으로 갈수록 초창기의 영웅들이 사라지면서 스토리의 동력이 떨어지고, 독자들의 관심도 줄어들기 때문이다. 오의 무장 정봉도 저평가 된 인물 중의 한 사람이다.

　정봉(丁奉), 자는 승연(承淵). 오의 초창기 무장들이 사라진 후에 대장군, 대사마에까지 오르는 무장이다. 항상 서성과 콤비를 이루어 **활약**했고, 오의 네 군주를 모두 섬겼다. 그런데 정봉의 **활약**상을 보면 마치 네 황제에 맞춰진 것처럼 기승전결(起承轉結)이 맞아떨어진다.

　초대 군주 손권 치하[起]. 정봉이 이름을 알리고 **활약**을 시작하는 시기이다. 정봉은 처음에 맹장 감녕의 부하로 들어가 적의 깃발을 뽑고 적장도 여럿 베어 소년장수라는 명성을 얻었다. 적벽대전 때, 호군교위를 맡고 있던 정봉은 대도독 주유로부터 서성과 함께 가서 동남풍을 빌려온(?) 제갈량을 죽이라는 지시를 받으면서 본격적으로 등장하기 시작한다.

　위의 장수 조인이 지키는 남군을 공략하면서 조인의 부장 우금과 일대일 대결을 벌였고, 주유가 화살을 맞고 쓰러지자 서성과 함께 달려가 구해오기도 했다. 그 후에는 손권의 여동생과 결혼한 유비가 손부인과 함께 촉으로 돌아갈 때, 유비 부부를 잡아오라는 주유의 지시를 받고 서성과 함께 출동하여 유비 부부가 탄 수레를 막아섰지만, 손부인의 호통과 기세에 눌려 물러나기도 했다.

이릉대전이 끝나고 맺어진 촉오동맹에 위기를 느낀 위의 조비가 30만 대군을 이끌고 오로 쳐들어왔을 때, 선봉장을 맡은 정봉이 활을 쏘아 위의 맹장 장료를 죽이는데, 이 부분은 논란의 여지가 있다. 정사에는 장료가 2년 전에 병사한 것으로 나오는바, 죽은 장료를 살려내어 굳이 정봉에게 죽임을 당하게 한 것은 촉이 멸망할 때 정봉이 군사를 이끌고 도와주러 왔기 때문에 연의의 저자가 그렇게 배려를 한 것이라는 설이 있기 때문이다.

2대 군주 손량 치하[承]. 정봉이 전공(戰功)을 세워 무명(武名)을 떨치는 시기이다. 손권이 죽고 어린 손량이 즉위하자(252년), 위의 실권자 사마사는 아우 사마소를 앞세워 오의 동흥을 공격해왔다. 오군의 선봉장을 맡은 정봉은 정예수군 3천명에게 '모두 갑옷을 벗고 평상복을 입고 단검으로 무장하라.'고 명을 내렸다. 적을 방심하도록 하는 위장전술이었다.

위군 진영에서는 적이 소규모인데다 군장도 제대로 갖추지 않았으므로 오합지졸이라 생각하고 평상시처럼 방비를 했다. 정봉이 지휘하는 선봉부대가 성난 표범처럼 위군의 영채를 습격하여 위군 수만 명을 죽이고 무수한 병기와 군수물자를 획득하는 대승을 거두었다. 여기서 기세가 꺾인 위군은 더 이상 진격하지 못하고 후퇴했다.

위에서 사마 씨 정권을 타도하려는 관구검의 난이 일어났을 때, 반란에 가담했던 문흠이 오로 쫓겨 왔다. 이때 호위장군 정봉은 오의 실권자 손준을 따라 출전하여 수춘에서 위의 추격군을 크게 물리쳤는데, 이때의 활약상은 '오서' '정봉전'에 기록되어 있다.

奉跨馬持矛 突入其陣中 斬首數百 獲其軍器
(봉과마지모 돌입기진중 참수수백 획기군기)

'정봉이 말을 타고 창을 들고 적진으로 돌입하여 수백 명의 수급을 베고 군수물자를 노획했다.'는 뜻이다. 가히 5관돌파 참6장의 신화를 남긴 관우나 장판파에서 조조의 대군 속에서 유비의 아들을 구해온 조운에 버금가는 활약 아닌가.

2년 후에는 위의 제갈탄이 또다시 사마 씨의 제위찬탈 음모에 반기를 들고 수춘에서 난을 일으켰는데, 그때도 정봉이 반란군을 돕기 위해 구원군을 이끌고 가서 선봉에서 용감하게 싸웠지만, 제갈탄을 구해내지는 못했다.

3대 군주 손휴 치하[轉]. 정봉이 오의 원훈(元勳)으로서 최고의 영예를 누리던 시기이다. 오 황제 손량이 국정을 농단하는 실권자 손침을 제거하려다가 오히려 폐위되어 쫓겨나고, 손권의 여섯 째 아들인 손휴가 새 황제로 추대되었다(258년).

새 황제 손휴도 눈엣가시 같은 손침을 제거하려고 고심하고 있었는데, 좌장군 장포의 조언에 따라 손휴는 노장 정봉을 은밀히 불러 의논했다. 다음날, 납일(臘日)을 맞아 대신들이 모여들 때 손침이 들어오자, 정봉은 장포와 함께 손침을 체포하여 목을 베고 그의 3족을 멸하였다. 그 공으로 정봉은 대장군이 되었다.

이 무렵, 오에서는 '서쪽 형주에는 육항이 있고, 동쪽 양주에는 정봉이 있다.'라는 말이 회자되었다. 두 맹장이 동과 서에서 나라를 지키고 있어서 든든하다는 의미이다. 육항은 이릉대전의 영웅 육손의 아들이다. 263년,

위의 종회와 등애의 두 갈래 공격을 받은 촉에서 오에 위급을 알리면서 구원을 요청해오자, 오 황제 손휴의 지시를 받은 정봉이 군사를 이끌고 촉의 성도까지 다가갔으나 이미 촉이 항복한 후였기 때문에 회군했다.

마지막 군주 손호 치하[結]. 노장 정봉이 생을 마무리하는 시기이다. 황제 손휴가 병으로 죽자, 정봉은 승상 복양흥, 좌전군 만욱 등과 함께 오정후 손호를 새 황제로 추대했다(264년). 그 공으로 대사마(大司馬)에 올랐다.

그때부터 정봉은 교만해지기 시작했고, 판단력도 흐려져 군사적인 과욕도 부렸다. 정봉은 제갈탄의 아들 제갈정과 함께 군사를 이끌고 위의 합비를 공략했으나, 위를 이은 진의 사마준에게 격파당했다. 그 다음에는 진의 곡양과 와구를 차례로 공격했으나 모두 실패했다. 이 일로 정봉은 손호의 추궁을 받았다.

황제 손호가 충간하는 대신을 함부로 죽이는 등 폭정을 일삼자, 정봉은 만욱과 함께 손호의 폐위를 논의하다가 갑자기 세상을 떠났다(271년). 그런데 이 일이 뒤늦게 손호에게 알려지면서 만욱은 사사(賜死)되었고, 죽은 정봉 대신에 정봉의 아들이 사약을 받았다. 남은 정봉의 가족들은 변방으로 강제 이주를 당했다.

무장 정봉은 전투 때마다 선봉장을 맡아 초창기 맹장인 감녕 못지않은 용맹을 떨쳤으나, 삼국지 후반부에 활약한 탓에 크게 주목을 받지는 못했다. 말년에는 과욕을 부리다가 가족에게까지 화를 미치게 했으니 충성과 용맹으로 점철된 그의 생애에 오점을 남기고 말았다.

4-16(062)
명군의 불초한 후예 '손권의 자손들'

삼국의 정립이 굳어지면서, 위는 조조로부터 4대째로 이어져 내려와 사마의의 두 아들이 실권을 쥐고 있어서 쇠락의 기미를 보이고 있었다. 촉에서는 유비에 이은 그의 아들 유선의 치세가 계속되고 있었고, 오에서는 아직도 손권의 시대가 계속되고 있었다.

어느 시대, 어느 정권을 막론하고 집권이 장기화되면 문제가 생기기 마련이다. 수성의 명군 손권도 예외는 아니었으니 그도 치세 말기에는 몇 가지 실책을 범했다. 위에 반기를 든 요동태수 공손연과 손잡고 위에 대항하려다가 공손연의 배반으로 외교적인 망신을 당하기도 했다.

손권의 가장 치명적인 실책은 후계자 선정에서 갈팡질팡한 점이다. 처음엔 순리대로 장남 손등을 태자로 세웠으나 손등이 일찍 죽는 바람에 문제가 생겼다. 손권은 다시 후처 소생의 장남을 태자로 세웠는데, 그의 아우를 노왕으로 임명하여 태자와 거의 동등한 대우를 하면서 총애했다. 이에 중신들은 태자파와 노왕파로 나뉘어져 서로 헐뜯고 싸웠다. 국론이 극도로 분열되었다.

이 무렵, 승상 고옹이 죽자 손권은 형주를 지키고 있던 명장 육손을 승상 직까지 겸하게 했다. 그런데 육손으로부터 '태자를 나라의 반석으로 삼고 노왕과 차별을 두어야 한다.'는 상소가 올라왔다. 옳은 말이었다.

그러나 노왕을 총애하는 손권의 귀에는 그 상소가 태자파의 입장을 대변하는 소리로 들렸다. 이때 타격을 받은 노왕파에서 육손을 모함하기 시작했다. 늙어서 판단력이 흐려진 손권은 여러 차례 관리를 보내 육손을 문책했다. 결국 육손이 화병으로 죽고 난 후에야 손권은 육손이 아무런 죄가 없음을 알고 가슴을 치며 후회했다.

마침내 손권은 최후의 결단을 내렸다. 태자 손화를 폐하고 노왕 손패에게 사약을 내린 다음, 이제 겨우 여덟 살인 어린 손량(孫亮)을 새 태자로 세웠다. 그로부터 2년 후에 손권이 죽었다. 손권은 형 손책을 이어 19세부터 71세까지 52년 동안 오의 주인으로 있었고, 황제로서의 재위기간도 24년이나 되었다.

새 황제 손량이 너무 어리다보니 조정의 실권은 태부 제갈각에게 돌아갔다. 제갈근의 아들인 제갈각은 위군의 침공을 막아낸 공로로 한때 승승장구했다. 그러나 무리하게 군사를 동원하여 위를 정벌하려다 실패하여 실권을 잡은 지 일 년 만에 반대파인 손준에게 죽임을 당하고 말았다.

조정의 실권은 이제 손준에게, 그리고 다시 그의 종제(從弟)인 손침에게 넘어갔다. 손침은 또다시 무리하게 군사를 동원하여 위를 침공했고, 손침의 전횡에 실망한 장수들이 위에 투항해버리자 그들의 일족들을 처형하는 등 독재와 공포정치를 일삼았다.

오 황제 손량이 열일곱 살이 되었다. 실권자인 손침을 아주 싫어하던 손량은 어느 날 측근에게 손침을 죽이라는 밀조를 내렸다. 그러나 이 사실이 손침의 귀에 들어가는 바람에 오히려 손량 자신이 제위를 뺏기고 말았다. 실권자인 손침은 낭야왕으로 있던 손휴(孫休)를 새 황제로 세웠다.

새로이 황제가 된 손휴는 손침을 승상 겸 형주목으로 임명하고, 자신의 조카이면서 손권의 손자인 손호를 오정후에 봉했다. 이제 손침의 권세는 황제를 능가할 정도였다. 손침은 제위까지 넘보았다. 이에 오 황제 손휴는 노장 정봉에게 은밀히 명하여 손침을 죽이고 그 일족을 모조리 처형했다. 오랜만에 오에서는 권세를 부리던 실권자들을 처단하고 다시 황실의 면모를 일신했다.

그 무렵, 촉이 위의 사마소에게 평정되었다. 오 황제 손휴는 육손의 아들 육항과 노장 정봉에게 국경수비를 철저히 하게 하여 위의 침입에 대비했다. 위에서는 실권자인 사마소가 죽자, 그의 아들 사마염이 위 황제 조환을 폐하고 진(晋) 황제로 등극했다.

오 황제 손휴가 병으로 죽자, 오정후 손호(孫皓)가 중신들의 추대로 제위를 물려받았다. 그는 손권에 의해 한때 태자로 임명되었던 손화의 아들인 바, 그가 바로 오의 마지막 황제이다. 황제가 된 손호는 날로 흉포해져서, 충간하는 중신들을 가차 없이 처단했다. 또 도성을 건업에서 무창으로 옮기고 매일 사치와 향락에 빠져서 세월을 보냈다. 재정이 바닥났음에도 계속 토목사업을 벌이고 궁궐을 증축했다.

또, 점을 보니 오가 중원을 통일할 점괘가 나왔다며, 명장 육항에게 진을 공격하라고 명령을 내렸다가, 육항으로부터 '여러 가지 상황을 종합하여 판단한 결과, 지금은 진을 공격할 때가 아닙니다.'라는 상소문이 올라오자 그의 병권을 뺏어버렸다.

진 황제 사마염은 드디어 때가 이르렀다고 판단하고, 두예와 왕준을 보내 두 갈래로 오를 공격했다. 이미 국력이 피폐해질 대로 피폐해진 오는 전투다운 전투를 제대로 해보지도 못하고 패퇴를 거듭했고 마침내 도성이 포위되고 말았다.

오주 손호는 더 이상 저항할 힘이 없어지자, 20년 전 후주 유선이 했던 것처럼 스스로를 포박한 채 중신들을 대동하고 진에 항복했다. 강동의 호랑이 손견과 그 아들 손책이 창업하고, 명군 손권을 위시하여 주유 노숙 여몽 육손 등 무수한 명장들이 지켜온 오도 4대 53년 만에 어이없이 무너지고 말았다(280년).

이로써 조조 유비 손권이 세운 삼국은 모두 망하고, 위를 이은 진에 의해 삼국통일이 이루어졌다. 오주 손호는 진의 왕준을 따라 낙양으로 끌려갔다. 진 황제 사마염은 손호에게 자리에 앉기를 권하면서 이렇게 말했다.

"짐이 자리를 만들어놓고 경(卿)을 기다린 지 이미 오래되었소."

손호가 대답했다.

"신(臣)도 남쪽에서 이런 자리를 만들어놓고 폐하를 기다렸습니다."

망국의 황제치고는 얼마나 당당하고 호기로운 말인가. 오주 손호는 삼국지연의에 아주 포악한 군주로 기술되어 있으나 실상은 상당히 당찬 인물이었던 것 같다. 그는 진 황제 사마염에 의해 귀명후에 봉해져서 구차한 삶을 이어가다가 오가 망하고 3년 후에 죽었다.

오는, 위를 이은 진을 정통으로 세운 정사 삼국지와, 촉을 정통으로 세운 삼국지연의 어느 것으로도 비호를 받지 못했다. 오의 마지막 황제 손호가 포악한 군주로 낙인찍힌 것은 그 때문이 아닌가 싶다. 역사는 이긴 자에 의해 기록되기 때문이다.

제5장
촉나라의 인물들

5-01(063)
조조에 맞선 인군(仁君)의 전형 '유비'

중국사의 여러 왕조 창업자들 가운데서 이루어놓은 업적에 비해 가장 많은 사랑을 받은 인물은 촉을 창시한 유비가 아닌가 싶다. 유비가 걸어온 길과 그의 처세술, 그리고 그가 제시한 비전 등을 살펴보고자 한다.

난세는 누구에게나 똑같이 웅비(雄飛)할 수 있는 기회를 제공한다. 후한 말 황건적의 난은 가난한 농촌에서 태어나 홀어머니 밑에서 자란 유비에게도 세상으로 나갈 수 있는 계기를 마련해주었다. 관우와 장비를 만나 의형제를 맺은 유비도 동문수학한 공손찬의 막하에서 참여한 황건적 토벌에서 적잖은 공을 세워 한 고을의 장령(將領)이 될 수 있었다.

유비(劉備), 자는 현덕(玄德). 유주 탁군 출신으로, 서주자사 도겸과의 인연으로 예주자사를 거쳐 서주자사가 되었으나 서주를 여포에게 뺏기고 만다. 여포를 정벌한 조조를 따라 허도에 간 유비는 조조제거모의에 가담했다가 가까스로 빠져 나왔으나 조조의 공격을 받아 패퇴하여 하북의 원소에게 의지하기도 한다. 그러다 보니 조조가 강북을 통일하고 손권이 강동에서 기반을 확립할 때까지도, 유비는 형주의 유표에게 눈칫밥을 얻어 먹고 있었다.

그런 유비가 뒤늦게나마 조조, 손권과 나란히 필적할 수 있었던 것은 걸출한 기재(奇才) 제갈량과 방통을 얻었기 때문이다. 그 덕분에 적벽대전에서 승리할 수 있었고, 그 여세를 몰아 형주와 서천, 한중을 얻어 촉을 세울 수 있었던 것이다. 유비가 이런 걸출한 인물들을 얻을 수 있었던 저력은 어디서 나온 것일까?

유비는 항상 겸손했고 누구에게나 성심으로 대했다. 때로는 우둔해 보일만큼 정직했던 점도 그의 강점이 되었다. 유비진영이 내세울 수 있는 것은 인화를 바탕으로 한 튼튼한 팀워크이고, 그 원천은 유비의 인간적 매력에서 찾을 수 있다. 인화를 빼면 유비 진영에서 남는 것이 없기 때문이다.

유비에게는 은근히 사람을 끌어들이고 포용하는 힘이 있었다. 관우와 장비, 조운, 황충 같은 만부부당(萬夫不當)의 용장들로부터 절대적인 충성을 받을 수 있었고, 제갈량과 방통 같은 기재들을 부하로 삼을 수 있었던 것은 유비의 이런 신비한 매력이 아니고서는 도저히 설명이 되지 않는다. 물론, 그가 한 황실의 후예라는 점을 그의 카리스마를 유지하는데 큰 무기로 활용했던 점을 빼놓을 수는 없으리라.

유비는 지금도 한 고조 유방과 함께 중국인들에 의해 인군(仁君)의 전형으로 추앙받고 있다. 유비의 인물됨에 대해서는 가장 이상적인 군주의 모델이라는 평가가 정설이지만, 결코 뱃속을 드러내 보이지 않는 음험한 인물이라는 평가도 함께 존재하고 있다. 후자의 예가 될 만한 일화를 소개해 본다.

형주의 백성들과 함께 피난길에 오른 유비일행이 당양벌 장판파에서 조조군에게 추월당하자, 유비 진영의 맹장 조운이 단기(單騎)로 조조의 대군 속에 뛰어들어 유비의 어린 아들 아두를 구해오는데, 이때 유비의 반응을 보자. 적지에서 구사일생으로 돌아온 어린 아들을 갑자기 땅에 내동댕이치며 이렇게 말한다.

"이놈 때문에 하마터면 국장(國將)을 잃을 뻔했구나!"

이런 주군을 따르지 않을 장수는 없다. 유비를 음험한 인물로 보는 것은 이러한 그의 언행을 고도로 계산된 행위로 보기 때문이다. 유비는 이런 식으로 부하들의 충성을 이끌어 냈다. 그럼에도 불구하고, 그는 도덕 교과서에나 나올 법한 덕망과 인품으로 사람의 마음을 사로잡는 인물로 자리매김 되어있다.

또 한 가지, 진의가 의심스러운 일화가 있다. 관우의 복수를 위해 대군을 이끌고 오를 치러 갔다가 오의 명장 육손에게 참패한 유비가 백제성에서 제갈량을 불러 후사를 부탁하는 장면이다.

"승상, 만약 내 아들이 도와서 될 만한 인물이거든 승상께서 도와주시오. 그러나 도와줘도 안 될 인물 같으면 승상께서 촉의 주인이 되시오."

유비의 이 말을 어떻게 해석해야 할까? 태자 유선은 그때 열일곱 살이었고, 조운이 조조의 대군 속에서 천신만고 끝에 구해왔던 바로 그 아두였다. 유비가 내동댕이칠 때 머리를 다쳐서 그렇게(?) 되었다는 얘기도 있지만, 그는 중국 역사를 통틀어서 몇 손가락 안에 꼽힐 정도로 암우(暗愚)한 군주의 표본 같은 인물이다.

그런데 제갈량은 지나치게 똑똑하다. 그래서 자기 아들을 폐하고 황위를 차지하라는 것일까? 아니면, 아예 찬탈을 공개적으로 언급함으로써 혹시 후일에 있을지도 모르는 그의 찬탈기도에 미리 쐐기를 박아두자는 것일까? 아마도 후자일 것이다. 그렇다면 음험한 계산이 깔려있는 유언이라고 볼 수 있지 않겠는가. 제갈량은 너무도 황송한 나머지 엎드린 채 계속 이마를 짓찧어 바닥이 온통 피와 눈물로 범벅이 되었다고 한다.

촉의 장래는 나라를 혼자 떠맡다시피 짊어지고 있는 제갈량에게 달려

있었다 해도 과언이 아니었다. 제갈량은 그 암우한 유비의 아들을 하늘처럼 받들면서 충성을 다했다. 제갈량의 위대함은 실로 거기에 있다할 것이다. 제갈량은 분골쇄신(粉骨碎身)하며 중원통일을 도모하였으나 끝내 뜻을 이루지 못하고 전선에서 쓰러져 숨을 거두었다. 일을 꾸미는 것은 사람이지만 일을 이루는 것은 하늘이라고 하지 않는가.

여기서 한 가지 짚고 넘어가야 할 것은, 유비가 내걸었던 한의 부흥이라는 기치(旗幟)가 과연 그 당시의 상황에 맞는 합당한 비전(vision)이었는가 하는 점이다. 이미 쇠퇴한 한의 부흥이 물 건너간 기치라는 판단이 들면 차라리 '새로운 나라! 새로운 시대!' 같은 참신한 비전을 제시하여야 했던 것이 아닐까?

일반적으로, 천하를 얻으려면 '천시(天時 chance)와 지리(地利 location), 인화(人和 teamwork)'의 세 가지 요소를 모두 다 갖추고 있어야 한다고 한다. 이를 당시의 판세에 대입해 보면 위의 조조는 천시를, 오의 손권은 지리를, 촉의 유비는 인화를 얻은 것으로 평가되고 있다.

냉정하게 판단해 볼 때, 위가 이 세 가지 모두에 가장 가깝게 접근해 있었고, 오는 지리와 인화 두 가지를, 촉은 인화 하나를 가지고 있었다고 하는 것이 더 정확한 설명일 것이다. 그렇다면 그 결과가 어떻게 될 것인가 하는 문제는 그 해답이 너무나도 자명하지 않은가.

5-02(064)
신(神)이 된 삼국지 최고의 무장 '관우'

　삼국지에 나오는 무수한 영웅호걸 중에서 현세에 가장 추앙받고 있는 인물은 누구일까? 도덕군자 같은 유비일까, 임기응변이 뛰어난 조조일까, 아니면 수성의 명군 손권일까? 그도 아니라면 재주의 깊이와 넓이를 알 수 없는 제갈량일까? 아니다.

　관우(關羽), 자는 운장(雲長). 사례주 하동 출신으로, 9척 신장에 수염길이는 2척이고 잘 익은 대춧빛 얼굴에 누에 눈썹과 봉황의 눈을 가진 무장이다. 청룡언월도를 손에 쥐고 적토마를 타고 무수한 전장을 누비며 무명(武名)을 떨쳤고, 전장에서도 '춘추(春秋)'를 손에서 놓지 않은 삼국지 최고의 명장이다.

　제후연합군의 무장들이 동탁의 맹장 화웅에게 줄줄이 패해서 돌아오자, 연합군의 사기는 뚝 떨어졌다. 이때, 공손찬 진영의 마궁수로 있던 관우가 출전을 자원했다. 조조가 출전을 허락하면서 따끈한 술 한 잔을 내어주었다. 관우는 '술은 갔다 와서 마시겠습니다.' 하고는 말을 타고 쏜살같이 달려 나가더니 술이 채 식기도 전에 화웅의 목을 들고 왔다.

　관우가 조조군의 포로로 잡혔을 때, 조조는 관우를 자기사람으로 만들기 위해 금은보화와 미인들은 물론, 나중에는 여포가 타던 적토마까지 주며 극진히 환대했다. 그러나 관우는 유비의 거처를 알자마자, 조조와 격전을 벌이고 있는 원소 진영의 일급장수 안량과 문추를 차례로 목 베어 조조가 베풀어준 후의에 보답하고 바로 유비를 찾아간다.

光談 過五關斬六將(광담 과오관참육장)
不談 走麥城(부담 주맥성)

관우의 공과(功過)를 압축한 글이다. '광담'은 신나게 얘기하라는 뜻이고, '과오관참육장'은 관우가 유비를 찾아가는 과정에서 조조의 다섯 관문을 지나가면서 저지하는 여섯 장수를 베어 천하에 명성을 떨치는 장면을 표현한 것이다. '부담'은 얘기하지 말라는 뜻이고, '주맥성'은 관우가 여몽에게 형주성을 빼앗기고 5백여 명의 군사와 함께 맥성으로 도망치는 장면을 표현한 것이다. 요즘 식으로 말하자면 '관우의 굴욕'이라고나 할까.

삼국지 최고의 무사인 관우는 의리와 충절을 소중하게 생각하는 강직한 성품을 지닌 반면, 정에 약한 결점이 있었다. 적벽대전에서 참패한 조조가 패주하면서 화용도를 지나가자, 그곳을 지키고 있던 관우는 조조를 충분히 잡을 수 있었는데도 전에 받았던 후의를 생각해서 그냥 놓아준다.

또, 관우는 자부심이 너무 강해서 상대방을 업신여기는 치명적인 결점도 지니고 있었다. 오의 손권이 관우에게 사돈을 맺자며 딸을 며느리로 달라고 했을 때, '범의 딸을 어찌 개의 아들에게 시집을 보내겠는가?' 하면서 거절한 것이 대표적인 예이다. 상대는 동맹국의 황제가 아닌가.

적벽대전에서 승리한 후, 제갈량이 선수(先手)를 친 유비가 형주를 차지한다. 손권이 유비에게 계속 형주반환을 요구하자, 유비는 '서촉을 얻으면 형주를 돌려주겠다.'고 약조한다. 그런데 서촉을 얻고도 이런저런 핑계를 대며 형주를 돌려주지 않던 유비가 형주의 세 군을 돌려주겠다고 하더니, 이번에는 형주의 책임자인 관우가 세 군의 반환을 거부한다. 이것은 내부적으로는 하극상이고 외교적으로도 있을 수 없는 결례이다.

어느 날, 관우는 오의 노숙으로부터 초청장을 받는다. 함정이 있을지 모른다며 측근들이 가지마라고 하자, 관우는 '내가 가지 않으면 다들 나를 겁쟁이라고 비웃을 것이다.'며 배 한 척에 호위병 몇 명만 데리고 강을 건너간다. 노숙이 회담장 주위에 도부수(刀斧手)를 숨겨놓고 계속 술을 권하면서 형주반환을 요구하자, 관우는 '땅을 주고받는 그런 중요한 문제를 이런 술자리에서 의논하는 것은 어울리지 않소.' 하며 넉살좋게 받아넘긴다.

회합이 끝날 때까지 관우에게서 빈틈을 찾지 못한 노숙은 관우를 그냥 돌려보낸다. '단도부회(單刀赴會)'라고 알려진 이 일화는 관우의 용맹을 한껏 돋보이게 하지만, 그 이면에는 촉오동맹의 전략적 의미를 간과하여 오를 적으로 만들어버린 관우의 치명적인 실책이 드러나 있다.

오군의 사령관 여몽이 물러나고 그 자리에 이름이 알려지지 않은 젊은 육손이 임명되자, 관우는 오 쪽에는 완전히 마음을 놓고 위의 번성을 공략한다. 그러다가 후방을 급습한 여몽에게 형주를 뺏기고 만다. 형주를 잃은 촉은 그때부터 서천의 분지 안에 갇힌다. 관우의 이 실책이 촉을 멸망으로 이끄는 치명타가 된 것이다.

결국 맥성에서 오군에게 포위된 관우는 탈출을 시도하다가 사로잡히는데, 그의 의기(義氣)와 뛰어난 무예를 아깝게 생각한 손권은 함께 일하자고 회유를 한다. 그러나 관우는 '옥은 깰 수 있으나 그 흰빛을 바꿀 수 없고, 대나무는 태울 수 있으나 그 곧음을 꺾을 수 없소이다.' 하면서 죽기를 자청하고 결국 참수된다.

후일 촉 황제 유선이 위의 장수 등애에게 항복하자, 성도에 살던 관우의 후손들은 전에 관우에게 참수되었던 방덕의 아들 방회에게 잡혀가서 한 명도 남김없이 목숨을 잃는다. 이 때문에 관우의 가계(家系)는 멸문된 것으로 알려졌으나, 최근에 관우의 67대손 한 사람이 나타나 화제가 되기도 했다.

문(文)의 최고봉인 공자는 문왕(文王)으로 불리고, 그와 나란히 서있는 무(武)의 최고봉인 관우는 무왕(武王)으로 불리었다. 그러다가 관우는 관제(關帝), 관성대제(關聖大帝)로 황제가 되었다가 다시 무신(武神)이 되어 이제는 민중들의 신앙의 대상이 되었다.

우리나라에는 임진왜란 때 명나라의 장수 진린이 부상을 당하자, 요양을 위해 남대문 밖에 관우의 사당을 지었는데, 이를 '남묘(南廟)'라 불렀다. 이듬해에는 명나라 황제가 보내온 현판(懸板)과 경비로 종로구 숭인동에 '동묘(東廟)'를 설치하여 오늘에 이르고 있다. 서울 지하철 1호선 '동묘앞' 역이 바로 '관우역'인 셈이다.

관우가 무장으로서 치명적인 실책을 범했음에도 불구하고 오늘날 이렇듯 추앙을 받고 있는 것은, 그의 뛰어난 무용보다는 추상같은 의로움과 주군을 향한 뜨거운 충의를 더 높이 산 것이 아닌가 하는 생각이 든다.

5-03(065)
정당한 평가를 해주어야할 용장 '장비'

정사이건 야사이건 사서(史書)는 문사(文士)에 의해 기록된다. 사서에 등장하는 인물은 문사의 손에 의해 뛰어난 영웅으로 그려지기도 하고 형편없는 망나니로 그려지기도 한다. 후세 사람들은 그 글을 보고 인물을 평가하게 된다.

일반적으로 문사는 무사를 업신여기는 경향이 있다. 문(文)을 항상 무(武) 위에 올려놓는 오래된 관행에다, 자신이 갖추지 못한 무에 대한 콤플렉스까지 더해진 것이다. 글줄을 좀 읽은 무사는 그래도 좀 낫다. 글을 모르거나 출신이 비천한 무사는 이들의 좋은 표적이 되어 형편없는 사람으로 매도당하기도 한다.

그 대표적인 피해자가 익덕(翼德) 장비(張飛)가 아닌가 싶다. 유비와 같은 유주 탁군 출신의 장비는 관우에 비해 결코 뒤지지 않는 의기(義氣)와 무예를 갖추고도, 출신이 비천하고 무식하다는 이유로 정당한 평가를 받지 못하고 있다. 장비의 출신배경, 인상(人相)과 성격, 무용, 그리고 죽음에 이르기까지의 주요 대목을 관우와 비교하면서 살펴보자.

우선 출신배경을 보면 관우는 서당 훈장 출신으로 '춘추(春秋)'를 손에서 놓지 않는 식자층이고, 장비는 한때 멧돼지를 잡아서 술과 함께 팔며 생계를 이어간 적이 있었는데, 그 때문에 푸줏간 출신으로 알려져 무식한 망나니로 낙인찍힌다.

　두 번째, 인상에서 관우는 선비형 무사로 묘사되어 있는 데 비해 장비는 돌쇠형(?) 무사로 묘사되어 있다. 넓은 이마, 누에눈썹, 봉안(鳳眼), 단정하고 긴 수염은 관우의 등록상표이고, 장비의 인상에는 일자눈썹, 치켜뜬 고리눈, 쭉쭉 뻗친 턱수염이 상표처럼 따라 다닌다.

　세 번째, 성격상의 장단점을 살펴보자. 관우는 의리를 소중하게 생각하는 성품이 장점인 반면, 스스로를 과신하고 상대방을 깔보는 단점이 있었다. 또 정에 약해 손안에 들어온 조조를 그냥 놓아준 적도 있었다. 장비는 속과 겉이 같고 남을 의심하지 않는 장점(?)을 가졌으나, 조급한 성격에 술을 먹으면 난폭한 행동을 하는 단점이 있었다. 다시 말해 장비는 단순하고 저돌적인 성격에 주사(酒邪)가 있는 무뢰한으로 그려져 있다.

　네 번째, 무용을 비교해 보자. 우선 무기의 주 종목에서부터 차이가 난다. 관우의 손에는 정통 무사의 이미지를 주는 칼인 청룡언월도가 쥐어진 데 비해, 장비의 손에는 칼이 아닌 창인 장팔사모를 쥐게 하였다.

　무용담을 보자. 관우가 조조진영에 머물고 있을 때 원소가 자랑하는 두 맹장 안량과 문추의 목을 벤 적이 있었다. 조조가 그의 무용을 칭찬해 주자 관우는 이렇게 대답한다.

　"승상, 무용에 있어서는 저의 아우인 장비가 저보다 위입니다. 장비는 전장에 나가면 적장의 목을 베어오기를 마치 호주머니 속에서 물건을 꺼내듯 합니다[낭중취물(囊中取物)]."

　관우가 스스로를 낮추려고 아우를 약간 과대 포장한 것이지만, 이 말은 관우가 장비의 무예를 **최소한** 자신과 동급 정도로 보고 있다는 증좌(證左)가 된다. 이 말을 들은 조조, 흠모하는(?) 관우의 말인지라 간담이 서늘하여 휘하 장수들에게 이렇게 명을 내린다.

"너희들은 어디에다 장비의 이름을 적어놓고 기억하라. 앞으로 장비를 만나거든 섣불리 덤비지 마라."

장비의 진가가 가장 적나라하게 드러난 부분은 뭐니 뭐니 해도 장판교에서 조조의 대군을 물리친 쾌거일 것이다. 유비가 형주의 피난민들과 함께 조조군에 쫓기며 장판교 건너 숲 속에 몸을 숨기고 있을 때이다.

조운이 유비의 어린 아들 아두를 구해 품에 안고 피투성이인 채 달려왔을 때, 장판교 다리 위에서 큰 창을 쥐고 조조의 대군에 맞서 단 일기(一騎)로 버티고 서있는 거한이 있었다. 장비였다. 장비는 조운을 유비가 있는 숲 속으로 보내고 혼자 말위에 버티고 서서 고리눈을 부릅뜨고 우레 같은 목소리로 고함을 내질렀다.

"나는 연인(燕人) 장비다. 누구든지 자신 있는 놈은 나와서 덤벼라!"

조조진영의 장수 하후걸이 겁 없이 덤벼들었다가 단 일합에 목이 떨어졌다(장비의 고함소리에 놀라 말에서 떨어져 죽었다고 써진 책도 있다). 조조진영의 장수들은 그 모습을 보고 모두 기가 죽어 멈칫하고 있었다. 군사들이 동요하기 시작했다. 이를 눈치 챈 조조가 황급히 영을 내렸다.

"퇴각하라. 그때 관우가 얘기하던 바로 그 장비이다."

장비의 위풍당당한 기세가 조조의 대군을 물리친 것이다. 물론 장비의 뒤 숲속에 매복이 있을까봐 조조가 섣불리 공격명령을 내릴 수 없기도 했지만, 이 정도면 장비의 용맹과 무용이 결코 관우에게 뒤진다고 할 수는 없지 않을까? 중국인 특유의 허풍이 좀 가미되었음을 감안하더라도.

마지막으로 죽음을 맞이하는 장면을 보자. 패주하던 관우는 맥성에서 빠져나오다가 아들 관평과 함께 오군에게 사로잡혀 오주 손권의 간곡한 회유를 물리치고 참수 당함으로써 무사다운 죽음을 맞는 것으로 되어 있다.

그러나 장비는 관우의 죽음에 흥분하여 범강(范彊)과 장달(張達)이라는 두 부하장수에게 무리하게 출정준비를 시켰다가, 기한 내에 준비를 하지 못해 장비에게 문책 받을 일을 두려워 한 이들에게 암살당하는 것으로 묘사되어 있다.

후세 사가들이 장비의 이름을 관우보다 한참 아래에 두게 된 것은, 관우가 전장에서도 항상 '춘추(春秋)'를 끼고 다니는 무장인 데 비해, 장비는 무예는 뛰어나지만 일자 무식꾼인 데다 주벽 때문에 여러 번 일을 그르친 적이 있었기 때문이다.

유비 또한 관우의 죽음에 흥분하여 촉과 오가 함께 힘을 합쳐 위에 대항해야한다는 절대명제를 어기고 무리하게 오를 정벌하려다 참패하여 백제성에서 최후를 맞이하고 만다. 후세 사가들이, 촉을 멸망의 구렁텅이로 몰아간 단초가 되는 유비의 판단착오마저도 관대하게 평가하면서도 장비에게는 너무나 가혹한 평가를 하고 있다는 생각을 떨쳐버릴 수가 없다.

관우와 함께 만인적(萬人敵)으로 불렸던 장비도 이제 그의 활약에 걸맞은 정당한 평가를 해주어야할 때가 되지 않았나 싶다. 1800년이 지난 오늘날까지도 우레와 같은 명성으로 남아있는 유비와 관우만큼은 아니더라도….

5-04(066)
장판파 신화를 남긴 불패의 무장 '조운'

　북방에서 기업(基業)에 열중하던 원소와 공손찬이 불꽃 튀는 접전을 펼치고 있던 어느 날, 북평태수 공손찬이 원소 진영의 맹장 문추에게 쫓기며 도망치다가 어느 산비탈에서 말 아래로 꼬꾸라졌다. 뒤따라오던 문추가 창을 꼬나 잡고 돌진해왔다. 그때 나무덤불 속에서 한 청년이 뛰쳐나와 현란한 창술을 펼치며 문추를 쫓아냈다.
　키가 8척인 훤칠한 체격에 눈썹이 짙은, 아직 스무 살도 안 되어 보이는 동안의 미장부(美丈夫)였다. 공손찬이 '정말 고맙소이다. 젊은이는 뉘시오?' 하고 물었다. 그가 '저의 이름은 조운(趙雲), 자는 자룡(子龍)이라고 합니다.' 하고 대답했다.
　기주 상산 출신으로, 창술의 대가인 조운이 처음 삼국지에 등장하는 모습이다. 후일, 유비 진영에서 관우와 장비에 못지않게 활약하는 조운은 발해태수인 원소가 의군을 모집할 때 휘하로 들어갔으나 원소가 도량이 좁은 데다 그의 수하에 장수들이 많아 중용될 기회를 얻지 못하자 북방의 또 다른 군웅인 공손찬을 찾아가는 길이었다.
　그러나 공손찬은 자신을 위기에서 구해준 이 청년을 요직에 기용하지 않고 후진에 배치한다. 너무 젊은 데다 아직 속마음을 알 수 없다는 이유에서였다. 그 무렵 공손찬의 휘하에 있던 유비는 조운을 보고 마치 천생배

필을 만난 청춘남녀처럼 첫눈에 반한다. 조운도 유비의 영웅적 기개(氣槪)에 반해 '이 사람이야말로 내가 평생 섬겨야 할 주군이구나.' 하고 생각한다. 영웅은 영웅을 알아보는 법이다.

후일 공손찬이 원소에게 패망하자, 조운은 정처 없이 떠돌아다니다가 다시 유비를 만나게 되는데, 그때부터 조운은 유비를 그림자처럼 호위하며 끝없는 충절과 무용을 떨치며 불패의 신화를 만들게 되는 것이다.

'조운' 하면 뭐니 뭐니 해도 당양 장판파 전투가 가장 먼저 떠오른다. 원소를 격파한 조조가 대군을 이끌고 형주로 쳐들어오자, 유비는 그를 따르는 피난민들과 함께 조조군에 쫓기며 유표의 큰아들 유기가 있는 강하로 가고 있었다. 그때, 유비의 처자(妻子)가 적진 속에 있다는 것을 알게 된 조운은 단기(單騎)로 조조의 대군 속에 뛰어들어 무수히 적병들을 베어 넘기며 유비의 아들 '아두'를 구해온다.

언덕 위에서 이 모습을 지켜보던 조조도 감탄을 금치 못하며 '저 장수가 누구냐?'며 이름을 묻는다. 그때부터 '상산 조자룡' 하면 당양 장판파에서 조조의 대군 사이를 무인지경으로 휘젓고 달리던 그 눈부신 무용을 떠올리게 되는 것이다. 그로 인해 조자룡이라는 빛나는 이름을 후세에 알리게 되었다.

그 후, 홀아비가 된 유비와 정략결혼한 손권의 여동생 손 부인이 오로 돌아갈 때 몰래 유비의 어린 아들 아두를 데리고 떠나자, 조운은 오의 흉계를 간파하고 재빨리 뒤따라가서 아두를 빼앗다시피 데려온다. 그는 후일 촉의 후주(後主)가 되는 아두를 두 번이나 위기에서 구하는 것이다.

조운은 조조로부터 한중을 빼앗는데도 선봉을 맡아 노장군 황충과 함께 큰 공을 세웠다. 유비가 죽고, 제갈량이 후주 유선에게 저 유명한 출사표를 바치고 위나라 정벌에 나섰을 때 조운의 나이는 이미 칠십에 가까웠다. 그 때문에 제갈량은 정벌군의 진용에서 조운을 제외했는데, 이를 알게 된 조운은 불같이 노하며 군막에서 뛰어나와 따지듯 외쳤다.

"내가 비록 늙었다 하나 선제 이래 선봉을 맡지 않은 적이 없소이다. 대장부가 싸움터에서 죽는다면 그보다 더한 복이 없을 터인데, 어찌 나를 뺀단 말이오. 나를 선봉으로 써주지 않는다면 이 주춧돌에 머리를 짓찧어 죽어버리겠소!"

끝없는 노익장이요, 한없는 충절이었다. 결국 제갈량은 조운에게 선봉장을 허락하지 않을 수 없었다. 그때 위군에서는 조조의 부마이며 하후돈의 아들인 하후무가 총사령관을 맡고 있었고, 서량대장군 한덕이 용맹무쌍한 네 아들과 함께 선봉을 맡고 있었다.

조운과 맞붙은 선봉장 한덕은 네 아들을 차례로 보냈으나 모두 조운의 창에 찔려 죽고 마침내 자신마저도 조운의 창에 목이 떨어진다. 서전에서 조조군의 선봉장 5부자를 차례로 물리친 조운의 승전보에 힘을 얻은 촉군은 마침내 위군을 무찌르고 총대장 하후무까지 사로잡는 개가를 올린다.

그는 한평생 무장으로서 패배를 몰랐고, 신하로서도 진심어린 충절을 다하며 살다가 칠십이 넘어서 병사했다. 조운의 죽음을 전해들은 촉주 유선은 지난날 두 번이나 자신을 구해준 은혜를 생각하며 목 놓아 울었고, 제갈량은 쓰러져 흐느끼며 '이제 촉은 기둥 하나를 잃었고, 나는 팔 하나를 잃었다.'며 탄식했다.

제갈량에게 조운은 남다른 장수였다. 관우와 장비는 초창기부터 유비와 의형제를 맺은 사이인 데다, 둘 다 개성이 너무 강하여 제갈량이 다루기에는 좀 버거운 점이 있었다. 그러나 조운과는 늦게 유비진영에 합류했다는 공통점도 있었고, 또 조운의 성격도 무장치고는 순한 편이어서 제갈량과는 호흡이 아주 잘 맞았던 것이다.

우리 속담의 '조자룡이 창 들고 서있는 듯하다.'는 말은 '감히 접근할 수 없을 정도로 빈틈이 없다.'는 뜻으로 완벽한 경호를 의미하는 말이다. 조운이 5천년 중국사를 통틀어 다섯 손가락 안에 꼽히는 창술의 대가이기 때문에 만들어진 속담이리라.

또, '조자룡 헌 칼(창) 쓰듯'이라는 말도 자주 쓰이고 있는데, 이것은 조운이 장판파의 싸움에서 창날이 너덜너덜하도록 창을 쓰고 나서, 다시 적군에게서 뺏은 칼을 휘두르며 적병을 닥치는 대로 베어 넘기던 눈부신 무용에서 나온 말이다. '아주 익숙하게 사용한다.'는 뜻과 함께 '마구잡이로 휘두른다.'는 의미도 내포하고 있다.

조운의 동료이면서 선배 장수인 관우와 장비는 발군의 무용과 전공(戰功)으로 삼국지를 화려하게 장식하며 빛나는 이름을 남겼지만, 둘 다 참수되어 목 없는 귀신이 되고 말았다. 그러나 일흔 살이 넘도록 전장을 누비던 조운은 불패의 신화를 남기고 천수를 다한 후 온전한 몸으로 성도의 금병산에 묻혔다.

생각하건대, 삼국지에 등장하는 무수한 장수들 중에서 무용과 충절, **최후** 등에서 조운만큼 모든 것을 골고루 갖춘 장수는 더 이상 찾아보기 힘들다. 그는 참으로 복 받은 장수이다.

5-05(067)
삼국지 최고의 기재(奇才) '제갈량'

소설 삼국지의 주인공은 유비이다. 그러나 조금만 더 깊이 살펴보면 전반부는 조조, 후반부는 제갈량이 실질적인 주인공이라는 것을 알게 된다. 그런 의미에서 삼국지의 주인공은 세 사람, 즉 유비와 조조, 그리고 제갈량이라고 할 수 있으리라.

삼국지 후반부의 주인공이라 할 수 있는 제갈량에 대해서 살펴보고자 한다.

제갈량(諸葛亮), 자는 공명(孔明). 서주 낭야 출신으로, 삼국지연의에 의해 거의 신격화된 사람이다. 주 문왕 서백후를 도운 강태공(여상), 한 고조 유방을 도운 장자방(장량)과 함께 중국 고대사에서 왕조를 창업한 인물을 보좌한 3대 명참모로 꼽힌다.

일찍 부모를 여읜 제갈량의 형제들은 숙부와 함께 형주 양양의 융중에 자리 잡고 살게 되었다. 거기서 주경야독하면서 가슴속의 이상을 키워가고 있다가, 형 제갈근은 강동으로 건너가 손권의 참모가 되었고 제갈량은 유비를 보좌하는 군사(軍師)가 되었다.

공교롭게도 그들의 사촌동생 제갈탄은 위의 장수로 있으면서 사마소의 찬탈기도에 반기를 들었다가 전사한다. 당시 '오는 호랑이를 얻었고 촉은 용을 얻었는데 위는 개를 얻었다.'는 말이 회자되었다고 한다. 여기서 개는 욕할 때 흔히 쓰는 부정적인 의미가 아니고 주인에게 충성하는 충견(忠犬)을 의미한다. 이들 모두 뛰어난 인물이었다.

제갈량이 세상에 나온 것은 유비의 삼고초려(三顧草廬) 때문인 것으로 알려져 있다. 그러나 제갈량이 주로 경세(經世)에 관한 학문을 익혀왔다는 점, 당대의 재사들과 교유(交遊)를 통해 천하대세를 가늠할 식견과 안목을 기르고 있었다는 점, 자신을 춘추시대의 명재상 관중과 명장 악의로 비유한 점 등으로 미루어볼 때, 때를 기다리면서 누구를 섬길지 저울질하고 있었던 것 같다.

또, 제갈량이 결혼을 통하여 명문가와 결속을 맺고 신분상승을 꾀한 것도 그가 초야에 묻혀 살기를 원하지 않았다는 반증이 되리라. 제갈량의 장인은 그곳의 호족인 황승언, 장모는 형주의 명문 채 씨 집안의 딸로서 형주자사 유표의 부인과는 자매였다.

제갈량은 분명히 세상에 나가 자신의 이상을 실현하려고 했다. 그리고 이미 확고한 터전과 많은 인재를 보유한 조조와 손권보다는, 자신의 존재 가치를 극대화할 수 있는 유비를 주군으로 택했다. 제갈량은 유비에게 천하삼분지계(天下三分之計)를 설명하면서 서촉에 자리를 잡고 창업하여 손권과 힘을 합쳐서 조조를 공략하는 큰 구상을 제시한다.

약관 27세의 제갈량이 혜성처럼 등장하면서부터, 한때 천하의 7할을 석권했던 조조가 참담한 좌절을 맛보게 됨은 물론, 삼국지의 주역 자리도 그에게 빼앗기고 만다. 적벽대전에서 손권과 유비의 5만 연합군이 조조의 백만 대군을 괴멸시킬 수 있었던 것은 명장 주유와 제갈량이 있었기에 가능한 일이었다.

'제갈량이 왔다가 울고 가겠다.'는 말이 있다. 제갈량이 지략의 대명사임을 반증하는 속담이다. 지략이 뛰어난 제갈량이 상대방의 지략에 놀라 자신의 무능을 한탄한다는 뜻이니, 지혜와 책략이 아주 뛰어난 사람을 비유적으로 이르는 말이다. 연의에 나오는 제갈량의 신기묘산(神機妙算)의 행적은 어디까지가 사실인지 알 수가 없을 정도로 부풀려진 부분이 많은 것도 사실이다.

제갈량의 기량을 정치가와 군략가의 측면으로 나누어서 살펴보자.

먼저 정치가로서의 면모를 보자. 어리석은 황제 유선에게 충성을 다하는 모습에서 명재상으로서의 진면목이 드러난다. 국권을 쥐고 있는 똑똑한 2인자가 아둔한 1인자에게 충성을 하는 것은 결코 쉬운 일이 아니기 때문이다. 흠으로는, 승상의 지위에 있으면서도 크고 작은 일에 모두 관여했던 점을 드는데, 믿고 맡길 만한 인재가 부족했다는 점, 상벌이 엄격하고 공평무사했다는 점에서 이해를 해야 할 것 같다.

다음, 군략가로서의 면모를 보자. 촉의 5~6배에 달하는 위의 국력을 감안해보면, 앉아서 망하느니보다는 차라리 싸우면서 활로를 찾는 것이 현명한 전략이 아니겠는가. 결국 뜻을 이루지는 못했지만 6차에 걸쳐 위에 공세를 취한 사실만으로도 그가 뛰어난 군략가임을 인정하지 않을 수 없다. 월등한 군사력을 가진 위의 사마의가 시종일관 수비에 치중한 것을 보면 더욱 그런 생각이 든다.

첫 북벌 때 용장 위연이 제안한, 지름길로 장안을 치는 기습책을 채택하지 않은 것은 참으로 아쉬운 부분이다. 안전 위주의 지지 않는 전략으로 일관한 제갈량의 입장에서는 용인하기 어려운 일이겠지만, 전쟁에는 도박도 필요한 법인데….

위와의 전투에서 제갈량은 여러 차례 신출귀몰하는 지략을 펼치지만 결정적인 승리를 얻지는 못한다. 그러다가 가을바람 부는 오장원에서 피를 토하며 쓰러지고 만다. 그의 나이 54세였다. 병명은 과로로 인한 폐결핵으로 추측하고 있다. 그가 죽자, 그와 함께 중원을 다툰 위의 명장 사마의는 이런 말을 남긴다.

"공명은 참으로 천하의 기재이다."

제갈량이 삼국지에 처음 모습을 드러낼 때의 삼고초려(三顧草廬)를 필두로, 그의 행보를 따라 수어지교(水魚之交), 만두(饅頭), 칠종칠금(七縱七擒), 출사표(出師表), 읍참마속(泣斬馬謖) 등 수많은 고사성어가 만들어졌다. 그의 일거수일투족이 화제가 되었으니, 요즘말로 하면 뉴스메이커였던 셈이다. 그가 죽은 후에 보니 그의 재산은 '뽕나무 8백 그루와 전답 15경(頃)'이 전부였다고 한다. 청빈한 공직자로서도 귀감이라 하지 않을 수 없다.

정사 삼국지의 저자 진수가 쓴 제갈량에 대한 인물평을 보자.

'승상으로서 시대에 맞는 정책을 내었고 형벌이 엄격했으며 공정한 정치를 행하였다. 임금에게 충성을 다하고 백성을 따뜻하게 어루만질 줄 알았으니 실로 다스림이 무엇인지를 아는 사람이었다. 그러나 해마다 군사를 이끌고 나갔으나 끝내 성공하지 못했으니 군략은 그의 장기가 아니었다.'

다음에 중국에 가면 사천성 성도에 있는 무후사(武侯祠)를 찾아가 제갈량 전(殿)에 참배하고 싶다.

5-06(068)
제갈량에 버금가는 준재(俊才) '방통'

　형주의 신야에서 인재를 구하고 있던 유비는 수경선생 사마휘로부터 복룡(伏龍)과 봉추(鳳雛) 중에서 한 사람만 얻어도 가히 천하를 평정할 수 있다는 말을 들었다. 그런데 사마휘는 그 사람들이 누구인지 끝내 알려주지 않았다. 세상에 잘 알려지지 않은 숨은 인재를 뜻하는 '복룡봉추'는 여기서 생겨난 말이다.

　복룡은 하늘에 오를 때를 기다리는 숨어있는 용으로 제갈량을 지칭하고, 봉추는 아직 다 자라지 않은 새끼봉황을 의미하는데 방통을 지칭하는 말이다. 둘 다 천문과 지리에 통달하여 자유자재로 지략을 펼치고 군사를 부리는 재주를 지닌 인물이다. 제갈량에 버금가는 준재(俊才) 방통에 대해서 알아보고자 한다.

　봉추 방통(龐統), 자는 사원(士元). 적벽대전 때 오군 총사령관 주유의 요청을 받고 조조 진영을 찾아가 조조군의 선단을 쇠사슬로 묶는 연환계(連環計)를 성공시켜 오나라 수군이 조조의 백만 대군을 화공(火攻)으로 괴멸시키는 데 결정적인 공을 세운 사람이다. 방통은 주유의 뒤를 이어 오군 총사령관이 된 노숙의 천거로 오주 손권을 만났지만, 그의 꾀죄죄한 용모에 실망한 손권은 그를 요직에 발탁하지 않았다. 그의 라이벌 제갈량이 준수한 용모를 지닌데 비해, 방통의 용모는 너무나 볼품이 없었던 것이다.

노숙과 제갈량으로부터 추천장을 받은 방통은 유비를 찾아가 추천장은 내놓지 않고 인사를 했다. 우레 같은 명성에 비해 용모가 미치지 못하는 것에 실망한 유비는 그에게 조그만 고을의 **현령** 자리를 하나 내주었다. 방통은 자신을 겨우 **현령** 감으로밖에 보지 않은 데에 화가 났지만 애써 참으며 유비가 내린 벼슬을 받고 임지로 떠났다.

유비는 방통이 매일 술만 마시며 세월을 보내고 있다는 보고를 받고, 장비에게 직접 가서 확인해보도록 지시했다. 장비가 뇌양현에 이르자, 관리들이 모두 나와서 맞이하는데 방통은 보이지 않았다. 방현령을 찾으니 한 관리가 기다렸다는 듯 일러바쳤다.

"방**현령**은 부임한 뒤로 지금까지 백여 일 동안 고을 일은 하나도 하지 않고 매일 술만 마셨습니다. 아마 지금도 어디서 혼자 술을 마시고 있을 것입니다."

장비가 방**현령**을 찾아오라고 호통을 치자, 이윽고 벌겋게 취한 방통이 나타났다. 장비가 가까스로 화를 억누르며 '어찌하여 일은 하지 않고 매일 술타령만 했느냐?'고 물었다. 방통이 껄껄 웃으며 '까짓 백 리도 안 되는 고을의 일이야 뭐 어려울 게 있겠소? 잠시만 기다려 주시오. 내 금방 해치울 테니.' 하고 대답했다.

방통이 그동안 밀린 서류를 모두 가져오라고 하자, 관리들이 이런저런 문서며 밀린 송사(訟事) 자료들을 가져왔다. 그는 손으로 문서를 넘기며 입으로는 처리방향을 지시하고, 이어서 송사의 판결을 내리는데 누가 들어도 합당하여 아무도 이의를 제기하는 사람이 없었다. 백여 일이나 밀린 관청 일을 반나절도 안 되어 깔끔하게 처결하는 것을 본 장비는 그만 눈이 휘둥그레졌다.

돌아온 장비가 유비에게 그간의 일을 자세히 고하자, 깜짝 놀란 유비는 대 현인을 몰라본 자신의 과오를 크게 뉘우쳤다. 유비는 방통을 모셔오게 한 다음 계단 아래까지 내려가 자신의 잘못을 빌고, 곧바로 그를 군사 제갈량과 함께 전략을 수립하는 부군사(副軍師)로 임명했다. 그때서야 방통은 두 사람의 추천장을 유비에게 보여주었다.

서촉 정벌에 나선 유비는 제갈량에게 형주를 지키게 하고, 방통을 정벌군의 군사(軍師)로 임명하였다. 정벌군은 방통의 계책 덕분에 연승을 거듭하면서 서촉 땅을 한 군데씩 점령해나갔다. 순조롭게 나아가던 정벌군은 낙성에 이르는 갈림길 앞에 이르러 잠시 멈춰 섰다. 이때 형주에 있는 제갈량으로부터 사신을 통한 서신이 왔다.

"제가 간밤에 천문을 보니 으뜸장수에게 불길한 일이 생길 조짐이 있습니다. 모든 일을 한 번 더 살펴보시고 함부로 가볍게 나아가지 마십시오."

유비는 진군을 멈춰야겠다고 생각하며 방통에게 의견을 물었다. 서찰을 찬찬히 훑어본 방통은 서촉 공략에서 자신이 큰 공을 세우는 것을 제갈량이 견제하고 있는 것으로 생각하고 확신에 찬 목소리로 말했다.

"저 역시 간밤에 천문을 보았습니다만, 그것이 꼭 우리 쪽 으뜸장수에게 불길한 일이 생길 조짐은 아닙니다. 걱정 마시고 진군을 계속하십시오."

마음이 내키지 않던 유비는 방통이 거듭 권하자, 갈림길에서 군사를 둘로 나누어 진군하여 낙성에서 만나기로 했다.

다음날, 막 출발하려는데 갑자기 방통이 말에서 떨어지는 불상사가 일어났다. 이를 본 유비는 방통의 말이 너무 여윈 것을 헤아리고 자신이 타던 백마를 내주고 자신은 다른 말을 탔다. 방통은 감읍하며 유비가 타던 백마를 타고 출발했다. 이윽고 어느 산의 소로(小路) 입구에 이르자, 방통은 문득 주위에 가득한 살기를 느끼고 '이곳이 어디냐?'고 물었다. 부하장수가 대답했다.

"낙봉파입니다."

방통은 깜짝 놀라며 군사들에게 이곳을 속히 통과하라고 지시했다. 낙봉파(落鳳坡)라면 봉황이 떨어지는 곳이란 뜻이고, 자신이 바로 새끼봉황이 아닌가.

그 순간, 큰 함성이 일며 화살이 빗발치듯 날아왔다. 산언덕에 매복한 촉병들이 봉추가 탄 백마를 보고 유비인 줄 알고 집중해서 활을 쏜 것이었다. 방통은 그 자리에서 온 몸에 화살을 맞고 고슴도치처럼 되어 말에서 떨어져 죽으니 이때 그의 나이 서른여섯이었다.

제갈량과 동시대에 태어난 것이 비극이었는지, 방통의 큰 재주는 제대로 펼쳐보지도 못한 채 꺾이고 말았다. 복룡 제갈량은 하늘로 날아올랐지만, 봉추 방통은 땅으로 곤두박질치고 말았던 것이다.

방통이 오래 살아남아 제갈량과 적절히 역할분담을 하여, 한 사람이 형주에 남았더라면 관우가 그렇게 어이없게 형주를 잃고 죽지는 않았을 것이다. 또 제갈량이나 강유의 북벌 때 한 사람이 성도에 남아서 촉 황제 유선을 보좌했더라면 촉이 그렇게 허망하게 멸망하지도 않았을 것이라는 생각을 해본다.

5-07(069)
노익장을 과시한 명궁(名弓) '황충'

황충(黃忠), 자는 한승(漢升). 형주 남양 출신으로 유표 휘하에서 중랑장을 지내다가 장사태수 한현을 섬기게 된 무장이다. 그는 100보 떨어진 곳에 있는 버들잎을 화살로 정확히 꿰뚫을 정도로 뛰어난 명궁(名弓)으로 알려져 있다.

적벽대전에서 승리한 유비는 재빠르게 움직여 형주성을 점령한 후 계양군과 무릉군을 평정하고 다시 관우를 앞세워 장사군을 공략하고 있었다. 삼국지 최고의 무장 관우와 장사군의 예순 가까운 나이의 무장 황충과의 싸움은 문자 그대로 용호상박이었고, 100합이 넘어도 승부가 나지 않았다.

다음날, 두 장수가 다시 만나 불꽃 튀는 접전을 벌이고 있을 때, 황충의 말이 앞다리를 접질렀는지 갑자기 황충이 말에서 떨어졌다. 관우가 다가가 청룡언월도를 번쩍 쳐들었다. 순간, 말의 실수에 편승한 승리는 의(義)가 아니라고 생각한 관우가 칼을 거두면서 말했다.

"얼른 가서 말을 바꿔 타고 오너라!"

관우가 청룡도를 내려쳤으면 자신의 목은 영락없이 땅바닥에 굴러 떨어지고 말았을 거라고 생각하니 황충은 마음이 편치 못했다. 황충은 진채로 돌아와 말을 갈아타고 다시 나가 관우와 맞붙었다. 황충은 슬그머니 뒷

걸음질을 치면서 말을 돌려 달아났다. 그러다가 돌아서서 장기인 활을 쏠 심산이었다. 관우가 쫓아오자, 황충이 갑자기 획 돌아서며 활을 쏘았다. 날아간 화살은 관우의 투구 정수리에 정확히 꽂혔다.

깜짝 놀란 관우가 주춤하며 뒤로 물러섰다. 가만히 생각해보니 황충이 자신의 투구 정수리를 쏜 것은 아까 자신을 죽이지 않은데 대한 배려인 것 같았다. 황충이 마음만 먹었다면 자신의 머리를 한 살에 꿰어놓을 수도 있었다는 생각이 들었다. 아찔했다. 그날 싸움은 그렇게 끝났다.

이를 지켜본 태수 한현은 즉시 황충의 목을 베라고 명을 내렸다. 황충이 일부러 관우를 맞히지 않고 투구를 맞혀 살려준 것은 서로 내통했기 때문이라는 것이다. 이때 젊은 장수 위연이 반기를 들어 한현의 목을 베고 황충을 구했다. 유비가 황충을 찾아가 함께하기를 정중히 요청하자, 황충은 태수 한현을 장사지내고 유비 진영에 합류한다. 노장 황충은 흰머리를 날리며 위연과 함께 유비가 서촉을 평정하는 데 결정적인 공을 세운다.

또, 황충은 유비와 함께 한중쟁탈전에 출전하여 수십 년간 조조의 측근으로 **활약**한 맹장 하후연을 정군산에서 칼로 베어 죽이는 개가를 올린다. 결국 유비는 조조로부터 한중을 빼앗아 한중왕으로 등극하고, 노장군 황충은 관우 장비 조운 마초와 함께 촉의 오호(五虎) 대장군에 위촉된다.

그 후 형주를 지키던 관우가 오의 여몽에게 사로잡혀 죽임을 당하고, 장비마저 부하에게 살해되어 그 수급이 오로 넘어가는 불상사가 일어나자, 유비는 두 동생의 원수를 갚기 위해 대대적인 정벌군을 일으켜 오로 쳐들어간다. 이때 유비는 황충과 더불어 관우와 장비의 아들인 관흥과 장포를 선봉장으로 명하는데, 젊은 두 장수는 각각 죽은 아버지의 원수를 갚기 위해 분전(奮戰)하며 큰 공을 세운다.

제5장. 촉나라의 인물들

유비는 크게 기뻐하며 여러 장수들이 모인 자리에서 두 장수를 격려하며, '이제 지난날의 장수들은 모두 늙어서 쓸모가 없게 되었다. 그런데 젊은 두 조카가 이토록 용맹스러우니 오의 손권 따위를 겁낼 게 무어랴!' 하고 말했다.

젊은 두 장수를 칭찬하는 것까지는 좋았으나 늙은 장수들은 이제 쓸모가 없게 되었다고 말한 것이 문제였다. 이 말을 듣고 큰 충격을 받은 노장군 황충은 같은 연배의 장수인 오반의 막사로 달려가 불편한 마음을 털어놓았다.

"나는 이때까지 숱한 싸움터를 누볐으나 한 번도 물러선 적이 없었다. 내 나이 비록 일흔이 넘었으나 아직도 고기 열 근을 한꺼번에 먹을 수 있고, 쌀 두 섬을 들어 올릴 수 있는 사람만이 당길 수 있는 활을 쏠 수 있다. 그런 나를 늙었다고 어찌 이리 무시하는지…"

황충이 격한 음성으로 불평을 토로하고 있을 때, 마침 군사 하나가 들어와서 오군의 선봉이 가까이 이르렀다고 보고했다. 그 말을 들은 황충은 누가 말릴 틈도 없이 쏜살같이 군막을 뛰쳐나가 말에 올랐다. 그리고는 갑자기 오군을 향해 돌진하며 싸움을 걸었다. 적장은 오군의 반장이었다. 그날 황충의 기세가 워낙 드센 탓인지 반장은 제대로 싸우지도 못하고 도망쳐 버렸다.

다음날, 반장이 다시 군사들을 이끌고 앞장서서 쳐들어오자, 황충은 주위사람들의 만류도 듣지 않고 다시 혼자 말을 타고 달려 나갔다. 반장은 몇 합 싸우다가 갑자기 말머리를 돌리더니 달아나기 시작했다. 황충이 소리치며 뒤를 쫓았다.

"이놈, 달아나지 마라! 오늘은 너의 목을 가져가야겠다!"

그러나 그것은 반장의 계략이었다. 황충이 적진 깊숙이 쫓아갔을 때 갑자기 천지를 뒤흔드는 함성과 함께 사방에서 화살이 날아들었다. 오의 장수 마충이 쏜 화살이 그의 가슴에 꽂혔다. 황충이 비틀거리며 퇴로를 찾고 있는데 때마침 관흥과 장포가 구원군을 이끌고 와서 황충을 구해냈다.

진채로 돌아온 황충은 상처를 치료했으나 워낙 늙은 몸이라서 그런지 상처가 잘 낫지 않고 점점 더 심해졌다. 이야기를 들은 유비는 몸소 황충의 병상을 찾아와 눈물을 흘리며 자신의 잘못을 사과했다.

"이번에 노장군께서 부상을 당한 것은 순전히 나의 실언 때문이오. 부디 용서해주구려."

그러자 황충은 천천히 고개를 가로저으며 대답했다.

"신(臣)은 한낱 무부(武夫)로서 촌구석에서 썩을 몸이었습니다만, 늦게나마 폐하를 만나 분에 넘치는 대우를 받고 지냈습니다. 신의 나이 일흔다섯이니 이제 죽어도 여한이 없습니다. 부디 옥체를 보존하시고 힘을 길러 꼭 중원을 평정하십시오."

그날 밤 황충은 숨을 거두었다. 유비는 그의 시신을 성도로 보내 후히 장사지내게 했다.

노장군 황충. 예순 가까운 나이에 삼국지에 등장했으나 빛나는 무용과 올곧은 충의로 노년을 화려하게 장식했다. 마지막에는 이성을 잃고 혼자 무모하게 적진에 뛰어들기도 했으나 그 또한 노병의 아름다운 용기가 아니었을지….

5-08(070)
촉오동맹을 이뤄낸 주역 '등지와 진복'

    삼국지의 3대전은 관도대전과 적벽대전, 그리고 이릉대전이다. 관도대전은 조조가 원소의 대군을 격파하고 강북을 제패한 전쟁이고, 적벽대전은 손권과 유비가 연합하여 조조의 대군을 물리친 전쟁이다. 이릉대전은 촉의 유비와 오의 손권 사이에 벌어진 전쟁이다.

    약소국인 촉과 오가 강대국인 위의 공세에서 살아남으려면 촉오 간에는 평화를 유지해야 하고 한 나라가 공격을 받으면 연합해서 함께 대항해야 한다. 적벽대전 이후 촉오 사이에는 살얼음 같은 평화가 유지되어왔다. 그런데, 촉 황제 유비는 관우를 죽인 오를 정벌하겠다며 제갈량과 조운 등 대신들의 극심한 반대에도 불구하고 대군을 이끌고 오에 쳐들어갔다.

    이 이릉대전에서 오의 대도독 육손의 화공(火攻)에 참패한 촉 황제 유비는 백제성에서 제갈량에게 아들 유선을 부탁하고 숨을 거두었다. 유비가 죽었다는 소식이 전해지자 위 황제 조비는 촉을 정벌할 절호의 기회가 왔다고 생각하고 군사를 다섯 갈래로 나누어 촉으로 진격하게 했다.

    제갈량은 네 갈래로 오는 위군은 물리칠 대책을 세우고 각 장수들에게 명하여 조치를 취했으나, 나머지 한 갈래인 위의 사주를 받고 오는 오군을 어떻게 막아야 할지 난감했다. 오군의 침공을 막으려면 이릉대전으로 빚어진 촉오 간의 적대감정을 씻고 다시 우호관계를 회복하는 것이 급선무였다. 제갈량은 이 막중한 임무를 호부상서 등지에게 맡겼다.

등지(鄧芝), 자는 백묘(伯苗). 후한의 공신 등우의 후손이다. 강직하고 담대하며 식견과 언변이 뛰어난 인물이다. 서촉을 평정한 유비가 그가 범상치 않음을 알아보고 바로 현령으로 발탁했다. 후에 광한태수로 승진하였고, 다시 조정으로 들어와 호부상서가 되었다.

촉에서 등지가 사신으로 왔다고 하자, 오 황제 손권은 오군이 촉으로 침공하지 못하게 하려고 제갈량이 세객(說客)을 보낸 것이라고 판단하고, 대전 앞뜰에 큰 가마솥을 걸고 기름 수백 근을 부어 펄펄 끓이게 했다. 그리고 궁문에서 대전까지 이어지는 연도 양 옆에는 우락부락하게 생긴 무사 1천명이 칼과 창을 들고 서있게 한 다음 등지를 불러들였다.

궁문에 들어선 등지는 살벌하게 서 있는 무사들과 펄펄 끓는 기름 솥을 보고 옛 유방의 모사 역이기의 고사(故事)를 떠올리며 '겁을 줘서 나를 떠보려고 하는구나.' 하고 생각했다. 등지가 미소를 띠며 꼿꼿이 서서 들어오자 손권은 '당장 저놈을 기름 솥에 처넣어라!' 하고 명을 내렸다.

그러자 등지가 '오에는 뛰어난 인물이 많다고 하던데, 저 같은 필부가 무엇이 두려워 이 야단법석입니까? 저는 오의 이해득실을 말씀드리려고 왔을 뿐이오.' 하고 말했다. 손권은 문득 자신이 촉의 사신을 너무 박대한다는 생각이 들어서 무사들을 물리고, 등지를 전(殿)에 오르게 한 다음 '오의 이해관계가 어떤지 고견을 들려주시오.' 하고 말했다.

등지가 찬찬히 말문을 열었다.

"만일 촉이 위의 공격을 받아 패망한다면 다음 차례는 당연히 오가 될 것입니다. 그렇게 되면 대왕께서는 위의 신하가 되어 몸을 굽혀 위 조정에 입조하셔야 되고, 태자는 당연히 볼모로 잡혀갈 것입니다. 그러나 우리 촉과 오가 순치지세(脣齒之勢)를 이루어 함께 한다면 능히 위를 정벌할 수도 있고, 아니면 삼국이 솥발처럼 정립할 수도 있습니다."

말을 마친 등지는 '촉오의 우호를 위해 기꺼이 한 목숨 바치겠습니다.' 하면서 일어서더니 기름 솥을 향해 걸어갔다. 그러자, 손권은 급히 막아서게 하고 '그대의 말이 맞소.' 하며 등지를 다시 전 위로 오르게 했다. 손권은 위와 관계를 끊고 촉과 동맹을 맺겠다면서 학식이 뛰어난 장온을 답례사로 보내 함께 촉오동맹을 추진토록 했다.

등지는 촉의 조정으로 돌아와 오의 사신 장온과 함께 촉 황제 유선을 알현하면서 손권의 동맹의지가 확고함을 알렸다. 장온은 귀국하기 전날 제갈량이 마련한 환송연에서 술이 취해서인지 촉의 대신들을 깔보는 듯 오만하게 행동하는데, 그때 마침 당대의 재사라는 칭송을 받고 있는 촉의 저명한 학사 진복이 연회장에 들어왔다.

진복(秦宓), 자는 자칙(字勅). 문장이 뛰어난데다 유불선과 고금의 역사, 제자백가를 두루 섭렵한 박학다식한 인물로 유비가 서촉을 평정하고 발탁했다. 유비가 관우의 원수를 갚는다며 거국적인 군대를 동원하여 오를 침공하려 하자, 천시(天時)가 불리하다며 말리다가 유비의 노여움을 사 투옥되었으나 나중에 제갈량이 다시 발탁하였다.

두 석학이 나란히 앉았으니 당연히 담론(談論)이 펼쳐졌다. 장온이 '하늘에 머리가 있소? 귀가 있소?' 하고 묻자 진복이 경전을 인용하며 청산유수로 답을 했다. 다시 장온이 '하늘에 성(姓)이 있소?' 하고 물었다. 진복이 '당연히 있지요. 황제의 성이 유 씨니까 하늘의 성도 유(劉) 씨지요.' 하고 답했다. 촉의 정통성을 강조한 말임은 두말할 필요가 없다.

장온이 다시 '해는 동쪽에서 뜨지 않소이까?' 하고 반문했다. 오가 동쪽에 있다는 것을 드러내는 말이었다. 진복이 빙그레 웃으며 '해는 동쪽에서 뜨지만 반드시 서쪽으로 떨어지지요.' 하고 답했다. 촉이 서쪽에 있음을 상기시킨 것이다.

이번에는 진복이 태고적 혼돈과 음양에 대해서 묻고, 다시 천문과 지리에 관한 질문을 하자, 장온이 대답을 못하고, '촉에 이런 기재(奇才)가 있는 줄 몰랐소. 한 수 가르쳐 주시오.' 하며 꼬리를 내렸다.

장온을 따라 다시 오로 건너간 등지는 손권을 알현한 자리에서 촉오동맹을 매듭지었다. 이로써 제갈량은 오에 대한 근심을 지우고 위를 공략하는 북벌계획을 수립할 수 있게 되었고, 이를 위한 장기 포석으로 먼저 남만 정벌을 단행하게 된다.

등지는 제갈량의 제1차 북벌 때 선봉장을 맡은 노장 조운과 함께 여러 전장을 누비며 활약했고, 제갈량 사후에는 거기장군을 지내며 지방의 반란을 진압하기도 하다가 74세에 사망했다. 진복은 지금의 농림부장관이라 할 수 있는 대사농을 지내다가, 제갈량이 죽기 8년 전에 세상을 떴다.

등지와 진복, 이릉대전의 참패로 피폐해진 촉이 다시 일어서는 발판이 된 촉오동맹을 성사시킨 주역으로 기억될 인물들이다.

5-09(071)
출중한 재주를 지닌 형제 '마량과 마속'

삼국지에는 마(馬) 씨가 여러 명 등장한다. 사마(司馬) 씨를 빼고 봐도 서량의 맹호 마등과 그의 아들 마초, 조카 마대가 있고, 마량과 마속 형제도 있다. '백미'와 '읍참마속'의 두 가지 고사성어와 관련이 있는 마량과 마속 형제에 대해서 살펴보고자 한다.

적벽대전에서 승리한 유비는 재빨리 움직여 형주의 대부분을 차지하고 널리 인재를 구하고 있었다. 어느 날, 막빈(幕賓) 이적이 '이 고을에 재주가 뛰어난 마 씨 5형제가 사는데, 눈썹이 흰 마량은 자가 계상(季常)이며 인망이 높고, 아우 마속은 자가 유상(幼常)이며 병서에 밝다고 합니다. 마씨오상(馬氏五常) 중에서 백미가 으뜸이라고 하니 먼저 마량을 불러보시지요.' 하고 말했다.

'백미(白眉)'라는 고사성어의 유래이다. '흰 눈썹'이라는 뜻이지만, 여럿 가운데 가장 뛰어난 사람이나 사물을 지칭하는 말이 되었다. 유비의 부름에 응한 마량은 유표의 맏아들 유기를 형주자사로 세워 형주의 민심을 안정시키고, 형주 남쪽의 영릉 무릉 계양 장사 네 군을 공략하도록 진언했다. 유비는 그의 말대로 네 군을 차례로 평정하고, 황충과 위연이라는 두 맹장까지 얻었다.

유비가 서촉을 평정한 후, 마량은 전략요충지인 형주의 책임자가 된 관우의 참모로 배속되었다. 관우가 번성을 공략하다가 위의 선봉장 방덕에게 팔에 화살을 맞아 신의(神醫) 화타에게 독이 스며든 뼈를 긁어내는 수술을 받았을 때 관우와 함께 바둑을 두었던 사람이 바로 마량이었다.

관우가 오군에게 사로잡혀 참수당한 뒤, 촉 황제 유비가 관우의 복수를 위해 대군을 이끌고 오로 쳐들어갔을 때, 마량은 유비의 참모로서 종군(從軍)했다. 유비가 이끄는 촉군이 관우와 장비를 죽인 원흉들을 모두 처단하고 파죽지세로 밀고 내려오자, 오에서는 형주를 촉에 반환하겠다며 화친을 하자고 사신을 보내왔다.

이때 마량은 '원수들을 모두 죽였으니 형주를 돌려받고 오와 다시 화친하여 함께 위를 공략하는 것이 순리입니다.' 하고 조언했다. 분명 옳은 말임에도 불구하고, 유비는 손권을 죽이고 오를 멸망시키겠다고 고집을 부렸다. 마침내 오의 이릉까지 쳐들어간 촉군은 한여름 뙤약볕을 피해 숲속 그늘에 장사진(長蛇陣)을 쳤다.

마량은 왠지 불안감이 들어 촉군의 진형(陣形)을 그림으로 그려서 한중으로 달려가 제갈량에게 보였다. 이를 보고 사색이 된 제갈량은 '숲속에 장사진을 치면 적의 화공(火攻)에 속수무책으로 당한다.'며 속히 돌아가서 진형을 바꾸라고 했다. 그러나 마량이 돌아왔을 때 촉군은 이미 오의 명장 육손의 화공에 여지없이 참패한 뒤였다.

그 후 마량은 촉한부흥을 위해 분골쇄신하다가 제갈량이 남만정벌을 떠났을 때 병으로 죽었다. 소식을 들은 제갈량은 그의 죽음을 슬퍼하며 북쪽을 향해 제사를 지냈다. 마량은 발군의 지략가는 아니었지만 유비의 기업(基業)을 충직하게 도운 인물이었다. 그가 죽자, 아우 마속이 형의 빈자리를 메웠다. 병서를 읽어 병법에 능한 그를 제갈량이 발탁한 것이다.

임종이 가까워진 유비의 부름을 받은 제갈량이 백제성으로 찾아갔을 때, 마침 마속이 유비 곁에 있었다. 마속이 잠깐 나간 사이에 유비는 마속을 어떻게 생각하는지 물었다.

제갈량이 평소의 생각대로 '예, 당대의 영재(英才)로 봅니다.' 하고 대답하자, 유비는 고개를 가로저으며 '그렇지 않소. 내가 보기에 마속은 실제의 재주나 실력보다는 말이 더 앞서는 듯하오. 승상께서는 마땅히 잘 살펴서 써야 할 것이오.' 하고 말했다.

그러나 좋게만 보면 곰보딱지도 보조개로 보이는 법이다. 제갈량은 유비의 충고에도 불구하고 마속을 가까이 두고 총애했다. 남만정벌 때도 마속이 자신의 심중을 가장 잘 헤아리는 것을 보고 흐뭇해 마지않았다.

출사표를 올리고 북벌에 나선 제갈량이 한중의 목구멍 같은 요지인 가정(街亭)을 지키는 장수로 누굴 보낼까 하고 고민하고 있을 때 마속이 자원했다. 마속은 잘못되면 목을 베어도 좋다는 군령장까지 썼지만, 제갈량은 그래도 마음이 놓이지 않아 길목 요지에다 진채를 세우라고 거듭 당부했다. 가정이 뚫리면 북벌은 여지없이 실패로 끝나는 것이기 때문이었다.

가정에 다다른 마속은 제갈량의 지시를 무시하고, 병서의 한 구절까지 들먹이며 '높은 곳에서 아래로 내리치면 파죽지세'라며 산꼭대기에다 진을 쳤다. 조금 있으니 위의 총사령관 사마의가 이끄는 대군이 나타났다. 사마의는 촉군이 산꼭대기에다 진을 친 것을 보고 회심의 미소를 지으며 선봉장 장합에게 산을 겹겹이 포위하라고 지시했다.

한나절이나 지났을까. 산 아래로 통하는 길이 끊겨 식수를 구하지 못한 촉군이 동요하기 시작했다. 사마의는 산기슭마다 불을 지르게 했다. 불길이 산위로 덮쳐오자, 촉군은 꼼짝없이 산꼭대기에 갇혀 우왕좌왕하다가 대부분 불에 타죽었고, 구사일생으로 도망치던 촉군은 장합이 이끄는 위군에게 잡혀 죽었다.

전략요충지인 가정이 너무도 쉽게 적의 수중으로 떨어지자, 제갈량은 패배를 자인하고 전군을 철수시켰다. 그리고 군령을 어기고 참패한 책임을 물어 눈물을 흘리며 마속을 참형에 처했다. '울면서 마속의 목을 벤다.'는 뜻의 고사성어 '읍참마속(泣斬馬謖)'의 유래이다. 아끼는 부하를 제거할 때 자주 인용되는 말이다.

마속이 제갈량에 의해 처형된 것을 두고 애당초 인선(人選)이 잘못된 것인데, 마속을 참형에 처한 것은 지나친 처사라고 평하는 사람들도 있다. 그러나 길목 요지에다 진채를 세우라고 한 총사령관의 군령을 무시하고 산꼭대기에다 진을 쳐서 촉의 거국적인 북벌을 돌이킬 수 없는 패전으로 몰고 간 마속의 책임을 결코 가볍다고 할 수는 없으리라.

책상 앞에 앉아서 소설 삼국지 몇 번 읽었을 뿐인 필부(匹夫)가 자식처럼 총애하던 부하장수를 참형에 처해야 했던 제갈량의 심정을 어찌 헤아릴 수 있겠는가. 생각하건대, 모나지 않고 성실하게 일한 형 마량에 비해, 아우 마속은 자신의 재주를 믿고 너무 앞서가려다가 스스로 화를 자초한 것이리라.

5-10(072)
제갈량에게 밉보인 반골 맹장 '위연'

위연(魏延), 자는 문장(文長). 유비가 형주 장사군을 평정할 때 노장 황충과 함께 새로 얻은 젊은 무장으로, 뛰어난 무예와 용맹을 지녔다. 촉에서 발군의 **활약**을 했음에도 불구하고, 그에 합당한 평가를 받지 못하고 오히려 반역자라는 이름을 남겼다.

장사군의 무장 황충이 관우와 싸울 때, 명궁(名弓)인 황충이 활을 약간 위로 쏘아 관우의 투구 정수리를 맞추자, 태수 한현은 황충을 처형하려고 했다. 이때 태수 한**현**을 죽이고 황충과 함께 유비 진영에 귀순한 장수가 바로 위연이다. 위연이 제 주군을 죽이는 불충한 짓을 했고, 그의 뒤통수에 반골(反骨)의 상(相)이 있다 하여 제갈량은 그를 죽이려 했으나 유비의 만류로 위연이 살아남게 되었다.

촉의 장수가 된 위연은 노장 황충과 함께 유비의 서촉 평정에 큰 공을 세웠다. 그 후, 유비가 한중을 공략할 때 위연은 활을 쏘아 조조의 앞니를 부러뜨리고 낙마시키는 등 큰 **활약**을 펼쳤다. 형주에 이어 서촉과 한중까지 차지한 유비가 한중왕에 올랐을 때 위연은 그간의 공로로 한중태수에 임명되었다.

유비가 죽고 그의 아들 유선이 촉의 황제로 즉위했을 때, 관우 장비 황충 마초 등이 모두 죽어 촉의 일급 무장으로는 위연과 노장 조운만 남아

있었다. 위연은 간혹 공을 다투다가 장수들 사이에 불화를 조성한 적도 있었으나, 그가 전장에서 보인 용맹과 업적은 그런 흠을 씻고도 남을 만큼 뛰어난 것이었다.

위연은 제갈량의 남만정벌 때 조운과 함께 출전하여 큰 공을 세웠고, 제갈량이 출사표를 올리고 첫 북벌에 나섰을 때도 선봉장을 맡았다. 위연은 출정 길 작전회의에서 제갈량에게 한 가지 계책을 건의했다.

"승상께서 제게 정병 5천 명만 주신다면 자오곡으로 들어가 위의 군사기지인 장안을 기습하겠습니다. 열흘 안에 장안을 점령할 수 있을 것입니다. 그때 승상께서 대군을 이끌고 진군하신다면 장안의 서쪽은 모두 우리 땅이 됩니다."

이른바 위연의 자오곡 계책이다. 그 당시의 중국 지도를 펴놓고 살펴보면 한번 시도해볼 만한 작전이었다. 그러나 제갈량은 위험성이 너무 높다 하여 그 계책을 받아들이지 않는다. 모든 것을 완벽하게 다 갖춘 후에 세밀하게 작전계획을 수립해서 싸우는 제갈량의 스타일에는 맞지 않았기 때문이다.

후세의 사가들 사이에도 위연의 자오곡 계책이 합당하다고 주장하는 의견이 많다. 위의 5분의 1에도 미치지 못하는 촉의 국력을 생각할 때, 촉으로서는 어차피 기습으로 승부를 걸 수밖에 없다는 것이다. 반면에 제갈량의 주도면밀한 정공법은 준비시간이 많이 필요하고 진군속도가 느리기 때문에 상대방에게 충분히 대비할 시간을 주는 문제가 있다는 것이다.

제갈량을 두둔하는 의견도 만만치 않다. 위의 병력은 한번 싸움에 지더라도 다시 보충이 가능하지만 촉의 병력은 전 국력을 결집한 것이기 때문에 보충이 불가능하고, 한번 잘못되면 나라의 존망에도 영향을 미친다는 것이다. 그러므로 제갈량으로서는 이긴다는 확신이 없는 작전에 투기적인 모험을 할 수가 없었다는 것이다.

어차피 정답은 없는 것인 바, 두 의견 모두 충분히 일리가 있다. 하지만 위연의 계책대로 한번 해보았으면 하는 생각을 떨쳐버릴 수가 없다. 전쟁이란 어차피 도박 같은 것인데….

위연은 가끔 군율을 어기고 불손한 언행을 하기도 했다. 이를 모를 리 없는 제갈량이 군율을 어긴 마속이나 진식 같은 장수는 과감히 참형에 처하면서도 위연을 처벌하지는 않았다. 촉군 내에서는 위연을 능가하는 용맹과 무용을 갖춘 장수가 없었기 때문이다. 그만큼 위연의 존재가치는 컸다.

제갈량의 수차례에 걸친 북벌은 위연과 촉군의 분전에도 불구하고 성공하지 못했고, 마침내 제갈량은 과도한 심로(心勞)가 원인이 되어 오장원에서 피를 토하며 쓰러지고 만다. 제갈량은 죽기 전에 측근 양의를 불러 '내가 죽으면 틀림없이 위연이 반역할 것이다.'며 위연을 제거할 계책을 일러주고 모든 군권을 양의에게 물려주었다.

한편, 제갈량이 죽는 날 밤 위연은 머리에 뿔이 돋는 꿈을 꾸었다. 이를 괴이쩍게 생각한 위연이 아침에 승상부로 가보니 제갈량은 이미 숨졌고 모든 군권은 양의에게로 넘어가 있었다. 제갈량 다음은 자신이라고 생각하고 있던 위연은 분노를 참지 못하고 부장(副將) 마대와 함께 반기를 들었다.

촉군은 제갈량의 영구(靈柩)를 앞세우고 성도로 철수했다. 이때 촉으로 가는 잔도(棧道)를 불태우고 철군하는 양의를 막아선 위연은 제갈량에게 미리 밀계를 받은 마대에 의해 목이 떨어지고 만다. 제갈량의 죽음에 이어 촉군의 최고 맹장이 또 이렇게 사라진 것이다.

촉의 맹장 위연, 이루어놓은 공적에 비해 억울한 것이 많은 인물이다.

삼국지연의 곳곳에 위연을 매도한 흔적이 남아있다. 처음 등장할 때부터 그의 주군을 배신했다는 이유로 제갈량에게 죽임을 당할 뻔했고, 또 제갈량이 수명 연장을 위해 북두칠성을 향해 기도하던 마지막 날 주등(主燈)을 건드려서 등불을 끄는 바람에 실패로 돌아가게 한 사람도 그였다.

제갈량 사후에 위연이 반기를 든 것은 촉의 장수들 중에는 자신이 최고라고 자부하는 그로서는 충분히 있을 수 있는 우발적인 사건이다. 그런데도 이미 그렇게 예정되어있는 것처럼 씌어있다. 처음부터 반역자로 예단(豫斷)해 놓은 탓이다. 또, 반기를 든 위연이 위에 귀순하려 한 것으로 되어있지만, 촉 황제 유선이 그를 잘 묻어주라고 한 것을 보면 그것도 사실로 보기 어렵다.

위연이 꾸었다는 머리에 뿔이 돋는 꿈을 파자(破字)해보면, '뿔 각(角)' 자는 '칼 도(刀)' 자 밑에 '쓸 용(用)' 자가 붙는 것이므로 머리에 칼을 쓰게 된다는 뜻이다. 마대에게 칼을 맞아 목이 베어지는 것을 암시하는 것이다. 위연의 꿈 역시 훗날 만들어서 끼워 넣었을 가능성이 높다.

위연은 5호대장군이 사라진 촉에서 발군의 **활약**을 하며 수많은 업적을 남긴 무장이다. 그러나 제갈량 사후에 후계 자리를 놓고 양의와 권력다툼을 벌이다가 패하여 반역자의 누명을 쓴 것으로 보인다. 제갈량에게 밉보인 것이 결정적인 화근(禍根)이었다.

5-11(073)
관우와 장비의 아들 '관흥과 장포'

관우는 아들 셋을 두었고 장비는 아들 둘을 두었다. 먼저 아들들에 대해서 개괄적으로 살펴보고, 그 중에서 무예가 뛰어난 관우의 둘째아들 관흥(關興)과 장비의 큰아들 장포(張苞)의 활약상을 중점적으로 살펴보고자 한다.

관우의 큰 아들 관평(關平)은 관우가 하북에서 만난 관정의 차남을 양자로 받아들여서 얻은 아들로 나오고, 정사에는 관우의 친자로 나온다. 유비가 서촉을 공략할 때, 관평도 유비의 양자인 유봉과 함께 큰 활약을 했으며, 부수관에서 유장의 장수 양회와 고패를 사로잡기도 했다.

유비의 군사(軍師) 방통이 낙봉파에서 전사하자, 관평은 제갈량을 모시러 형주에 갔다가 형주에 눌러앉게 되면서 운명이 바뀌고 만다. 관우와 함께 위의 번성을 공략하던 관평은 형주를 기습 점령한 오의 명장 여몽에게 쫓기면서 관우와 함께 맥성에서 탈출하다가 오의 마충에게 사로잡혀 관우와 함께 참수된다.

관우의 셋째 아들 관색(關索)은 유비가 죽고 촉오동맹을 체결한 제갈량이 남만정벌에 나섰을 때 군영(軍營)으로 찾아온다. 그는 형주가 오의 여몽에게 기습공격으로 함락될 때 심한 부상을 당해 계속 치료를 해오다가 최근에 완쾌되었다며 남만 출정군에 넣어달라고 한다.

제갈량은 크게 기뻐하며 그 소식을 조정에 알리고, 관색을 남만 출정군의 선봉으로 삼는다. 관색은 남만정벌 때는 **활약**하지만 그 후에는 이름이 나오지 않는다. 정사에는 셋째 아들로 '관통'이라는 이름이 나오는데, 관색과 같은 사람인지 알 수가 없다.

장비의 작은 아들 장소(張紹)는 촉에서 시중(侍中)과 상서복야 등의 벼슬을 지냈다. 위의 무장 등애가 촉의 성도로 쳐들어왔을 때, 투항하는 촉 황제 유선을 따라 위의 도성 낙양으로 가는 것까지만 나온다.

자, 이제 관우의 둘째아들 관흥과 장비의 큰아들 장포에 대해서 살펴보자.

관흥과 장포는 그들의 아버지가 죽은 후부터 이름이 나오기 시작하여 항상 둘이서 함께 전장을 누비고 다니며 **활약**했다. 둘 다 활을 잘 쏘았고 무예가 절륜(絶倫)하여 아버지들 못지않았다. 아버지들과는 달리 장포가 한 살 더 많아서 형이 되었고, 관흥이 아우가 되었다.

관우가 죽고 이어서 장비마저 죽자, 촉 황제 유비는 피눈물을 흘리며 거국적으로 대군을 일으켰고, 아버지의 원수를 갚겠다며 전의를 불태우는 관흥과 장포 두 조카를 앞세우고 오로 쳐들어갔다. 관흥과 장포는 서로 도우며 용감하게 싸워 오군 장수 손환과 이이 등을 격파하며 승리하였고, 촉군은 가는 곳마다 승전고(勝戰鼓)를 울렸다.

한껏 고무된 유비는 두 조카의 무용을 칭찬하면서 이제 늙은 장수들은 쓸모가 없게 되었다고 말하는데, 이에 마음이 상한 노장군 황충은 오군의 반장과 마충이 쳐들어오자, 앞뒤 분별도 없이 맞서 싸우러 나갔다가 화살에 맞고 쓰러진다. 이때 관흥과 장포가 황충을 구해오지만, 그날 밤 황충은 숨을 거두고 만다. 노장군 황충이 죽자, 촉군의 젊은 장수 관흥과 장포의 어깨는 더욱 무거워졌다.

관흥은 전장(戰場)에서 떨어져 홀로 낯선 골짜기를 헤매다가 오의 장수 반장을 만나 단칼에 해치우고 전에 아버지가 쓰던 청룡언월도를 되찾아 온다. 촉군이 승승장구하자, 전에 관우의 위급을 외면하고 오에 항복했던 미방과 부사인은 관우를 죽인 마충의 수급(首級)을 들고 유비를 찾아온다. 그러나 유비는 결코 용서할 수 없다며 두 사람을 참수하고, 그 수급을 관우의 영전에 제물(祭物)로 바친다.

한편, 오 황제 손권은 장비의 수급을 오로 가져왔던 범강과 장달을 묶어서 유비에게 보내지만 손권을 죽이겠다는 유비의 의지를 꺾지는 못한다. 유비는 두 무뢰한의 목을 베어 그 수급을 장비의 영전에 제물로 바친다. 관흥과 장포는 각자 아버지의 원수를 갚아 원한과 분노를 씻어내고, 계속되는 전투에서도 맹활약한다. 그러나 촉군의 승리는 거기까지였다.

촉의 대군은 한여름 무더위를 이기지 못하고 이릉의 숲에 장사진을 쳤다가 오의 명장 육손의 화공(火攻)에 무참히 괴멸(壞滅)당한다. 패주하던 유비는 백제성으로 피신하는데, 그 과정에서 관흥과 장포는 유비를 방어하다가 중상을 입기도 한다. 병이 든 유비는 제갈량을 불러 후사를 부탁하고 숨을 거둔다.

그 후, 관흥과 장포는 제갈량의 북벌에 참여하여 주로 선봉장을 맡으면서 그들의 아버지 못지않은 무용을 떨치며 활약한다. 제1차 북벌의 서전인 봉명산 전투에서 선봉장을 맡은 조운이 위군 사령관 하후무의 함정에 빠졌을 때 관흥과 장포는 위의 장수들을 물리치고 조운을 구한다.

제갈량이 세 번째 기산으로 나갔을 때, 장포는 적장 사마의의 부장 곽회를 뒤쫓으며 산등성이를 오르다가 말과 함께 계곡으로 떨어져 머리를 다쳐서 성도로 후송되었다가 사망한다. 장포의 아들 장준(張遵)은 상서(尙書) 벼슬을 지냈는데, 성도에 쳐들어온 위의 무장 등애를 맞아 제갈량의 아들 제갈첨과 함께 용감하게 싸우다가 전사한다.

관흥은 단짝인 장포가 죽은 후에도 제갈량의 북벌을 앞장서서 도왔고, 위연과 함께 위의 맹장 장합을 목문도로 유인하여 활을 쏘아 죽이는 등 큰 활약을 펼치다가 제갈량이 여섯 번째 기산으로 나갈 무렵 병사한다.

그런데 관흥과 장포가 앞에서처럼 실제로 오 정벌에 가담하여 각자 아버지에 대한 복수를 시원하게 한 것일까? 관흥과 장포가 오 정벌에 가담하여 각자 아버지의 원수를 갚은 이야기는 허구이다. 정사의 기록에 의하면 관흥과 장포 둘 다 오 정벌에 참여한 일이 없었고, 당연히 그 후의 제갈량의 북벌에도 따라간 적이 없었다.

정사 삼국지 '관우전'에 의하면, 관흥은 어릴 때부터 무예가 출중하여 제갈량의 총애를 받았으나, 오래 살지 못하고 약관의 나이에 죽었다고 한다. 또, '장비전'에 의하면 장포 또한 장비보다 먼저 요절한 것으로 나온다. 그렇다면 삼국지연의의 저자는 왜 죽은 아들들을 다시 살려내어 그렇게 시원스런 복수극(復讐劇)을 만들어낸 것일까?

아마도 관우와 장비의 죽음이 너무도 억울하고 아쉬워서 일찍 죽은 관흥과 장포를 다시 살려내어 멋진 복수극 스토리를 만들어낸 것이 아닌가 싶다.

5-12(074)
제갈량 사후의 군권 인수자 '양의'

소설 삼국지는 황건적의 난이 일어나는 184년부터 시작하여 오가 멸망하여 삼국이 통일되는 280년까지 97년간의 이야기이다. 제갈량이 사망하는 234년은 삼국지가 시작된 지 50년이 지나, 삼국 통일까지는 46년이 남아있는 시점으로 거의 중간 지점이다. 소설 삼국지 10권을 놓고 보자면 6권 초쯤에 해당된다.

그런데 소설 삼국지는 대부분 9권 말이나 10권 초에 제갈량이 사망하는데, 그러면 바로 마무리 수순에 들어간다. 위 사마의의 부상(浮上)과 그의 자손들의 찬탈, 오 손권 사후의 권력쟁탈, 촉 강유의 북벌, 그리고 촉과 오의 멸망사와 진의 통일이 남아있는데, 이들 이야기는 주마간산(走馬看山) 식으로 다루어지고 있다.

그러다 보니 소설 삼국지는 시간대의 불균형이라는 심각한 문제점을 안고 있다. 삼국지에 등장하는 주요인물은 90% 이상이 제갈량이 사망하기 전의 인물이고 제갈량 사후에 부각되는 인물은 채 10%도 되지 않는다. 이 10%의 인물들은 삼국지의 말미에 등장했다는 이유로 사가(史家)들에게조차 홀대를 받고 있다.

그런 인물들을 찾아보면, 위에는 사마사와 사마소, 조진과 조상, 하후무, 종회와 등애, 양호, 두예와 왕준 등이 있다. 또 오에는 제갈각, 손준과 손침,

정봉과 육항 등이 있고, 촉에는 등지와 진복, 장완과 비의, 양의, 강유, 하후패, 황호 등이 있다.

이들 중에서 제갈량이 죽을 때 위연을 제치고 촉의 군권을 물려받은 양의에 대해서 살펴보고자 한다.

양의(楊儀), 자는 위공(威公). 제갈량의 북벌 때 수행하면서 장사(長史) 겸 장군을 맡았는데, 기획과 용병에 재능이 있어서 야전에서 적과 싸우지 않고 제갈량의 참모 역할을 주로 했다. 촉의 북벌군이 재차 한중으로 들어갈 때 양의는 제갈량에게 이런 건의를 했다.

"중원 정벌은 오랜 시일이 소요되니 군사를 두 반으로 나누어 한 반은 출정시키고 나머지 반은 대기했다가 석 달 후에 교대를 하면 어떨는지요? 그렇게 하면 군사들이 지치지 않고 늘 사기충천한 상태에서 중원을 도모할 수 있을 것입니다."

제갈량은 아주 좋은 생각이라며 바로 채택했다. 촉군들은 1백일씩 전방과 후방을 오가며 교대 근무를 하게 되었다. 그러자 병사들의 사기도 높아졌고, 전방으로 군량을 수송하는 일도 반으로 줄어들었다. 양의의 참모로서의 재능을 보여주는 대목이다.

북벌에 나선 촉군 진영에는 골칫거리가 하나 있었다. 촉군 최고의 용장 위연과 최고의 참모 양의가 만나기만 하면 으르렁거렸고, 심지어 제갈량 앞에서도 막말을 하며 다투었다. 제갈량은 반골기질이 있는 위연을 처음부터 못마땅해 했고, 성격이 급하고 편협한 양의 또한 미덥지 않았으나 두 사람의 재능이 아까워서 애써 중립을 지키고 있었다.

제갈량은 위의 명장 사마의와 오랫동안 대치하다가 오장원에서 피를 토하며 쓰러지자, 자신의 수명이 다한 것을 알고 자신의 사후에 대비한 조치를 했다. 먼저 강유를 불러 자신이 평생 배우고 익힌 것을 24편으로 정리한 책과, 화살 10개씩을 한꺼번에 쏠 수 있는 연노(連弩) 제작법을 기록한 설계 도본을 물려주었다.

제갈량은 다시 양의를 불러 군권(軍權)을 물려주고 자신이 죽은 후의 퇴군(退軍) 지침 등을 지시한 후, 위연이 반역했을 때의 조치사항 등도 알려주었다. 또 제갈량은 성도에서 온 사신이 후임 승상에 대해서 묻자 장완을, 그 다음에는 비의를 추천하고 가을바람이 스산한 오장원에서 숨을 거두었다. 54세였다.

촉군은 제갈량의 유명(遺命)대로 발상(發喪)도, 곡(哭)도 하지 않고 양의의 지휘아래 질서 있게 퇴군했다. 천문을 보고 제갈량이 죽은 것을 알게 된 사마의가 군사들과 함께 공격해왔지만, 양의는 미리 만들어 사륜거에 태워놓은 제갈량의 목상(木像)을 앞세우고 맞섰다. 사마의를 비롯한 위군들은 제갈량이 아직 살아있는 줄 알고 혼비백산하여 달아났다.

군권이 양의에게로 넘어간 것을 알게 된 위연은 분노하며 부장인 마대와 함께 성도로 돌아가는 운구(運柩) 행렬을 막아섰지만, 제갈량의 지침을 미리 받은 마대에 의해 목이 떨어졌다. 양의가 표문을 올려 그간의 경과를 보고하자, 후주는 '위연의 죄는 크지만 그간의 공로를 생각해서 잘 장사지내주도록 하라.'고 분부했다.

제갈량의 영구가 무사히 성도에 도착하자, 촉 황제 유선은 문무백관들과 함께 상복차림으로 성 밖까지 나와 영접했다. 그리고 제갈량의 아들 제갈첨으로 하여금 제갈량의 유지(遺志)대로 정군산에 안장토록 조치했다. 황제는 충무후라는 시호를 내리고 몸소 제를 지내면서 계절마다 제사를 올리도록 사당을 짓게 했다.

제갈량의 유언대로 장완은 승상에, 비의는 상서령에 봉해졌고, 양의는 중군사(中軍師)에 임명되었다. 양의는 자신보다 공직경력도 짧고 세운 공도 적은 장완이 승상이 되고, 자신은 전방의 한직으로 밀려난 것이 못마땅했다. 비의가 찾아오자 양의는 '그때 차라리 군사를 이끌고 위로 투항할 걸 그랬다.'며 노골적으로 불만을 늘어놓았다.

비의는 도저히 묵과할 수 없어서 은밀히 황제에게 표를 올려 보고했다. 황제는 양의를 잡아들이고 참형에 처하려 했으나, 승상 장완이 '양의의 죄는 크지만 지난날 승상을 따라다니며 많은 공을 세웠으니 죽이지 말고 외지로 귀양을 보내소서.' 하고 간했으므로 황제는 장완의 뜻을 받아들여 양의를 한중으로 귀양 보내 평민으로 살게 했다.

양의는 귀양 가는 도중에 부끄러운 나머지 스스로 목을 찔러 생을 마감한다. 양의가 불평을 하면서 '위에 투항할 걸' 하고 말했다는 사실이 도무지 믿겨지지 않아서, 혹시 연의의 저자가 지어낸 얘기가 아닐까 하는 생각이 들어 확인을 해보니 정사에도 그렇게 기록되어있다. 참으로 안타까운 일이다.

생각건대, 제갈량은 자신의 사후에 군권을 맡길 인물로 양의를 선택할 수밖에 없었다. 위연은 처음부터 맘에 들지 않았고, 자신의 후계자로 생각한 강유는 너무 젊었기 때문이다. 그런데 전선에서 함께 일하며 지켜본 양의는 잠시 군권을 맡길 만한 인물은 되지만, 승상이 될 만한 그릇은 아니었던 것이다.

5-13(075)
제갈량의 유훈을 계승한 명장 '강유'

"나는 초려(草廬)를 나온 이래 널리 어진 이를 얻어 내가 평생 배운 바를 물려주려 했는데 이제야 그 원을 풀게 되었다."

출사표를 올리고 북벌에 나선 제갈량은 위의 천수군을 공략하다가 강유를 사로잡고 그 기쁨을 이렇게 표현했다. 적장을 잡은 기쁨이라기보다는 뛰어난 제자를 얻은 스승으로서의 기쁨이었던 셈이다. 강유는 땅에 엎드려 절하며 감격해했다.

강유를 얻을 때 제갈량은 이미 잡았던 위군의 대도독 하후무를 미끼로 쓰기 위해 놓아주었는데, 강유를 얻은 다음에도 그를 쫓지 않았다. 이를 의아하게 생각한 장수들이 '왜 하후무를 다시 잡지 않느냐?'고 물었다. 제갈량은 빙긋이 웃으며 이렇게 말했다.

"내가 하후무를 놓아준 것은 오리새끼 한 마리를 놓아준 것이고, 강유를 얻은 것은 봉황 한 마리를 얻은 것이다. 봉황을 얻었는데 굳이 오리새끼를 뒤쫓을 필요가 있겠는가?"

강유(姜維), 자는 백약(伯約). 병법에도 밝고 무예에도 뛰어나 가히 문무와 지용(智勇)을 함께 갖춘 당대의 명장이라 할만 했다. 제갈량은 진중에서 작전계획을 수립할 때 자신의 의중을 잘 헤아리는 강유를 종종 불러서 의논을 하곤 했다. 제갈량은 오장원에서 최후를 맞게 되었을 때도 강유를 침상 가까이 불러놓고 이렇게 말했다.

"이제 내 수명은 다했다. 나는 평생 동안 깨우친 바를 모두 적어 책으로 만들어 놓았다. 거기에는 군사를 부리는데 필요한 모든 사항이 적혀있다. 오직 그대만이 이 책을 받을 만한 장수라 생각되어 물려주니 잘 간직했다가 유용하게 **활용토록 하라**."

강유의 진가는 제갈량 사후에 확연히 드러난다. 그는 제갈량이 사라진 촉에서 **최고**의 장수로 성장하여 마침내 대장군이 되었다. 촉의 군권을 한 손에 쥔 강유는 제갈량의 유훈대로 위를 정벌하기 위해 투혼을 불태웠는데, 그것은 제갈량이 살아있을 때부터 변두리 약소국인 촉으로서는 앉아서 망하기를 기다리기보다는 싸우면서 **활로**를 찾아야 했기 때문이었다.

그 무렵, 사마의가 정변(政變)을 일으켜 반대파인 조상 일파를 숙청하며 위의 실권을 잡자, 이에 반발한 위의 무장 하후패가 촉으로 투항해왔다. 정군산에서 노장 황충에게 죽은 하후연의 아들이 귀순해온 것이다. 위 내부의 혼란스런 상황을 알게 된 강유는 드디어 위를 칠 기회가 왔다고 생각하고 대군을 일으켜 북벌에 나서지만, 사마의 부자(父子)의 선방에 막혀 뜻을 이루지 못한다.

강유는 이후에도 몇 번 북벌에 나섰으나 번번이 위의 명장 등애에게 막혀 뜻을 이루지 못했다. 강유가 고군분투하며 싸우고 있는 사이, 촉 황제 유선의 곁에는 환관 황호가 권세를 잡고 날뛰고 있었고, 그 때문에 촉의 조정에는 간신배들만 득실거리고 있었다.

다시 전열을 정비하여 북벌에 나선 강유는 마침내 승기를 잡고 위군을 몰아붙였다. 이때 위의 등애는 환관 황호를 매수하는 한편, 첩자를 풀어 '대장군 강유가 반역하려 한다.'는 유언비어를 퍼뜨렸고, 이 유언비어에 넘어간 유선이 강유를 불러들이니 그의 북벌은 또다시 실패하고 만다.

이렇듯 촉의 허점이 안팎으로 노출되자, 위의 실권자 사마소는 드디어 촉 정벌의 기치를 올리고 명장 종회와 등애에게 두 길로 촉을 공략하게 했다. 강유가 전방에서 종회의 대군을 막고 있는 사이, 등애가 이끄는 위군은 험산을 넘어 지름길로 들어와 성도를 포위했다. 제갈량의 아들 제갈첨이 분전 끝에 패하여 전사하자, 겁에 질린 유선은 항복하고 말았다. 유비가 천신만고 끝에 세운 촉이 그의 아들 대(代)에 허무하게 멸망한 것이다.

촉 황제 유선의 항복 소식을 들은 강유는 검으로 바위를 내려찍으며 분통을 터뜨렸다. 이렇게 된 이상 그도 이제 항복을 할 수밖에 없었다. 그러나 강유는 종회와 등애가 서로 앙숙임을 살피고, 종회를 꼬드겨 촉을 부흥시키려는 야심찬 계획을 세웠다. 종회의 군문(軍門)에 항복한 강유는 그의 공명심(功名心)에 한껏 불을 붙였다.

"장군의 위명(偉名)을 듣고 우러러 흠모해 온 지 오랩니다. 오늘날 사마씨가 저렇게 위세를 부리는 것은 모두 장군의 공입니다. 저는 장군에게 항복합니다만, 만약 장군이 아니고 등애였다면 죽기로 싸웠을 것입니다."

촉의 최고 명장인 강유가 자신을 알아주자, 기분이 좋아진 종회는 강유를 깊이 신뢰하게 되었다. 두 사람은 화살을 꺾어 형제의 의를 맺었고, 나이에 따라 형이 된 강유는 거느리고 있던 촉의 군사를 다시 거느리는 파격적인 대우를 받았다.

위장 종회가 그런 조치를 취한 것은 그의 앙숙(怏宿)인 등애가 이미 촉주 유선의 항복을 받아 기세등등하고 있는 데 대한 반감 때문이었다. 또 종회는 등애의 5~6배에 달하는 군사를 거느리고 있었으므로, 강유의 지모와 힘을 보태 등애군을 평정하고 독립하여 촉을 통치하려는 야심도 가지고 있었다.

한편, 위의 실권자 사마소는 촉 황제 유선의 항복을 받은 위장 등애가 제멋대로 뒷일을 처리하자, 종회에게 등애를 체포하라는 전갈을 보내왔다. 종회는 마침내 앙숙인 등애를 잡아 낙양으로 압송하지만, 사마소가 자신을 의심하고 있다는 사실을 알아내고, 강유와 함께 사마소에게 반기를 든다.

강유는 자신이 원하는 방향으로 일이 잘 진행되고 있어서 내심 쾌재를 불렀다. 그러나 자신을 따를 것을 강요하던 종회가 부하장수들에게 살해되고 말았으니 이를 어찌할 거나! 강유는 일이 그르쳐졌음을 깨닫고 스스로 자결하니 이로써 촉을 부흥하려는 꿈은 완전히 물거품이 되고 말았다. 강유의 나이 59세였다.

종회의 부하장수들은 강유가 종회에게 반역을 하도록 부추겼다하여 강유의 시신을 끌어내어 배를 갈랐는데, 쓸개가 계란 만하더라고 한다. 그만큼 강유가 간담이 큰 인물이었다는 얘기이리라. 강유는 스러져 가는 나라의 운명을 한 몸에 짊어지고 싸우다가 장렬히 산화한 촉의 명장이다.

촉이 제갈량 사후에도 30년 동안이나 버틸 수 있었던 것은 강유가 있었기에 가능한 일이었다. 그러나 강유가 너무 무리하게 북벌을 시도했기 때문에 오히려 촉의 멸망을 앞당겼다고 보는 견해도 있다. 어느 쪽 의견이 옳든 강유의 눈부신 투혼은 촉의 멸망사에서 한 떨기 찬란한 꽃으로 남으리라.

5-14(076)
유비의 용렬(庸劣)한 적장자 '유선'

　창업(創業)과 수성(守成), 어느 쪽이 더 어려운가? 이에 대한 대답은 사람마다, 또 처해진 여건에 따라 다를 수 있다. 그러나 삼국지를 읽고 내릴 수 있는 결론은 후자가 더 어렵다는 것이다. 그것은 삼국 모두 수성에 실패하기 때문이다. 삼국 중에서 가장 먼저 패망하는 촉의 멸망사를 살펴보고자 한다.

　유선(劉禪). 자는 어릴 때는 아두(阿斗), 커서는 공사(公嗣). 촉을 창업한 유비의 두 번째 부인인 감 부인이 낳은 맏아들이다. 별다른 후계다툼 없이 제위를 물려받았으나, 용렬(庸劣)한 군주의 표본 같은 인물이다. 유비는 죽으면서 '태자 유선이 황제의 그릇이 되지 못하거든 폐하고 승상께서 이 나라의 주인이 되어 주시오.' 하고 제갈량에게 말했었다.

　유비의 진심은 아닐 것이다. 아마도 유선의 용렬함을 알고 있던 유비가 제갈량의 충성을 미리 다짐받아두기 위해서 했던 말이리라. 유비는 아들 유선에게도 '승상 모시기를 아비 섬기듯 하고, 모든 것을 승상에게 물어서 하라.'고 신신당부하고 죽었다.

　사실 제갈량이 마음만 먹었다면 촉의 제위를 빼앗는 것은 손바닥 뒤집기만큼 쉬웠을 것이다. 그러나 제갈량은 그런(?) 유선을 충심으로 받들었다. 제갈량이 위 정벌 길에 오르면서 바친 출사표(出師表)는 바로 이 유선에게 바친 표문으로, 자구마다 충성심이 가득히 배어있는 명문장으로 유명하지 않은가.

　제갈량이 북벌 전선에서 적장 사마의를 몰아붙이며 한창 기세를 올리고 있을 때, 유선이 조서를 보내 긴히 의논할 일이 있다며 제갈량을 불러들인 적이 있었다. 위의 첩자들이 뿌리는 '제갈량이 황제자리를 뺏으려 한다.'는 유언비어를 들었기 때문이었다. 제갈량으로서는 억장이 무너지는 일이었으나 황제의 명이라 회군하지 않을 수 없었다. 성도에 돌아온 제갈량이 후주(後主)를 배알하고 긴히 의논할 일이 무엇인지 물었다. 유선은 '짐이 오랫동안 승상의 얼굴을 보지 못해서 불렀던 것이오.' 하고 말했다.

　그 후, 제갈량이 죽고 명장 강유가 대장군이 되어 위와 싸우고 있을 때, 촉의 조정에서는 환관 황호가 후주 옆에서 온갖 나쁜 짓을 다하고 있었다. 또 유선이 조서를 보내 강유를 도성으로 불렀다. 강유가 반역을 꾀한다는 유언비어를 들은 데다, 환관 황호가 뇌물을 받고 강유 대신 염우란 사람을 대장군으로 임명하기 위해 유선을 충동질한 것이었다.

　강유는 후주를 찾아뵙고 왜 불렀는지 물었다. 이번에도 유선은 꿀 먹은 벙어리마냥 아무 말이 없었다. 이에 강유는 '환관 황호가 폐하 곁에서 간교하게 권세를 부리고 있습니다. 이런 자는 속히 처단해야 조정이 평온해질 것이며, 전방에서도 아무 걱정 없이 중원 평정에 매진할 수 있을 것입니다.' 하고 간곡하게 아뢰었다.

　그러나 유선은 히죽히죽 웃으며 '황호는 내 뒤를 따라다니며 심부름이나 하는 내시일 뿐이오. 경은 어찌 내시 하나도 너그럽게 봐주지 못하오?' 하며 오히려 황호를 두둔하고 강유에게 핀잔을 주었다. 강유는 다시 전장으로 돌아갔지만, 황제가 이 모양이다 보니 나라가 제대로 될 리 없었다.

제갈량이 죽은 후 30년 동안이나 버티던 촉에 위기가 닥쳐왔다.
　위의 실권자 사마소가 드디어 촉을 평정할 때가 이르렀다고 판단하고 촉에 대군을 보낸 것이다. 위의 명장 종회와 등애가 두 갈래로 군사를 나누어 촉으로 쳐들어왔다. 강유가 전방에서 종회의 대군을 막고 있는 사이, 등애가 이끄는 위군이 험산을 넘어 성도 앞까지 밀려들었다. 제갈량의 아들인 제갈첨 부자(父子)가 용감하게 싸웠으나 전사하고 말았다.
　도성 성도가 포위되었다. 촉주 유선은 급히 대신들을 불러 대책을 의논해보았으나 겁먹은 대신들은 모두 항복을 권할 뿐이었다. 이때 유선의 다섯째 아들 유심이 어전으로 뛰어들며 말했다.
　"항복을 주장하는 썩은 대신들의 말을 듣지 마십시오. 성안에는 아직 수만 명의 군사가 남아있고 전방에서는 강유가 용감하게 적들과 싸우고 있습니다. 선제께서 온갖 간난을 무릅쓰고 세운 이 나라를 어찌 하루아침에 적에게 넘기려 하십니까? 소생은 결코 항복하지 않을 것입니다."
　그러나 촉주 유선은 아들 유심을 기어이 밖으로 내쫓았다. 이에 유심은 집으로 달려가 처자식들을 모두 죽이고 할아버지인 유비의 묘소로 달려가 엎드려 울며 울분을 토로했다. 그리고 스스로 자신의 목을 찔렀다. 유비의 손자다운 기개였다. 촉의 멸망사에서 단 하나 남아있는 빛나는 삽화이다.
　이튿날, 촉주 유선은 항서(降書)와 함께 촉의 옥새를 등애에게 보내고, 자신의 몸을 묶고 결박하여 수레에 관(棺)을 실어 여러 아들들 및 대신들과 함께 걸어가 적장 등애에게 무릎을 꿇었다. 도원결의 후 80년 만에, 유비의 흥한(興漢)의 꿈은 그의 아들에 의해 한줌의 재가 되고 말았던 것이다.
　유선은 위에 끌려가 안락공(安樂公)에 봉해져 이름 그대로 안락하게 살았다. 한번은 위의 실권자 사마소가 크게 잔치를 열어 유선을 대접하니 촉의 구신(舊臣)들은 모두 괴로운 표정이 역력한데, 유선만은 마음껏 웃고 떠들며 즐거워하고 있었다. 사마소가 물었다.

"옛날의 촉 시절이 그립지 않소?"

그러자, 유선은 아무렇지도 않은 듯 이렇게 대답했다.

"아니오. 위의 음식이 맛도 있고 또 이렇게 잘 지내니 마냥 즐거울 뿐이오. 촉 생각은 이제 잊어버렸소."

그의 이 말이 회한과 대오(大悟)에서 오는 감정의 역설적인 표현이었거나, 살아남기 위한 처세용 답변이었다면 나름대로 의미를 부여하겠으나, 그의 경우엔 본심 그대로였으니….

혹자는 유선이 원래 총명했으나 어렸을 적에 당양 장판파에서 조운이 그를 구해왔을 때 유비가 그를 땅바닥에 내던지는 바람에 뇌를 다쳐서 그렇게 되었다고도 한다. 아마 유선의 하는 짓이 하도 안쓰러워서 그렇게 갖다 붙여본 것이리라. 어쨌거나, 그는 용렬한 덕분에 위에 와서도 편안하게 살다가 천수를 다하고 죽었다.

모름지기 큰일을 하고자 하는 사람은 창업이나 수성에 힘쓰는 것 이상으로 자식농사에 힘을 쏟아야 할 것 같다.

제6장
삼국시대를 살아온 사람들

6-01(077)
서촉을 유비에게 넘기려한 문관 '장송'

　중원에서 멀리 떨어져있는 익주, 즉 서촉은 난세에도 불구하고 거의 독립적인 상태에서 평온을 유지하고 있었다. 이곳은 황실의 종친 유언의 아들 유장이 다스리고 있었는데, 산세가 험한 지리적 환경 때문에 중원의 전란으로부터 비껴서 있었다.

　적벽대전에서 패배한 조조가 한발 뒤로 물러나자, 서촉에도 서서히 먹구름이 몰려들기 시작했다. 형주를 차지한 유비가 호시탐탐 이곳을 노리고 있기 때문이다. 그러나 서촉과 인접한 한중을 차지하고 있는 장로가 쳐들어오려고 한다는 급보가 먼저 날아들었다. 겁 많은 유장은 중신회의를 소집하여 대책을 논의했다. 한 관리가 일어서서 말했다.

　"조금도 걱정할 것 없습니다. 제가 세 치 혀로 장로가 감히 우리 서촉을 넘보지 못하도록 해보겠습니다."

　별가(別駕)를 맡고 있는 장송(張松)이었다. 자는 자교(子喬) 또는 영년(永年). 익주 촉군 출신으로, 약간 비뚤어진 듯한 얼굴에, 키는 볼품없이 작았고 목소리마저 녹슨 종처럼 댕댕거렸다. 그러나 그는 한번 읽은 서책은 단번에 외워버릴 정도로 비상한 재능을 가진 인물이었다. 그가 말을 이었다.

　"조조에게 맞설 수 있는 사람은 아무도 없습니다. 제가 허도로 가서 조조로 하여금 한중을 공격하도록 해보겠습니다. 그러면 장로가 어찌 우리 서촉에 쳐들어 올 수가 있겠습니까?"

　유장은 크게 기뻐했고, 장송은 그날로 허도를 향해 떠났다. 그런데 그의 품속에는 서촉의 자세한 지리와 군세(軍勢)가 기록된 지도가 들어 있었다. 장송은 유장이 난세를 헤쳐 나갈 인물이 못된다고 판단하고 있기 때문에 조조를 만나보고 맘에 들면 그 지도를 넘겨줄 작정이었다. 난세가 되면 지식인들이 제각기 살길을 찾는 것은 예나 지금이나 흔한 일 아닌가.

　허도에 도착하여 조조를 만난 장송은 조조가 자신을 홀대하며 위압적(威壓的)으로 대하자, 속이 상해서 그도 뻣뻣하게 대꾸했다. 조조는 화가 나서 안으로 들어가 버렸다. 양수의 주선으로 다시 조조를 만난 장송은 조조가 썼다는 '맹덕신서(孟德新書)'를 위작이라고 지적하며 조조의 아픈 곳을 건드리다가 하마터면 목이 달아날 뻔했다. 결국 흠씬 두들겨 맞고 쫓겨나고 말았다.

　서촉으로 돌아가면서 생각해보니, 큰소리를 쳐놓고 왔는데 그냥 빈손으로 가면 관리들의 비웃음을 살 것 같았다. 그는 발길을 돌려 형주로 향했다. 형주에 있다는 유비를 만나 그가 어떤 인물인지 살펴보고 뒷일을 결정할 생각이었다.

　이때 첩자를 통해 장송이 형주로 오고 있다는 정보를 입수한 유비는 친히 마중을 나가는 등 정성을 다해 그를 맞았다. 조조한테 거의 맞아죽을 뻔했다가 유비에게 극진한 대접을 받으니 장송은 매우 흡족했다. 유비의 인물됨도 듣던 것 이상으로 좋아보였다. 장송은 마침내 유비에게 자신의 속마음을 보여주었다.

　"우리 주인은 난세에 서촉을 지킬만한 인물이 못됩니다. 유공께서 우리 서촉의 주인이 되신다면 능히 중원의 조조와 맞설 수 있을 것입니다. 소생은 뜻이 맞는 사람들과 함께 안에서 돕겠으니 속히 도모하시기 바랍니다. 이 지도를 보시면 많은 도움이 될 것입니다."

그는 품속에서 지도를 꺼내 유비에게 내밀었다. 서촉의 산과 강의 형세는 물론, 각 성읍의 도로와 군사 요충지, 병력과 장수 이름 등이 자세하게 기록되어 있었다. 유비의 기쁨은 이루 말할 수 없을 정도였다.

다시 서촉으로 돌아온 장송은 유장에게 출장 결과를 보고했다. 그는 조조를 한(漢)의 역적으로 몰아붙인 다음, 형주에 머무르고 있는 유비에게 도움을 요청하여 장로의 침입을 막는 것이 좋겠다고 말했다.

'그렇게 되면 서촉을 유비에게 뺏기고 만다.'며 일부 중신들이 반대를 했지만, 순진한 유장은 '종친인 유비가 그럴 리가 없다.'며 기어코 사자를 유비에게 보내 군사지원을 요청했다. 유비가 군사를 이끌고 출발하자, 유장은 유비를 영접하러 나갔다. 드디어 만난 두 사람은 동상이몽(同床異夢)의 우의를 나누었다.

유비의 부하들이 유장을 죽일 흉계를 꾸몄으나, 유비는 인의를 내세우며 끝내 허락하지 않았다. 그럴 만한 명분이 필요했던 것이다. 그러던 중, 한중의 장로가 군사를 이끌고 쳐들어온다는 급보가 날아들었다. 유비는 곧바로 군사를 이끌고 출진했다. 유비는 전선에서 유장에게 편지를 보냈다.

"지금 장로의 침공을 저지하고 있으니 아무 걱정 말기 바라오. 그런데 군사와 양식이 모자라니 군사 4만 명과 군량 10만 섬을 속히 보내주시오."

유장은 유비가 요청한 대로 조치를 하려고 했으나, 중신들이 극구 반대하는 바람에 요구의 10분의 1인 잡병 4천 명과 곡식 1만 섬만 전선으로 보냈다. 유비는 '우리가 저들을 위해 목숨을 걸고 싸우고 있는데 저들은 군사와 재물을 아끼는구나!' 하며 발끈했다. 화가 난 유비는 형주로 철군한다고 소문을 내고, 반대로 성도로 쳐들어갔다. 드디어 유비가 칼끝을 거꾸로 돌린 것이다.

그런데, 이런 상황을 전혀 알지 못한 장송은 유비가 형주로 돌아간다는 소문을 듣고 크게 놀란 나머지 유비에게 보낼 밀서를 작성했다. 형주로 돌아가지 말고 성도를 쳐서 서촉을 뺏으라는 내용이었다. 장송이 유비에게 보낼 사자에게 막 밀서를 주려고 할 때 친형 장숙이 찾아왔다. 장송은 급히 소매 속에 밀서를 숨겼다. 오랜만에 찾아온 형과 술판을 벌이던 장송은 자신도 모르는 사이에 밀서를 바닥에 떨어뜨리고 말았다. 장숙이 그 밀서를 주웠다.

집에 돌아온 장숙은 왠지 동생의 거동이 수상하다고 생각하며 밀서를 읽어보다가 기겁을 했다. 그는 고민 끝에 유장을 찾아가 동생을 밀고했다. 물증까지 있었으므로 변명의 여지가 없었다. 장송은 곧바로 체포되어 반역죄로 처형되고 말았다. 그러나 아무도 도도히 흐르는 역사의 물줄기를 바꿔놓을 수는 없지 않은가. 결국 유비는 월등한 군사력으로 유장을 몰아내고 그곳에 촉을 세운다.

서촉의 문관(文官) 장송. 난세를 기화로 주군을 배반하고 나라를 팔아먹으려 한 매국노인가, 아니면 대세의 흐름을 미리 간파하고 스스로 역사의 물줄기를 선도한 선각자인가.

6-02(078)
서촉을 유비에게 빼앗긴 익주목 '유장'

　양자강 등 4개의 강이 흐른다고 해서 이름 붙여진 사천성(四川省)은 2008년 지진으로 큰 피해를 입어 세계적으로 주목을 받은 곳이다. 옛날에는 중원으로부터 멀리 떨어져 있는 이곳을 서촉 혹은 서천이라 불렀는데, 행정구역상으로는 익주였다. 이곳은 땅이 넓고 물자가 풍부하여 자급자족이 가능했다.
　익주목 유언의 지시로 한중지역을 평정한 장로(張魯)는 거기에서 오두미도를 전파하면서 거의 독립 상태를 유지하고 있었다. 유언이 죽자, 그의 아들 유장(劉璋)이 익주목 자리를 물려받았다. 자가 계옥(季玉)인 유장은 장로가 복종하지 않자, 서촉에 있던 장로의 어머니와 동생을 체포하여 처형했다. 그 때문에 유장은 장로와 철천지원수가 되고 말았다.
　그즈음, 한중지역은 조조군에게 패퇴한 마초를 따라 이곳으로 넘어오는 서량의 주민들 때문에 인구가 크게 늘어났다. 조조는 장로를 회유하기 위해 태수라는 관직을 주었고, 이에 고무된 장로는 서촉을 통째로 집어삼킬 궁리를 하고 있었다. 장로가 침략해오려 한다는 정보를 입수한 익주자사 유장은 회의를 소집하여 대책을 논의했다.
　이때 별가 장송(張松)이 '제가 예물을 들고 조조를 찾아가 조조의 대군이 한중을 공략하도록 하겠습니다. 그러면 장로가 어찌 우리 서촉에 쳐들어 올 수가 있겠습니까?' 하고 말했다. 본시 겁이 많은 데다 별다른 대책도 없는 유장이 달리 의견이 있을 리 없었다.

장송이 허도에 도착하자, 장송을 접견한 조조는 '네 주인 유장은 어찌하여 해마다 조공을 올리지 않느냐?'며 힐문했다. 장송은 '길이 험한 데다 도적들이 가로막아서 조공을 올릴 수가 없었습니다.' 하고 둘러댔다. 그러자 조조는 '내가 이미 중원을 깨끗이 다 쓸었는데 도적이 어디 있단 말이냐?' 하며 역정을 냈다.

유장의 사자(使者)임에도 불구하고 조조가 자신을 홀대하며 위압적으로 대하자, 심기가 뒤틀린 장송은 조조의 자존심을 건드리며 저항을 해보지만 조조의 기분을 상하게 한 죄로 흠씬 두들겨 맞고 쫓겨나고 말았다. 돌아오는 길에 형주에 들른 장송은 유비로부터 극진한 후대를 받고, 지니고 있던 서촉 지도를 유비에게 넘겨주었다.

돌아온 장송은 형주의 유비에게 요청하여 장로의 침입을 막는 것이 좋겠다고 유장에게 보고했다. '그렇게 되면 유비에게 서촉을 뺏기고 만다.'며 황권 왕루 등의 중신들이 극렬히 반대했지만, 순진한 유장은 '시끄럽다! 유비와 나는 피를 나눈 종친인데 어찌 그가 내 땅을 빼앗겠느냐?'고 하며 기어코 유비에게 군사지원을 요청했다.

난세에 종친이 어디 있는가. 드디어 제갈량이 제시한 천하삼분지계에 따라 호시탐탐 촉을 노리던 유비는 군사 5만 명을 이끌고 새로 얻은 군사(軍師) 방통과 노장군 황충, 맹장 위연 등과 함께 서촉으로 입성했다. 유비는 한동안 유장과 친밀하게 지냈지만 결국 속셈이 다른 두 사람 사이가 틀어졌다.

뒤늦게 유비의 속셈을 알아차린 유장은 유비를 도운 장송과 그의 가솔들을 목 베고 결사항전 태세를 갖추었다. 그러나 부성을 지키고 있던 무장 양회와 고패가 유비에게 잡혀 목이 떨어지는 바람에 부성이 함락되었다. 그러자 유장은 장임과 유괴, 냉포, 등현 등 네 장수에게 성도의 외곽요충지인 낙성을 사수하라고 명했다.

네 장수는 연합작전을 펼쳐 유비군의 군사(軍師) 방통을 낙봉파에서 죽이는 등 큰 전과를 올렸다. 그러나 제갈량과 장비, 조운 등이 새로 합류하여 맹공을 퍼붓자, 결국 낙성은 함락되고 끝까지 버티던 용장 장임도 붙잡혀 참수되었다. 설상가상으로, 유장을 도우러 온 마초까지 제갈량의 계책에 빠져 유비군에 사로잡혔다.

드디어 유비군이 물밀듯이 밀고 들어와 성도를 포위했다. 성안에서는 주전파와 주화파가 맞서 격론을 벌였지만, 아직도 성안에는 3만 명의 군사가 남아있다며 결사항전하자는 의견이 더 우세했다. 그러나 유장은 고개를 가로저으며 이렇게 말했다.

"우리 부자(父子)가 서촉을 다스린 지 20년이 넘었으나 이렇다 할 공덕을 쌓지 못했소. 또 유비와의 3년에 걸친 전쟁으로 온 들판에 시신이 넘쳐있으니 모두가 내 탓이오. 차라리 항복하여 백성들을 편하게 해주어야겠소."

결국 성문을 열고 항복한 유장은 유비로부터 진위장군이라는 직책을 받고 변방으로 쫓겨나 거기서 귀양 아닌 귀양살이를 하다가 쓸쓸히 역사의 무대에서 사라진다.

후세의 사가들은 익주자사 유장을 암약(暗弱)한, 즉 어리석고 나약한 인물이라고 평하고 있다. 물론 역사는 승자에 의한 기록이니 패배자인 그에 대한 평가가 좋을 리가 없다. 그 점을 감안하더라도 난세의 지도자로서 유장의 처신에는 분명히 문제가 있었다.

우선, 장로가 침공해올 길목에 장임 같은 용장을 미리 배치하여 대비했더라면 충분히 막을 수 있었을 텐데, 유비에게 군사지원부터 요청한 것은 그의 결정적인 실책이었다.

그의 곁에는 죽음을 무릅쓰고 충간(忠諫)하는 문관들과 죽기를 각오하고 익주를 지키겠다는 무장들이 많이 있었다. 그런데도 그들의 충정(忠情)을 헤아리지 않고 일부 중신의 꾐에 빠져 외부의 힘으로 장로의 침공을 막겠다고 오판을 한 것은 그의 자질과 리더십에 치명적인 문제가 있는 것으로 볼 수밖에 없다.

또 마지막에 유비의 군사가 성도를 향해 밀어닥치자, 3만 명의 군사를 놔두고 성문을 열어 항복한 것은 난세의 지도자로서 너무 나약하고 무책임한 처사가 아닌가 싶다.

굳이 유장의 입장에서 변론을 한다면, 난세에는 대부분의 권력자들이 자신의 안위를 위해 백성들에게 엄청난 고통과 희생을 강요하는데, 유장은 그와 반대로 백성들의 고통을 덜어주기 위해 자기 자신을 희생하는 결단을 내렸다는 점에서 어느 정도 정상참작을 해주어야 할 것 같다.

어쨌든 유장은 승자만이 살아남는 난세에 적합한 인물은 아니었고, 치세(治世)에나 어울리는 순진하고 선량한 사람이었다. 그러므로 유장이 서촉을 유비에게 넘겨준 것은 그의 실책이라기보다는 유비에 비해 확연히 처지는 그릇에서 비롯된 자연스런 결과라고 할 수밖에 없으리라.

6-03(079)
한중에 오두미도를 전파한 교주 '장로'

'현재의 시점에서 가장 영향력이 큰 삼국지의 인물은 누구일까?' 하고 물으면 문신 공자와 나란히 무신으로 숭앙(崇仰) 받는 관우라고 대답할 것이다. 서울지하철 1호선 '동묘앞' 역의 동묘는 관우를 모신 사당의 이름이다. 더 이상 무슨 설명이 필요하겠는가?

그런데 현재의 시점에서 관우에 필적할만한 영향력을 지닌 삼국지 인물이 한 사람 더 있다. 오두미도(五斗米道)의 초대 교주인 장로(張魯)이다. 삼국지연의에서는 장로가 한중지방을 다스린 인물로 나오지만, 현대 중국에서 도교(道教)가 차지하는 비중을 감안하면 그의 영향력은 관우에 비해 결코 뒤지지 않는다.

도교의 뿌리를 찾아가보면 후한 말의 태평도(太平道)와 오두미도의 양 갈래로 나눠진다. 도인 우길이 창시한 태평도는 황건적의 난이 진압되면서 거의 소멸되었거나, 오두미도에 흡수되었다. 오두미도는 많은 왕조를 거치면서 계승 발전되어 현대까지 명맥을 유지하고 있다. 초창기의 도교인 오두미도의 발달사에 뚜렷한 족적을 남긴 인물이 바로 장로이다.

후한 말, 장릉이란 도인이 서촉에 나타나 여러 사람의 병을 고쳐주거나 민생고를 해결해주었다. 그러다가 누구나 쌀 5말[五斗米]을 내면 신도로 받아주는 오두미도의 시조가 되었다. 장릉이 죽자 아들 장형이 뒤를 이었고, 장형이 죽자 다시 그의 아들 장로가 뒤를 이었다. 익주목 유언은 장로에게 한중(漢中)을 공략하게 했다.

한중을 평정한 장로는 그곳에 눌러 앉아 오두미도를 전파하면서 교주가 되었다. 신도들은 소정의 수행과정을 거쳐서 좨주(祭酒)가 되는데, 장로는 이들 좨주 중에서 우수한 인재를 뽑아 한중의 관리로 임용했다. 유언이 죽고 그의 아들 유장이 익주목이 되자 장로는 익주의 간섭을 거부하고 한중을 오두미도를 기반으로 하는 제정일치의 종교왕국으로 만들었다.

유장은 불같이 노하였으나 한중을 정벌할 힘이 없었으므로 서촉에 남아있던 장로의 어머니와 동생 등 가솔들을 잡아서 처형했다. 중앙 조정에서도 처음에는 한중이 워낙 먼 오지(奧地)여서 무력으로 정벌하기보다는 회유책을 썼다. 한중을 한녕으로 이름을 고쳐서 장로를 한녕태수로 임명하고 공물을 바치게 했던 것이다.

이 무렵, 조조는 한중의 북쪽인 서량지역을 평정하고 마초를 쫓아냈다. 이제 다음 차례는 한중이었다. 위기감을 느낀 장로는 막료들을 불러 놓고 '조조는 이제 우리 한중을 노릴 것이다. 이참에 나는 한녕왕이 되어 조조와 싸우고자 하는데, 여러분의 생각은 어떤가?' 하고 물었다. 참모인 염포가 말했다.

"한중은 10만 가구가 넘습니다. 또 마초가 패망한 후 서량에서 수만 명이 한중으로 넘어오고 있습니다. 이곳은 군량이 풍부한데다 사방이 산악으로 둘러싸여 있어 조조가 쉽게 공략하기는 어려울 것입니다. 우선 유장을 쳐서 서천을 완전히 손아귀에 넣은 다음에 한녕왕이 되어 조조와 맞서도 늦지 않을 것입니다."

장로는 염포의 의견이 옳다 싶어 아우 장위와 함께 서천정벌을 준비했다. 어머니와 동생을 죽인 유장을 공략하여 원수를 갚고 익주 전체를 완전히 차지한 후에 조조와 결전을 벌이기로 한 것이다.

한중의 장로가 쳐들어올 것이라는 첩보는 익주자사 유장에게도 전해졌다. 어리석은 유장은 막료들의 반대에도 불구하고 형주의 유비가 종친이고 어진 인물이라며 도움을 요청하는 사신을 보냈다. 제갈량의 천하3분지계에 따라 호시탐탐 서촉을 노리고 있던 유비는 곧바로 군사를 이끌고 서촉으로 향했다.

유장과 유비, 처음엔 서로 호형호제하며 잘 지냈으나 차차 틈이 벌어졌다. 유비가 군사와 군량 지원을 요청했는데 막료들의 극심한 반대에 부딪친 유장이 제대로 지원을 해주지 않자 화가 난 유비가 칼끝을 돌려 서촉을 공격한 것이다. 다급해진 유장은 이번에는 한중의 장로에게 유비군을 막아달라고 요청했다. 자신이 장로의 원수라는 사실도 잊어버린 채….

이때, 한중의 장로에게 의탁하고 있던 마초는 자신이 가서 유비를 사로잡고 유장에게서 서천의 20고을을 할양(割讓)받아오겠다고 제안한다. 장로는 마초의 용맹을 잘 아는지라 군사 2만 명을 마초에게 내주는데, 마초는 유비군의 용장 장비와 멋진 대결을 펼치지만 결국 제갈량의 계책에 빠져 유비에게 귀순하게 되고 서천은 완전히 유비의 수중으로 들어간다.

한편, 조조의 대군이 한중으로 쳐들어오자, 장로는 험준한 양평관에서 저항하다가 맹장 방덕을 내보내지만 조조의 계책에 말린 방덕은 조조에게 항복해버린다. 이때 아우 장위가 부고(府庫)와 곡물창고를 모조리 불사르고 달아나자고 했지만 장로는 부고와 창고는 국가의 재산이니 보존해야 한다며 불태우지 않고 봉인만 해놓고 파중으로 후퇴한다.

장로는 파중에서 다시 저항해보지만 역부족을 느끼고 조조에게 항복한다. 조조는 장로가 부고를 태우지 않고 봉인한 조치를 높이 평가하여 예를 갖추어 우대한다. 장로에게 진남장군의 직위를 내리고 낭중후로 봉한 후 용호산 일대에 식읍 일만 호를 준 것이다. 그 덕분에 용호산은 장로의 거점이 됨과 동시에 오두미도의 본산이 된다.

이후 오두미도는 사마염에 의한 삼국통일과 그 후의 남북조시대를 거치면서 천사도(天師道)로 발전한다. 천사도에서는 장로를 장천사(張天師)라 칭하며 신격화하기 시작한다. 천사도는 여러 왕조를 거치면서 정일교(正一敎)로 이름이 바뀌어 주로 양자강 이남을 중심으로 오늘날까지 이어져 내려오고 있다.

생각건대, 오두미도는 교주 장로의 현명한 판단과 처신 덕분에 흥하게 되었다고 해도 과언이 아니다. 만일 장로가 양평관에서 패퇴할 때 부고와 곡물창고를 불태워버렸으면 오두미도를 전파하기는커녕 제대로 목숨이나 부지할 수 있었겠는가.

마지막으로, 관우와 장로의 영향력을 비교해보자. 관우에 대한 신앙은 기복신앙(祈福信仰)에 가까워서 민간에 미치는 영향력의 넓이에서는 관우가 장로보다 우위에 있다. 그러나 기독교와 회교가 발붙이지 못하는 현대 중국에서 도교가 차지하는 비중을 감안하면 영향력의 깊이에서는 관우가 장로에 미치지 못한다.

6-04(080)
환술(幻術)과 둔갑술의 달인 '좌자'

환술(幻術)은 남의 눈을 속이는 기술이고, 둔갑술(遁甲術)은 마음대로 제 몸을 감추거나 다른 것으로 바꾸는 기술이다. 소설 삼국지에는 환술과 둔갑술의 달인 좌자(左慈)가 등장한다. 자는 원방(元放).

위 왕궁 준공기념으로 오에서 밀감 40상자를 조조에게 선물로 보냈다. 밀감을 등에 지고 오던 인부들이 어느 산중턱에서 잠시 쉬고 있을 때, 하얀 등꽃을 관(冠)에 꽂은 절름발이 애꾸눈 노인이 나타나 '수고들 하시는군. 내가 짐을 좀 들어줄까?' 하면서 말을 걸었다. 그리고는 한 인부의 짐을 등에 지고 앞서 가는데 뛰는 듯이 빨랐다. 인부들이 모두 뒤를 따랐는데 이상하게도 등짐이 조금도 무겁지 않았다. 헤어질 때, 인부가 고맙다고 인사를 하면서 그 노인에게 성함을 물었다.

"좌자라고 하네. 다들 나를 오각(烏角) 선생이라 부르지."

짐이 도착하자 조조가 밀감 하나를 쪼갰다. 속이 비어 있었다. 몇 개를 쪼개도 마찬가지였다. 조조가 도대체 어떻게 된 일이냐고 물었다. 한 인부가 '혹시…' 하면서 오던 길에서 만난 좌자라는 노인에 대해서 보고를 하고 있는데, 마침 좌자가 찾아왔다.

조조는 밀감의 속이 비어있다며 좌자를 힐문했다. 좌자가 웃으면서, '그럴 리가 있나요?' 하면서 밀감 하나를 쪼갰다. 속이 꽉 차 있었다. 다른 사람이 쪼개 봐도 마찬가지였다.

좌자가 삶은 양 한 마리와 술 닷 말을 요구했다. 조조가 고개를 끄덕였다. 음식이 나오자 순식간에 모두 먹어치웠다. 놀란 조조가 방술을 배웠느냐고 물었다. 좌자가 대답했다.

"아미산에 들어가 도(道)를 배운 지 30년, 풍운의 조화를 터득하고 자유자재로 둔갑을 하게 되었소. 위왕께서도 내 제자가 되어 도를 배워보지 않겠소?"

"그럴 수는 없지. 아직 천하는 통일되지 않았고, 또 나를 대신해서 이곳을 다스릴 사람도 없어."

조조가 진지하게 대답하자, 좌자가 웃으며 말을 받았다.

"그 일이라면 걱정하지 않으셔도 됩니다. 유비에게 맡기면 천하가 평안해질 것입니다."

"이놈. 너는 유비의 첩자였구나!"

유비라는 말에 갑자기 노기등등해진 조조, 좌자를 형틀에 묶고 고문을 하게 했다.

"이놈들아, 간지럽히지 마라!"

혹독한 고문을 할 때마다 좌자의 웃음소리가 들려왔다. 목에 칼을 씌우고 발목을 쇠고리로 채워도 좌자는 코를 골며 잠을 잤다. 조조는 다시 '먹을 것을 주지마라.'고 명했다. 그러나 열흘이 지나도 끄떡없고 오히려 혈색이 더 좋아졌다. 조조는 결국 좌자를 방면했다.

위 왕궁 낙성을 축하하는 대연(大宴)의 날이 밝았다. 진상품을 든 하객들이 모여들었다. 좌자도 거지행색을 하고 나타났다. 조조는 내심 불쾌했으나 잔칫날 쫓아낼 수도 없고 해서 '어이, 불청객! 너는 오늘 무엇을 가지고 왔느냐?' 하고 말했다.

"꽃을 바치려고 하오."

"이 겨울에 꽃이 있겠느냐? 좋다, 네 재주가 용하다고 하니 이 화병에 모란꽃을 피워보아라."

좌자가 화병을 향해 호~ 하고 입김을 불었다. 모란꽃 한 송이가 함초롬히 피어났다. 그 모습을 지켜본 수많은 문무백관들이 눈을 비비며 감탄했다. 그때 좌자가 음식상을 둘러보며 '어찌 송강(松江)의 농어가 없소?' 하고 말했다. 송강의 농어는 아가미가 네 개로, 촉에서 나는 생강과 함께 먹는 것이 별미다.

조조가 '농어란 살아있어야 제 맛인데, 어찌 수천 리 떨어져 있는 송강에서 산 농어를 가져온단 말인가?' 하며 힐문했다. 좌자는 껄껄 웃으며 낚싯대를 가져오게 하더니 뜰 안의 연못에 드리웠다. 잠시 동안에 수십 마리의 농어가 잡혔다. 모두 아가미가 넷인 송강의 농어였다. 그는 화분을 가져오게 하여 촉의 생강도 만들어(?)냈다.

좌자는 옥배(玉杯)에 술을 부어 조조에게 권했다. 의심 많은 조조가 마시지 않자, 그는 자신의 머리에서 동곳을 뽑아 잔 가운데를 쭉 그었다. 잔은 술이 담긴 채 두 쪽으로 갈라졌다. 반쪽 잔을 마신 그가 남은 반쪽을 조조에게 내밀었다.

조조가 받지 않자, 그 잔을 공중으로 던졌다. 잔은 곧 비둘기로 변했다. 하객들이 넋을 잃고 쳐다보고 있는 사이, 좌자가 슬그머니 사라져버렸다. 정신을 차린 조조가 급히 무장 허저를 불러 명했다.

"저런 요사스런 인간은 반드시 잡아서 없애야 한다. 그놈을 잡아라!"

허저는 군사를 이끌고 그를 찾아 나섰다. 어느 산모퉁이에 이르자 좌자의 모습이 보였다. 그러나 좌자는 곧 양으로 둔갑하여 양떼들 속으로 숨어버렸다. 군사들은 양들을 모두 죽이고 돌아갔다. 다시 사람으로 변신한 좌자는 양들을 모두 살려냈다.

이 이야기가 양치기 소년의 입을 통하여 온 고을에 퍼졌다. 소문을 들은 조조는 죽은 줄 알았던 좌자가 아직도 살아있음을 알고 화가 머리끝까지 올랐다. 그는 좌자의 몽타주를 그리게 하여 온 고을에 나눠주며 잡아들이게 했다.

사흘도 안 되어 수백 명의 용의자가 잡혀왔다. 모두 애꾸눈에다 절름발이요, 머리엔 등꽃을 꽂고 있었다. 조조는 그들의 목을 모두 베게 했다. 그러자 시체더미로부터 연기가 오르더니 하얀 학을 탄 좌자의 모습이 나타나 '간웅이 하루아침에 죽으리라.' 하고 말하고 공중으로 사라졌다.

이때 광풍이 몰아치며 흙먼지를 일으켰고, 목 없는 좌자의 시체들이 모두 일어나 조조에게로 몰려들었다. 모여 있던 문무백관들이 모두 기겁을 하며 도망쳤고, 조조는 그 자리에 쓰러지고 말았다. 몸져누운 조조는 얼마 안 있어 죽고 만다.

좌자는 정사에도 나오는 실존인물이다. 그가 구사한 환술과 둔갑술 중에서 어디까지가 사실이고 어디까지가 거짓인지는 알 수가 없다. 다만 송강의 농어를 잡은 것과 촉의 생강을 구해온 것, 그리고 양으로 변하여 양떼 사이에 숨은 사실 등은 후한서에도 기록되어 있다.

생각하건대, 삼국지에 등장하는 좌자의 기상천외한 환술들은 대부분 조조의 간웅적인 면모를 부각시키기 위해 저자가 꾸며낸 얘기가 아닌가 싶다.

6-05(081)
미래를 예지하는 점복의 명인 '관로'

여덟, 아홉 살 때부터 땅바닥에 천문도(天文圖)를 펼쳐놓고 별자리를 그리면서 놀고, 밤에는 잠도 자지 않고 별을 쳐다보며 생각에 잠겨있는 아들을 보고, 너는 커서 도대체 뭐가 되려고 하느냐고 그의 아버지가 걱정스럽게 물었다. 어린 관로가 이렇게 대답했다.

"닭이나 새들도 때를 알고 천변(天變)을 아는데, 사람이 천문을 모른다면 어찌 사람이라 할 수 있겠습니까?"

관로(管輅), 자는 저 유명한 공명(公明)이다. 어릴 때는 천체광이었고, 열다섯 살에 주역(周易)에 통달하여 신동으로 불리었다. 성인이 되어서는 술을 좋아하고 행동도 거칠고 난잡했으나 관상에 일가견이 있었고, 별점과 풍각(風角)점에 특히 조예가 깊어 당대 최고의 복성(卜聖)으로 불리었다. 요샛말로 표현하면 귀신같이 용한 점쟁이였다고 할 수 있다.

관로가 남긴 일화부터 살펴보자.

어떤 고을의 현령이 아내의 두통과 아들의 가슴앓이로 오랫동안 고생을 하다가 관로를 초빙하여 점을 쳐보았다.

"무덤 위에 집을 지었구려. 이 집 서쪽 벽 아래에 두 사람의 시체가 묻혀 있소. 한 사람은 창을 들고 있고, 한 사람은 활을 들고 있소. 창을 든 사람이 머리를 찔러대니 부인의 머리가 아프고, 활을 든 사람이 화살로 가슴을 찔러대니 자제분의 가슴이 아픈 것이오."

현령이 일꾼을 시켜서 서쪽 벽 밑을 파보았더니 과연 땅 속에서 관(棺)이 두 개 나왔고, 한곳에는 창이, 다른 한곳에는 활과 화살이 들어있었다. 관 속의 뼈를 뒷산 양지쪽에 묻어주자, 그의 아내와 아들의 병이 씻은 듯이 나았다.

이런 일도 있었다. 인근 마을에서 어떤 사람이 소를 도둑맞았다. 소의 주인이 찾아와 점을 쳐달라고 했다.

"저쪽 골짜기에서 서편으로 쭉 올라가 보시오. 일곱 사람이 소를 잡고 있을 것이오. 속히 가보시오. 고기와 가죽은 아직 그대로 남아있을 것이오."

말한 그대로였다. 그는 지나간 일을 알아맞힐 뿐 아니라, 미래를 내다보는 예지(豫知) 능력도 있었다. 어느 날, 관로가 길을 가다가 무심코 한 청년의 얼굴을 보았는데, '아, 아깝구나, 사흘 후에 죽을 운명이로다.' 하고 중얼거렸다.

그 사람의 이름은 조안이고, 인근에 사는 열아홉 살 청년이었다. 이 말을 들은 청년은 집으로 뛰어가 그의 아버지에게 들은 대로 얘기를 했다. 관로의 명성을 잘 아는 아버지는 조안과 함께 관로의 집으로 찾아와 제발 살려달라고 애원했다.

'인명은 재천이라, 사람의 힘이 미치지 못하는 것이오.' 하고 말했지만 청년과 아버지의 비통한 눈물을 본 관로는 책임을 느꼈는지, 한 가지 방책을 알려주었다.

다음날, 두 사람은 관로가 일러준 대로 술을 가지고 어떤 산에 올라가 큰 나무 그늘에서 바둑을 두고 있는 두 노인을 만났는데, 머리는 모두 백발이었고 각각 홍의와 백의를 입고 있었다. 두 사람은 조용히 다가가서 한

창 흥이 고조되었을 때 가져온 술을 권했다. 두 노인은 완전히 바둑에 심취되어 주는 술을 받아 마셨다. 이윽고 바둑이 끝나자, 아버지가 울면서 찾아온 이유를 말했다.

두 노인은 깜짝 놀라며 '관로의 짓이구나. 사사로이 인간의 공물을 얻어먹었으니 곤란한 일이로다.' 하면서 각자 호주머니에서 장부를 꺼내더니 서로 건너다보았다.

한 노인이 '이 청년은 열아홉으로 끝내게 되어있군.' 하며 '十九'자의 앞글자를 '九'자로 고쳐주자고 했다. 다른 노인이 고개를 끄덕였고, 그렇게 한 뒤, 두 노인은 학을 타고 날아가 버렸다.

아버지와 청년은 관로를 찾아가 깊이 감사드리고, 그 사람들이 누구인지 물어보았다. '선인(仙人)들이오. 붉은 옷을 입은 사람은 남두(南斗), 흰 옷을 입은 사람은 북두(北斗)지.' 하고 말했다. 열아홉 살에 죽을 뻔했던 청년은 아흔아홉 살까지 살게 되었다. 관로는 자신의 불찰로 천기(天機)가 누설됐다며 스스로 근신하여 그 후에는 사람들과의 접촉을 피했다.

어느 날, 위왕 조조가 관로를 불렀다. 관로는 내키지 않았으나 가지 않을 수가 없었다. 조조는 첫눈에 그가 흔히 보는 점쟁이가 아님을 알아보고, 그를 태사관(太史官)으로 위촉하고 싶다고 했지만, 관로는 고개를 가로저었다. 조조가 여러 가지를 물었으나 관로는 대강만 얘기하고 되도록 말을 아꼈다. 조조가 오와 촉의 동태를 물었다. 이번에는 관로가 몇 가지 대답을 했다.

"오에서는 어저께 유력한 중신이 죽었고, 촉은 곧 국경을 넘어 쳐들어올 것입니다."

관로의 예언은 사실로 드러났다. 오의 대도독 노숙이 죽었다는 전갈이 있었고, 이어서 촉군이 한중으로 쳐들어왔다는 급보가 날아들었다. 조조가 친히 군사를 이끌고 한중으로 출정하려고 했으나, 관로는 '내년 초에 도성에 큰 불이 날 것입니다. 대왕께서는 멀리 떠나지 않는 것이 좋을 듯합니다.' 하고 말했다.

조조는 그의 말을 신뢰하여 조홍에게 5만의 군사를 주어 한중으로 보내고, 하후돈에게도 3만의 군사를 주며 허도 주위에 주둔케 했다. 다음해 정월 대보름, 허도에 큰 불이 났다. 한(漢)의 구신(舊臣) 경기와 위황, 김위, 길막, 길목의 5인이 주동이 되어 도성에 불을 지르고 조조에게 반기를 든 것이다.

미리 알고 마음의 준비를 하고 있던 조조는 그 기회를 틈타 반기를 든 구신들을 모조리 뿌리 뽑아 스스로의 입지를 더욱 확고히 한다. 주모자뿐 아니라 자신의 반대세력까지 일망타진한 것이다. 자신의 예언 때문에 한조의 충신들이 죽어가는 것을 보고 관로는 죄책감에 빠져 아예 대문을 닫아 걸고 두문불출했다.

관로가 47세 되던 해, 조정의 실권자인 대장군 사마소가 벼슬을 주겠다며 초빙을 했으나 거절했다는 기록이 전할 뿐이다. 관로는 그 이듬해 세상을 떴다.

관로의 행적에 관한 기록들 중에서 어디까지 믿어야 할지 도무지 판단이 서지 않는다. 그가 알아맞혔거나 예언한 것은 범인(凡人)이 결코 다다를 수 없는 영역의 일이기 때문이다. 인간이 미래에 대해서는 한 치 앞도 내다볼 수 없다는 사실은 수천 년 전이나 지금이나 조금도 달라진 것이 없지 않은가.

6-06(082)
철새 정치인의 원조 모사 '가후'

　모사(謀士)는 섬기는 주군을 위해 지모를 펼치는 사람이다. 이들은 섬기는 주군과 영욕을 함께 하는 경우가 대부분이지만, 더러는 주군을 바꾸는 경우도 있다. 끊임없이 주군을 바꾸어가며 살아남은 모사 가후에 대해 살펴보고자 한다.
　가후(賈詡), 자는 문화(文和). 양주(涼州) 무위 출신으로, 삼국지에 등장하는 모사 중에서 권변(權變)이 가장 뛰어난 인물이다. 권변이란 때와 형편에 따라 일을 처리하는 임기응변의 재능을 말하는데, 여기에는 정확한 상황판단과 유연한 처세술이 요구된다.
　가후는 젊었을 때부터 뛰어난 재능을 인정받아 조정의 공무원이 되었다. 동탁이 도성에 들어와 권력을 잡자, 그는 동탁의 부하장수인 이각의 막하로 들어갔다. 동탁이 죽자, 이각과 곽사 등 동탁의 부하장수들은 불안하여 각자 도망칠 궁리를 하고 있었는데, 이때 가후가 꾀를 내어주었다.
　"장군들이 뿔뿔이 흩어져 도망친다면 일개 관리에게 잡히고 말 것입니다. 그러나 군사를 모아 함께 도성으로 쳐들어간다면 천하를 차지할 수도 있습니다. 만약 일이 잘못되면 그때 도망쳐도 늦지 않을 것입니다."
　가후의 판단은 정확했다. 결국 동탁의 부하장수들은 군사를 모아 장안에 쳐들어가 대권을 장악했다. 그러나 권력을 잡은 이각과 곽사는 서로 싸우면서 혼란이 더 심해졌다. 이때 황제의 부름을 받은 조조가 대군을 이끌고 오자, 두 사람이 조조의 상대가 되지 못하는 것을 아는 가후는 이들의 운이 다했음을 간파하고 몰래 도망쳐버렸다. 가후는 잠시 단외라는 장군을 섬기다가, 다시 전에 동탁의 부하였던 장제의 조카 장수(張繡)를 섬기게 되었다.

조조가 대군을 일으켜 장수를 정벌하려 하자, 가후는 조조에게 대항하는 것은 무리라고 판단하고 장수에게 항복할 것을 권했다. 장수는 가후를 조조에게 보내 항복할 뜻을 전했고, 이때 가후를 처음 본 조조는 그의 언변과 재주에 반해 함께 일할 것을 권했다. 가후의 대답은 이러했다.

"저는 지난날 이각을 섬겨 나라에 죄를 지었습니다. 지금은 장수를 섬기고 있는 바, 그는 저의 말은 무엇이든 들어주니 차마 그를 저버릴 수가 없습니다. 승상의 두터운 정만 가슴깊이 간직할 뿐입니다."

거절은 하되 앞으로의 가능성을 완전히 배제하지도 않는, 권변이 뛰어난 모사다운 유연한 처세술이 담긴 답변이 아닌가.

그러나 장수는 조조가 숙부 장제의 처인 숙모와 놀아나자, 다시 반기를 들어 가후가 일러준 계책대로 조조를 공격한다. 이때 장수는 조조의 경호실장이라 할 수 있는 용장 전위, 그리고 조조의 맏아들 조앙과 조카 조안민까지 죽이는 대승을 거두었다. 가후는 그런 장수를 따라갈 수밖에 없었다.

그 후, 조조와 원소가 강북의 패권을 놓고 힘겨운 싸움을 하고 있을 때, 두 사람한테서 동시에 사자가 왔다. 장수를 자기편으로 끌어들이기 위해서였다. 장수는 모사 가후에게 의견을 물었고, 가후는 당시로서는 세력이 훨씬 컸던 원소를 마다하고 조조를 택하도록 권했다. 당장의 위세보다는 장래성을 택한 것이다.

가후의 진언대로 장수가 조조에게 항복해오자, 조조는 지난날의 원수임에도 불구하고 천하를 얻은 듯 기뻐했고, 조조는 가후가 내다본 대로 원소를 격파하고 강북을 모두 평정했다. 대세를 정확히 읽는 가후의 뛰어난 안목이 또 한 번 입증된 셈이다. 조조의 모사로 변신한 가후는 조조가 마초와 싸울 때 반간계(反間計)로 같은 편인 마초와 한수가 서로 싸우게 했고, 맹장 방덕을 얻는 데도 돋보이는 지혜를 발휘했다.

조조의 신임이 확고해지자, 가후는 조조의 아들들 사이의 권력다툼, 즉 세자 책봉에도 조심스럽게 관여하기 시작했다. 그때까지는 조조의 마음이 시문(詩文)에 뛰어난 셋째아들 조식에게 기울어져 있었는데, 가후가 큰아들 조비 쪽에 줄을 섰으니 장차 어떻게 될 것인가.

조조가 전쟁터로 떠날 때, 조식은 말과 글로써 아비의 공덕을 칭송했으나, 조비는 가후의 가르침에 따라 행동으로 아비를 배웅했다. 조조가 출진(出陣)할 때마다 조비는 눈물로 배웅을 한 것이다. 그러던 어느 날, 가후는 조조로부터 속히 들어오라는 부름을 받았다. 조조가 거두절미(去頭截尾)하고 물었다.

"나도 이제 후사(後嗣)를 정해야겠는데 누가 좋겠는가?"

이럴 때 대답을 잘못하면 후일 목숨을 부지하기 어렵다. 누가 좋겠다고 말했다가 다른 사람이 선택되면 입장이 곤란해지지 않겠는가. 능구렁이 같은 가후가 그것을 모를 리 없다. 가후가 대답을 하지 않자 조조가 다시 다그쳤다. 가후가 마지 못하는 척 대답을 했다.

"예, 잠시 다른 생각을 하고 있었습니다."

무슨 생각을 하고 있었는지 조조가 다시 물었다.

"원소와 유표의 후사문제를 생각하고 있었습니다."

참으로 절묘한 대답이었다. 원소나 유표가 모두 맏아들을 후사로 세우지 않았다가 자식들 간에 싸움이 붙어서 어이없이 무너지게 되었다는 것을 일깨워주면서, 맏아들을 추천한다는 암시까지 포함된 대답이었다. 그 말을 못 알아들을 조조가 아니었다. 조조는 껄껄 웃으며 이렇게 말했다.

"그대도 참 어지간하구나. 다음부터는 말을 똑바로 하라."

마침내 조조는 맏아들 조비를 세자로 세웠다. 가후의 눈부신 혜안(慧眼)이 다시 한 번 빛을 발한 것이다.

후일 조조가 죽고 조비가 위왕이 되자, 가후는 삼공(三公)의 하나인 태위(太尉)가 되었다. 그리고 조비가 후한 마지막 황제로부터 제위를 찬탈하는 데도 공을 세워 마침내 수향후로 봉해져 안락하게 여생을 보내다가 천수를 다하고 죽었다.

모사 가후. 난세에 홀로 입신하여 스스로의 인생을 개척하면서 살아남아 만년에 빛을 본 인물이다. 좋게 말하면 대기만성형의 입지전적인 인물이라고 할 수 있겠으나, 후세 사가들은 그의 이름 앞에 '난세의 철새'라는 달갑지 않은 관(冠)을 씌워주었다. 양지를 찾아 철새처럼 옮겨 다닌 그의 처세에 대한 준엄한 꾸짖음이리라.

이곳저곳으로 옮겨 다니는 오늘날의 철새 정치인들은 모사 가후를 어떻게 생각하는지 꼭 한번 물어보고 싶다.

6-07(083)
한 폭의 훈훈한 삽화 '조조와 관우'

삼국지 최고의 영웅 조조와 삼국지 최고의 무장 관우, 두 사람의 피아(彼我)를 초월한 인연과 남다른 정(情)을 살펴보는 것은 살벌한 전쟁이야기인 삼국지연의에서 한 폭의 훈훈한 삽화가 아닐 수 없다.

두 사람은 포악한 독재자 동탁을 타도하기 위해 전국의 17제후들이 모여 결성한 연합군에서 처음 만났다. 조조는 맹주(盟主) 원소와 함께 연합군을 지휘하는 자리에 있었고, 관우는 의형제인 유비, 장비와 함께 제후의 한사람인 북평태수 공손찬의 막하에서 마궁수(馬弓手)로 있었다.

동탁의 선봉장 화웅이 연합군을 크게 제압하고 다시 싸움을 걸어왔다. 연합군 진영의 장수들이 차례로 나가 맞섰으나 모두 패퇴하여 죽거나 쫓겨 와 연합군의 사기가 말이 아니었다. 이때 관우가 출전을 자원했다. 마궁수 따위가 나설 자리가 아니라고 꾸짖는 제후도 있었지만 조조는 출전시켜 보자고 했다. 조조는 따뜻하게 데운 술 한 잔을 관우에게 권했다.

"술은 그대로 두십시오. 갔다 와서 마시겠습니다."

관우는 말을 마치자마자 청룡언월도를 들고 적진을 향해 말을 타고 달려갔다. 한바탕 접전이 벌어지는가 싶더니 금세 관우가 돌아와 '자, 여기 있소이다.' 하면서 적장 화웅의 수급(首級)을 땅바닥에 내려놓았다. 관우는 아까 조조가 따라준 술을 마셨다. 아직도 따뜻했다. 조조의 관우에 대한 짝사랑(?)은 아마 이때부터 시작되었으리라.

세월이 흘러 조정의 실권자가 된 조조는 황제를 등에 업고 각지의 제후들을 호령하는 위치에 서게 되었고, 관우는 일성(一城)도 없는 유비를 따라 이곳저곳 떠돌아다니고 있었다. 조조가 여포를 평정하고 허도로 개선했을 때, 관우도 유비와 함께 조조를 따라 허도로 갔다.

어느 날, 조조가 황제를 모신 사냥터에서 황제를 업신여기는 행동을 하자, 의분(義憤)을 참지 못한 관우가 그 자리에서 조조를 베려고 칼을 뽑으려 했다. 그러나 이를 눈치 챈 유비가 재빠르게 눈짓으로 제지를 했기 때문에 행동으로 옮기지는 못했다.

그 후, 조조를 제거하는 모의에 가담한 유비는 가까스로 조조의 손아귀에서 벗어나 서주에서 군마를 단련하고 있었다. 유비의 모의가담 사실을 뒤늦게 안 조조는 격노하며 군사를 일으켜 서주로 쳐들어왔다. 패퇴한 유비는 가족도 버려둔 채 기주의 원소에게로 갔고, 관우는 어느 조그만 토산에서 조조의 대군에 겹겹이 포위되고 말았다.

관우의 충의와 뛰어난 무용(武勇)을 잘 아는 조조는 부하장수 장료를 보내 항복을 권했다. 관우는 끝까지 싸우다가 장렬하게 옥쇄하려 했지만, 함께 죽기로 한 도원결의와 자신이 보호하고 있는 유비의 가족 때문에 마음을 바꾸고 세 가지의 항복조건을 제시한다.

첫째, 조조가 아닌 한의 천자에게 항복하는 것임을 인정할 것

둘째, 유비의 가족들을 잘 보살펴주고 문전 출입을 삼가할 것

셋째, 유비가 있는 곳을 알게 되면 지체 없이 떠남을 양해할 것

조조는 세 번째 조건이 좀 꺼림칙했지만, 정성을 다하면 관우의 마음을 돌릴 수 있으리라 생각하고 세 가지 조건을 모두 수락했다. 조조는 친히 진

문(陣門) 앞까지 나와 관우를 맞으며 극진히 대우했다. 그 후에는 사흘마다 잔치를 열어주고 수시로 비단옷에다 미인들을 보내주기도 하고, 또 황제에게 인사를 시키며 벼슬까지 내려주었다. 나중에는 여포가 타던 희대의 명마인 적토마까지 관우에게 주었다. 참으로 끝없는 짝사랑이었다.

그러나 관우는 유비가 있는 곳을 알게 되자, 원소진영의 맹장 안량과 문추를 목 베어 그간의 후의에 대한 보답을 한 후 저 유명한 오관돌파의 신화를 남기고 조조의 곁을 떠난다. 보장된 부귀영화를 마다하고 한 뼘 땅도 없는 떠돌이 객장인 유비를 찾아가는 것이다.

다시 두 사람이 대면하는 것은 적벽대전에서 참패한 조조가 겨우 수십 기를 이끌고 도망치던 때였다. 이때 관우는 조조가 패주하는 화용도의 길목을 지키고 있었으니 이제 조조는 꼼짝없이 잡혀죽을 처지가 되었다. 그러나 조조가 가련한 몰골로 인정에 호소하자, 관우는 전에 입었던 후의를 생각하여 차마 잡지 못하고 그냥 보내준다. 무장으로서는 결코 있어서는 안 되는 일이지만….

그 후 관우는 형주를 지키면서 위를 공략하여 큰 전과를 올렸지만, 배후를 노린 오의 명장 여몽의 침공을 받아 사로잡혀 참수(斬首)되고 말았다. 58세였다. 촉의 보복을 두려워한 오주 손권은 화(禍)를 떠넘기기 위해 관우의 수급(首級)을 조조에게 보냈다. 조조는 관우의 수급이 든 나무상자를 받자마자 뚜껑을 열었다. 관우의 얼굴은 잠든 듯 편안해보였다.

문득 조조는 옛 생각이 나서 '관공, 그간 별 일 없으셨소?' 하고 말을 걸었다. 그 순간, 관우가 마치 무슨 말을 하려는 듯 눈을 번쩍 뜨고 입을 벌리는 것이었다. 목 아래까지 드리워져있던 수염까지 곤두서서 금방 조조에게로 튀어오를 듯 했다. 조조는 너무 놀란 나머지 그 자리에서 정신을 잃고 쓰러졌다.

다시 정신을 차린 조조는 관우에게 형왕(荊王)의 시호를 내리고, 침향목(沈香木)을 깎아 몸통을 만들어 관우의 수급에다 붙이게 한 후, 왕후(王侯)에 준한 예로 낙양 남문 밖에 장사지내게 했다. 조조는 몸소 관우의 영구(靈柩)에 절을 했고, 장례 일도 직접 챙겼다.

그 후, 조조는 관우의 환영이 자꾸만 나타나고 평소의 지병인 두통까지 겹쳐서 시름시름 앓다가 세상을 뜨고 말았다. 66세였다. 관우가 죽은 지 석 달 만이었다. 다정다감했던 삼국지 최고의 영웅 조조도 죽음을 피할 수는 없었다.

여기서, 조조가 말을 걸었을 때, 죽은 관우의 수급이 눈을 번쩍 떴다거나, 말을 하려고 입을 벌렸다거나, 수염까지 곤두섰다는 것은 도저히 믿을 수가 없는 얘기이다. 아마도 관우의 충혼(忠魂)을 돋보이게 하려고 삼국지연의의 저자가 꾸며낸 얘기가 아닌가 싶다.

두 사람에 대한 사후의 평가를 보면, 조조는 처음에 간웅으로 자리매김 되었다가 차차 재평가작업이 이루어지면서 불세출의 영웅으로 평가를 받고 있고, 관우는 죽어서 문신(文神) 공자와 나란히 무신(武神)으로 추앙받고 있다.

6-08(084)
마취술을 행한 전설적인 명의 '화타'

　강동의 소패왕(小覇王) 손책이 동생 손권, 명장 주유 등과 함께 오나라 창업의 기틀을 세워가고 있을 때이다. 손권이 선성(宣城)에 머무르고 있던 어느 날 밤, 갑자기 도적떼가 기습을 해왔다.
　손권의 경호를 맡은 주태는 갑옷도 입지 못한 채 맞서 싸우다가 몸에 열두 군데나 창상(創傷)을 입었다. 때마침 군사를 이끌고 달려온 손책이 도적떼를 쫓아냈으나 주태는 중태에 빠졌다. 급히 의원을 찾은 바, 참모 우번이 용하다고 소문난 의원 한 사람을 모시고 왔다. 사경을 헤매던 주태는 그 의원이 약을 쓰기 시작한 지 한 달 만에 씻은 듯이 나았다. 이때부터 그 의원의 이름은 중원에 널리 알려지게 된다.
　화타(華陀), 자는 원화(元化). 조조와 같은 예주 패국 초현 출신으로, 동안에다 학처럼 흰 수염에 신선 같은 풍모를 지닌 의원이다. 지금으로부터 1,800년 전인 서기 200년경에 마취를 이용한 외과적 수술을 행한 전설적인 명의로, 나중에는 신의(神醫)로 추앙을 받는다.
　그의 신술(神術)이 삼국지 곳곳에 나오는 걸 보면 그는 외과수술 외에도 내과, 피부과, 뇌신경과 등 의술 전반에 두루 정통한 듯하다. 오의 주태를 낫게 하여 명성을 얻은 그는 촉의 관우와 위왕 조조까지 진찰하고 치료하게 되어 삼국의 영웅을 두루 접하게 된다.

삼국지의 두 영걸 관우와 조조가 환자가 되어 화타 앞에 섰다. 명의의 눈에 비친 두 영웅의 모습과 함께 화타의 불행한 만년을 살펴보고자 한다.

형주를 지키던 관우가 위의 번성을 공략하며 기세를 올리고 있을 때, 위의 맹장 방덕이 쏜 화살에 팔꿈치를 맞았다. 화살에 묻은 독이 몸에 퍼졌다. 온몸이 부어오르고 얼굴도 차츰 사색이 되어갔다. 이 소식을 듣고 오에 있던 화타가 국경을 넘어 찾아왔다. 적국(敵國)에서 온 학발(鶴髮)의 노인을 보고 모두 의아한 듯 쳐다보자, 그는 이렇게 말했다.

"오래 전부터 경모(敬慕)해온 호걸이 독시(毒矢)에 맞아 고통 받고 있다는 소문을 듣고 달려왔소이다. 의술에는 국경이 없지요."

관우는 그때 참모 마량과 바둑을 두고 있었다. 상처 부위의 진찰을 끝낸 화타, 더 늦었으면 큰일 날 뻔했다며 바로 수술준비를 했다.

"살을 째고 독이 스며든 뼈를 긁어내야 합니다. 정신을 잃을 지도 모르니 팔을 기둥에 묶어야 되겠습니다."

"아니, 됐소. 묶지 말고 그냥 해주시오."

관우의 단호한 태도에 화타는 눈이 휘둥그레졌다. 묶지 않고 한 적은 한 번도 없었지만, 그대로 수술을 할 수밖에 없었다. 관우는 한쪽 팔을 화타에게 맡기고 다른 쪽 손으로는 계속 바둑을 두었다.

수술이 시작되었다. 칼로 부어오른 팔꿈치를 절개했다. 바닥의 쟁반에 시커먼 피가 줄줄 흘렀다. 독이 스며든 뼈를 서걱서걱 긁어내는 화타의 얼굴에도 땀방울이 맺혔다. 그러나 관우는 간간히 입술을 꾹 다물 뿐 꿈쩍도 하지 않고 태연히 바둑을 두고 있었다. 드디어 수술이 끝나고 상처부위를 실로 꿰매었다.

다음날 아침, 화타가 상태를 보러 와서 어젯밤 잘 잤느냐고 물었다.

"예, 잘 잤소이다. 이젠 통증이 없어졌소. 당신은 정말 천하의 명의요."

관우가 대답하자, 화타가 이렇게 화답했다.

"아니오. 불초도 오랫동안 환자를 보아왔지만 장군 같은 환자는 처음 보았소. 장군이야말로 천하의 명환자이십니다."

그리고는, 상처가 아물 때까지 화를 내지 말라고 당부하고 총총히 떠나갔다. 마취도 하지 않은 상태에서 살을 째고 뼈를 긁어내는데, 바둑을 두는 것이 정말 가능한 일인지….

조조는 만년에 심한 두통을 앓았다. 조조의 부름을 받고 같은 고향사람인 화타가 찾아왔다. 진찰 결과, 마취탕을 마시고 뇌를 절개해서 종양을 제거하면 십중팔구 완치된다고 진단을 내렸다. 그러자, 의심 많은 조조가 버럭 화를 냈다.

"아니 그러면 십 중의 일이라도 잘못되면 어떻게 되는가? 너는 내 목숨을 의도(醫刀)로 시험하겠다는 거냐?"

"아니오, 불초에겐 처음부터 자신이 있었습니다만 겸손하게 말씀드렸을 뿐입니다. 어찌하여 대왕께서는 그 정도의 수술을 두려워하고 저의 의술을 의심하십니까?"

화타가 적장 주태와 관우를 치료해준 이야기를 들은 때문인지, 오래전에 전의(典醫) 길평이 탕약에 독약을 넣어 자신을 암살하려했던 기억이 떠오른 때문인지, 조조의 의심은 더욱 심해졌다.

"네 이놈! 내 머리를 절개해서 죽일 작정이지? 이놈은 적의 첩자가 틀림없다. 여봐라! 이놈을 당장 옥에 가두어라!"

옥에 갇힌 화타는 얼마 후 조조의 명으로 처형당하고 말았다. 화타가 죽은 후, 조조는 극심한 두통과 악몽에 시달렸다. 조조에게 대항했다가 죽은 복 황후와 동 귀비, 동승과 길평, 마등 등이 자꾸 꿈에 나타났다.

결국 조조는 천하의 명의를 만났으나 치료 한번 제대로 받아보지 못하고 66세를 일기로 세상을 떠나고 만다. 의심 때문에 천하의 명의를 죽이고, 마침내 자신의 수명도 재촉하게 된 것이다. 조조가 뇌종양을 제거하고 좀 더 오래 살았더라면 삼국지의 스토리는 어떻게 달라졌을까? 그런데, 조조가 의심 때문에 화타를 죽이는 것은 연의의 저자가 조조를 간웅(奸雄)으로 폄하하려는 의도가 깔린 것이 아닐까 하는 생각이 든다.

화타가 옥중에 있을 때, 그의 명성을 흠모한 옥리(獄吏)가 친절하게 돌봐주었다. 화타는 그 옥리에게 자신의 비방을 기록한 청낭서(靑囊書)를 물려주었다. 화타가 죽자, 옥리는 사직서를 내고 고향으로 내려갔다. 옥리는 아내에게 화타 얘기를 하면서 자신이 그 책을 공부하여 명의가 되겠다고 포부를 밝혔다.

다음날 아침, 청낭서가 보이지 않았다. 혹시나 하고 아내에게 물어보았더니 '당신이 그 책을 공부하여 명의가 되면 화타처럼 목숨을 잃을 게 아니오. 그래서 내가 불에 태워 버렸어요.' 하고 아내가 대답했다.

화타의 신술(神術)이 담긴 '청낭서'는 결국 후세에 전해지지 못하게 되었다.

6-09(085)
후한 왕조의 종착역 '마지막 황제'

역사를 돌아보면, 망해가는 왕조에는 거의 대부분 외척이나 환관의 발호가 있었다. 한 고조 유방이 세운 한(漢)의 2백년 제업(帝業)은 외척인 왕망에게 찬탈 당했고, 다시 광무제 유수에 의해 중흥된 후한 2백년의 제업도 외척과 환관의 발호로 서서히 무너지고 있었다.

삼국지의 서장이 열리는 계기가 된 후한 말의 '황건적의 난'은 외척과 환관의 매관매직에 따른 국정문란이 직접적인 원인이 되었음은 두말할 필요가 없다. 열일곱 살에 즉위한 후한 13대 소제(少帝)는 외숙부인 대장군 하진에 의해 옹립되었으나, 겨우 5개월 만에 독재자 동탁에게 폐위되어 추방당하는 수모를 겪었다.

후한의 마지막 황제인 14대 헌제(獻帝)는 폐위된 소제의 이복동생으로, 아홉 살에 동탁에 의해 황제로 옹립되었다(189년). 군부 실력자에 의해 황제가 폐위되고 새 황제가 옹립된 이때 이미 후한은 멸망의 길로 들어섰다고 할 수 있으리라. 후한 마지막 황제의 옹립에서부터 폐위까지의 과정을 살펴보고자 한다.

누이를 황후로 둔 덕분에 벼락출세하여 대장군이 된 하진이 환관들이 일으킨 십상시의 난으로 목숨을 잃자, 이에 분개한 원소 원술 등 젊은 무관들은 장락궁을 습격하여 환관들을 닥치는 대로 참살하는 피바람을 일으킨다. 이 난리 속에 궁 밖으로 피신한 소제와 이복동생 진류왕은 낙양 교외의 민가를 전전하게 된다.

그때 한 떼의 군마(軍馬)가 나타나 어가(御駕)를 가로막고 섰다. 군마 속에서 한 장수가 말을 탄 채 앞으로 나섰다. 서량에서 호시탐탐 기회를 노리며 대군을 이끌고 온 동탁이었다. 겁에 질린 황제 대신 아홉 살 난 진류왕이 앞으로 나서며 물었다.

"그대는 어가(御駕)를 보호하려고 왔는가, 아니면 탈취하려고 왔는가?"

어린 소년의 매서운 질책에 놀란 동탁이 얼떨결에 '예, 어가를 호위하러 달려오는 길입니다.' 하고 대답했다.

그러자 진류왕이 '그렇다면 어찌 말에서 내려 황제에게 예를 표하지 않는가?' 하고 소리 높여 꾸짖었다. 동탁은 완전히 기가 죽어 황망히 말에서 내려서며 황제에게 머리를 조아렸다. 황제 일행은 동탁 군대의 호위를 받으며 다시 궁궐로 돌아왔다.

어린 소년 진류왕은 이처럼 총명하고 영특했다. 조정의 대권을 잡은 동탁은 소제를 폐하고 진류왕을 새 황제로 옹립했다. 총명한 것이 마음에 좀 걸리긴 해도 이제 겨우 아홉 살 아닌가. 그가 바로 후한 마지막 황제인 헌제이다.

공포정치로 국정을 전단(專斷)하던 동탁은 각지의 제후들이 연합군을 구성하여 쳐들어오자, 낙양을 불태우고 수도를 장안으로 옮겼다. 아무런 실권이 없는 어린 황제는 동탁이 하자는 대로 따르지 않을 수 없었다.

그 후, 동탁이 양아들인 여포의 손에 참살 당하자, 사도 왕윤이 잠시 대권을 잡았으나 다시 대권은 동탁의 부하장수인 이각과 곽사에게로 넘어갔다. 두 사람이 서로 의심하여 싸우기 시작하자, 황제는 난리를 피해 낙양으로 돌아오게 되었고, 이때 산동에서 세력을 기르고 있던 조조를 부른다.

조조가 이각과 곽사를 패퇴시키자 정국은 어느 정도 안정이 되었고, 황제도 권위를 되찾게 되었다. 그러나 각지의 군웅들을 평정하면서 최고 실력자로 부상한 조조가 국정을 좌지우지하기 시작하더니 급기야 황제를 업신여기는 행동도 서슴지 않았다.

성년이 가까워진 황제는 더 이상 참지 못하고 동 귀비의 아버지인 국구(國舅) 동승에게 손가락을 깨물어서 쓴 혈서를 주며 조조를 제거하라는 밀명을 내린다. 황제의 밀조(密詔)를 받은 동승은 길평 마등 유비 등의 동조자를 얻었으나, 계획이 사전에 탄로 나는 바람에 대부분 잡혀서 처형되고 만다. 유비만 가까스로 빠져나오고….

격분한 조조는 황제의 아이를 수태하고 있던 동 귀비까지 목매달아 죽이고, 황제를 외부로부터 완전히 고립시킨다. 황제가 하루하루 조조의 눈치를 보며 고통스럽게 살아가자, 이를 보다 못한 복 황후는 또다시 아버지인 복완에게 조조를 없애라는 밀서를 보낸다.

그러나 이 또한 조조의 정보망을 피해 갈 수는 없었다. 이 계획이 발각되자, 복 황후는 노기충천한 조조에 의해 몽둥이로 맞아 죽는 참변을 당했고, 그녀가 낳은 두 황자(皇子)는 물론 삼족까지도 모두 죽음을 면치 못한다.

황제가 두 번이나 외척의 힘을 빌려서 조조에게 반격을 시도했으나 모두 처참한 실패로 돌아가자, 드디어 조조는 자신의 딸을 황제와 강제로 결혼시켜 스스로 국구가 된다. 황제는 이제 완전히 힘을 잃고 조조에 대한 저항을 포기한다.

조조는 황제로부터 위공(魏公)에다 구석(九錫)의 특전까지 받아내더니 다시 위왕(魏王)으로 올라선다. 이제 조조는 마음만 먹으면 허수아비 황제를 끌어내리고 자신이 황제가 될 수도 있지만, 조조는 끝내 자신이 황제가 되지는 않는다. 아마도 후세에 찬탈자로 기록되는 것을 두려워했기 때문이리라.

조조가 죽고 위왕의 지위를 계승한 맏아들 조비가 중신들을 앞세워 황제를 겁박하자, 힘없는 황제는 제위(帝位)를 내주고 만다. 선양(禪讓)이라는 이름으로 조조의 아들에게 제위를 빼앗긴 마지막 황제는 산양공(山陽公)으로 강등되어 단 아래로 끌어내려진다. 그리고 새 황제 조비에게 무릎을 꿇리는 수모를 당하고 벽지로 쫓겨난다.

"새 천자께서 인자하시기 때문에 그대를 죽이지 않고 산양공으로 봉하신 것이오.. 그리 알고 속히 임지로 떠나되 부름이 없으면 도성에 들어오지 마시오."

전한과 후한으로 이어져오던 한의 4백년 제업은 이렇게 조조의 아들 조비에 의해 막을 내린다(220년). 아홉 살이던 마지막 황제가 즉위한 지 31년 만이었다.

한의 부흥을 위해 분골쇄신하던 유비는 한 제국의 정통성을 잇는다는 명분을 내세우며 촉한 황제로 즉위하고, 얼마 후 오의 손권도 황제로 즉위한다. 바야흐로 위촉오 삼국시대가 열린 것이다.

후한 마지막 황제에게는 시호(諡號)가 하나 더 있다. 헌제는 천자자리를 헌납했다고 해서 붙인 시호이고, 일생동안 근심에 묻혀 살았다고 해서 유비가 정한 시호는 효민황제, 즉 민제(愍帝)이다. 황제 자리를 내주고 산양공이 된 그는 54세를 일기로 세상을 떠났다.

6-10(086)
기구한 운명의 두 장수 '유봉과 맹달'

형주의 신야에 머무르고 있던 유비가 새로 모신 군사(軍師) 서서의 활약으로 적장 조인을 물리치고 번성으로 들어갔을 때, 현령 유필과 그의 생질 구봉이 함께 그를 맞아주었다. 그때 유비는 헌헌장부(軒軒丈夫) 구봉을 양자로 맞이하고 이름을 유봉으로 바꾸게 했다.

유봉(劉封)은 무골풍의 호인으로 유비가 서촉을 칠 때 함께 출전하여 공을 세우고 용맹을 떨쳤다. 맹달(孟達)은 사례주 부풍 출신으로 익주자사 유장의 부하장수였으나, 유비가 서촉을 칠 때 법정과 함께 안에서 유비를 도와주었다. 상황판단이 빠르고 현실감각이 뛰어난 인물이다.

유봉과 맹달은 촉과 위의 국경지대에 있는 상용을 지키고 있었다. 이들은 관우가 위의 번성을 공략하다가 오의 명장 여몽에게 허를 찔려 형주를 뺏기고 위급에 처했을 때 지원요청을 받았는데, 그 당시의 상황과 이들의 처신과 대응, 그리고 그 후의 일들에 대해 살펴보고자 한다.

형주를 지키던 관우는 오군사령관 여몽이 병으로 물러나고 후임으로 이름이 알려지지 않은 젊은 육손이 임명되자, 오 쪽에는 완전히 마음을 놓고 주요 병력을 옮겨 위의 번성을 공략했다. 그러자 여몽은 드디어 때가 왔다고 판단하여 군사를 이끌고 상륙하여 형주성을 빼앗았다.

여몽에게 허를 찔린 관우는 뒤늦게 반격을 했으나 패퇴를 거듭하다 조그만 맥성으로 쫓겨들어 갔고, 거기서 부장 요화를 가까운 상용으로 보내 지원군을 보내달라고 요청했다. 그러나 상용을 지키고 있던 유봉과 맹달은 이곳이 새로운 점령지이고 최전방이어서 함부로 병력을 빼낼 수 없다는 핑계를 대며 거절했다.

요화가 '그러면 관공은 돌아가시고 만다.'며 이마로 땅을 짓찧으며 도움을 호소했으나 허사였다. 결국 관우는 맥성에서 빠져나오다 오군의 반장과 그의 부장 마충에게 사로잡혀 아들 관평과 함께 참수되고 만다. 관우가 죽은 후, 요화는 촉 황제 유비를 찾아가 울면서 '관공 부자가 죽은 것은 유봉과 맹달이 지원군을 보내지 않은 탓입니다. 오를 치기 전에 그 두 놈부터 잡아 죽여 관공의 한을 풀게 해주십시오.' 하고 말했다.

유비는 유봉의 벼슬을 높여 면죽으로 발령을 냈다. 상용을 지키는 맹달과 떼어놓기 위해서였다. 눈치 빠른 맹달은 이상한 낌새를 느꼈는지 자리에서 물러나겠다는 표문을 보내왔다. 유비는 발끈하며 유봉에게 맹달을 치라는 군령을 내렸다. 유봉은 자신의 죄를 씻으려는 듯 군사를 이끌고 맹달을 공격했다.

그러자 맹달은 인근지역을 모두 아울러서 위에 투항해버렸고, 그 때문에 촉은 큰 타격을 입었다. 위 황제 조비는 맹달을 의심하여 항복을 믿어주지 않았다. 그러자 맹달은 '제가 가서 유봉도 데려오겠다.'고 제의했고, 그때서야 조비는 맹달에게 신성태수의 벼슬을 내리며 유봉과 대치하고 있는 양양으로 보냈다.

맹달은 '당신은 곧 유비에 의해 죽임을 당할 것이니 속히 위에 항복하기 바란다.'는 내용의 편지를 유봉에게 보냈다. 유봉은 발끈하며 '이놈이 전에는 숙질간의 의를 저버리게 하더니 이제는 우리 부자의 의마저 끊으려 하는구나.' 하면서 맹달이 보낸 사자의 목을 베고 전투태세를 갖추었다.

유봉은 선봉에 서서 용감하게 싸웠다. 그러던 중 도망치는 맹달을 뒤쫓다가 갑자기 복병을 만나는 바람에 쫓기다가 성도로 들어와 촉 황제 유비를 만났다. 그러나 유봉의 양아버지인 유비는 관우의 죽음으로 거의 이성을 잃고 '무슨 낯으로 나를 보러 왔느냐?'면서 유봉을 참수(斬首)하고 만다.

유비는 나중에 유봉이 관우의 곤경을 외면한 죄를 씻기 위해 나름대로 고심했고, 맹달과의 전투에서도 최선을 다해 용감하게 싸운 것을 알게 된다. 유비는 뒤늦게 가슴을 치며 유봉을 죽인 것을 후회했으나 이미 때는 늦어있었다.

한편, 위의 신성태수 맹달은 위주 조비가 살아있을 때는 그런대로 대우를 받았지만, 그의 아들 조예가 즉위한 이후에는 위의 조정에 자신을 시기하고 헐뜯는 무리가 많아져서 푸대접을 받게 되었다.

그 때문에 제갈량이 북벌을 시작할 때, 맹달은 다시 촉으로 돌아갈 생각을 하고 자신은 금성과 신성, 상용의 군마를 일으켜서 낙양을 공격할 것이라며, 제갈량에게는 장안을 공격하라는 편지를 보내왔다. 제갈량은 그 편지를 받고 몹시 기뻤지만, 위주 조예가 다시 명장 사마의를 총사령관으로 발탁했으므로 걱정이 되었다.

제갈량은 맹달에게 편지를 보내 '사마의가 알면 바로 그리로 군사를 이끌고 갈 것이니 조심하라.'고 했다. 그러나 맹달은 '사마의가 위주에게 표문을 올리고 여기에 오려면 한 달 정도 걸리니 걱정 마시라.'는 답장을 보내왔다. 그 답장을 본 제갈량은 맹달이 사마의의 손에 죽을 것이라며 크게 낙담했다.

한편, 맹달이 모반하려한다는 정보를 입수한 사마의는 '나는 폐하께 알리지 않고 이놈을 때려잡겠다.'며 맹장 서황을 앞세우고 군사를 몰아갔다. 아직 여유가 있다고 생각하고 느긋하게 있던 맹달은 불과 열흘 만에 서황의 군사가 신성에 당도한 것을 보고 깜짝 놀랐다. 맹달의 군사들은 활을 쏘아 서황을 맞춰 죽이는 등 잠시 기세를 올렸으나 곧이어 사마의가 이끄는 대군이 들이닥쳤다.

맹달은 성문을 굳게 닫고 지켰으나, 함께 거사하기로 한 신탐과 신의 형제가 군사를 이끌고 오자, 자신을 도우러 온 줄 알고 성문을 열었다. 그러나 이미 저쪽으로 마음이 돌아선 신탐의 창에 맹달의 목이 떨어지고 말았다. 맹달이 죽자 그의 군사들은 모두 사마의에게 항복했다.

처음에 유장을 섬기던 맹달, 유비에게로 갔다가 다시 위의 조비에게로 갔다. 거기서 푸대접을 받자, 다시 유비에게로 돌아오려다가 사마의에게 덜미를 잡혀 죽은 것이다. 가히 모사 가후에 필적할만한 철새의 행적 아닌가. 세 번이나 주인을 바꾸고, 네 번째 다시 주인을 바꾸려다가 죽은 맹달에 대해서는 할 말이 없다.

그러나 한번 실수는 있었지만 유봉의 죽음은 참으로 애석하다. 만약 그가 살아있었다면 장수 하나가 아쉬운 촉에서 앞으로 있을 북벌에의 쓰임새도 그렇지만, 우매한 촉주 유선의 대안으로도 충분히 생각해볼 만하지 않았겠는가.

6-11(087)
남방 이민족인 남만(南蠻)의 왕 '맹획'

예부터 중국의 황제는 천자로 군림하면서 주위의 이민족들을 모두 오랑캐라 불렀다. 대대로 중국을 괴롭혀온 이민족은 주로 북서쪽에 웅거하고 있는 강족과 오환족, 선비족 등이었는데, 삼국지의 무대가 되는 후한 말에는 공손찬 원소 조조 등의 군웅들이 이들을 잘 막아주었기 때문에 북쪽 오랑캐들의 대규모 준동은 없었다.

남쪽은 사정이 좀 달랐다. 남쪽이라 함은 지형상 주로 촉과의 관계에서 문제가 되는데, 지금의 윈난성(雲南省) 지역과 미얀마 북부지방의 남만족이 사는 곳을 일컫는다. 이곳은 전형적인 열대지방으로, 중원에서 볼 때 거친 풍토와 미개한 문화를 가진 곳이다.

남만왕(南蠻王) 맹획(孟獲). 익주 건녕 출신이라는 설과 이민족인 와족(佤族) 출신이라는 설이 있다. 막강한 촉군과 맞서 싸우는 저개발국의 지도자 맹획의 분투 모습과 함께 두 가지의 고사성어가 생겨난 유래도 함께 살펴보고자 한다.

유비가 죽고 유선이 즉위하자, 촉의 실권은 승상 제갈량에게 돌아갔다. 제갈량은 안심하고 위(魏)를 정벌하기 위해 우선 남쪽 국경을 안정시켜야만 했다. 남만족이 위 황제 조비의 사주를 받고 촉으로 쳐들어오기도 했고, 또 촉과의 접경지역 세 군을 점령하고 그곳 태수들과 함께 모반을 꾀하기도 했기 때문이다.

제갈량은 대군을 이끌고 남만 정벌에 나섰다. 무력으로 남만을 평정하더라도 후일 다시 침공해올 우려가 있기 때문에, 제갈량은 시일이 걸리더라도 마음으로 복속토록 하여 뒤탈이 없도록 해놓을 작정이었다.

촉의 제갈량이 쳐들어온다는 소식을 들은 남만왕 맹획은 각 부족장들을 불러 모아 임전태세를 갖추었다. 그러나 서전에서 무참히 패하여 사로잡히고 말았다. 제갈량이 '우리가 너희를 박하게 대접한 적이 없는데 너는 어찌하여 우리에게 모반을 했느냐? 이제 내게 사로잡혔으니 항복하겠는가?' 하고 물었다.

그러나 맹획은 조금도 굴하지 않고 '너희가 우리 땅을 침범했으니 우리도 싸우는 것이다. 내 어쩌다 실수로 잡혔다만 항복은 할 수 없다.'며 꼿꼿한 기세로 되받았다. 제갈량은 '마음으로 따라야만 이 땅을 평정하는 것이다.' 그렇게 마음을 다지며 사로잡은 만병들과 함께 맹획을 놓아주었다.

진지로 돌아온 맹획은 다시 전열을 정비하여 노수 가에 진을 쳤다. 촉병은 노수를 건너다가 거센 풍랑을 만나 무수한 인명피해를 냈다. 그런데 적진에 자중지란이 생겨 맹획이 꽁꽁 묶인 채 제갈량 앞으로 끌려왔다. 이번에도 맹획은 '부하들이 배신하는 바람에 이렇게 되었다. 나를 풀어주면 다시 한 번 도전하겠다.' 고 큰소리를 쳤다.

제갈량은 다시 맹획을 놓아주었다. 맹획은 머리를 쓴답시고 아우 맹우를 거짓으로 항복케 하여 안팎에서 기습을 시도해 보았으나, 이를 간파한 제갈량에게 또다시 사로잡혔다. 그러나 그는 이번에도 아우 핑계를 대며 승복하지 않았다. 제갈량은 또 맹획을 놓아주었다. 세 번째였다.

진지로 돌아온 맹획은 금은보화를 잔뜩 풀어 각 부족의 군사들을 다시 모아 쳐들어왔다. 그러나 뛰어봐야 부처님 손바닥 안일 뿐, 또다시 제갈량에게 잡히고 말았다. 이번에도 그는 제갈량의 속임수에 당했다며 항복하지 않았다. 지략을 속임수라고 우긴 것이다. 네 번째로 잡혔다가 풀려난 맹획은 인근 부족의 맹수부대와 코끼리를 앞세워 공격하다가 잡혔고, 다섯 번째는 정예병을 이끌고 촉군의 진채를 기습했다가 사로잡혔다.

여섯 번째로 풀려난 맹획은 이웃 나라의 등갑군(藤甲軍) 3만 명을 끌어들여 **최후의 결전**을 시도했다. 등갑이란 등나무를 베어다가 기름에 여러 번 절이고 말려서 만든 갑옷으로, 입으면 물에서도 가라앉지 않으며 칼이나 화살로도 뚫지 못할 정도로 우수한 갑옷이다.

그러나 물에 강하면 불에는 약한 법이다. 제갈량은 등갑군을 산골짜기로 유인하여 화공(火攻)을 퍼부었다. 불에 타 죽은 등갑군의 시체가 온 골짜기를 가득 메웠으니 촉군의 완승이었다. 그러나 제갈량은 눈물을 흘리며 이렇게 말했다.

"내 비록 나라에는 공을 세웠지만, 수많은 사람들을 불에 태워 죽였으니 필시 내 명(命)이 길지 못할 것이다."

제갈량은 일곱 번째로 사로잡은 맹획을 불러내 포승을 풀어주었다. 이때서야 맹획은 스스로 제갈량 앞에 와서 무릎을 꿇고 '승상께서는 저를 일곱 번이나 잡았다가 모두 놓아주셨습니다. 저는 이제 부끄러움을 무릅쓰고 승상 앞에 진심으로 항복하겠습니다.' 하고 말했다.

남만왕 맹획은 눈물겨운 투혼을 발휘하며 저항했지만, 역부족을 뼈저리게 느끼고 마음을 돌린 것이다. 맹획은 다시는 촉의 국경을 침범하지 않겠으며, 철따라 조공을 바칠 것을 제갈량에게 **약속했다**. 촉과 남만의 전쟁은 이렇게 촉의 일방적인 승리로 끝이 난다.

일곱 번 사로잡아 일곱 번 놓아준다는 뜻의 '칠종칠금(七縱七擒)'은 여기서 나왔다. 이 말 속에는 강대국의 무력 앞에 무참히 꺾인 약소국 지도자의 비애가 내포되어 있다. 제갈량은 이번 원정에서 점령한 땅을 모두 맹획에게 돌려주며 전과 같이 남만을 다스리게 했다.

개선 길에 촉군이 노수 가에 이르자 격심한 풍랑으로 강을 건널 수가 없었다. 그곳 사람에게 물어보니, 검은 소와 흰 양을 잡아 산 사람의 머리와 함께 수신(水神)에게 제사를 지내야 한다고 가르쳐주었다.

제갈량은 차마 산 사람의 머리를 바칠 수가 없어 밀가루를 반죽하여 사람 머리 모양의 형상을 만들고, 소와 말을 잡아 고기를 그 속에 넣었다. 이를 '만두(蠻頭→饅頭)'라 이름 짓고 노수에 던져 넣으며 간절히 기도하니 거짓말처럼 격랑이 가라앉았다. 우리가 즐겨 먹는 '만두'는 여기서 유래된 것이다.

남만왕 맹획, 그도 저개발지역의 군사로 촉의 대군과 싸우는 것은 무리라는 것을 알고 있었을 것이다. 그러나 항복은 곧 식민지가 되는 것임을 너무도 잘 아는 그로서는 다른 선택이 있을 수 없었다. 일곱 번이나 사로잡히는 수모를 당했지만 천하의 제갈량을 상대로 그만큼 싸운 사실만으로도 그의 투혼은 참으로 놀랍고 가상하다 하지 않을 수 없다.

6-12(088)
필생의 호적수 '제갈량과 사마의'

　삼국지의 전반부를 이끌어가는 두 축이 유비와 조조라면, 후반부를 이끌어가는 두 축은 제갈량과 사마의이다. 삼국지 최고의 두 기재(奇才)인 제갈량과 사마의가 중원의 패권을 놓고 마주친 상황을 통하여 두 사람의 면모에 대해서 살펴보고자 한다.
　제갈량과 사마의, 백년에 한두 명 나올까 말까한 하늘이 내린 천재들이다. 제갈량이 촉 황제 유비 부자(父子)의 전폭적인 지지를 받으며 활약하는데 비해, 사마의는 조조의 아들과 손자들의 신뢰와 의심 사이에서 아슬아슬하게 줄타기를 하면서 활약한다.
　일찍이 조조가 사마의에게는 반골(反骨)의 상이 있으니 병권을 맡기지 말라고 했던 바, 그의 아들 조비는 그 말을 충실히 따랐다. 그런데 조비가 죽고 그의 아들 조예가 즉위하자, 사마의가 서량을 지키겠다고 나섰고, 조예가 허락을 하면서 드디어 사마의가 변방의 군권(軍權)을 쥐게 되었다.
　이를 알게 된 촉의 승상 제갈량은 후주 유선에게 출사표를 바치고 북벌(北伐) 출정에 앞서 위에 첩자를 풀어 '사마의가 서량에서 반역을 꾀하고 있다.'고 유언비어를 퍼뜨리는데, 그 때문에 위 황제 조예의 의심을 받은 사마의는 다시 군권을 뺏기고 만다.
　제갈량의 촉군이 위의 국경을 침공하자, 위에서는 하후무와 조진을 차례로 내보내 막게 하지만 모두 패퇴한다. 이에 위 황제는 낙향한 사마의를 복권하여 다시 전선에 투입함으로써, 드디어 필생의 호적수가 전장에서 마주치게 된다. 사마의가 제갈량 때문에 잃은 군권을, 제갈량 덕분에 다시 찾게 된 것은 참으로 아이러니라 하지 않을 수 없다.

서전에서 사마의는 촉장 마속이 지키는 가정의 전투를 승리로 이끈다. 사마의에게 패한 제갈량은 군율을 어긴 마속의 목을 베고 퇴각작전을 진행하고 있었다. 그런데, 2천여 명의 수비병만 있는 서성(西城)에 사마의가 이끄는 15만 대군이 자욱한 흙먼지를 일으키며 몰려오고 있었다. 절체절명의 위기였다.

제갈량은 '성문을 활짝 열고 물을 뿌려라! 적이 가까이 오더라도 각자의 깃발 밑을 떠나지 마라!'고 엄명을 내린다. 그런 다음, 제갈량은 윤건(綸巾)을 쓰고 학창의(鶴氅衣)로 갈아입고 두 아이를 데리고 성루로 올라가 향불을 피우고 앉아 조용히 거문고를 뜯었다.

사마의는 멀리서 제갈량의 모습을 보고 온몸이 얼어붙는 듯 오싹하는 전율을 느꼈다. 그는 제갈량이 유인책을 쓰고 있다는 생각이 들어 '퇴각하라! 물러나는 것이 최선의 방책이다.' 하고 명을 내린다. 사마의는 제갈량이 결코 위험을 무릅쓰고 모험을 하는 사람이 아니라는 것을 잘 알고 있기 때문에, 성문을 열어놓은 것은 가까운 곳에 복병을 숨겨놓고 자신을 유인하는 것이라 생각했던 것이다.

이 공성계(空城計)는 제갈량이 거문고 하나로 사마의의 15만 대군을 물리치는 유명한 일화이다. 생각건대, 사마의도 공성(空城)인 줄 알고 있었으나, 제갈량이 살아남아서 위에 위협이 되어야만 자신도 존재할 수 있기 때문에 일부러 퇴각을 한 것이 아닐까 하는 생각을 떨쳐버릴 수가 없다.

적은 군사로 대군과 맞서 싸우는 제갈량의 입장에서는 적을 유인하여 격퇴하는 방법을 쓸 수밖에 없었다. 소규모 전투에서 몇 번 승리를 거둔 제갈량은 사마의 부자를 호로곡으로 유인하여 입구와 출구를 막고 불에 태워 죽일 뻔했으나, 때마침 쏟아진 소나기 때문에 실패하기도 한다. 일을 꾸미는 것은 사람이지만, 이루는 것은 하늘이라고 했던가.

제갈량에게 여러 번 당한 사마의는 나가서 싸우기를 포기하고 수비에 진력하기로 전략을 바꾼다. 촉군이 아무리 도발을 하고 앞에서 욕을 퍼부어도 위군이 꼼짝을 하지 않자, 제갈량은 상자 하나를 사마의에게 보낸다. 사마의가 상자를 열어보니 예쁜 머리띠와 여자 옷 한 벌이 들어있었다. 서신에는 이렇게 쓰여 있었다.

"그대는 새색시인가? 그만한 대군을 가지고도 어찌 싸우려 하지 않는가. 그대가 남자라면 싸워서 무문(武門)의 이름을 드높여야 하지 않겠는가?"

싸울 생각이 없으면 여자 옷이나 입어라는 뜻이니 모욕으로 받아들일 수도 있다. 그러나 사마의는 호탕하게 웃으며 '선물 고맙다고 전해 주시오.' 하면서 사자(使者)에게 제갈량에 대해서 '상벌은 친히 재결하느냐? 식사량은 어떤가? 잠은 몇 시에 자고 몇 시에 일어나느냐?' 하면서 이것저것 물어보았다. 사자가 아는 대로 대답을 하자, '그렇게 격무에 시달리면서도 용케 잘 버티는 군.' 하면서 회심의 미소를 지었다.

돌아온 사자가 사마의가 묻던 것을 얘기하자, 제갈량은 '사마의만큼 나를 잘 아는 사람도 없다. 그는 내 수명까지도 헤아리고 있구나.' 하면서 탄식했다. 사마의의 자존심을 건드려서 공격해 오도록 하는 계책이었으나, 사마의는 이를 역이용하여 제갈량에 대한 정보를 수집한 것이다. 역시 녹

녹치 않은 인물 아닌가.

　그런데, 국력도 더 강하고 군사도 더 많은 사마의가 정면승부를 하지 않고 장기전을 편 것은 촉군이 무서워서가 아니라, 제갈량이 죽거나 완전히 패망해버리면 정적이 많은 자신도 토사구팽(兎死狗烹)될 것을 염려하여 일부러 전쟁을 오래 끈 것이 아닐까 하는 생각이 드는 것은 왜일까?

　지쳐서 몸져누워 피를 토하던 제갈량은 드디어 오장원에서 숨을 거둔다. 질질 끌던 전쟁은 제갈량이 과로사하는 것으로 마무리가 되는 것이다. 사마의는 천문(天文)을 보고 제갈량이 죽은 것을 알고 퇴각하는 촉군을 맹추격한다. 그러나 제갈량이 남긴 계책대로 촉군이 사륜거에 실은 제갈량의 목상(木像)을 앞세우고 반격을 하자, 사마의와 위군은 제갈량이 아직 살아있는 줄 알고 기겁을 하며 도망친다.

　사마의는 한참 정신없이 말을 타고 달아나다가 뒤따라온 장수에게 '아직도 내 머리가 붙어 있느냐?' 하고 물었다. '죽은 공명이 산 중달을 쫓았다[사공명주생중달(死孔明走生仲達)].'는 속담과 함께 우스갯소리로 남아있는 일화이다. 사마의가가 제갈량을 얼마나 두려워했는지 알 수 있는 장면이다.

　어쨌거나, 사마의는 제갈량에 맞서 나라를 지켜낸 공로로 위의 원훈(元勳)이 되어 조정의 실권자가 된다. 그리고 그의 명석한 유전자를 물려받은 두 아들과 손자가 그가 품었던 원대한 포부를 착착 이루어가는 것이다.

6-13(089)
기구한 인생의 부자 '하후연과 하후패'

　삼국지에는 하후 성씨를 가진 무장들이 많이 나온다. 하후돈 하후연 하후무 하후패 하후현…. 삼국지 최고의 영웅 조조는 본래 하후 씨인데, 그의 아버지가 환관실력자 조등에게 양자를 갔기 때문에 조 씨가 되었다. 그러므로 삼국지에 나오는 하후 씨와 조 씨는 대부분 조조의 친척이라고 봐도 큰 무리가 없다.

　하후연과 하후패 부자(父子)는 조조와 같은 예주의 패국 초현 출신의 무장으로, 둘 다 전쟁터에서 전사한다. 그런데 아버지는 적군과 싸우다 전사하지만, 아들은 자신이 떠나온 모국과 싸우다 전사한다. 이들 부자가 살아온 인생을 살펴보자.

　하후연(夏侯淵), 자는 묘재(妙才). 조조의 생가 쪽 집안 동생으로, 조조가 초창기에 의병을 모집할 때 사촌형 하후돈과 함께 달려왔다. 하후연은 조조가 원소와 맞붙은 관도대전 이전까지는 주로 후방에서 군수물자를 지원하다가, 관도대전 이후부터 본격적으로 전투에 참가하기 시작했다.

　하후연은 행동이 늘 빠르게 움직여 적이 예상하지 못한 곳에 나타났기 때문에 '하후연은 사흘에 5백 리, 엿새에 1천 리를 간다.'는 말이 떠돌 정도로 기동력이 뛰어났다. 한중의 장로와 맞붙은 동관전투와 마초와의 싸움에서도 하후연은 맨 앞에서 용감하게 싸워 농우를 점령했다.

하후연이 농우를 평정하자, 조조는 '공자도 안회가 나보다 낫다.'고 칭찬한 적이 있다며, 빠르고 용맹하기가 하후연이 나보다 낫다고 칭찬을 했다. 그러면서 용맹은 일개 필부만을 상대할 수 있다며, 장군이라면 용병(用兵)도 능하고 지략도 갖춰야한다고 지적했다. 조조도 하후연의 별명이 머리가 비었다는 의미인 백지장군이라는 사실을 알고 있었던 것이다.

조조가 한중의 장로를 정벌할 때 하후연은 선봉장으로 출전했다. 하후연은 첫 전투에서는 패했으나 다시 전열을 가다듬고 안개 속에서 돌진하여 양평관을 점령하고 적장 둘의 목을 베는 전과를 올렸다. 그러자 조조는 한중을 평정하고 돌아갈 때 하후연을 정서장군(征西將軍)에 임명하여 한중 수비를 맡겼다.

하후연이 한중의 정군산에 주둔했을 때, 대치하던 유비군의 장수는 노장 황충이었다. 황충은 법정의 계책에 따라 한밤중에 정군산 서쪽의 높은 산을 기습 점령하여 하후연의 진채를 훤히 볼 수 있게 되었다. 법정이 산꼭대기에서 살펴보고 적의 방비가 허술해지거나 군기가 해이해질 때 신호를 하면 산중턱에 있는 황충이 바로 공격을 하기로 했다.

하후연은 황충이 맞은편 산을 점령했다는 보고를 받자, 군사를 이끌고 쏜살같이 나아가 산을 포위하고 욕을 퍼부으며 싸움을 걸었다. 그러나 황충의 군사들은 계속 응하지 않다가 하후연의 군사들이 지치고 나태해질 무렵, 법정의 신호가 떨어지자 바로 산 아래로 맹렬하게 돌진했다. 이때 하후연은 용감하게 맞섰으나 황충의 칼을 맞고 전사하고 만다.

하후연이 죽자, 유비는 '하후연이 비록 우두머리지만, 한낱 용맹한 장수에 지나지 않소. 차라리 장합의 목을 벤다면 하후연의 목을 베는 것보다 열배는 나을 것이오.' 하며 주장 하후연보다 부장 장합을 더 높이 평가했다. 죽은 하후연이 들었으면 섭섭해 하겠지만.

하후패(夏侯霸), 자(字)는 중권(仲權). 하후연의 아들이다. 제갈량이 쳐들어왔을 때 위의 총사령관은 조진에서 사마의로 이어졌지만, 하후패는 계속 선봉장을 맡았다. 나중에는 우장군을 맡아 정서장군 하후현과 함께 농서를 지키며 촉과의 전투에서 많은 공을 세웠다. 하후패는 사졸들을 잘 다루었으며, 이민족인 서융과도 화합하였다.

위 황제 조예가 죽고 여덟 살 난 조방이 제위에 오르자, 황족인 조상은 껄끄러운 사마의를 태부(太傅)로 올려주면서 그의 병권을 뺏고 대권을 장악했다. 그러자 낙향했던 사마의는 조상이 황제를 모시고 고평릉에 성묘 겸 사냥을 떠났을 때 정변을 일으켜 대권을 장악하고 조상과 그의 삼족을 모두 처형했다.

사마의는 변방에서 조상과 가까이 지내던 하후현을 조정으로 소환했다. 그러자 하후현의 친척이면서 조상과도 친밀한 사이였던 하후패는 신변의 위협을 느끼고 사마의 부자를 성토하며 휘하 군사들과 함께 반란을 일으켰다. 옹주자사 곽회가 군사를 이끌고 진압하러 오자, 하후패는 아버지를 죽인 원수의 나라인 촉으로 망명했다.

하후패와 촉 사이에는 특별한 인연이 있었다. 오래 전에 유비가 서주에서 조조에게 패퇴하여 3형제가 뿔뿔이 흩어진 적이 있었는데, 그때, 유비는 하북의 원소에게 의탁했고, 관우는 유비를 찾으면 떠난다는 조건으로 조조진영에 머무르고 있었다. 또, 장비는 망탕산의 한 고성(古城)에서 산적질을 하고 있었다.

그때 장비는 땔나무를 하러온 하후연의 조카딸을 납치하여 반 강제로 결혼을 했는데, 그 사이에서 딸 둘을 낳았다. 세월이 흘러서 유비가 촉의 황제가 되자, 장비의 큰딸은 태자 유선과 결혼하여 나중에 황후가 되었다. 그러나 오래 살지 못하고 죽어서 경애황후가 되었고, 장비의 작은딸이 다시 촉 황제 유선과 결혼하여 장황후가 되었다.

하후패는 장황후의 어머니인 사촌누이 덕분에 촉에서 상당한 예우를 받았고, 대장군 강유와 고락을 같이하면서 북벌에 대한 작전계획도 함께 수립했다. 또 위에 새로이 부각되는 걸출(傑出)한 젊은 두 장수 종회와 등애에 대해서도 촉군에게 알려주면서 경각심을 높이기도 했다.

강유가 북벌군을 일으켜 위를 공략할 때, 하후패는 주로 향도관(嚮導官)이나 참모가 되었으나, 강유가 여덟 번째 북벌에 나섰을 때는 선봉장을 맡아 위의 조양성을 공략하였다. 이때 하후패는 성이 비어있는 것을 보고 성안으로 들어갔다가 위의 명장 등애의 매복계에 걸려 빗발처럼 쏟아지는 화살을 맞고 5백여 군사들과 함께 장렬히 전사했다.

아버지 하후연은 평생 조조를 따라다닌 용장으로, 지략은 부족했으나 타의 추종을 불허하는 민첩성과 용기로 무용을 떨치다가 전사했다. 아들 하후패는 타고난 용맹에다 지략까지 갖추었으나, 아버지를 죽인 원수의 나라에 망명하여 모국과의 전투에서 전사했다. 참으로 기구(崎嶇)한 인생의 부자(父子)가 아닌가.

6-14(090)
두 맞수의 훈훈한 미담 '양호와 육항'

    삼국지연의는 황건적의 난(184년)부터 오가 멸망(280년)하여 삼국이 통일될 때까지 거의 100년 동안의 이야기이다. 제갈량이 오장원에서 숨을 거두는 때(234년)는 중간쯤 되는데, 삼국지연의는 제갈량이 죽고 나면 마무리 수순을 밟는다. 그러다 보니 후반부에 등장하는 인물은 거의 주목을 받지 못하고 있다.

    삼국지 후반부에 등장하는 인물 중에서 위를 이은 진과 오의 두 장수가 남긴 훈훈한 이야기를 하고자 한다. 한 사람은 진의 양호이고, 또 사람은 오의 육항이다.

    양호(羊祜), 자는 숙자(叔子). 연주 태산 출신으로, 채옹의 외손자이다. 양양을 지키는 도독으로, 선정을 베풀어 양양 주민들로부터 존경과 사랑을 한 몸에 받고 있었다.

    육항(陸抗), 자는 유절(幼節). 양주 오군 출신으로, 오의 명장 육손의 아들이면서 손책의 외손자이다. 진동대장군으로, 쓰러져 가던 오의 말기 최후의 명장이라 칭송받고 있다.

    양호는 적장 육항이 군사 부리는 솜씨를 잘 알고 있기 때문에 진의 여러 장수들이 오를 얕보고 공격을 하자고 할 때마다, 육항이 버티고 있는 한 지키는 것이 최선이라고 생각했다. 그리하여 장수들과 함께 사냥을 할 때도 장졸들에게 절대로 국경을 넘지 말라고 엄명을 내렸다.

한편, 국경 부근에서 사냥을 즐기던 육항도 양호의 군사들은 기율이 잘 서있으니 함부로 넘볼 수 없겠다고 생각했다. 게다가 양호는 사냥이 끝나면 잡은 짐승들 중에서 오군의 화살에 맞은 짐승들을 따로 골라내어 오군 진영에 돌려주었다. 육항은 적장 양호에게 고맙다는 인사를 전하면서 잘 익은 술 한 말을 딸려 보냈다.

양호는 그 속에 독을 탔을지 모른다는 측근들의 우려에도, '육항은 그럴 사람이 아니다.'며 장수들과 함께 기꺼이 그 술을 다 비웠다. 그 후 육항이 감기몸살로 며칠 째 장막 밖을 나오지 못한다는 소식을 들은 양호는 손수 달인 약을 병에 담아 보냈고, 육항 또한 적장이 보낸 약을 의심하지 않고 다 마시더니 마침내 병이 나았다.

그 무렵, 오의 황제 손호는 나날이 황음무도(荒淫無道)하고 흉포해져서 충간하는 신하들을 잔인하게 죽이는 등 폭정을 일삼았다. 손호는 용하다는 점쟁이를 불러 점을 쳐보게 했는데, 그 점쟁이도 죽고 싶지는 않았는지 아주 멋진(?) 점괘를 내놓았다.

"폐하, 길조입니다. 머지않아 푸른 일산(日傘)이 붙은 수레를 타고 낙양으로 들어가실 것입니다."

손호는 아주 기꺼워하며 오가 곧 진을 멸망시키고, 한(漢)의 옛 땅을 모두 아우를 수 있을 것이라고 생각하였다. 그리하여 국경을 지키는 육항에게 군사들을 더욱 강하게 조련시켜서 진의 양양을 공격하라는 명을 내렸다.

그러나 적장 양호가 있는 한 양양을 공략하기가 어렵다는 것을 잘 알고 있는 육항은 '지금은 진을 칠 때가 아니니 더 때를 기다려야 할 것입니다. 아무쪼록 무력을 남용하지 말고 군주로서 덕을 쌓아 백성들을 편안하게 해줄 것을 간청합니다.' 하는 내용을 상소문에 써서 올렸다.

　그 글을 읽은 오주 손호는 화를 벌컥 내며 '육항이 변경을 지키면서 적과 내통한다더니 과연 그렇구나!' 하면서 육항의 병권을 빼앗고 벼슬도 장군에서 사마로 낮춰버렸다. 그 자리에는 다른 사람을 보냈다. 오의 든든한 기둥이 뽑히고 말았지만 아무도 이의 부당함을 간할 수가 없었다.

　이 소식을 듣고 양호는 드디어 오를 칠 때가 왔다는 표문을 낙양으로 보냈다. 그러나 때가 아니라며 반대하는 중신들이 많아 흐지부지되었다. 마침내 양호는 병에 걸려 벼슬을 내놓고 낙향했다. 그의 병이 깊어지자 진 황제 사마염은 몸소 양호의 집으로 병문안을 왔다. 그리고 그때 오를 치자는 말을 듣지 않은 것을 후회한다며 누가 그 뜻을 이을만한지 물었다.

　"우장군 두예라면 능히 그 일을 해낼 것입니다."

　양호는 가까스로 그렇게 말하고 숨을 거두었다. 사마염은 양호에게 태부(太傅)를 추증(追贈)했으므로 사람들은 그를 '양태부(羊太傅)'라 불렀다. 양양 사람들은 양호의 죽음을 슬퍼하며 사당을 짓고 비를 세워 철마다 제사를 지냈다. 오가는 사람들이 모두 그 비문을 읽고 눈물을 흘리는 지라 그 비는 타루비(墮淚碑)로 불리었다.

　이 무렵 오의 명장 육항은 대사마가 되고 형주목을 겸임했으나 얼마 안 있어 병이 들고 말았다. 육항은 임종이 가까워오자 오주 손호에게 '이곳은 장강 하류에 위치하여 만일 적군이 함선을 띄워 물길을 따라 쳐내려온다면 다른 곳에서 구원병이 와도 위급한 상황을 풀어주기 어려울 것입니다. 속히 대비하셔야 합니다.' 하고 글을 올렸다.

　육항이 죽자, 드디어 진 황제 사마염은 양호가 천거한대로 두예를 양양으로 보내 오를 공략할 준비를 하게 했다. 두예는 좌구명의 춘추전(春秋

傳), 즉 좌전(左傳)을 한시도 놓지 않고 끼고 다닌다고 해서 당시사람들에게 '좌전에 미친 사람' 즉 '좌전벽(左傳癖)'으로 불리었다.

두예와 익주자사 왕준이 양자강을 따라 내려오며 침공해왔다. 육항이 염려하던 대로였다. 오에서는 장강의 물속에 쇠말뚝을 박아 쇠사슬을 가로질러놓고 진의 함선을 막으려 했다. 그러나 진에서 뗏목을 만들어 먼저 떠내려 보내자, 쇠말뚝들은 모두 쓰러지고 쇠사슬들도 모두 물속에 가라앉아버렸다.

진의 대군이 파죽지세(破竹之勢)로 밀고 내려와 오의 황실이 있는 석두성을 포위하자, 오주 손호는 전에 촉주 유선이 그랬듯이 스스로 관을 진 채 신하들을 이끌고 항복했다. 명장 육항이 있었더라면 오나라가 이렇게 쉽게 무너지지는 않았을 텐데….

손호는 점쟁이의 예언대로 낙양에는 들어갔지만, 푸른 일산이 붙은 수레 대신 함거(檻車)를 타고 끌려갔다. 마침내 오를 평정하고 천하를 통일한 진 황제 사마염은 기쁨의 눈물을 흘리면서 '이 모두 태부 양호의 공이다. 그가 이 모습을 보지 못하고 죽은 것이 너무나도 애석하도다!' 하고 말했다.

진의 도독 양호와 오의 대장군 육항, 두 맞수는 삼국통일을 눈앞에 둔 소설 삼국지의 대미(大尾)를 훈훈한 미담으로 장식하고 그렇게 사라져갔다.

제7장
삼국지가 남긴 얘기들

7-01(091)
지휘관의 유형 '똑부똑게 멍부멍게'

'호랑이가 이끄는 양의 군대는 양이 이끄는 호랑이의 군대를 이긴다.'
  이 말은 지휘관의 중요성을 단적으로 표현한 군사격언이다. 지휘관이라 함은 원래 중대(中隊)급 이상의 부대를 지휘하는 장교를 뜻하는 군사용어이지만, 여러 사람을 지휘하거나 통솔하는 위치에 있는 사람을 통칭하는 개념으로 확대해석해도 무리가 없는 말이다. 여기에는 회사의 경영자나 각급 관리자는 물론, 한 나라의 최고책임자까지도 포함시킬 수 있다.
  지휘관의 유형은 일반적으로 덕장(德將), 지장(智將), 용장(勇將) 혹은 맹장(猛將)으로 분류된다. 삼국지에 나오는 인물을 이 기준에 따라 분류해 보면 유비나 손권은 덕장, 조조나 제갈량은 지장, 여포나 장비는 용장으로 꼽을 수 있다. 이런 분류방식은 그 사람의 개성을 특징적으로 파악할 수 있는 장점은 있으나 그 기준이 애매하다는 지적이 있을 수 있다.
  몽고메리 원수, 제2차 세계대전 때 북아프리카 전선에서 신출귀몰하며 사막의 여우라 불리던 독일 롬멜 장군의 전차병단을 물리친 영국군의 최고 지휘관이다. 그는 한 독일장군의 이론을 인용하여 아주 간단명료한 기준으로 지휘관을 분류하였다.
  그의 이론은 모든 지휘관은 '똑똑함과 멍청함' '부지런함과 게으름' 중에서 각각 한 가지씩의 특징을 갖고 있다는 데서 출발한다. 여기서 도출해낼 수 있는 지휘관의 유형은 네 가지인데, 각 유형별로 삼국지에 나오는 인물을 한 사람씩 찾아보자.

　i) 똑똑하고 부지런한 지휘관(똑부) : 총명하고 근면하니 지휘관보다는 고급 참모에 적합하다. 제갈량이 표본적인 예이다. 판세를 분석하는 명석한 두뇌에다 투철한 충성심, 그리고 성실함까지 갖추고 있어서 지휘관으로 부족할 데가 없어 보이지만, 이런 지휘관은 스스로도 피곤하고 그를 따르는 부하들도 피곤하게 한다.

　ii) 똑똑하고 게으른 지휘관(똑게) : 두뇌회전이 빠르고 어떠한 상황에서도 여유를 잃지 않기 때문에 고급 지휘관에 적합하다. 조조 같은 인물이다. 세(勢)를 정확히 읽는 안목과 여유 그리고 결단력, 최고 지휘관이 반드시 갖추어야 할 조건이다. 때로는 전격적으로 행동하지만 중요하지 않은 보고는 무시할 줄도 안다.

　iii) 멍청하고 부지런한 지휘관(멍부) : 늘 열심히 무언가를 하지만 전체를 보는 안목이 부족하여 실익(實益)이 없다. 유비를 꼽고 싶다. 부하들을 이끌고 온 중원을 헤매고 다녔지만 헛발질의 연속이다. 제갈량의 도움으로 촉을 세우지만, 관우의 죽음에 흥분하여 우호관계를 유지해야 할 오를 정벌하려다 실패하고 죽는다.

　iv) 멍청하고 게으른 지휘관(멍게) : 좋은 계책을 내주어도 그 진가를 모르고 채택할 줄도 모르니 한심할 뿐이다. 하진 같은 인물이다. 하 황후를 누이로 둔 덕분에 대장군이 되었는데, 그의 명령 한 마디로 쉽게 처단할 수 있는 십상시를 토벌하기 위해 멀리 있는 군웅들을 불러들여 환란을 자초하고 자신도 죽고 만다.

몽고메리 이론의 핵심은 두 가지이다. 첫째, 고급 지휘관으로 적합한 인물은 제갈량 같은 똑부가 아니고 조조 같은 똑게라는 것이다. 둘째, 하진 같은 멍게가 유비 같은 멍부보다 지휘관으로서는 덜 위험하다는 것이다. 둘 다 바람직하지는 않지만….

여기서, 몽고메리 이론의 진가를 음미해 볼 수 있는 고사 하나를 소개해본다. 포악한 독재자 동탁이 자신의 애첩을 몰래 희롱하던 부하장수 여포를 죽이려 했을 때 이를 말리고자 동탁의 참모인 이유(李儒)가 들려준 춘추시대의 고사이다.

초나라 장왕(莊王)이 공을 세운 무장들에게 연회를 베풀고 있던 어느 날 밤, 갑작스런 돌풍으로 연회장의 등불이 모두 꺼져버렸다. 이때, 자리를 돌며 여러 장수들에게 술을 따르던 장왕의 애첩 허희에게 한 장수가 무엄하게도 허리를 껴안고 뽀뽀를 했다. 애첩은 소리를 지르려 했으나 여의치 않아(?) 그 장수의 갓끈을 뽑아 쥐고 장왕 쪽으로 도망쳤다. 그리고는 일러 바쳤다.

"전하, 이 중에 어둠을 미끼로 제게 못된 짓을 한 장수가 있습니다. 빨리 불을 켜고 그 장수를 찾아 처벌하십시오. 갓끈이 없는 장수가 범인입니다."

왕의 애첩을 성희롱하다니, 그 장수는 꼼짝없이 잡혀서 모가지가 날아갈 판이었다. 시신(侍臣)이 막 등불을 켜려고 하자, 장왕은 '잠깐!' 하면서 '아직 불을 켜지 마라. 이곳은 제장들을 격려하는 자리이니 제장들의 즐거움은 곧 나의 즐거움이다. 제장들은 지금 즉시 갓끈을 뽑아버려라.' 하고 명을 내렸다.

그리하여 애첩의 기지(機智)도 헛되이 누가 범인인지 알 수 없게 되었다. 최고 지휘관으로서 이만한 결단을 내리기가 결코 쉽지 않다. 이런 지휘관을 만나면 죽을 사람도 산다. 나무는 큰 나무 밑에 있으면 치여서 자라지 못하지만 사람은 큰 사람 밑에 있으면 같이 큰다.

그 후 장왕이 어느 전투에서 포위되어 옥쇄(玉碎)할 위기에 처했을 때, 한 장수가 필사적으로 포위를 뚫고 들어와 온몸이 피투성이가 되도록 적진을 헤치며 장왕을 구해주고 쓰러졌다. 장왕이 다가가서 '그대는 내 생명의 은인이다. 그대는 누구이며, 어찌하여 자신의 목숨을 돌보지 않고 나를 구해 주었느냐?' 하고 물었다.

독자들은 아마 이 장수가 누구인지 짐작하리라.

'저는 그때 연회자리에서 전하의 애첩에게 불측한 짓을 했던 바로 그 치한입니다. 그때 죽을 목숨이 대은을 갚고 이제야 죽습니다.' 하면서 숨졌다고 한다.

'갓끈을 끊은 회합'이라는 뜻의 '절영회(絶纓會)'라고 전하는 고사이다. 제 목숨을 돌보지 않는 부하를 가진 지휘관은 어디가 달라도 다르다. 초장왕은 제환공과 진문공에 이어 세 번째 춘추5패가 되지 않는가.

당시의 실권자인 동탁에게도 이런 지혜를 들려주는 참모가 있었지만, 불행하게도 동탁은 애첩의 농간에 놀아나 결국 그의 오른팔인 여포에게 참살당하고 만다.

지휘관에게 있어서 총명함과 여유를 잃지 않는 상황판단이 그토록 중요한 것은 그것이 본인 스스로의 문제에 그치는 것이 아니라, 그 부하들에게도 엄청난 영향을 미치기 때문이다.

7-02(092)
현란한 지모싸움 '이교와 동작대부'

　필생의 적수 원소를 물리치고 강북을 제패한 조조가 백만 대군을 이끌고 장강 가에 이르렀다. 이제 남은 적은 유비와 손권뿐이다. 조조는 술 한 잔 마시고 감회에 젖어 시 한수를 지어 읊었는데, 그가 읊은 '단가행(短歌行)'에는 이런 구절이 있다.

　　　月明星稀(월명성희)　　달빛은 밝고 별빛은 희미한데
　　　烏鵲南飛(오작남비)　　까막까치는 남쪽으로 날아가네.

　여기서 밝은 달은 조조 자신을 지칭하고, 달빛에 가리어 희미해진 별은 점차 사라져가는 군웅들을 의미하는 것으로 해석할 수 있다. 아울러 까마귀와 까치는 조조에게 쫓겨서 남쪽으로 도망가는 유비와 손권을 의미하는 것으로 볼 수 있다. 조조는 강동의 손권에게 서신을 한 장 보냈다.
　"나는 강북을 평정하고 이제 사나운 군사 백만 명과 함께 장강 가에 와 있소. 우리, 힘을 합쳐 유비를 무찌르고 함께 사냥이나 즐기지 않으려오?"
　겉으로 보기에는 점잖은 문구지만 내용은 협박조의 최후통첩이다. 강동의 조정은 '화친이냐 항전이냐'로 연일 격론이 벌어져 좀처럼 국론이 하나로 모아지지 않았다. 손권은 명장 주유에게 의견을 물어 최종 결정을 내리기로 한다.

이때, 쫓기던 유비는 조조와의 결전을 준비하기 위해 제갈량을 강동에 파견한다. 제갈량은 먼저 강동의 중신들을 만난 후, 마지막으로 주유를 만났다. 제갈량은 두 사람을 배에 실어 보내면 조조의 백만 대군이 저절로 물러갈 것이라고 말했다. 주유가 두 사람이 누군지 물었다. 제갈량은 그 대답에 앞서 조조의 근황부터 설명하기 시작했다.

강북을 평정한 조조가 장하 강가에서 쉬고 있을 때, 문득 한 곳에서 휘황찬란한 금빛 기운이 뻗쳐올랐다. 그곳을 파보니 구리로 된 참새[銅雀] 한 마리가 나왔다. 조조는 이를 기념하기 위해 그곳에 거대한 누각을 짓고 동작대(銅雀臺)라고 이름 지었다.

그때부터 조조는 '내게 두 가지의 소원이 있는데, 하나는 천하를 통일하는 것이고, 다른 하나는 강동에서 이교(二喬)를 데려와 동작대에서 함께 만년을 즐기는 것'이라고 했다.

"그러니 이교를 보내면 틀림없이 조조는 물러갈 것이오."

이교라 함은 절세가인으로 이름난 대교와 소교 자매를 일컫는 말이다. 대교는 손책의 부인으로 과부가 되었고, 소교는 주유의 부인임은 천하가 다 아는 사실이다. 제갈량은 일부러 모르는 체 하면서 주유의 비위를 건드린 것이다.

"떠도는 말을 어찌 믿겠소. 조조가 그런 말을 했다는 증거가 있소? 있으면 대보시오."

주유가 반문하자, 제갈량은 다시 말을 이었다. 조조는 동작대 준공기념으로 셋째아들 조식에게 동작대부(銅雀臺賦)를 짓게 했는데, 그 시에 그런 내용이 들어있다는 것이다. 제갈량이 동작대부를 낭랑하게 읊기 시작했다.

명후(明后)를 따라 노닐음이여

높은 대(臺)에 오르니 정취 더욱 즐겁구나.

태부(太府) 넓게 열려있음이여

성덕(聖德)이 황송함을 본다.

높이 세운 문 불쑥 솟아있고

두 대궐 푸른 하늘에 뜬 듯하다.

중천(中天)에 서서 황홀하게 바라보니

서쪽에서부터 공중누각이 이어졌구나.

강물의 긴 흐름을 끼고 돌며

먼 동산에 과일 영그는 것을 바라보노라.

두 대(臺)를 좌우에 벌려 세우니

하나는 옥룡(玉龍)이요, 하나는 금봉(金鳳)이다.

이교(二喬)를 동남(東南)에서 데려와서

아침저녁으로 함께 즐기리라.

제갈량이 거기까지 읊었을 때였다. 갑자기 쨍그렁~ 하는 소리가 났다. 주유가 술잔을 떨어뜨린 것이었다. 주유의 얼굴이 붉으락푸르락해지더니 이윽고 버럭 소리를 질렀다.

"조조 이 늙은 역적이 나를 욕보이는구나! 내 기어코 이놈을 잡아서 응징해야겠소."

그런데 원래 조식이 지은 동작대부는 '두 다리[二橋]를 동서로 이어서 [연이교어동서혜(連二橋於東西兮)]'인데, 제갈량이 '이교(二喬)를 동남에서 데려와서[남이교어동남혜(攬二喬於東南兮)]'로 슬쩍 바꾸고 '아침저녁으로 함께 즐기리라.'라는 구절까지 슬그머니 집어넣은 것이었다. 제갈량은 모르는 체 왜 화를 내는지 물었다.

"대교는 돌아가신 손책의 부인이시고, 소교는 바로 저의 안사람이외다."

주유가 대답하자, 제갈량은 그런 사실을 모르고(?) 말을 함부로 했노라고 사죄했다. 주유는 '그대는 아무 잘못이 없소.' 하며, 다시 한 번 조조가 있는 북쪽을 노려보며 이를 갈았다.

"내 맹세코 조조 그 늙은 역적과는 같은 하늘을 이지 않으리라[불구대천(不俱戴天)]!"

손권은 주유의 결단에 따라 조조와 싸우기로 국론을 정했고, 결국 유비와 함께 5만 연합군으로 적벽에서 조조의 백만 대군을 화공으로 괴멸시키는 것이다. 조조는 이교의 손목도 한번 잡아보지 못하고 피눈물을 씹으며 패주하지 않는가.

그런데 제갈량이 이교로 주유를 격동시킨 얘기는 정사에는 나오지 않는다. 아마도 연의의 저자가 재미있게 꾸민 것이리라. 상식적으로 생각해도 강동의 최고사령관인 주유가 제갈량의 말 몇 마디 때문에 개인적인 감정으로 국가 대사를 결정했다고 보는 것은 아무래도 무리가 있다.

연의에 나오는 그 내용의 사실 여부는 확인할 길이 없지만, 시문까지 변조해가며 두뇌전략을 펼치는 제갈량과 주유의 현란한 지모 싸움은 소설 삼국지를 한껏 재미있게 해주는 빛나는 삽화가 아닐 수 없다.

7-03(093)
전설적인 두 명마 '적로마와 적토마'

'백락이 있고 연후에 천리마가 있다.'

이백 두보 백거이와 함께 당나라의 4대 시인이요, 당송8대가의 한 사람인 한유의 '잡설(雜說)'에 나오는 말이다. 말(馬)을 잘 알아보는 사람이 있어야 천리마가 그 진가를 인정받게 된다는 뜻이고, 아무리 뛰어난 인재라도 제대로 알아주는 사람을 만나지 못하면 그의 재지(才智)를 발휘할 수 없게 된다는 의미도 있다.

백락(伯樂)은 원래 천마(天馬)를 다스리는 별의 이름이다. 옛날 손양이라는 사람이 말을 신통하게 잘 감정했으므로 그를 백락이라 불렀는데, 그때부터 말을 잘 감정하는 사람을 지칭하는 말이 되었다. 옛날 전쟁터의 무사에게 있어서 말은 곧 그 자신의 생명줄이었다.

소설 삼국지에는 많은 군웅들이 등장하고 또 그만큼 많은 말들이 등장하는데, 하루에 천리를 달린다는 천리마(千里馬)도 나온다. 천리라면 400km, 즉 서울에서 부산까지의 거리인데, 천리마는 이 거리를 능히 하루 만에 가고, 산길을 오르거나 물길 건너기를 마치 평지 달리듯 한다고 한다.

삼국지에 나오는 천리마로는 여포와 관우가 타던 적토마(赤兎馬), 유비가 타던 적로마(駒盧馬), 그리고 조조가 타던 절영마(絶影馬)와 조황비전

(爪黃飛電)의 4대 명마를 들 수 있다. 여기서는 이마에 흰점이 있는 적로마와 한 고을의 성(城)과도 바꿀 수 없다는 적토마에 대해서 살펴보고자 한다.

먼저 명마라는 칭송과 함께 흉마라는 오명(汚名)도 지니고 있는 적로마에 대해서 살펴보자. 유비가 형주의 유표에게 의지하고 있을 때, 장무와 진생이라는 토호가 형주에서 반란을 일으켰다. 유비는 자청하여 반란군 토벌에 나서는데, 이때 조운이 적장 장무를 죽이고 그가 타던 준마(駿馬)를 유비에게 바쳤다.

이마에 박힌 또렷한 흰 점, 기름지고 준수한 자태, 날렵한 몸매, 누가 봐도 명마였다. 형주자사 유표가 그 말을 탐내자, 유비는 스스럼없이 그 말을 유표에게 넘겨주었다. 유표의 참모 괴월이 그 말을 찬찬히 훑어보고 말했다.

"저의 형은 마상(馬相)을 볼 줄 아는데 그 때문에 저도 배운 바가 있습니다. 네 다리가 하얀 사백(四白)과 이 말처럼 이마에 흰 점이 박혀 있는 적로(駒盧)는 흉마입니다. 이런 말을 타게 되면 주인이 화를 입는다고 합니다. 장무도 이 말을 타다가 죽었으니 주공께서는 이 말을 타지 않는 것이 좋을 것 같습니다."

그 말을 듣고 유표는 기분이 언짢아져서 다시 유비에게 그 말을 돌려주었다. 유비가 그 말을 타려고 했을 때, 유비의 참모 이적이 괴월이 하던 얘기를 들려주며 그 말을 타지 않는 것이 좋겠다고 말했다. 그러나 유비는 '사람의 생사는 명(命)에 있고, 부귀는 하늘에 달려있지 한 필의 말에 달려있지는 않을 것이오. 어찌 말이 주인을 해치겠소?' 하며 개의치 않았다.

그 후, 유비를 눈엣가시처럼 여기던 유표의 처남 채모가 유비를 죽이려고, 물살이 험한 단계(檀溪)가 가로막고 있는 서쪽을 제외한 동쪽 남쪽 북쪽에 물샐틈없이 군사를 배치해놓고 유비를 잡으러오자, 유비는 적로마를 타고 서쪽으로 도망쳤다. 채모의 군사들이 추격해왔다. 단계의 급류 앞까지 달려온 유비, 적로마에게 채찍을 내리치며 큰소리로 외쳤다.

"적로야, 너는 나를 구하려하느냐! 해치려 하느냐!"

순간, 적로마가 휙~ 솟구쳐 오르더니 3장(三丈, 약 9m)이나 되는 단계를 훌쩍 뛰어넘어 저쪽 기슭에 내려섰다. 그러자 눈이 휘둥그레진 채모와 군사들은 추격을 포기하고 돌아갔다. 주인을 해친다는 적로마가 주인을 위기에서 구한 것이다. 명마는 주인이 있고, 주인을 만난 명마는 이름값을 한다. 적로마도 이제 주인을 만났기 때문에 명마로서의 역량을 발휘할 수 있었던 것이리라.

다음으로, 삼국지에 나오는 말 중에서 **최고의 명마**로 추앙받고 있는 적토마에 대해서 살펴보자. 적토마, 머리에서 꼬리까지의 길이가 1장(약 3m)이고, 굽에서 목까지의 높이가 8척(약 1.8m)이다. 몸에 잡 털이 없으며, 활활 타오르는 붉은 빛을 띠고 있어 바람을 뚫고 달릴 때는 그 용자(勇姿)가 마치 화염이 흐르는 것 같다고 한다.

첫 주인은 동탁이었다. 삼국지 **최고의 무용**을 지닌 여포는 적토마를 주겠다는 동탁의 제안에 눈이 뒤집혀 의부(義父)인 정원을 죽이고 동탁의 휘하에 들어간다. 이 적토마가 두 번째 주인인 여포를 만나면서 명마로서의 진가를 발휘하기 시작한다.

맹장 여포가 적토마를 타고 방천화극을 휘두르며 적진 속을 무인지경으로 달리는 장면을 상상해 보라. 호로관전투에서 유비 관우 장비와의 3대 1의 결전도, 복양전투에서 조조 진영의 허저와 전위, 하후돈과 하후연,

이전과 악진의 여섯 장수와의 6대 1의 결전도 모두 여포와 적토마를 한껏 빛나게 했을 뿐, 이들 콤비 앞에는 적수가 없었다.

그러나 적토마도 주인 여포가 처첩의 치맛자락에 싸여 방천화극을 놓고 있는 사이, 그의 부하에 의해 세 번째 주인인 조조에게 넘겨진다. 천하무적이었던 여포가 조조에게 목이 떨어지고, 관우가 조조에게 조건부 항복을 하자, 그의 무용을 흠모한 조조는 관우를 포섭하기 위해 적토마를 준다. 동탁, 여포, 조조를 거쳐 온 적토마가 이제 마지막 주인을 만난다.

이때부터 관우와 적토마는 생사를 같이 한다. 관우가 원소 진영의 두 맹장 안량과 문추를 베는 데 적토마는 유감없이 그 진가를 발휘한다. 또 관우가 오관을 돌파하면서 조조진영의 여섯 장수를 무찌르는 영웅적인 업적을 남길 수 있었던 것도 적토마가 있었기에 가능했던 일임은 두말할 필요가 없다.

결국 관우는 형주를 뺏기고 오군에게 쫓겨 들어간 맥성에서 나오다가 사로잡혀 참수를 당하고 마는데, 그날부터 적토마는 풀을 먹지 않았다. 향기로운 사료를 주어도, 물가로 데려가 물을 먹이려 해도 목을 흔들며 맥성 쪽을 향해 슬픈 듯이 울부짖기만 할 뿐….

적토마는 아무것도 먹지 않고 나날이 슬피 울기만 하더니 어느 날 그 울음소리마저 내지 않았다. 굶어죽은 것이다. 탐욕과 이기심, 배신과 변절이 난무하는 이 시대를 살아가면서, 주인을 따라 죽은 희대의 명마 적토마를 생각해 본다.

7-04(094)
삼국지 최고의 분수령 '적벽대전'

원소를 물리치고 강북을 제패한 조조는 그 여세를 몰아 대군을 이끌고 형주로 향했다. 새로 형주의 주인이 된 유표의 둘째아들 유종은 조조의 군세에 놀라 제대로 싸워보지도 않고 항복했다. 이에 유비는 근거지였던 신야성마저 포기하고 형주 주민들과 함께 퇴각을 거듭하고 있었다.

새로 평정한 형주의 군사까지 합쳐서 100만 대군을 이끌고 장강까지 남하한 조조는 이제 강동의 손권마저 평정하여 천하 제패의 대업을 완수하느냐, 아니면 손권과 천하를 나누어 가지느냐 하는 중대한 기로에 서있었다. 조조는 손권에게 '항복과 결전' 중에서 택하라는 최후통첩을 보냈다.

유비는 제갈량을 손권에게 보내 함께 연합하여 조조군을 물리치자고 제안했다. 강동의 중신들은 화전(和戰) 양론으로 맞서서 팽팽하게 대립하고 있었다. 손권은 전방에 나가있는 명장 주유를 불러 의견을 물었다. 형 손책이 죽을 때 유언하기를, '외환(外患)이 있을 때는 주유에게 의견을 물어라.'고 했던 것이다. 주유의 확고한 결전의지를 확인한 손권은 중신들이 모두 모인 자리에서 자신의 보검으로 탁자를 내려쳐 쪼개면서 이렇게 소리쳤다.

"결전이다! 이제부터 나에게 항복을 권하는 자는 누구든지 이렇게 되리라!"

손권은 주유에게 대도독의 인수를 주며 군을 총괄하게 했다. 드디어 삼국지 최고의 분수령인 적벽대전의 막이 오른 것이다.

조조는 형주 출신의 채모와 장윤을 수군책임자로 임명하고, 주유의 옛 친구인 장간을 보내 항복을 권유했다. 주유는 채모와 장윤이 연합군의 첩자이며 조조의 목을 노리고 있다는 거짓 정보를 흘렸다. 장간으로부터 이 보고를 받은 조조가 채모와 장윤의 목을 베자, 주유는 회심의 미소를 지으며 재사 방통을 보내 조조군의 배들을 쇠사슬로 서로 연결하게 하여 북방 출신이 많은 조조군의 배멀미 고민을 해결해 주었다.

원로장수 황개가 주유를 찾아와 '나라를 위해 내 늙은 몸을 바치겠다.'고 하자, 주유는 다음날 군령이 부당하다며 정면으로 맞서는 황개를 초주검이 되도록 태장(笞杖)을 치게 한다. 그러자 황개는 항서(降書)를 조조에게 보내고, 의심 많은 조조는 첩자를 통해 이 사실을 확인하고서야 황개의 투항을 믿게 된다. 그 사이, 제갈량은 20척의 배에 허수아비와 짚동을 가득 싣고 안개가 자욱한 조조의 선단에 접근하여 10만개의 화살을 받아온다.

적벽에 진을 친 주유는 화공(火攻)으로 조조의 선단을 불태울 계획인데 문제는 바람이었다. 동남풍이 불어야 북쪽에 진을 치고 있는 조조의 선단에 화공을 가할 수 있는데, 겨울철이라 계속 북서풍만 불고 있었기 때문이다. 그런데 제갈량이 제단을 차리고 지성으로 기도를 드리자, 며칠 후 드디어 동남풍이 불기 시작한다.

황개는 배 20척에다 불에 타기 쉬운 건초, 유지(油脂) 등을 싣고 조조의 진채를 향해 출발한다. 조조가 '드디어 황개의 항선(降船)이 오는구나.' 하며 기다리는 사이, 20척의 배는 모두 건초와 유지에 불을 붙이고 일제히 조조의 선단(船團)으로 돌진한다.

세찬 동남풍으로 인해 불길은 거침없이 조조의 선단으로 옮겨 붙었고, 서로 연결된 조조의 선단은 순식간에 불바다가 되었다. 이때 주유의 수군이 돌진하여 우왕좌왕하는 조조군을 수장(水葬)시켰고, 육지에서는 유비군의 관우와 장비, 조운이 병사들과 함께 조조군의 후방을 기습하여 허둥대는 조조군을 도륙(屠戮)함으로써 조조에게 처참한 패배를 안겼다.

조조의 100만 대군은 손권과 유비의 연합군에게 여지없이 참패했고, 조조는 패잔병을 이끌고 북으로 도주했다. 제갈량은 조조가 가는 길목마다 복병을 배치하여 끝까지 조조를 괴롭혔다. 패주하던 조조는 피눈물을 흘리며 이렇게 말했다.

"아아, 봉효가 있었더라면 내가 이토록 처참하게 패하지는 않았을 것이다."

봉효란 얼마 전에 병사(病死)한 조조 진영의 일급모사인 곽가를 이르는 것이다. 이 적벽대전은 욱일승천(旭日昇天)하던 조조에게 쓰디쓴 좌절을 맛보게 한 삼국지의 분수령이 된 전투이다. 여포 원술 원소 등을 모두 평정하여 이제 손권과 유비만 제거하면 바야흐로 중원을 통일하게 되는 조조가 이 패배로 그 꿈이 무참히 깨진 것이다.

당시 연합군에는 제갈량 주유 노숙 방통 등 당대의 일급모사들이 총동원되어 지모를 펼쳤으나, 조조 진영의 모사는 정욱과 순유뿐이었다. 그 때문에 월등한 병력 차이에도 불구하고 지모의 싸움에서 이긴 연합군이 승리를 거둔 것이다.

적벽대전에서 나온 계책은 마치 지략의 종합세트 같다. 황개가 피투성이가 되도록 맞아 상대가 믿도록 한 것은 고육계(苦肉計)이고, 거짓항복을 한 것은 사항계(詐降計)이다. 또 적진에서 보낸 첩자를 역이용하여 수군도독을 처형하게 한 것은 반간계(反間計)이고, 배들을 서로 묶도록 한 것은 연환계(連環計)이다. 불로 공격한 것은 화공계(火攻計)이다.

여기서, 적벽대전을 다시 한 번 찬찬히 살펴보자.

첫째, 양측의 군세이다. 조조의 100만 대군은 과장된 것이고, 그것도 원소와 유표의 항병(降兵)까지 포함한 숫자이다. 실제로는 20만~25만 명 정도이고, 연합군은 손권군과 유비군을 합쳐서 5만 명 정도였다.

둘째, 여러 계책들 중에서 황개의 고육계와 사항계, 그리고 화공계는 정사에도 나와 있지만, 주유의 반간계는 정사에는 없다. 또 조조가 배끼리 쇠사슬로 묶게 한 것은 배 멀미를 줄이기 위해 조조군 자체에서 짜낸 아이디어이다.

셋째, 동남풍 문제이다. 제갈량이 제단을 차려놓고 동남풍을 빈 것은 쇼일 뿐이다. 천문(天文)을 터득한 제갈량은 그 지역에서 오래 살았기 때문에 언제쯤 동남풍이 부는지 알고 있었던 것이다.

어쨌든, 적벽대전 승리의 으뜸가는 공은 대도독 주유에게 돌아가야 할 것이지만, 그 결실은 유비가 거둬들인 것으로 나타났다. 적벽대전의 패배로 조조가 주춤하는 사이, 유비는 형주를 차지한 데 이어 서촉을 얻게 되어 바야흐로 천하삼분(天下三分)의 기틀을 마련하기 때문이다.

7-05(095)
삼국지를 대표하는 키워드 '도원결의'

삼국지를 네 글자로 요약하면 '도원결의(桃園結義)'라고 할 수 있다. 삼국지연의는 유비 관우 장비의 도원결의에서 시작하여 죽음이 세 사람을 갈라놓을 때까지의 과정과 그 후의 이야기를 서술한 한 편의 대서사시이기 때문이다.

돗자리를 짜서 생활하면서도 큰 뜻을 품은 교룡(蛟龍) 유비, 충의를 최고의 가치로 여기는 삼국지 최고의 무사(武士) 관우, 물불을 가리지 않는 호탕한 성품의 호걸(豪傑) 장비. 이들 세 사람이 복숭아꽃 만발한 화원에서 검은 소와 흰 말의 피를 섞어 나누어 마신 뒤 향을 사르며 형제의 의를 맺은 것을 천지신명께 고하는 것이 도원결의다.

"천지신명께 고하노니, 유비 관우 장비 세 사람은 이제 의(義)와 정(情)으로 맺어 형제가 되었습니다. 우리 세 사람은 몸과 마음을 한데 합쳐 서로 도우며 위로는 나라를 구하고 아래로는 창생을 평안케 하고자 합니다. 우리가 비록 성도 다르고 생년월일도 다르지만 형제가 된 이상, 고난을 함께 하며 원컨대 같은 날 같은 시에 죽고자 합니다. 황천후토(皇天后土)여, 이 뜻을 굽어 살피소서! 만일 우리 가운데 대의를 저버리거나 형제의 정을 망각하는 자가 있거든 천인(天人)으로부터 벌을 받도록 해주시옵소서!"

이렇게 해서 의형제가 된 세 사람은 저마다 뜻을 세우고 일어선 군웅들처럼 의병을 모집하여 황건적 토벌에 나선다. 그 후, 이들이 난세에 중원을 떠돌아다니면서 어떤 시련을 겪으며 도원에서 했던 맹세를 지키고 뜻을 펼치는지, 세 사람에게 닥친 시련과 난관을 극복하는 데에 초점을 맞춰 살펴보고자 한다.

첫 번째 난관은 장비에게 찾아왔다. 서주의 유비와 남양의 원술이 격전을 치르고 있을 때, 남아서 서주성을 지키고 있던 장비는 유비의 거듭된 주의에도 불구하고 술을 마시고 주벽을 부리다가 잠이 들었다. 이때 장비에게 욕을 당한 부하의 밀고(?)로 여포가 군사를 이끌고 쳐들어왔다.

장비는 술이 덜 깬 탓에 유비의 두 부인을 구해내지 못하고 여포군에 쫓겨 패퇴한다. 장비는 다시 유비를 만나게 되자, 죄책감 때문에 칼을 뽑아 자결하려고 한다. 이때 유비는 재빨리 장비의 칼을 빼앗아 던지며 이렇게 말한다.

"옛사람이 이르기를, 형제는 손발과 같고 처자(妻子)는 의복과 같다고 하였다. 의복이야 떨어지면 다시 지을 수 있지만 손발은 한 번 끊어지면 다시 이을 수가 없다. 우리 셋은 함께 죽기로 맹세한 형제인데, 어찌 네가 그만한 잘못으로 혼자 목숨을 끊는다는 말이냐!"

유비는 처자식보다도, 일국의 성(城)보다도, 형제의 의를 더 중요하게 생각한 것이다. 장비는 죄책감으로 땅바닥에 이마를 찧었고, 관우까지 세 사람은 함께 부둥켜안고 울었다. 불행 중 다행으로 여포가 유비의 두 부인을 잘 보호하고 있었기 때문에 이 문제는 별 탈 없이 해결이 되었다.

두 번째 난관은 관우에게 찾아왔다. 조조의 대군이 서주의 유비를 공격하자, 패주하던 세 형제는 뿔뿔이 흩어지게 되었다. 유비는 기주의 원소에게로 갔고, 장비는 망탕산으로 피신했다. 그러나 유비의 두 부인을 보호하고 있던 관우는 조그만 토산에서 조조군에게 겹겹이 포위되고 말았다. 관우의 뛰어난 무용과 남다른 충의를 흠모해온 조조가 항복을 권해왔다.

싸우다가 옥쇄하려 했던 관우는 함께 죽기로 맹세한 도원결의와 유비의 가족들 때문에, 유비가 있는 곳을 알게 되면 즉시 떠난다는 조건으로 항복한다. 그때부터 관우는 조조의 극진한 후대에다, 여포가 타던 적토마까지 받게 되지만 조금도 흔들리지 않는다. 결국 유비의 소식을 알아낸 관우는 보장된 부귀영화를 뿌리치고 한 뼘 땅도 없는 떠돌이 객장 유비를 찾아간다. 저 유명한 오관돌파를 하면서.

헤어졌던 세 사람은 다시 만나 도원의 의를 잇게 된다. 그 후 제갈량을 얻어 강동의 손권과 함께 적벽에서 조조의 백만 대군을 물리친 유비는 마침내 형주와 서촉, 한중을 평정하여 촉한 부흥의 기치를 내세우며 황제로 즉위하게 된다. 이때가 세 사람의 일생 중에서 가장 빛나는 순간이리라.

그러나 중원 통일의 위업을 이루려고 분골쇄신하던 중에 기어코 비극이 찾아오고 말았으니, 형주를 지키면서 위를 공략하여 큰 전과를 올리고 있던 관우가 후방을 기습한 오의 명장 여몽에게 형주를 뺏기고 사로잡히고 말았던 것이다. 오 황제 손권의 간곡한 회유에도 불구하고 관우는 끝까지 지조를 굽히지 않고 명예로운 죽음을 택한다.

조조도 마다하고 손권도 마다하고 의롭게 죽은 관우의 일생은 오로지 유비를 위해 바쳐진 것이었다. 관우가 지금도 문신(文神) 공자와 나란히 무신(武神)으로 추앙을 받고 있는 것은 그의 뛰어난 무용에 더해서 바로 이런 불사이군(不事二君)의 충의 때문이다.

마지막 난관은 유비에게 찾아왔다. 관우의 죽음으로 도원결의의 일각이 무너지고 말았으니, 함께 죽기로 한 맹세를 어찌할거나! 그러나 불행은 여기서 그치지 않았으니 유비가 피눈물을 흘리며 관우의 복수를 위해 오로 쳐들어갈 준비를 하고 있을 때, 관우의 죽음에 흥분한 장비가 부하들을 무리하게 닦달하다가 부하들에게 암살당하고 만 것이다.

장비마저 죽고 이제 혼자 남은 유비는 거의 이성을 잃고 오직 오에 대한 복수의 일념을 불태운다. 당시의 판세로는 촉은 오와 힘을 합쳐서 위에 대항하는 전략을 유지해야 하고, 그 때문에 제갈량과 조운을 비롯한 여러 중신들이 오에 대한 침공을 말리지만, 유비의 귀에는 복수 외에는 아무 말도 들리지 않는다.

결국 유비는 대군을 이끌고 오로 쳐들어간다. 관우와 장비의 아들인 관흥과 장포가 각기 아버지의 원수를 찾아 죽임으로써 복수극을 완성하지만, 촉군은 오의 명장 육손에게 이릉에서 참패한다. 패퇴하던 유비는 백제성에서 병을 얻어 죽으니 30여 년 동안 이어져 온, 삼국지를 대표하는 키워드인 도원결의가 드디어 막을 내리는 것이다.

세 사람은 모두 죽을 때까지 젊은 날의 맹세를 가슴 속에 소중히 간직했고, 숱한 어려움이 있었지만 한 번도 그 맹약(盟約)을 저버리지 않았다. 지금으로부터 1,800여 년 전에 있었던 이들 세 의형제의 이야기가 지금도 생생하게 전해지고 있듯이, 앞으로도 불멸의 감동으로 후세에 전해지리라.

7-06(096)
제갈량이 남긴 불후의 명문장 '출사표'

　소설 삼국지에는 명시와 명문장들이 많이 등장한다. 명시로는 조조의 단가행(短歌行)이나 호리행(蒿里行), 조조의 셋째아들 조식이 쓴 동작대부(銅雀臺賦)나 칠보시(七步詩), 낙신부(洛神賦) 등이 있다. 명문장으로는 조조의 구현령(求賢令)과 술지령(述志令)이 있고, 원소의 문사 진림이 쓴 조조토벌의 격문도 서릿발 같이 매서운 문장으로 유명하다.

　또 한 가지 명문장으로 제갈량의 전후(前後) 출사표(出師表)가 있다. 출사표는 출진할 때 임금에게 올리는 표문인 바, 제갈량이 북벌에 나서면서 그 뜻을 적어 촉 황제 유선에게 올린 글이다. 전 출사표는 의심할 여지없이 제갈량이 쓴 것이나, 후 출사표는 후세의 문사가 전 출사표를 모방하여 쓴 위작(僞作)이라는 시비가 있다.

　제갈량은 출사표에서 황제가 유념해야 할 일들을 마치 자애로운 아버지처럼 일깨워 주고 있다. 먼저 천하의 현실과 촉이 처한 상황을 설파하고, 충량(忠亮)한 신하에게 신임을 더할 것을 권하고 있다. 마지막으로 선제 유비와의 만남을 회고하면서 자신의 확고한 결심을 밝히고 있다.

　표문 위에는 눈물이 떨어진 흔적이 여기저기에 남아 있었다고 한다. '제갈량의 출사표를 읽고 울지 않는 사람은 사람이 아니다.'는 말이 있을 정도로 자구(字句)마다 충정이 배어있는 글로 유명하다. 원문이 아니고서는 그

진충보국(盡忠報國)의 충심과 명문장의 맛을 도저히 나타낼 수 없겠으나 여기에 전(前) 출사표의 역문(譯文)을 옮겨본다.

신(臣) 양(亮) 아뢰옵니다.

선제께서는 창업이 다 이루어지기 전에 중도에서 돌아가셨습니다. 이제 천하는 셋으로 나뉘어져 있고 그 중에서 우리 촉이 가장 피폐합니다. 참으로 나라가 흥하느냐, 망하느냐가 달린 위급한 때입니다. 그러므로 모든 신하가 안에서 게으르지 않고 충성스런 무사가 밖에서 제 몸을 돌보지 않는 것은 모두 선제에게서 입은 은혜를 폐하께 갚으려 함인 줄 압니다. 마땅히 귀를 넓게 여기시어 선제의 유덕을 밝히시며 뜻있는 선비들의 의기를 더욱 넓히고 북돋워야 할 것입니다.

스스로 덕이 없고 재주가 모자란다고 함부로 단정해서는 결코 아니 되며, 헛되이 의를 잃고 덕을 잃음으로써 충간(忠諫)의 길을 막아서도 아니 됩니다. 또 궁중과 조정은 하나가 되어야 하며, 벼슬을 올리거나 벌을 주는 일, 옳고 그름을 구별하는 일은 일관성을 유지해야 합니다. 간사한 죄를 범한 자나 충성되고 착한 일을 행한 자는 마땅히 관원에게 그 형벌과 상을 논하도록 함으로써 폐하의 공정하고 밝은 다스림을 세상에 뚜렷하게 밝히셔야 할 것입니다. 사사로이 한쪽에 치우쳐서 안과 겉이 다른 법을 펴서는 아니 될 것입니다.

시중과 시랑을 맡고 있는 곽유지와 비위, 동윤 등은 모두 성실하며 그 하고자함과 헤아림이 충성되고 깨끗합니다. 일찍이 선제께서는 여럿 중에서 이들을 뽑아 쓰시고 폐하에게까지 넘겨주셨습니다. 어리석은 신이 살피건대, 궁중의 일은 크고 작음을 가릴 것 없이 이들과 의논하여 시행하신다면 반드시 빠지거나 새는 일 없이 폐하를 보필하여 이로움을 넓혀줄 것입니다. 장군 향총은 본성이 맑고 치우침이 없으며 군사에도 밝아 옛날 선제 때부터 신망이 두터웠습니다. 군사에 관한 일은 그와 의논하십시오. 반드시 군사들을 화목하게 하고 뛰어난 자와 그렇지 못한 자를 가려 각기 있어야 할 곳에 있게 할 것입니다.

현신(賢臣)을 가까이하고 소인을 멀리했기 때문에 전한은 흥륭했고, 소인을 가까이하고 현인을 멀리했기 때문에 후한은 쇠퇴했습니다. 선제께서는 살아계실 때 항상 이 일을 신과 이야기하면서 일찍이 환제와 영제 시절의 어지러움에 탄식하고 통한(痛恨)하셨습니다. 지금 시중상서 장사 참군 자리에 있는 세 사람은 모두가 하나같이 곧고 바르며 절의를 지킬 만한 신하들입니다. 요컨대 폐하께서는 이들을 항상 가까이 두고 믿으시기 바랍니다. 그리하면 머지않아 한실(漢室)은 다시 융성할 것입니다.

신은 원래 아무 벼슬도 없이 남양에서 밭을 갈며 어지러운 세상에 한 목숨이나 지키며 지낼 뿐, 조금이라도 제 이름이 제후(諸侯)의 귀에 들어가는 것을 바라지 않았습니다. 그런데 선제께서는 신의 비천함을 돌보지 않으시고 귀하신 몸을 굽혀 친히 세 번이나 신의 초려(草廬)를 찾아와 세상일을 의논하셨습니다. 신은 이에 감격하여 마침내 선제를 따르게 되었습니다. 그 후에 선제의 세력이 뒤엎어지려 할 때 신은 싸움에 진 군사들 틈에서 소임을 맡았으며, 그 어려움 속에서 명을 받들어 이제 21년이 지났습니다.

선제께서는 신의 근신(謹愼)을 아시고 돌아가실 때 신에게 나라의 큰일을 맡기셨습니다. 명을 받은 이래, 신은 아침부터 밤까지 그 당부를 들어드리지 못하여 선제의 밝으심을 그르칠까봐 늘 두려워했습니다. 그리하여 지난 5월에는 노수를 건너 거친 오랑캐의 땅에 깊숙이 들어갔습니다. 이제 다행히 남방은 평정되었고 싸움에 쓸 무기며 군마도 넉넉합니다.

이제 3군을 인솔하여 북으로 중원을 평정하고자 합니다. 느리고 무딘 재주나마 힘을 다하여 간사하고 흉악한 무리를 쳐 없애고 한실을 부흥시킴으로써 옛 서울을 되돌려놓겠습니다. 이는 신이 선제의 뜻을 받드는 길일뿐만 아니라 폐하께 충성을 다하기 위해서도 마땅히 해야 할 일입니다. 그동안 이곳에 남아 이롭고 해로움을 헤아려 폐하께 충언을 다함은 곽유지와 비위, 동윤의 소임일 것입니다.

원컨대 폐하께서는 역적을 치고 나라를 되살리는 일을 신에게 맡겨 주십시오. 그리고 만약 신이 그 일을 해내지 못할 때에는 신의 죄를 다스리시고 이를 선제의 영전에 고하십시오. 만약 폐하의 덕을 드높일 충언이 없을 경우에는 곽유지와 비위, 동윤을 꾸짖어 그 태만에 채찍을 내리십시오. 폐하 또한 선한 길을 자주 의논하시어 스스로 그 길로 드시기를 꾀하십시오. 아름다운 말은 되도록 살펴서 받아들이시고 마음 깊이 선제의 가르치심을 쫓으십시오. 신은 그간의 큰 은혜에 보답코자 이제 먼 길을 떠나고자 합니다. 떠남에 즈음하여 표문을 올리려 하니 눈물이 솟구쳐 더 말씀드려야 할 바를 알지 못하겠습니다.

7-07(097)
기이한 이야기들 '삼국지의 불가사의'

　소설 삼국지에는 기이한 이야기들이 많이 나온다. 좌자의 환술(幻術)이나 관로의 점술(占術), 우길의 선술(仙術) 등은 상상을 초월한다. 또 제갈량이 기도로 동남풍을 불게 하거나, 축지법을 써서 위군을 따돌리는 장면 등은 경외감을 자아내게 한다.
　삼국지연의에 나오는 얘기들 중에서 필자가 정한 7대 불가사의는 다음과 같다.
　i) 유비의 적로마(駒盧馬)가 폭이 3장인 단계(檀溪)를 훌쩍 뛰어넘어 유비를 구하는 얘기
　ii) 관우가 바둑을 두면서 독화살에 맞은 팔꿈치를 째서 뼈를 긁고 실로 꿰매 치료한 얘기
　iii) 제갈량이 2천명만 있는 서성에서 거문고 하나로 사마의의 15만 대군을 물리치는 얘기
　iv) 유비가 하룻밤 묵어갈 때 집주인이 자신의 아내를 죽여서 그 고기로 성찬을 차린 얘기
　v) 오의 감로사에서 유비와 손권이 칼로 내려친 바위가 둘로 쪼개졌다는 시검석 얘기

vi) 이릉대전에서 패한 유비를 추격하는 육손을 막아낸, 예전에 제갈량이 쌓은 석진 얘기

vii) 제갈량이 목숨을 12년 더 연장하기 위해 북두칠성에 기도하는 기양법(祈禳法) 얘기

이 중에서 i)~iii)은 해당 인물 편에서 다루었다. iv)~vii)은 다소 과장되었거나 약간 황당한 내용이 들어있지만, 가장 현실성이 떨어지는 vii)을 뺀 나머지 iv) v) vi)을 살펴보고자 한다.

먼저, 유비와 관련된 아주 엽기적인 이야기이다.

서주에서 여포에게 쫓기던 유비는 가솔들마저 소패성에 버려두고 측근과 함께 허도로 향했다. 날이 저물자, 어느 집에 들어가 하룻밤 묵어가기를 청했다. 유안이라는 집주인은 찾아온 길손이 흠모하는 유비였으나 대접할 음식이 없었다. 그는 아내를 죽여 그 고기를 유비에게 올렸다. 성찬에 놀라는 유비에게는 이리고기라고 속였다.

다음날 아침, 유비는 부엌에서 팔뚝과 허벅지 살이 도려내어진 한 여자의 시체를 보게 된다. 유비가 다그치자 유안은 눈물을 흘리며 '실은 유예주님께 올릴 만한 음식이 없어서 제 아내를 죽여서 그 고기를 올린 것입니다.' 하고 말했다. 유비는 감격해서 눈물을 흘리며 길을 떠났다고 한다. 이 이야기를 그대로 믿어야 할까? 아니면 아내가 죽이고 싶도록 미웠는데 귀한 손님이 오자 그 핑계로 아내를 살해한 것일까?

두 번째는 유비와 손권에 관련된 이야기이다.

형주를 차지한 유비의 감부인이 죽자, 오의 대도독 주유는 손권의 여동생과의 혼인을 미끼로 유비를 강동으로 유인하여 형주를 돌려달라고 해보고, 말을 듣지 않으면 유비를 죽이기로 계책을 꾸민다. 제갈량의 비책(秘

策) 덕분에 첫 위기에서 벗어난 유비는, 감로사에서 장모가 될 국태부인의 면접(?)을 받기로 했다.

국태부인의 도움으로 주유가 배치한 도부수(刀斧手)들을 물리친 유비는 옷 안에 껴입은 갑옷이 불편해서 옷을 갈아입으러 밖으로 나왔다. 감로사 뜰에 있는 바위 하나가 눈에 들어왔다. 유비는 옆 사람의 칼을 빌려서 '만약 내가 무사히 형주로 돌아가서 왕업(王業)을 이룩할 수 있다면 이 바위가 둘로 갈라지리라!' 하고 생각하며 칼로 바위를 내려쳤다.

바위가 불꽃을 튀기며 둘로 쪼개졌다. 마침 뒤따라 나온 손권이 이 광경을 보고 '공께서는 이 바위에 무슨 원한이라도 있으십니까?' 하고 묻자, '아니오. 제가 조조를 깨뜨리고 한(漢)을 일으킬 수 있다면 이 바위가 둘로 갈라져라! 하고 생각하면서 칼을 내려쳤는데 과연 그렇게 되었습니다.' 하고 둘러댔다.

그러자 손권도 칼을 빼들며 '그렇다면 저 또한 하늘의 뜻을 물어보고 싶습니다. 만약 조조를 깨뜨리게 된다면 내 칼에도 바위가 갈라질 것입니다.' 하며 칼로 바위를 내려쳤는데, 바위가 다시 둘로 갈라졌다.

최근, 시검석(試劍石)이라 불리는 감로사의 둘로 쪼개진 바위 사진을 본 적이 있다. 그때 유비가 쪼갠 바위란다. 정말 유비가 쪼갠 바위인지, 쪼개진 바위를 어디서 가져와서 이름을 그렇게 붙인 것인지 알 수가 없다. 그런데 그때 손권도 바위를 쪼갰으니, 그 바위가 세 조각이나 네 조각으로 쪼개져 있어야 하는 것이 아닌지, 아니면 손권이 쪼갠 바위는 따로 있는 것인지….

세 번째는 제갈량이 쌓았다는 돌무더기에 관한 이야기이다.

오를 정벌하러 떠난 유비는 이릉에서 육손에게 참패하여 백제성으로 쫓겨 왔다. 육손이 패퇴하는 촉군을 쫓아 어복포까지 왔을 때, 강한 살기

(殺氣)가 느껴져서 추격을 멈추고 매복이 있는지 살펴보았다. 주위에 돌무더기 80~90개가 널려있는데, 사면팔방으로 문이 있는 석진(石陣)이었다. 거기서 구름이 피어나듯 살기가 뻗쳐오르고 있었다.

육손이 군사를 이끌고 그 속으로 들어가 보았다. 갑자기 미친 듯이 바람이 일고 천지가 캄캄해지면서 돌 더미들이 북과 징을 울리거나 서로 창칼을 부딪는 듯 기괴한 소리를 냈다. 그때서야 육손은 자신이 함정에 빠진 것을 알고 급히 나가려고 했으나 어느 쪽으로 가도 다시 그 자리에 돌아올 뿐 빠져나갈 수가 없었다.

그때 한 노인이 나타나 자신이 제갈량의 장인이라고 하면서, 예전에 사위가 서천으로 들어갈 때 '이 돌무더기는 여덟 개의 문이 서로 조화를 일으키는 팔진도(八陣圖) 석진으로, 능히 10만 정병(精兵)의 역할을 합니다. 후일 오의 대장이 이곳에서 길을 잃을 텐데 구해주시면 안 됩니다.' 하고 당부를 했소.

그 노인은 육손을 밖으로 인도해주면서 '사문(死門)으로 들어간 장군이 길을 잃고 죽는 것을 차마 볼 수가 없어서 생문(生門)으로 인도하는 것이오.' 하고 말했다. 육손은 노인에게 감사를 표하고 오로 돌아갔다고 한다. 10만 정병에 필적한다는 팔진도 석진이 정말 가능한 것일까?

생각하건대, 이 이야기들은 모두 연의의 저자가 꾸며낸 것이 아닐까 싶다. 첫 번째는 유비가 민중들의 절대적인 흠모를 받고 있다는 것을 보여주기 위해서, 두 번째는 유비와 손권은 하늘이 내린 영웅임을 보여주기 위해서, 세 번째는 제갈량의 신기백출(神技百出)하는 능력을 보여주기 위해서.

7-08(098)
아웃사이더의 역할 '삼국지의 여자들'

몇몇 아웃사이더(outsider)들이 공식적인 지도자나 다중(多衆)의 역량을 능가하는 힘을 발휘할 때가 있다. 이들이 역사의 물줄기를 돌려놓는 경우도 있고, 역사의 매듭을 짓거나 푸는 경우도 있다.

삼국지에는 앞에서 역사를 이끌어가는 여자는 나오지 않지만, 군웅의 배후에서 드러나지 않게 자신에게 부여된 역사적 소명을 다하는 여자들의 이름은 더러 나온다. 유비를 섬기다가 조조에게로 온 아들을 꾸짖으며 자결한 서서의 어머니는 그런 경우라고 할 수 있다.

소설 삼국지에 나오는 여자들에 대해서 살펴보고자 한다.

가장 먼저 떠오르는 사람은 사도 왕윤의 수양딸 초선(貂蟬)이다. 조정의 실권자 동탁은 철옹성 같은 호위에다, 삼국지 최고의 무장 여포까지 곁에 있어서 그를 죽이는 것은 영영 불가능한 듯 보였다. 그러나 어여쁜 열여덟 살의 처녀가 두 사람 사이를 갈라놓고 여포의 질투심에 불을 붙이자 여포는 동탁을 참살한다.

여자는 사랑하는 사람을 위해서는 무슨 일이든 한다. 사랑하는 사람을 위해서 기꺼이 열사가 되기도 하고 또 나라를 팔아먹는 일도 마다하지 않는다. 고아였던 초선은 어릴 때 자신을 데려다가 고이 길러준 사도 왕윤을 위해, 또 한(漢)을 위해 꽃 같은 한 몸을 바쳐서 주어진 임무를 완수함으로써 보은(報恩)과 충절을 함께 한다.

또 한 사람, 열사의 반열에 올려놓아도 손색이 없는 여자는 유비의 아들 아두(阿斗)를 구하기 위해 자결한 미 부인으로, 유비가 서주에서 만난 미축과 미방의 누이이다. 형주 신야의 주민들과 함께 조조의 대군에 쫓기던 유비는 당양 장판파에서 처자식까지 적진에 둔 채 조조군에게 추월당하고 말았다.

이때 조운이 단기(單騎)로 적진을 뚫고 들어가 아두를 안고 우물가에 쓰러져 있는 미 부인을 발견한다. 조운은 속히 말에 오르기를 재촉했지만, 미 부인은 아두 만이라도 살려내 달라고 간곡하게 부탁하고 우물 속으로 뛰어든다. 조운은 창날이 너덜너덜할 정도로 조조군을 베어 넘기며 아두를 구해 돌아온다.

유비를 따라다니며 온갖 고초를 겪다가 아두를 살리려고 자결한 유비의 조강지처 미 부인은 죽어서 황후의 시호도 받지 못했다. 그때 살아난 아두는 후일 유비의 뒤를 이어 촉의 후주로 등극하는데, 그에 의해 정작 소열황후로 추서되어 유비와 합장된 여자는 그의 생모로 알려져 있는 감 부인이었다.

이번에는, 미모로 인해 운명이 바뀌는 여자이다. 조조군이 기주성을 함락시켰을 때, 관사에 있던 원소의 둘째 며느리 견부인(甄夫人)은 조조의 큰아들 조비의 눈에 띄어 나중에 결혼하게 되고 태자 조예를 낳는다. 출중한 미모 덕분에 시아버지 조조와 시동생 조식의 사랑까지 받게 되지만, 후일 후궁의 참소(讒訴) 때문에 억울하게 죽는 비운의 여인이 된다.

여자 애기를 하면서 전장(戰場)에서 바람을 피우다가 큰 낭패를 당하는 삼국지 최고의 영웅 조조 애기를 하지 않을 수 없다. 동탁의 부하였던 장제의 조카 장수(張繡)의 항복을 받은 조조는 장제의 미망인 추부인(鄒夫人)이 기막힌 미인이란 소문을 듣고 그녀를 자신의 군막으로 불러들여 연일 음락(淫樂)에 빠진다.

조조가 자신의 숙모와 놀아나고 있는 것을 알게 된 항장(降將) 장수는 분개하며 조조의 경호실장 전위에게 술을 잔뜩 먹이고 그의 무기인 쌍철극을 감추어버린다. 장수는 부하들과 함께 반란을 일으키고 조조의 군막을 기습한다. 고군분투하던 전위가 숨지고, 조조는 조카 조안민과 함께 뒷문으로 빠져나가다가 조안민은 적병에게 목숨을 잃는다. 타고 있던 말이 화살에 맞아 낙마한 조조는 맏아들 조앙이 내준 말을 타고 도망치지만, 조앙도 적의 화살에 맞아 숨진다.

결국 조조는 패군을 수습하여 장수의 반란군을 진압하지만, 진중(陣中)에서 여색을 탐하다가 충직한 경호실장 전위와 조카, 그리고 맏아들을 잃는 값비싼 대가를 치르는 것이다. 조조는 돌아오는 길에 이들에게 제사를 올리면서 회한의 눈물을 흘린다.

강동 쪽에는 미인으로 유명한 이교(二喬) 자매와 손권의 이복 여동생 손상향을 빼놓을 수 없다. 이교 중에서 언니인 대교는 손책의 부인으로 일찍 과부가 되었고, 동생인 소교는 대도독인 주유의 부인이 되었다. 손상향은 무예가 뛰어난 여걸로서, 형주를 돌려받기 위해 유비와 정략결혼을 하지만 뜻대로 되지 않자 나중에 다시 오로 돌아온다.

강북을 제패한 조조가 강동까지 평정하려고 일으킨 적벽대전을, 여자를 밝히는 조조가 이미 남의 아내가 된 소교를 데려오겠다고 일으킨 전쟁이라고 하는 사람도 있다. 어쨌거나 조조의 백만 대군은 5만 명에 불과한 손권과 유비 연합군의 화공에 완전히 궤멸되고 말았으니 조조는 소교의 손목도 한번 잡아보지 못하고 패주하고 만다.

다음엔 삼국지에서 거의 유일하게 불패의 무장인 조운 얘기이다. 계양 태수 조범은 조운과 의형제를 맺은 후, 3년 전에 과부가 된 형수 번부인(樊夫人)을 조운에게 소개해준다. 미인이었다.

그런데 조운은 '너에게 형수이면 나에게도 형수가 되거늘 어찌 인륜을 더럽힌단 말이냐!' 하고 역정을 내며 자리를 박차고 나가버린다. 번 씨가 원하는 조건에도 맞고, 조운도 맘에 들어 하는 것 같았는데, 왜 그랬는지는 미스터리로 남아있다. 정말 그것이 인륜을 더럽히는 일인지, 아니면 조운이 숙맥(菽麥)이었는지….

마지막으로, 제갈량 얘기이다. 제갈량의 부인 황월영(黃月英)은 당시 형주의 명사인 황승언의 딸이며 형주자사 유표의 이질녀이다. 명문 집안에다 학식과 재주, 교양은 손색없이 갖추었으나 아주 못생긴 여자였다고 한다. 작달막한 키에 머리는 노랗고, 얼굴은 거무스름한데다 곰보였다고 하니…. 당시의 우스갯소리에 이런 것이 있다.

> **莫學孔明擇婦(막학공명택부)**
> 제갈량의 여자 고르는 솜씨는 배우지 마라
> **止得阿承醜女(지득아승추녀)**
> 황승언(阿承)의 못생긴 딸을 얻었을 뿐이니

천하의 기재에겐 그런 배필이 어울리는 것일까? 어쨌거나 금슬은 더없이 좋았다고 하니 연분이란 정말 따로 있는 모양이다.

7-09(099)
그 기원과 유전과정(流轉過程) '옥새'

옥새(玉璽)는 옥으로 만든 임금의 인장으로, 군주의 신분과 권위의 상징물(status symbol)이다. 그러므로 제국이나 왕조의 역사는 옥새의 역사라고 할 수 있다. 옥새의 기원과 삼국지에서의 유전과정(流轉過程)을 살펴보자.

진시황이 중국을 통일하기 전, 어떤 사람이 형산의 한 바위에 봉황이 살고 있는 것을 보고 기이하게 생각하여 바위를 깨뜨려보았더니 그 안에서 옥 덩어리가 나왔다. 그 사람은 옥을 초의 문왕에게 바쳤고, 초를 멸망시킨 진시황이 그 옥을 가지게 되었다. 진시황은 옥공(玉工)으로 하여금 인장을 만들게 하고 이사(李斯)에게 명하여 여덟 글자를 새기게 했다.

　　　　受命於天(수명어천)　　명을 하늘로부터 받았으니
　　　　旣壽永昌(기수영창)　　영원토록 크게 번창하리라

그로부터 2년 뒤, 진시황이 동정호를 순행하는 중에 갑자기 큰 풍랑이 일어 배가 뒤집히려 했는데, 옥새를 물에 던졌더니 바로 풍랑이 가라앉았다고 한다. 그 후 10년 동안이나 동정호 물속에 잠겨있던 옥새는 한 어부에 의해 발견되어 다시 진시황에게로 돌아왔다.

진시황이 죽은 후, 항우를 물리치고 다시 천하를 통일한 한고조 유방은 진시황의 아들로부터 옥새를 물려받았다. 대를 이어 내려온 옥새는 전한 2백년이 끝날 무렵, 외척인 왕망의 손에 잠시 들어간 적이 있었으나, 후한의 창시자 광무제 유수가 다시 탈환하여 후한말까지 이어졌다.

후한 말, 환관들에 의해 대장군 하진이 피살되는 십상시(十常侍)의 난이 일어나고, 이어서 하진의 부하들이 십상시를 비롯한 환관들을 무차별하게 살상하는 변란이 일어나면서 4백 년간 이어져 온 전국(傳國)의 옥새가 분실되고 말았다. 옥새 없는 황제, 후한은 이때부터 이미 망조(亡兆)의 길로 접어들었다고 할 수 있으리라.

그렇다면 옥새는 어디로 갔을까? 당시 조정에서는 군벌(軍閥) 동탁이 대권을 잡고 마음대로 황제를 폐위하고 새 황제를 세우는 등 포악한 독재 정치를 하고 있었다. 이에 원소 손견 조조 등 각지의 제후들이 '타도 동탁'을 외치며 연합군을 편성하여 도성으로 쳐들어왔다. 동탁은 도성 낙양을 버리고 수도를 장안으로 옮겼다.

이때 연합군의 선봉으로 낙양에 입성한 강동의 호랑이 손견은 궁궐의 한 우물에서 오색찬란한 서기(瑞氣)가 뻗어 나오는 것을 보고, 우물을 수색하다가 십상시의 난 때 잃어버린 옥새를 찾았다. 옥새를 주웠다면 조정에 반납하는 것이 당연한 일이겠지만, 그 당시는 군웅들이 활개를 치는 난세였으니, 그래봤자 야심만만한 동탁이 차지할 것이 뻔했다.

옥새를 얻게 된 손견은 하늘이 자신을 선택한 것이라 생각하고, 원대한 야심을 품은 채 군사를 이끌고 그의 근거지인 강동으로 향했다. 이 사실을 알게 된 연합군의 맹주(盟主) 원소는 가만히 있을 수가 없었다. 그는 황실의 친족인 형주자사 유표에게 '남하하는 손견을 저지하여 옥새를 뺏어라.'는 밀서를 보냈다.

강동으로 향하는 손견군과 유표의 장수 황조가 이끄는 형주군 사이에 치열한 전투가 벌어졌고, 이 전투에서 황조의 매복계에 걸린 손견은 무참히 전사하고 만다. 옥새에 혹하여 너무 성급하게 야망을 좇으려다가 스스로를 망치고 만 것이다. 옥새는 그의 맏아들인 손책이 가지게 되었다.

남양의 군벌 원술 아래에서 객장 노릇을 하고 있던 손책은 차츰 나이가 들자, 선친 손견의 야망을 이어받고 싶은 야심이 생겼다. 그는 원술에게 옥새를 담보로 맡기겠으니 군사를 빌려달라고 했다. 옥새에 탐이 난 원술은 군사 3천명과 말 5백 필을 내주었다. 손책은 3천명의 군사들을 이끌고 선친을 보좌한 장수들과 함께 강동으로 향했다.

세월이 흘렀다. 그동안 손책은 강동의 여러 지역을 평정하여 당당한 군벌로 부상했다. 손책은 원술에게 사자를 보내 빌린 군마를 갚을 테니 옥새를 돌려달라고 했지만, 오래 전부터 제위(帝位)를 꿈꾸어온 원술이 옥새를 내어줄 리 없었다. 원술은 이런저런 핑계를 대며 끝내 옥새를 돌려주지 않았다.

그러더니 원술은 드디어 그간에 이룬 성공에 도취하여 옥새를 가진 것을 기화로 수춘성에서 스스로 제위에 올랐다. 엄연히 한의 황제가 있음에도 불구하고 황제를 참칭한 것이다. 황제가 된 원술은 주지육림 속에 묻혀 살면서 주위의 군웅들을 모두 적으로 만드는 어리석음까지 범했다.

원술은 자신을 토벌하려는 조조 유비 여포 손책의 연합군과 맞붙었다가 참패하자, 옥새를 종형인 원소에게 넘겨주려고 가다가 어느 산골에서 피를 토하며 죽고 만다. 원술 역시 옥새에 혹하여 성급하게 샴페인을 터뜨렸다가 패망한 것이다. 난세에는 마지막으로 살아남을 때까지 긴장을 늦추면 안 되는데….

원술이 가지고 있던 옥새는 드디어 조정의 실권자인 조조에게 돌아와 한의 황제에게로 되돌아갔다. 군웅들의 손에서 손으로 유전하던 옥새가 마침내 제자리를 찾은 것이다.

조조가 죽자, 그의 아들 조비는 허수아비 한 황제에게서 제위를 찬탈하여 위 황제로 즉위했고, 옥새는 이제 조조의 아들 조비에게로 넘어갔다. 그러자 촉의 유비, 오의 손권도 각각 옥새를 새겨 황제로 즉위하니, 한 사람만 있어야할 천자(天子)가 세 사람이나 되었다. 바야흐로 삼국시대가 열린 것이다.

역사는 되풀이된다고 했던가. 한의 황제로부터 제위를 찬탈한 조비는 재위 7년 만에 죽고, 그의 아들 조예에 이어 손자 대에 이르자, 또다시 위 황제는 허수아비가 되고 모든 실권은 사마의의 아들인 진왕(晉王) 사마소가 가지게 되었다. 사마소는 유비의 아들 유선이 통치하는 촉을 평정하여 옥새를 셋에서 둘로 줄였다.

사마소가 죽자 그의 아들 사마염이 진왕을 물려받았고, 진왕 사마염은 위 황제 조환에게서 제위를 찬탈하여 진 황제가 되었다. 45년 전에 조비가 행한 찬탈을 이번에는 그의 손자가 똑같은 방법으로 당한 것이다. 진 황제 사마염이 오를 평정하여 삼국을 통일하니, 마침내 옥새는 하나가 되었다.

7-10(100)
고전의 보고(寶庫) '삼국지의 고사성어'

　고사성어는 대부분 고대 중국역사에 나오는 고사(故事)에 의해 형성된 것으로, 함축된 글자로 느낌이나 의지, 처한 상황 등을 비유적으로 표현한 한자성어를 말한다. 중국의 변화무쌍하면서도 유구한 역사와 한자의 무궁무진한 조어력(造語力)에 감탄이 절로 나온다.

　필자의 식견이 짧은 탓에, 확실한 고사를 가진 우리나라의 고사성어는 만파식적(萬波息笛)과 함흥차사(咸興差使), 두문불출(杜門不出) 등 셋 밖에 찾지 못했다. 그러나 중국산 고사성어는 모아서 따로 책을 낼 수 있을 만큼 많고, 삼국지에 나오는 고사성어도 상당한 숫자에 이른다.

　삼국지에서 유래된 고사성어 중에서 자주 인용되는 것을 골라서 그 의미를 되새겨 보고자 한다. 고사성어라 하면 대부분 네 글자로 된 사자성어를 생각하게 되는데, 두 글자나 세 글자로 된 고사성어도 있다.

　먼저 두 글자로 된 고사성어를 보자. 계륵(鷄肋)은 닭갈비, 즉 먹자니 먹을 게 없고 버리자니 아까울 때 쓰는 말이다. 한중에서 유비와 대치하던 조조가 닭갈비를 먹고 있을 때 군호를 물으러 온 하후돈에게 했던 말이다.

　백미(白眉)는 흰 눈썹이란 뜻으로 여럿 중에서 가장 뛰어난 사람이나 사물을 지칭할 때 쓰는 말이다. 막빈 이적이 유비에게 인물을 천거할 때

'마(馬)씨 5형제 중에서 눈썹이 흰 마량이 가장 뛰어나다.'고 하면서 생겨났다. 읍참마속에 나오는 마속은 마량의 동생이다.

만두는 제갈량이 남만을 정벌하고 개선할 때 노수(瀘水)에 격랑이 일자, 밀가루 반죽 속에 소와 말의 고기를 넣어 사람의 머리처럼 만들어 제물로 바쳐서 노수의 격랑을 가라앉힌 데서 유래한 말이다. 원래는 만인(蠻人)의 머리(頭), 즉 만두(蠻頭)로 쓰다가 나중에 만두(饅頭)로 바뀌었다.

세 글자로 된 고사성어를 보자. 칠보시(七步詩)는 조조의 셋째아들 조식이 일곱 걸음 만에 지은 시이고, 출사표(出師表)는 출병할 때 임금께 올리는 표문인 바, 제갈량의 출사표는 너무나도 유명하다. 낙봉파(落鳳坡)는 새끼봉황 방통이 말에서 떨어져 죽은 곳이다.

다음으로, 고사성어와 거의 동의어로 쓰이는 사자성어를 보자. 유비 관우 장비가 복숭아밭에서 의형제를 맺은 것은 도원결의(桃園結義), 유비가 제갈량의 초가집을 세 번이나 찾아간 것은 삼고초려(三顧草廬), 말을 타고 전쟁터에 나간 지 오래되어서 허벅지에 자꾸 살이 찌는 것을 한탄하는 비육지탄(髀肉之嘆(歎))은 형주의 신야에서 하는 일 없이 세월만 보내고 있던 유비가 자책하면서 한 말이다.

수어지교(水魚之交)는 물과 고기의 관계처럼 서로 뗄 수 없을 만큼 가까운 사이를 말하는데, 제갈량을 얻은 유비가 한 말이다. 범강장달(范疆張達)은 덩치가 크고 흉악하게 생긴 사람을 지칭하는 말인데, 장비의 목을 베어 오나라로 도망친 두 무뢰한의 이름이다.

숨어있는 용과 봉황의 새끼를 뜻하는 복룡봉추(伏龍鳳雛)는 세상에 잘 알려지지 않은 숨은 인재를 의미하는데, 각각 제갈량과 방통을 지칭하는 말이다. 제갈량이 남만왕 맹획을 일곱 번 잡아서 일곱 번 놓아준 것은 칠종칠금(七縱七擒), 읍참마속(泣斬馬謖)은 제갈량이 울면서 부하장수인 마속의 목을 친 것을 의미하는데, 아끼는 부하를 제거할 때 쓰는 말이다.

단도부회(單刀赴會)는 칼 한 자루만 가지고 회합에 나간다는 뜻으로, 형주를 돌려주지 않는 관우를 해치려고 오나라의 노숙이 초청장을 보냈을 때, 관우가 칼 한 자루만 차고 적진의 회합에 간 것을 이르는 말이다. 배포가 크다는 의미가 내포되어 있다.

낭중취물(囊中取物)은 원소의 맹장 안량과 문추의 목을 벤 관우의 무용을 치하하는 조조에게, 관우가 '제 아우 장비는 적장의 목 취하기를 제 주머니 속에서 물건을 꺼내듯 합니다.'라고 한 데서 나온 말인데, 얻기 쉽다는 의미이다.

간뇌도지(肝腦塗地)는 간과 뇌를 땅바닥에 쏟아낸다는 뜻으로, 목숨을 돌보지 않고 최선을 다한다는 의미로 쓰는 말이다. 당양 장판파에서 조운이 적진을 뚫고 들어가 유비의 아들 아두를 구해왔을 때, 유비가 아두를 땅바닥에 내던지며 '이놈 때문에 국장(國將)을 잃을 뻔 했구나' 하자, 조운이 감복해서 한 말이다.

우도할계(牛刀割鷄)는 소 잡는 칼로 닭을 잡는다는 뜻으로, 작은 일에 어울리지 않게 큰 도구를 사용하는 것을 이르는 말이다. 사수관을 지킬 장수로 동탁이 여포를 보내려 하자, 화웅이 여포를 소 잡는 칼에 비유하며 자신이 출전하겠다고 하면서 한 말이다.

농(한중)을 쳐서 합병하고 다시 촉을 바라본다는 뜻의 득롱망촉(得隴望蜀)은 전에 광무제가 썼던 말을 조조가 다시 썼고, 괄목상대(刮目相對)는 눈을 비비고 상대방을 본다는 뜻으로 학식이나 재주가 몰라보게 성장한 것을 이르는 말이다. 여몽의 학식이 급속하게 는 것을 보고 놀라는 선배장군 노숙에게 여몽이 한 말이다.

　망매해갈(望梅解渴)은 매실을 생각하니 갈증이 풀린다는 의미로, 조조의 군사들이 오랜 행군으로 무더위와 갈증에 시달리고 있을 때 조조가 '바로 저 앞산을 넘으면 매실 숲이 있다. 매실을 생각해 보라.'고 말하여 병사들의 입 안에 침이 고이게 하여 잠시 갈증을 잊게 했다는 데서 나온 말이다.

　가끔 뉴스에 나오는 도광양회(韜光養晦)는 칼날의 빛을 칼집에 감추고 어둠 속에서 힘을 기른다는 뜻으로, 자신의 재능을 밖으로 드러내지 않고 때를 기다린다는 의미로 쓰인다. 조조를 따라 허도에 간 유비가 몸을 최대한 낮춰서 자신을 해치려는 조조의 참모들의 경계심을 풀도록 애쓴 데서 유래한 말이다.

　이 말은 과거 등소평 시절의 중국에서 자주 썼는데, 당시 중국은 선진국에 대적할 만한 국력을 갖추지 못했으므로 대외적인 마찰을 줄이고 내부적으로 국력을 결집시키는 것을 기본정책으로 삼았다. 고도의 경제성장을 이룬 오늘날의 중국은 국제사회에 평화롭게 우뚝 선다는 의미의 화평굴기(和平崛起)를 표방하고 있다.

(註) 본 글 '삼국지의 고사성어'는 2012년에 인제대학교의 교양교재(교재명 : 생활한자와 기초한문)에 등재되었습니다.

7-11(101)
다른 시선 '삼국지연의와 반(反)삼국지'

'삼국지' 하면 진수의 정사 삼국지가 아닌, 나관중의 삼국지연의를 먼저 떠올리게 된다. 정사 삼국지는 삼국을 통일한 진(晋)에 의해 관찬(官撰)된 것으로, 진의 모태인 위를 정통으로 삼았다. 삼국지연의는 이보다 1100년 뒤인 14세기말에 나왔으며 촉을 정통으로 삼았다.

'연의(演義)'란 사실(史實)을 부연하여 자세하고 재미있게 서술한 것을 말한다. 삼국지연의의 성립과정과 여러 판본에 대해서 간단히 소개하고, 아울러 반(反)삼국지에 대해서도 알아보고자 한다.

삼국시대가 끝난 후, 수많은 왕조가 들어서고 사라지는 와중에서도 삼국지 영웅들의 무용담은 민중들 사이에서 끊임없이 회자되고 확대재생산되었다. 이러한 과정에서 유비는 가장 이상적인 군주로, 조조는 비정한 간웅으로, 관우는 충의의 무인으로, 또 제갈량은 신기(神技)의 군사(軍師)로 인물상이 정립되었다.

흔히 역사소설은 7푼(分)의 사실과 3푼의 허구로 구성된다고 한다. 저자 나관중은 정사 삼국지를 비롯한 여러 사서를 기본으로, 당시 민간에 널리 전해져 내려오던 삼국지의 영웅담이나 설화, 희곡들을 채집하고 적절히 가필(加筆)하여 삼국지연의를 완성하였다.

삼국지연의에서 유비의 촉을 정통으로 세운 것은 저자의 생각이라기보다는 민중들의 영웅대망론에 대한 화답이라고 볼 수 있다. 저자의 입장에서는 민중에 의해 천자의 이상형으로 굳어진 유비를 정통성의 중심으로 세울 수밖에 없었고, 그러다 보니 상대역인 조조는 악인으로 그릴 수밖에 없었던 것이다. 제갈량을 거의 신격화시킨 것도 같은 이유이다.

우리가 삼국지연의에서 조조가 구사하는 복잡다기한 개성표현의 리얼리티에 매료되고, 제갈량의 신기백출하는 지모 등에서 경탄을 금치 못하는 것은 대부분 나관중의 천재적인 창의력 덕분인 것은 두말할 필요가 없다. 삼국지연의가 중국 4대기서의 하나로 꼽히는 것도 바로 이러한 점 때문이리라.

삼국지가 큰 인기를 모을 수 있었던 것은 춘추전국시대의 이야기인 열국지(列國志)는 그 전개양상이 너무 복잡하고, 항우와 유방의 이야기인 초한지(楚漢志)는 줄거리가 너무 단순한 것이 흠인데, 삼국지는 복잡하지도 단순하지도 않아서 민중들의 구미에 꼭 들어맞았기 때문이다. 또 한 가지, 중국역사를 통틀어 그 시대에 뛰어난 영웅들이 한꺼번에 쏟아져 나온 점도 빼놓을 수 없으리라.

삼국지의 판본은 삼국지연의가 나온 뒤에 다시 약간씩 손질 내지는 수정을 한 사람의 이름을 딴 '이탁오본(李卓吾本)' '모종강본(毛宗崗本)' '길천영치본(吉川英治本)' 등이 있다. 요즘 우리나라에서 읽히고 있는 소설 삼국지의 대부분은 모종강본의 역본이고, 한 세대 전에는 길천영치본의 역본이 대세였다.

양자는 큰 흐름에서는 차이가 없으나 세부적인 스토리에서는 약간 차이가 있다. 예컨대 도원결의를 보면, 모종강본은 장비 집에서 하는 것으로 되어있고, 길천영치본은 유비 집에서 하는 것으로 되어있다. 또 여포로 하여금 동탁을 죽이게 하는 데 성공한 초선이, 길천영치본에서는 자결을 하고, 모종강본에서는 여포와 함께 사는 것으로 나온다.

대체로 모종강본이 연의의 원전에 충실한 것이라면 길천영치본은 소설적 재미를 더욱 가미한 것으로 볼 수 있다. 이상에서 삼국지연의의 성립과정과 판본에 대해 개괄적으로 살펴보았다. 다음으로, 반삼국지(反三國志)에 대해서 소개해본다.

중화민국 초기에 사법관을 역임한 주대황이라는 언론인이 1919년 북경의 한 고서점에서 '삼국구지(三國舊志)'라는 제목의 고서(古書) 한 다발을 발견했다. 그런데 전반부는 유실되고 없었고 후반부만 남아있었다. 읽어보니 삼국지연의와는 내용이 많이 달랐다. 그는 이를 삼국지연의와 구별하기 위해 '반삼국지(反三國志)'라는 이름으로 발간했는데, 우리나라에도 세 권짜리 번역본으로 나와 있다.

반삼국지는 60회까지로 되어있는 바, 각 회마다 기다란 제목이 붙어있다. 첫 회에서는 유비의 군사(軍師)로 초빙된 서서가 조조에게 잡혀있는 노모를 구하기 위해 허도로 떠나는 장면에서부터 시작된다. 연의와는 달리 조조의 계략임을 간파한 제갈량이 조자룡을 허도에 밀파하여 서서의 노모를 구해옴으로써 서서가 끝까지 유비를 돕는 것으로 나온다.

또 후한 마지막 황제[獻帝]가 옥새를 몰래 촉의 유비에게 보내고, 조조가 끝내 제위를 찬탈하여 위 황제가 된다는 점, 사마의가 제갈량에게 죽임을 당하며, 제갈량이 유비보다 먼저 죽는다는 점 등에서 연의의 스토리와는 현격하게 차이가 난다.

마지막 회에서는 마초가 서량으로 금의환향하고, 조조의 두 아들 조창과 조식이 북방 피난지에서 만나 지난 일을 회고하며 탄식하는 것으로 끝을 맺고 있다.

이 책이 삼국지연의와 근본적으로 다른 것은 유비가 삼국통일을 완수하고, 그의 손자 유심이 촉한황제에 즉위하여 후한을 이어가며 승상 방통이 보필하고 있다는 사실이다. 촉한정통론을 확실하게 가시화시켰다고 할 수 있다.

생각하건대, 반삼국지의 저자는 삼국지연의가 지닌 역사소설로서의 한계를 극복하기 위해 마음껏 상상력을 발휘하여 유비에 의한 삼국통일과 촉한부흥의 이상을 확실하게 실현시킨다. 한 가지 특기할 만한 사실은 천하를 삼분(三分)한 유비 조조 손권을 각각 한고조 유방에 의해 피살된 한의 창업공신인 팽월 한신 영포의 환생으로 보았다는 점이다.

또 촉한정통론에 얽매인 나머지 유비진영을 과대 포장한 흔적이 곳곳에 나타난다. 그 때문에 정통야사라는 저자의 강변에도 불구하고 객관성에 문제가 있다는 지적을 받지 않을 수 없다. 일반 역사소설과는 달리 3푼의 사실과 7푼의 허구로 구성되어 있어서, 그것으로는 진(晋)의 삼국통일과 5호16국시대로 이어지는 중국역사를 설명할 수 없는 것이 가장 치명적인 문제점이다.

이 부분에 대해 명확한 설명을 하지 못하는 한, 반삼국지의 역사소설로서의 가치와 신뢰성에는 중대한 결함이 있다할 것이다. 다만, 그 속에 인용되어 있는 시문 등의 자료들은 삼국지연의에 대한 보완적인 가치를 충분히 지니고 있다고 하겠다.

7-12(102)
진(晉) 사마염의 '삼국통일과 그 이후'

촉을 병합한 공로로 진왕이 된 위의 실권자 사마소가 죽자, 진왕의 지위를 물려받은 그의 아들 사마염은 명목뿐인 위 황제 조환으로부터 선위(禪位)를 받아 진(晉) 황제가 되었다(265년). 그의 조부 사마의로부터 백부 사마사를 거쳐 부친 사마소에 이르기까지 3대에 걸친 치밀한 준비공작의 결실이었다.

이제 남은 것은 강동의 오뿐이었다. 때를 기다리던 진 황제 사마염은 마침내 기회가 오자, 두 갈래로 군사를 보내 오 황제 손호를 항복시키니 삼국은 드디어 통일(280년)을 이루었다. 황건적의 난 이래 거의 100년 만이요, 삼국이 분립된 지 약 60년 만이었다.

사마염은 할아버지 사마의를 선제(先帝)로, 큰아버지 사마사를 경제(景帝)로, 아버지 사마소를 문제(文帝)로 추존한다. 위의 제위를 찬탈하여 삼국통일을 이룬 진이 어떻게 융성하고 쇠퇴했는지 살펴보면서 아울러 선양(禪讓)의 의미를 생각해 보고자 한다.

사마염은 왕조의 영속을 위해 고심했다. 그 자신이 신하로서 위의 제위를 뺏은 것처럼 진 왕조에도 또다시 유력자가 나타나 제위를 빼앗지 않을까 두려웠던 것이다. 그는 위가 어떻게 자신에게 제위를 뺏기게 되었는지 연구하였다. 그 결과 황족 중에서 유력자들이 없어서 제실(帝室)이 고립되었기 때문이라는 결론을 얻었다.

사마염은 일족들을 대거 왕으로 봉하여 각 지방을 다스리도록 하고, 왕들에게는 영토를 주고 군대도 갖게 하였다. 또 왕들에게는 정치적인 발언권도 주어 그들로 하여금 황실의 울타리가 되어줄 것을 기대했다. 그렇게 함으로써 자신과 같은 혁명의 야망을 가진 사람이 나오지 못하도록 했던 것이다. 그러나 황실이 자신의 이익을 위해서 행동한다면 왕들도 자신의 이익을 위해서 행동하지 않겠는가.

사마염이 55세로 사망하자 32세인 태자가 황제로 즉위했다. 이 사람이 바로 중국사에서 암우(暗愚)한 천자의 표본으로 꼽히는 혜제(惠帝)이다. 선천적으로 지능이 박약했다고 기록되어 있는 것을 보면 천재 집안에도 돌연변이는 있는 모양이다. 그런데 문제는 혜제의 황후인 가남풍이 뛰어난 결단력과 간지(奸智)를 갖춘 여걸이었다는 점이다.

가 황후는 각지의 왕들과 중신들이 결탁하여 남편인 혜제를 폐위시킬까봐 늘 불안했다. 마침내 가 황후는 선수를 치기로 하고 황실을 넘볼 만한 실력을 가진 왕과 중신들을 한사람씩 제거해 나갔다. 이에 불안을 느낀 각지의 왕들은 가 황후의 폭거에 반기를 들고 일어났다. 이들은 궁중을 습격하여 가 황후를 죽이고 혜제를 유폐한 다음 제멋대로 황제가 되었다. 이때 여덟 왕들이 일어나 서로 죽이고 죽었는데, 이를 '8왕의 난(八王의 亂)'이라 부른다.

황실의 울타리가 되어달라고 두었던 왕들이 오히려 황실의 와해를 촉진시켰다. 진의 황실이 내란을 거듭하고 있는 사이, 국경 지방에서는 오랑캐들인 흉노족 선비족 강족 등 오호(五胡)의 세력들이 봇물처럼 중원을 향해 밀려들어왔다. 도성 낙양이 함락되고 이들이 각지에다 무더기로 나라를 세우니 중원은 완전히 이민족들의 천지가 되고 말았다.

대혼란기가 찾아왔다. 다섯 이민족들이 세운 열여섯 나라들이 각각 수십 년씩 존립하다가 명멸해간 이 시기를 5호16국시대라고 한다. 진 최후의 황제인 민제는 장안에서 흉노족 출신 유연의 아들 유총에게 잡혀 죽임을 당했다. 사마염이 세운 진은 건국한 지 51년 만에 한화(漢化)한 흉노족 유씨에게 망하고 말았던 것이다(316년).

그러나 사마 씨 정권이 완전히 몰락한 것은 아니었다. 이때 진 황실의 일족으로 사마의의 손자인 사마예가 양자강 남쪽으로 망명하여 오의 옛 수도 건업에 근거를 삼고 황제에 올라 진의 사직을 이어갔다(318년). 망명정부였던 셈이다. 역사에서는 이를 동진(東晉)이라 하고, 그 이전을 서진(西晉)으로 부르고 있다.

동진 정권이 강남에 들어서면서 양자강 이남의 땅은 개척이 활발해져 인구의 유입이 급속도로 늘어났다. 동진은 북방지역을 회복하지 못한 채 그럭저럭 100년 가까이 이어져 오다가 다시 큰 혼란의 시기를 맞이하게 되었다. 이때 동진의 혼란을 평정한 사람이 한 황실의 후손으로 군벌 출신의 유유였다.

유유는 민중들의 반란을 평정하고 북방을 공략하여 일시적이나마 장안을 탈환, 큰 명성을 얻었다. 동진의 실권자가 된 유유는 동진의 마지막 황제인 공제로부터 선양의 형식으로 제위를 물려받았다. 이로써 사마 씨의 동진은 완전히 멸망하고 새로이 송(宋) 왕조가 탄생하였다(420년). 이때의 송은 후일 당과 이어지는 송과는 다르므로 남조송(南朝宋) 혹은 유송(劉宋)이라 부른다.

전에 사마염이 세운 서진이 유총에 의해 망한 사실과, 사마예가 세운 동진이 유유에 의해 망한 사실을 두고, 다시 유 씨에 의해 촉한의 부흥이 실현되었다고 의미를 붙이는 견해도 있으나[후삼국지(後三國志)], 그렇게 보기에는 무리가 있다. 이들의 성씨가 유 씨라는 사실 외에는 촉한과는 아무런 관련이 없기 때문이다.

제위를 떠난 진의 공제는 유유의 지시로 독살되었다. 전에 한과 위에서 양위(讓位)를 한 황제들은 모두 천수를 다하고 죽었는데···. 선양이라는 행위는 표면상으로는 겸양의 미덕과 예(禮)를 갖춘 행위지만, 실질적으로는 압도적인 무력으로 제위를 빼앗는, 위선에 찬 찬탈 행위임은 두말할 필요가 없다.

거기에 나름대로 장점이 있다면 그것은 힘과 힘이 물리적으로 충돌할 경우에 필연적으로 생기게 되는 유혈을 최소한으로 줄이면서 정권교체를 이룩할 수 있다는 점일 것이다.

한 가지 특기할 만한 사실은, 위의 조비가 후한으로부터 선양의 이름으로 제위를 뺏은 이래, 그 후에 일어선 왕조들이 대부분 이와 같은 절차를 밟았다는 점이다. 이 방식으로 제위에 오르는 것만이 정통성을 입증하는 길이라고 생각했기 때문이리라.

앞의 진과 송을 위시하여, 후일 일어서는 제(齊) 양(梁) 진(陳), 그럴 필요가 전혀 없을 것 같은 수당(隋唐)의 교체까지도 굳이 번거로운 이 절차를 밟는 것이다. 참으로 역사의 아이러니라고 하지 않을 수 없다.

참고자료

간추린 삼국지

{ 삼국지를 아직 한 번도 읽지 않은 분들을 위해, 또 이미 읽은 분들의 기억을 되살려 드리기 위해 소설 삼국지의 줄거리를 간략하게 간추려 본다. }

도원결의, 그리고 동탁의 폭정

항우를 물리치고 유방이 세운 한(漢)은 200여 년간 이어져오다가 마침내 외척 왕망에게 제위를 찬탈당하고 말았다(8년). 한 황실의 후예인 유수가 잃었던 제위를 15년 만에 되찾아(23년) 다시 후한으로 이어졌다.

그러나 후한도 12대인 영제 때에 이르자 외척과 환관의 발호로 국정이 극도로 문란해지고 민생은 도탄에 빠졌다. 드디어 태평도의 교주 장각이 이끄는 대규모의 민중봉기인 황건적의 난이 일어났다(184년). 이에 조정에서는 관군을 편성하여 황건적 토벌에 나섰다.

이때 한 황실의 후손으로 유주 탁군에서 가난하게 살아가고 있던 청년 유비는 호걸 관우와 장비를 만나 복숭아꽃 만발한 화원에서 형제의 의를 맺고[도원결의(桃園結義)], 앞으로 생사를 같이함은 물론 함께 뜻을 모아 도탄에 빠진 백성들을 구하기로 결의했다. 이들은 의병을 모집하여 황건적 토벌에 뛰어들었다. 관군과 의용군의 분전으로 황건적은 대부분 토벌되었고, 황건적 토벌에 공을 세운 군웅(群雄)들은 각자 근거지에서 세력을 키워가고 있었다.

영제가 죽자, 조정의 실권을 잡은 대장군 하진은 환관들의 반대를 누르고 자신의 누이인 하 황후가 낳은 아들을 새 황제[少帝]로 세웠다. 하진은 환관세력을 뿌리 뽑기 위해 각지의 군웅들을 도성으로 불러들이는 격문을 보냈다가 환관들의 반격으로 참살되었다. 이때 하진의 격문을 받은 서량의 동탁이 대군을 이끌고 입성하여 조정의 대권을 차지했다. 동탁은 무예가 뛰어난 여포를 부하로 맞으면서 더욱 기세등등하여 포악한 공포정치를 일삼았다.

동탁은 하 태후를 무참하게 죽이고 소제를 폐위하는 한편, 소제의 이복 동생인 아홉 살 진류왕을 새 황제[獻帝]로 세웠다. 이가 바로 후한의 마지막 황제이다. 동탁을 암살하려다 실패하여 쫓기는 신세가 된 조조는 하남성 중모현에서 불심검문에서 걸려 붙잡혔으나 진궁의 도움으로 다시 풀려났다.

조조는 곧 동탁토벌의 격문을 각지에 보냈다. 이에 공손찬, 원소, 원술, 손견 등 각지의 제후들이 군사를 이끌고 모여들었다. 이들은 곧 연합군을 구성하여 원소를 맹주로 추대하고 동탁 토벌에 나섰다. 연합군과 맞선 동탁은 선봉장 화웅의 눈부신 분전으로 기세를 올렸으나 공손찬의 막하에 있던 관우가 화웅의 목을 벰으로써 전세는 역전되었다. 동탁은 다시 맹장 여포를 내보냈으나 유비 관우 장비 삼형제의 분전으로 다시 패퇴했다.

이에 동탁은 도성 낙양을 버리고 장안으로 천도했다. 장안에 도착한 동탁은 그곳 주민들의 재물을 닥치는 대로 노략질하면서 장안 교외에다 거대한 미오성을 짓고 그곳에 엄청난 식량과 금은보화를 비축해놓고 마냥 사치와 향락을 즐겼다.

난세에 일어선 군웅들

연합군의 맹주 원소가 무능하여 제후들을 제대로 통솔하지 못한 데다 제후들끼리도 서로 견제하는 바람에 연합군은 결속력이 급격히 약화되었다. 이때 낙양에 입성한 연합군의 선봉장 손견은 궁궐의 우물에서 전국(傳國)의 옥새를 건졌다. 이에 웅지를 품은 손견이 정보 황개 한당 조무 등 네 장수와 함께 강동으로 향하는 것을 필두로 연합군은 뿔뿔이 흩어져 각자 근거지로 돌아갔다.

그러자 연합군의 맹주 원소는 '손견을 저지하여 옥새를 뺏어라.'는 밀서를 형주자사 유표에게 보냈다. 한실의 종친인 유표는 부장 황조를 보내 남하하는 손견을 저지했다. 두 진영의 군사끼리 치열한 전투가 벌어졌고, 결국 황조의 매복계에 걸린 손견이 전사하고 말았다.

이 무렵 북방에서는 공손찬이 맨 먼저 기업(基業)을 이룩했고, 하북에서는 사세삼공의 명문출신 원소가 세력을 키우며 호시탐탐 천하를 넘보고 있었다. 또 남양에서는 원소의 사촌동생 원술이 세력을 떨치고 있었고, 산동에는 조조가 자리를 잡고 있었다. 이때 공손찬의 막하에 있던 유비도 두 의제(義弟)와 함께 서주목 도겸이 마련해준 서주의 소패성에서 힘을 기르고 있었다. 바야흐로 군웅할거 시대가 온 것이다.

한편, 장안에서 폭정을 일삼던 동탁은 조정 중신 왕윤과 그의 수양딸 초선의 연환계(連環計)에 걸려 대권을 잡은 지 3년 만에 부하인 여포의 손에 무참히 참살 당했다. 동탁이 죽자 그의 부하장수인 이각과 곽사가 장안을 기습하여 다시 조정의 실권을 잡았다.

이들은 황제를 협박하여 왕윤을 목 베는 한편, 제멋대로 국정을 전단(專斷)했다. 그러다가 이각과 곽사가 서로 싸움이 붙어 도성 장안은 이들의 전쟁터로 변했다. 황제는 장안을 탈출하여 들판에서 방황하고 있었다. 이때 산동에서 기회를 엿보던 조조는 재빨리 군사를 이끌고 와서 이각과 곽사의 무리를 패퇴시키고 황제를 낙양으로 맞아들였다.

조정의 실권을 잡은 조조는 모사 곽가의 조언으로 도성을 허도로 옮겨 자신의 기반을 튼튼히 했다. 이제 황제의 명으로 제후를 지휘할 수 있게 된 조조는 순욱 순유 정욱 곽가 만총 등의 뛰어난 모사와 하후돈 하후연 조홍 조인 허저 전위 서황 등의 기라성 같은 무장들을 갖춘 막강한 세력으로 거듭나게 되었다.

조조는 먼저 유비와 여포를 서로 갈라놓기 위해 황제의 이름으로 조서를 보내 서주의 유비와 남양의 원술을 서로 싸우게 했다. 유비가 원술을 치는 사이, 여포가 서주성을 차지해버렸다. 유비는 서주의 소패성으로 물러나 울적한 나날을 보내게 되었다.

이때 원술의 휘하에 있던 손책은 나이가 들자 다시 선부(先父)의 큰 뜻을 계승하려는 의욕이 생겼다. 그는 손견에게서 물려받은 옥새를 담보로 맡기고 원술에게서 군마를 빌려 선부를 도운 장수들인 정보 황개 한당과, 절친한 친구 주유 등과 함께 강동으로 향했다.

아비를 닮아 영웅의 기상을 타고난 손책은 강동을 차례차례 평정했다. 창업의 기반을 굳힌 손책은 다시 그곳의 명현(名賢) 장소와 장굉을 비롯하여 태사자와 주태 등 뛰어난 무장들을 새로 얻어 탄탄한 진용을 갖추었다. 이제 그는 강동을 발판으로 천하제패를 꿈꾸는 막강한 신흥군벌로 등장했다.

군웅들의 쟁패전

조조는 옛 동탁의 부하인 장제의 조카 장수의 항복을 받고 장제의 처 추 씨와 진중에서 음락(淫樂)을 즐겼다. 조조가 자신의 숙모를 농락하는데 분개한 장수는 다시 마음을 바꾸고 조조의 막사를 기습했다. 이때 조조의 막사를 지키고 있던 전위가 전사하고 조조의 아들 조앙, 조카 조안민까지 목숨을 잃었다. 조조는 크게 뉘우치고 다시 각오를 가다듬었다.

한편, 그간에 이룬 성공에 만족한 남양의 원술은 손책에게서 얻은 옥새를 기화로 수춘성에서 스스로 황제에 올랐다. 황제를 참칭한 것이었다. 이에 조조는 손책 여포 유비 등과 함께 원술 토벌의 대군을 일으켰으나, 장기전으로 인해 군량이 모자라 군사들의 불평이 늘어났다. 조조는 군량담당 왕후를 군량착복자로 뒤집어씌우고 그의 목을 베어 성난 군사들을 무마한 다음, 다시 맹공을 퍼부어 마침내 수춘성을 함락시켰다. 원술은 회수를 건너 도망쳤다.

조조는 다시 예주의 유비와 함께 서주의 여포를 공격했는데, 이 전투에서 하후돈은 눈에 화살을 맞아 애꾸가 되었다. 모사 진궁, 맹장 장료와 장패 등과 함께 결전을 준비한 여포는 적토마를 타고 용감하게 싸웠으나 결국 서주성을 뺏겼다. 하비성으로 쫓겨 간 여포는 처첩의 모함에 빠져 모사 진궁을 의심하는 등 변덕을 부리다가 잠든 사이에 부하장수들에게 묶인 채 조조 앞에 무릎을 꿇리는 신세가 되었다.

조조는 맹장 여포와 자신의 은인이었던 진궁의 목을 베고, 무장 장료는 살려주어 자신의 사람으로 만들었다. 여포를 평정한 조조는 유비와 함께 허도로 개선했다. 조조는 사냥터에서 황제를 업신여기는 행동을 했고, 조조에게 욕을 당한 황제는 국구(國舅) 동승에게 조조를 제거하라는 밀조를 내렸다. 이에 동승은 길평 마등 유비 등의 동조자를 규합하고 조조를 죽일 기회를 엿보고 있었다.

이때, 전에 유비를 보살펴주었던 북방의 효웅 공손찬이 원소에게 패망했다. 유비는 원술을 친다는 핑계로 조조에게서 군사를 빌려 조조의 울타리에서 빠져나왔다. 이 무렵, 급격히 쇠락해진 원술은 옥새를 사촌형 원소에게 주려고 가다가 유비의 군사에게 참패하여 목숨을 잃었다. 옥새는 마침내 조조의 손에 들어가 원래의 자리인 한의 황제에게로 되돌아갔다.

조조와 원소의 결전, 관우의 오관돌파

공손찬을 패망시키고 하북 4개주를 차지한 원소는 조조와의 일전을 준비했다. 전풍 저수 심배 봉기 허유 등 기라성 같은 모사와 안량 문추 등 발군의 무장들을 보유하고 있던 원소는 대군을 일으켜 허도를 향해 출진했다. 이에 조조도 군사를 일으켜 맞서니 바야흐로 두 영웅의 결전이 시작되었다.

두 진영의 군사들은 일진일퇴의 공방을 벌였다. 이때 소강상태를 틈타 허도로 돌아온 조조는 사신을 보내 장수에게서 항복을 받아내고, 장수의 모사 가후를 자신의 사람으로 만들었다. 조조는 다시 기인 예형을 형주의 유표에게 보내는데, 예형의 심한 독설을 견디지 못한 유표의 부장 황조가 예형을 죽이는 바람에 조조와 유표는 서로 원수가 되었다.

그 무렵, 국구 동승은 태의(太醫) 길평과 함께 조조를 독살하려다가 사전에 누설되는 바람에 유비와 마등을 제외하고 모두 잡혀 죽임을 당했다. 유비의 가담사실을 알고 격노한 조조는 대군을 일으켜 서주를 공략했다. 유비군은 패퇴하여 뿔뿔이 흩어졌다. 유비는 하북의 원소에게로 갔고, 장비는 망탕산으로 향했다.

이때 유비의 가족들과 함께 서주의 하비성을 지키고 있던 관우도 패퇴하여 조그만 토산에서 조조군에게 포위되었다. 관우의 충의와 무용을 흠모해온 조조는 장료를 관우에게 보내 항복을 권했다. 관우는 옥쇄(玉碎)하려고 했으나 함께 죽기로 맹세한 도원결의와 유비의 가족을 생각하여 '유비가 있는 곳을 알게 되면 즉시 떠난다.'는 조건으로 항복했다.

조조는 관우를 자기 사람으로 만들기 위해 금은보화는 물론, 황제의 이름으로 벼슬을 주고, 나중에는 여포가 타던 적토마까지 주었지만 끝내 관우의 마음을 돌려놓지는 못했다.

원소는 조조와의 결전에서 연전연승했다. 원소의 맹장 안량과 문추에게 계속 참패를 당한 조조는 마침내 관우를 불러냈고, 관우는 안량과 문추를 차례로 목 베어 조조의 후의에 보답했다. 이때 유비가 원소진영에 있음을 알게 된 관우는 보장된 부귀영화를 마다하고 저 유명한 오관돌파(五

關突破)의 신화를 남기며 유비를 찾아 떠난다.

이 소식을 들은 유비도 원소 곁을 떠남으로써 드디어 유비 관우 장비 삼형제가 망탕산 부근에서 다시 만나 도원의 결의를 이어가게 되었다. 이때 유비는 공손찬의 패망으로 떠돌이 신세가 된 무장 조운을 새로 얻었다.

일어선 손권, 원소를 무찌르고 강북을 제패한 조조

소패왕으로 불리며 강동에서 맹위를 떨치던 손책은 조정에 표문을 보내 대사마 벼슬을 달라고 했으나 조조에 의해 좌절되었다. 직정적(直情的)인 성격의 손책은 단숨에 허도로 쳐들어가 조조와의 일전을 겨루려는 야심찬 계획을 세웠으나 자객의 습격을 받아 중상을 입고 말았다.

때마침 원소의 사자가 와서 함께 조조를 치자고 제의하자, 손책은 흔쾌히 수락하면서 원소의 사자를 위해 성대한 잔치를 베풀었다. 이때 신선(神仙)으로 알려진 우길이 나타나자, 중신들과 강동의 주민들이 모두 우르르 달려가 그에게 경배했다. 이를 본 손책은 시샘을 느끼고 우길을 죽여 버렸다.

그러자, 우길의 귀신이 씐 듯 발광하던 손책은 마침내 중태에 빠져 아우 손권에게 후사를 맡기고 죽었다. 열아홉 살에 강동의 새 주인이 된 손권은 장소와 주유 등을 스승의 예로 후대했고, 새로이 준재(俊才) 노숙과 제갈근을 얻어 강동을 반석 위에 올린다. 바야흐로 손권의 시대가 열린 것이다.

한편, 하북의 원소는 70만 대군을 일으켜 조조와의 **최후**의 결전을 준비했다. 이때 전풍과 저수 등의 모사들은 시기가 좋지 않다며 출진을 말렸으나, 원소는 이들을 옥에 가두고 관도를 향해 나아갔다. 조조는 정병 7만으로 원소와 맞붙었다. 삼국지 3대전의 하나인 관도대전이 일어난 것이다.

원소군은 서전에서 크게 이겼다. 참패한 조조는 후퇴할 생각을 하고 허도에 있는 모사 순욱에게 의견을 물었다. 이에 순욱은 요충지를 굳게 지키면서 빈틈을 노리고 있다가 기회가 오면 단숨에 무찔러야 한다고 회신을 보내왔다. 다시 힘을 얻은 조조는 고향친구 허유로부터 원소군의 군량창고 경비가 허술하다는 정보를 입수했다.

마침내 기습작전으로 원소군의 군량을 모두 불태운 조조군이 맹공격을 가하자, 사기가 무참히 꺾여버린 원소군은 참패하고 말았다. 원소는 세 아들과 조카의 군사를 끌어 모아 다시 반격을 시도했지만, 패배를 거듭하다가 쓰러져 죽고 만다. 원소가 죽자, 원담 원희 원상 세 아들이 원소의 후계 자리를 놓고 다투다가 하북 4개주를 모두 조조에게 내준다.

마침내 조조는 필생의 라이벌 원소를 격파하고 강북을 평정했다. 조조는 그 기념으로 장하 언덕에다 동작대를 지어 한껏 기상을 뽐낸 다음, 다시 형주로 칼끝을 돌렸다.

제갈량을 얻은 유비, 장판파의 영웅 조자룡과 장비

그때 유비는 종친 유표의 배려로 형주의 신야에 머물고 있었다. 유표가 후계 자리를 고민하자, 유비는 큰아들에게 물려주어야 한다고 조언했다. 그러자 작은아들의 어미인 유표의 후처 채부인과 처남 채모는 유비를 죽이려고 군사를 풀어 추격했으나, 유비는 새로 얻은 적로마(的盧馬)가 단계를 훌쩍 뛰어넘는 바람에 목숨을 구할 수 있었다.

유비는 준재 서서를 얻어 군사(軍師)에 임명했으나 서서의 노모가 조조에게 볼모로 잡혀 있는 것을 알고는 서서를 조조진영으로 보내지 않을 수 없었다. 서서는 떠나기 전에 수경선생 사마휘가 말하던 복룡 제갈량을 유비에게 천거해주었다. 유비는 삼고초려(三顧草廬) 끝에 제갈량을 얻었다. 제갈량은 유비에게 서촉을 평정하여 근거지로 삼고, 조조와 손권과 함께 천하를 삼분하는 원대한 구상을 제시했다.

조조는 강북을 제패한 여세를 몰아 형주 평정의 기치를 들었다. 이때 조조 진영에 있던 명사(名士) 공융은 '유표와 유비는 둘 다 한실의 종친이므로 그들을 치는 것은 부당하다.'고 간했다가 조조에게 죽임을 당했다. 드디어 조조의 대군은 형주로 향했다.

이때 병상에 누워있던 형주자사 유표가 죽자, 채부인은 자기가 낳은 유종을 형주의 새 주인으로 세웠고, 이때 조조가 대군을 이끌고 쳐들어오자 유종은 한번 싸워보지도 않고 조조에게 항복했다. 유비는 형주 피난민들을 이끌고 강릉성으로 향했으나 뒤쫓아 오던 조조군에게 당양벌에서 추월당했다.

이때 조운은 유비의 가족을 구하기 위해 단기(單騎)로 장판파에서 조조의 대군 속으로 들어가 무수히 적병들을 찌르고 베면서 마침내 미부인과 어린 아두를 찾았으나, 미부인은 아두를 부탁하고 우물 속으로 뛰어들었다. 조자룡은 아두를 품에 안고 다시 창과 칼날이 너덜너덜해지도록 적병을 베어 넘기며 조조의 대군 사이를 뚫고 나왔다.

이때, 장비는 장판교에서 혼자 말을 타고 조조의 대군을 막아섰다. 장비는 '누구든지 나와서 덤벼라!'고 고함을 질렀다. 장비의 고함소리에 놀란 조조군은 겁에 질려 아무도 나서는 사람이 없었다. 조조는 얼른 군사들을 후퇴시켰다. 당양 장판파에서의 조운과 장비의 눈부신 분전으로 유비는 조조의 추격에서 벗어나 다시 군마를 정돈할 수 있었다.

불타는 적벽, 형주를 차지한 유비

형주를 차지한 조조는 강동까지 정벌하려고 양자강의 적벽에 진을 치고 손권에게 최후통첩을 보냈다. 유비는 제갈량을 손권에게 보내 함께 조조를 치자고 했다. 손권은 주전파인 주유와 노숙의 진언을 받아들여 유비와 힘을 합쳐서 조조군을 물리치기로 결전의지를 굳혔다. 드디어 삼국지 최고의 결전장인 적벽대전의 막이 오른다.

손권으로부터 대도독에 임명된 주유는 화공(火攻)으로 조조군을 무찌르기로 전략을 세운다. 조조가 형주 출신의 채모와 장윤을 수군 책임자로 임명하고 주유의 옛 친구인 장간을 보내 항복을 권유하자, 주유는 채모와 장윤이 연합군의 첩자라고 거짓정보를 장간에게 흘려 조조로 하여금 두 사람의 목을 베게 하는데 성공한다. 그리고 재사 방통을 조조에게 보내 배멀미에 시달리는 조조군의 선단을 모두 쇠사슬로 서로 연결하도록 한다.

주유는 다시 고육계를 통해 노장 황개를 조조에게 거짓 항복토록 한 다음, 제갈량의 기도(?)로 동남풍이 부는 때를 틈타 황개의 투항선 20척에다 불을 붙여 조조의 선단을 향해 돌진케 했다. 쇠사슬로 묶여진 조조의 선단은 모두 한꺼번에 불이 붙었고, 이때 손권과 유비의 연합군이 조조의 진채를 습격하니 조조의 백만 대군은 여지없이 참패하였다.

명장 주유가 이끄는 연합군의 완벽한 승리였다. 이때 제갈량은 조조가 패주하는 길목마다 복병을 배치했다. 이윽고 조조가 패잔병과 함께 화용도에 나타났지만, 그곳을 지키고 있던 관우는 전에 조조에게 입었던 후의를 생각하여 조조를 그냥 보내주고 만다.

유비는 재빨리 군사를 움직여 형주를 차지했고, 인근의 여러 군(郡)을 평정하면서 마량과 마속 형제를 비롯하여 노장 황충, 맹장 위연까지 새로 얻었다. 적벽대전의 전리품이라고 할 수 있는 형주를 유비가 먼저 차지하자, 강동의 손권과 주유는 계속 형주를 돌려달라고 유비에게 요구한다. 형주문제는 이후 유비와 손권 사이의 골칫거리 외교문제가 된다.

유비의 감부인이 죽자, 주유는 형주를 되찾기 위해 손권의 누이동생을 유비와 결혼시킨다고 속여 유비를 강동으로 유인해서 죽이려는 계략을 꾸몄다. 그러나 이를 간파한 제갈량 때문에 실패로 돌아갔고, 결국 손권은 누이만 유비에게 주게 되었다. 제갈량에게 여러 번 당한 주유는 마침내 울화통이 터진 데다, 전에 화살을 맞았던 상처까지 도져서 죽는다.

주유가 죽자, 후임은 온건파인 노숙이 이어받았다. 노숙은 적벽대전 때 조조의 선단을 쇠사슬로 묶게 한 방통을 손권에게 천거했으나 손권은 기용하지 않았다. 방통은 유비를 찾아갔다. 유비도 처음엔 그를 중용하지 않았으나 곧 부군사로 임명하여 제갈량과 함께 전략을 수립하도록 했다. 드디어 유비는 두 기재(奇才) 복룡과 봉추를 모두 얻었다.

한편, 조조는 서량의 군벌 마등을 도성으로 불러들였다. 전에 국구 동승과 함께 조조제거음모에 가담했던 마등은 왠지 꺼림칙했으나 조조가 황제의 조서로 부르니 가지 않을 수 없었다. 마등은 아들 마초에게 서량을 지키게 하고 5천 군사를 이끌고 도성으로 향했다. 조조가 자신을 죽이려한다는 사실을 알게 된 마등은 거꾸로 조조암살계획을 세웠다.

그러나 그 계획이 발각되어 마등은 결국 조조에게 죽임을 당했다. 이 소식을 들은 마초는 서량태수 한수와 맹장 방덕, 종제(從弟) 마대와 함께 서량군 20만을 이끌고 허도를 향해 출진했다. 조조군은 마초의 용맹에 고전했으나 허저의 분전으로 위기에서 벗어나기도 했다. 조조는 마초와 한수 사이를 이간시키는 데 성공하여 마침내 마초를 한중으로 쫓아냈다.

서촉을 평정한 유비, 위왕이 된 조조

중원에서 멀리 떨어진 서촉은 평온을 유지하고 있었지만 이곳에도 난세의 먹구름이 몰려오고 있었다. 인근 한중에서 장로가 서촉 국경을 침범하고 있었기 때문이다. 익주자사 유장은 형주의 유비에게 도움을 요청했다.

호시탐탐 서촉을 노리고 있던 유비는 서촉의 관료 장송과 법정의 도움을 받으며 방통 황충 위연 등과 함께 대군을 이끌고 서촉으로 향했다. 유비는 처음에는 유장과 잘 지냈으나 차차 두 사람 사이에 틈이 벌어졌다. 유비군과 촉군 사이에 전투가 벌어지기 시작했고, 유비의 군사(軍師) 방통이 낙봉파에서 전사했다.

유비는 형주의 수비를 관우에게 맡기는 한편, 제갈량과 장비, 조자룡 등에게 서촉 정벌에 합류하라고 지시했다. 이때 제갈량은 새로 장로 진영에 가담한 맹장 마초를 지모로써 사로잡아 유비진영으로 끌어들였다. 파죽지세로 촉군을 격파해가던 유비는 드디어 성도를 점령하고 서촉 평정을 마무리지었다.

그러자, 강동의 손권은 '서촉을 얻었으니 형주를 반환해 달라'고 유비에게 요청했고, 유비는 형주의 일부를 떼어주려고 했으나 형주를 지키고 있는 관우가 반대했다. 이에 앙심을 품은 노숙은 관우를 진중으로 초대했다. 그러나 칼 한 자루만 갖고 찾아온 관우의 당당하고 빈틈없는 처신에 노숙은 관우를 죽일 기회를 잡지 못하고 그냥 돌려보내주고 만다.

이 무렵 조조는 허수아비 황제로부터 위공에다 구석(九錫)의 특전까지 받았다. 이때 조조의 참모 순욱과 그의 조카 순유는 한실에의 충성을 내세워 조조의 부당함을 간하다가 차례로 목숨을 잃었다. 조조는 다시 서쪽으로 눈을 돌려 서촉에 인접한 한중을 평정했다.

이때 합비를 지키고 있던 장료로부터 손권의 대군이 쳐들어왔다는 전갈을 받은 조조는 급히 군사를 이끌고 합비를 구원하러 갔다. 이 전투에서 조조군의 맹장 장료와 오의 맹장 감녕이 눈부신 활약을 했고 손권의 경호를 맡은 무장 주태는 조조군의 포위를 뚫고 손권을 여러 번 구해냈다.

다시 허도로 돌아온 조조는 위왕으로 즉위했다. 위 왕궁이 건립되자 조조는 성대한 잔치를 베풀었다. 이때 환술사인 좌자가 나타나 조조를 놀렸다. 조조는 좌자의 목을 베었으나 병이 들어 시름시름 앓게 되었다. 이에 조조는 점복의 명인 관로를 불러 점을 쳤는바, 관로는 연초에 허도에 큰 불이 나며, 곧 유비가 한중으로 쳐들어온다고 예언했다.

정월 대보름날, 관로의 예언대로 한실을 섬기는 조조의 반대세력들이 도성에 불을 지르고 모반을 일으켰다. 미리 대비하고 있던 조조는 신속하게 불을 끄는 한편, 자신에게 반기를 들었던 사람들을 모조리 잡아 처형한다.

삼국정립, 관우와 조조의 죽음

서촉 평정을 마무리 한 유비는 인접한 한중을 뺏기 위해 군사를 일으켰다. 조조도 대군을 이끌고 한중을 구원하러 왔다. 이때 촉군의 노장 황충은 조조군의 장수 하후연을 죽이고 전투를 승리로 이끌었다. 조조가 그날 밤 군호를 '계륵(鷄肋)'이라고 하자, 조조의 심중을 간파한 양수는 전군에게 철수준비를 시켰다. 조조는 군령을 어지럽힌 죄로 양수의 목을 베고, 다시 맹공격을 했으나 위연에게 화살을 맞아 낙마하는 등 참패를 당했다. 마침내 조조는 한중을 포기하고 철수했다.

이제 형주와 서촉, 그리고 한중까지 평정한 유비는 스스로 한중왕에 올랐다. 그리고 제갈량을 군사(軍師)로, 관우 장비 조운 황충 마초를 5호대장군으로, 위연을 한중태수로 임명하는 등 비로소 한 국가의 체제를 갖추었다. 이제 천하는 조조 손권 유비에 의해 완전히 삼분(三分)되었다.

한편, 형주를 지키고 있는 관우가 위의 무장 조인이 지키던 번성을 계속 공략하자, 조조는 우금과 방덕을 지원군으로 보내 관우를 막게 했다. 관우는 양강 상류에 둑을 쌓았다가 터뜨려 지원군을 수장(水葬)시키며 적장 우금의 항복을 받고 방덕의 목을 베는 큰 전과를 올렸다. 이때 독화살을 맞은 관우는 신의 화타의 집도(執刀)로 상처를 치료했다.

이때 노숙의 뒤를 이어 오의 사령관이 된 여몽은 병을 핑계로 일선에서 물러나고 그 자리에 무명(無名)의 육손을 배치했다. 육손을 애송이로 본 관우는 주력부대를 모두 위의 번성 쪽으로 옮겼다. 드디어 기회가 왔다고 판단한 여몽은 재빨리 움직여 형주성을 점령했다. 맥성으로 쫓겨 간 관우는 오군에게 사로잡혀 참수되고 만다.

오에서는 촉의 보복을 두려워하여 관우의 수급(首級)을 조조에게 보냈다. 조조는 관우에게 형왕(荊王)의 시호를 내리고 후히 장사지내 주었다. 그리고 얼마 후 조조도 죽었다. 조조가 죽자 맏아들 조비가 왕위를 이어받았다. 조비는 아우 조창과 조식을 핍박하여 멀리 변방으로 내쫓았다. 그리고 화흠 등의 중신의 도움으로 후한 마지막 황제로부터 선양(禪讓)의 형식으로 제위를 찬탈하여 위 황제에 올랐다(220년).

　전한 이백년, 후한 이백년 동안 이어져오던 한 왕조는 마침내 조조의 아들에 의해 멸망하고 말았다. 그 이듬해, 한중왕 유비도 한의 부흥을 내세우며 촉 황제에 올랐고(221년), 강동의 손권도 오왕이라 칭하다가 다시 오 황제에 오르니(229년) 천하에 한 사람만 있어야할 황제가 세 사람이나 되었다.

이릉전투, 제갈량의 북벌

　촉 황제 유비는 관우의 원수를 갚기 위해 거국적으로 군사를 동원하여 오 정벌을 준비했다. 그러나 출진에 앞서 장비가 부하에게 암살당하여 그 수급이 오에 보내지는 불상사가 일어났다. 함께 죽기로 맹세했던 두 아우가 모두 죽자, 이성을 잃은 유비는 제갈량의 만류를 뿌리치고 대군을 이끌고 오로 쳐들어갔다.

　이때 오에서는 제갈량의 친형 제갈근을 보내 '형주를 도로 촉에게 돌려주겠다.'며 화친을 제의했으나 유비는 듣지 않았다. 관우와 장비의 아들 관흥과 장포의 활약으로 서전을 승리로 장식한 촉군은 승승장구하며 강을 따라 오의 국경 깊숙이 들어갔다. 오주 손권은 지략이 뛰어난 명장 육손을 대도독으로 임명하여 촉군을 막게 했다.

여름이 되었다. 한여름 뙤약볕을 견디지 못한 촉군이 계곡가의 숲에 장사진(長蛇陳)을 치자, 육손은 드디어 총공격 명령을 내렸다. 오군은 촉군이 숙영(宿營)하는 숲에 불을 지르며 맹공을 퍼부었고, 촉군의 시체가 온 숲과 계곡을 뒤덮었다. 참패한 유비는 백제성으로 패주했고, 유비의 거국적인 대군을 무찌른 육손은 일약 이릉대전의 영웅이 되었다.

백제성에서 병이 든 유비는 제갈량을 불러 후사를 부탁하고 죽었다. 유비의 범용(凡庸)한 아들 유선이 촉의 새 황제가 되었다. 이제 촉의 운명은 제갈량의 한 몸에 달려 있었다. 제갈량은 등지를 오에 보내 촉오동맹을 맺는 한편, 남쪽 국경을 어지럽히던 남만정벌을 단행했다. 남만왕 맹획을 일곱 번 사로잡고 일곱 번 놓아주면서 결국 마음으로 따르게 한 제갈량은 저 유명한 출사표를 바치고 북벌에 나섰다.

이때 위에서는 조비가 죽고 아들 조예가 위 황제로 즉위했다. 제갈량이 이끄는 북벌군은 하후무와 조진이 이끄는 위군에게 연승을 거두며 준재 강유를 새로 얻었다. 그러자 사마의가 위군의 총사령관이 되었고, 촉군은 가정에서 마속이 명령을 어기고 산꼭대기에 진을 치는 바람에 위의 선봉장 장합에게 참패했다. 전군을 철수한 제갈량은 울며 마속의 목을 베었다.

제갈량은 여섯 차례에 걸쳐 위 정벌에 나섰으나 뚜렷한 성과를 거두지 못하고, 오장원에서 병을 얻어 54세를 일기로 숨을 거두었다(234년). 촉의 군권이 양의에게로 돌아간 것에 불만을 품은 위연이 반기를 들고 일어났으나, 제갈량이 남긴 계책대로 위연의 목을 벤 촉군은 제갈량의 영구(靈柩)를 앞세우고 성도로 철수했다.

사마 씨의 혁명극과 진의 삼국통일

제갈량이 죽자 삼국은 한동안 싸움을 그쳤다. 명장 사마의는 일약 위의 원훈(元勳)이 되었다. 위 황제 조예가 서른여섯 나이로 사망하자, 그의 8살 난 태자 조방이 위 황제로 즉위했다. 이때 조진의 아들 조상이 위의 실권자가 되었으나 사마의가 정변을 일으켜 실권자 조상을 처단하고 위의 대권을 거머쥐었다. 이에 불안을 느낀 하후연의 아들 하후패는 촉으로 망명했다. 사마의가 죽자 맏아들 사마사가 대장군이 되어 실권자의 지위를 이어받았다.

오의 손권도 일흔한 살의 나이로 죽었다. 어린 아들 손량이 대통을 이었다. 이때 위군이 오로 쳐들어오자 실권자인 제갈각이 나서서 위군을 물리쳤다. 기세가 오른 제갈각은 촉장 강유와 연합하여 위로 쳐들어갔다가 사마사 형제의 분전으로 패퇴했다. 그러자 제갈각은 반대파들에게 목숨을 잃었다. 손준에 이어 손침이 오의 실권자가 되어 권세를 휘둘렀으나, 황제 손휴의 밀지를 받은 노장 정봉에게 목숨을 잃었다.

한편, 성년이 된 위 황제 조방이 실권자 사마사를 제거하려 하자, 사마사는 오히려 조방을 내쫓고 새로 조모를 위 황제로 세웠다. 이에 무장 관구검과 제갈탄이 위 황실을 지킨다는 명분으로 사마형제의 전횡에 반기를 들고 반란을 일으켰으나 차례로 진압되고 만다.

그 후 사마사가 눈병으로 죽자 그의 아우 사마소가 실권자의 지위를 물려받았다. 이때 위 황제 조모가 또다시 사마소에게 반기를 들었다가 살해되는 불상사가 일어났다. 사마소는 조환을 위 황제로 세웠다. 사마소는 드디어 촉을 멸하기로 결심하고 무장 등애와 종회를 시켜 두 갈래로 쳐들어가게 했다.

촉의 명장 강유가 국경에서 종회의 대군을 막고 있는 사이, 등애가 성도를 포위하여 촉 황제 유선으로부터 항복을 받았다(263년). 제갈량이 죽은 지 30년 만에 유비가 세운 촉은 멸망하고 말았다. 촉을 멸망시킨 사마소는 진왕이 되었다.

그 후 사마소가 중풍으로 죽자, 진왕을 물려받은 그의 아들 사마염은 위 황제 조환으로부터 제위를 찬탈하여 진황제로 즉위했다. 45년 전에 조조의 아들 조비가 후한 마지막 황제로부터 제위를 찬탈한 것과 똑같은 방법으로 이번에는 조비의 손자가 신하에게 제위를 찬탈 당했다(265년).

오에서는 손량, 손휴에 이어 손호가 황제로 즉위했다. 손호가 연일 사치와 향락에 빠져 국정을 돌보지 않는 사이 오의 국력은 극도로 피폐해져 갔다. 마침내 오의 명장 육손의 아들 육항이 죽자, 드디어 진 황제 사마염은 태부 양호의 유언대로 두예와 왕준을 육로와 수로로 보내 오를 공략하게 하니, 오주 손호는 제대로 싸워보지도 못하고 건업의 성문을 열고 항복했다.

손견과 손책이 갖은 고난을 무릅쓰고 창업하고 수성의 명군 손권이 오랫동안 지켜오던 오도 결국 멸망하고 말았다(280년). 황건적의 난 이래 약 100년 동안 중원을 휩쓸었던 난세의 폭풍도 마침내 잠잠해졌다. 진(晋)의 사마염에 의해 천하통일이 이루어진 것이다.*

삼국지 서시(序詩)

滾滾長江東逝水(곤곤장강동서수)
浪花淘盡英雄(낭화도진영웅)
是非成敗轉頭空(시비성패전두공)
靑山依舊在(청산의구재)
幾度夕陽紅(기도석양홍)

白髮漁樵江渚上(백발어초강저상)
慣看秋月春風(관간추월춘풍)
一壺濁酒喜上逢(일호탁주희상봉)
古今多少事(고금다소사)
都付笑談中(도부소담중)

장강은 도도하게 동쪽으로 흘러가고
물거품처럼 사라진 꽃같은 영웅들
옳고 그름 이기고 짐 모두 부질없구나
청산은 변함없이 옛날 그대로인데
붉은 석양은 몇번이나 저물었던고

강가에 서있는 백발의 어부와 나무꾼
가을달과 봄바람 익히도 보았었지
막걸리 한병 들고 반갑게 서로 만나
옛날과 지금의 크고 작은 일들을
웃으면서 나누는 얘기에 담아보네

황실 계보도 및 실권자

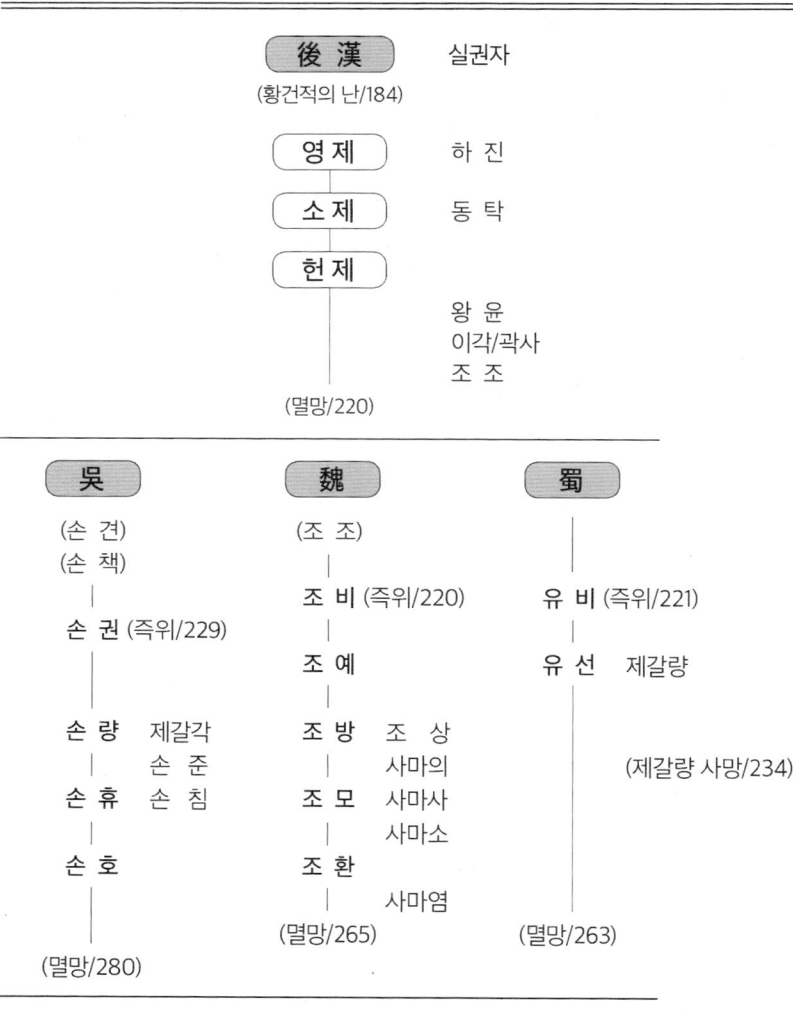

각 주(州)의 위치 및 삼국지도

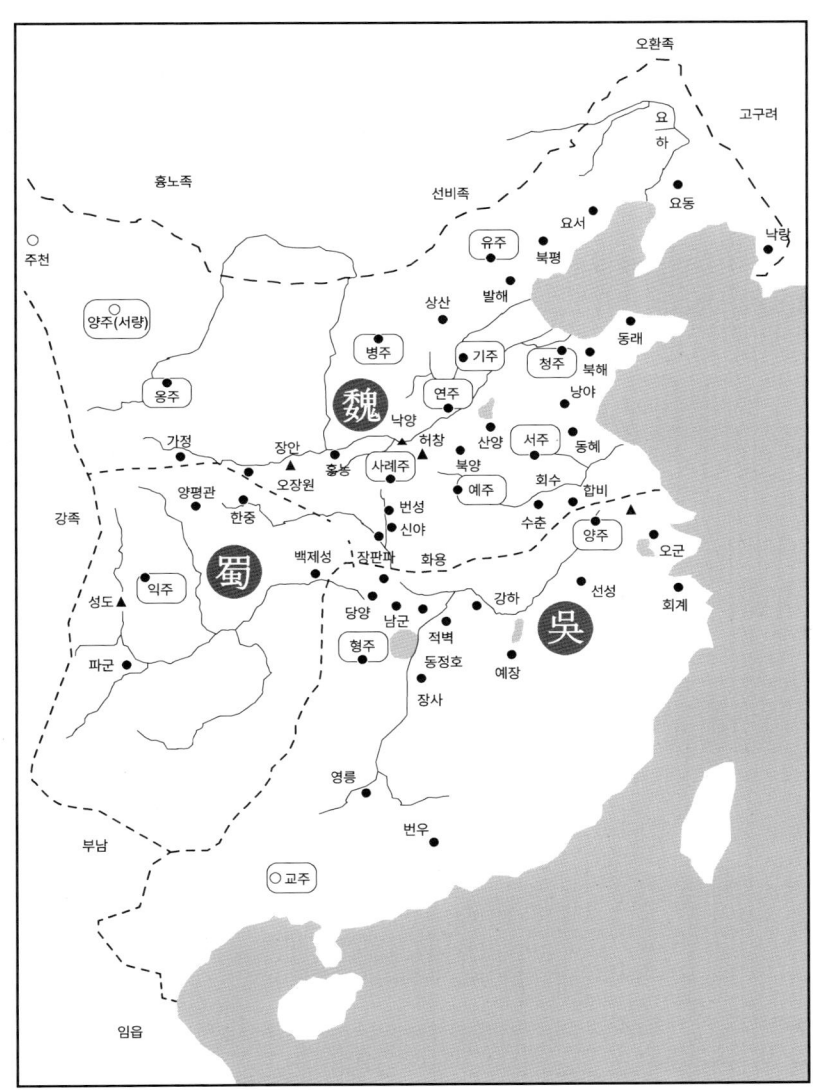

참고문헌

김학주, "新完譯 손자 · 오자", 명문당, 1999.
나관중, 이문열 평역, "삼국지" 1~10, 민음사, 1988.
나관중, 이언호 평역, "한 권으로 보는 삼국지", 큰방, 1999.
나관중, 채정현 옮김, "삼국지" 1~7, 삼중당문고, 1982.
나관중, 황석영 옮김, "삼국지" 1~10, 창작과비평사, 2003.
모리야 히로시, 김봉국 옮김, "삼국지 영웅론", 시민, 1992.
박영규, "춘추전국사", 웅진지식하우스, 2015.
신장용(사마천역사문화연구소), "사마천, 인간경영의 숲을 거닐다", 일송북, 2011.
엄가기, 한인희 옮김, "수뇌론", 희성출판사, 1990.
유승근, "도원결의를 생각하며", 제삼기획, 1991.
유재주, "평설 열국지" 1~13, 김영사, 2001.
유재주, "초한지" 1~5, 랜덤하우스중앙, 2005.
정비석, "소설 손자병법" 1~4, 고려원, 1984.
조오노 히로시, 강태정 편역, "제갈공명 전략과 현대인의 전술", 한림문화원, 1986.
주대황, 안길환 옮김, "반삼국지" 上·中·下, 대제학, 1992.
진 수, 김원중 옮김, "정사 삼국지" 1~4, 민음사, 2007.
최 명, "소설이 아닌 삼국지", 조선일보사, 1993.
최용현, "삼국지 인물 소프트", 희성출판사, 1993.
최용현, "삼국지 인물 108인전", 일송북, 2013.
최우석, "삼국지 경영학", 을유문화사, 2007.
최웅빈, "소설 관포지교", 선비, 1991.
타케다 아키라, 정병탁 옮김, "조조평전" 제오문화사, 1978.
편집부, 조의설 감수, "대세계사" 1~15, 도서출판 마당, 1982.
한국경제사회연구소, "삼국지 인간학", 엔터프라이즈, 1987.
한국경제사회연구소, "수성의 제왕학", 엔터프라이즈, 1987.